LES GRANDES ÉCOLES
ET LE
COLLÈGE D'ABBEVILLE

1384-1888

Contribution à l'histoire de l'enseignement

PAR

E. PRAROND

Correspondant du Ministère pour les Travaux historiques

PARIS
ALPHONSE PICARD, LIBRAIRE-ÉDITEUR
82, RUE BONAPARTE, 82
—
1888

LES GRANDES ÉCOLES
ET LE
COLLÈGE D'ABBEVILLE
1384-1888

LES GRANDES ÉCOLES

ET LE

COLLÈGE D'ABBEVILLE

1384-1888

Contribution à l'histoire de l'enseignement

PAR

E. PRAROND

Correspondant du Ministère pour les Travaux historiques

PARIS
ALPHONSE PICARD, LIBRAIRE-ÉDITEUR
82, RUE BONAPARTE, 82
—
1888

AU COLLÈGE

DE COLLEGIO ABBAVILLÆO

Hisce tenere locis puerum Sapientia firme
Credidit, heu ! quum jam desipuit juvenis.
Torviter ipsa dolens Sapientia fugit in altum,
Aligeramque senex conor inane sequi.
Ludus sæcularis.

Je n'ose encore me croire tout à fait le droit de renier cette confession, bien qu'un mot cruel du dernier vers acquière chaque jour plus de certitude. J'ose plus hardiment reconnaître ce que je te dois, Collège où mon souvenir poursuit six de mes lointaines années comme un point fuyant. Je vous salue, classes aux carrelages usés, ouvertes sur la cour des jeux. J'aime à vous retrouver, vieillis, manchots, mais toujours verts, tilleuls jumeaux, survivants des quatre à l'ombre desquels, aux premiers jours d'août, il y a cinquante ans, une estrade recevait les administrateurs, les professeurs, les piles de couronnes et de livres, subissait les assauts des lauréats. De toi, Collège, me vient encore, pour une bonne part, ma persistante provision de route, le premier fonds des ressources qui m'ont fait la vie occupée, heureuse, une leçon de l'Ionie, une autre de Tibur, et un peu de mesure d'esprit et d'amour du travail. Ta mère, la vieille maison des Grandes Ecoles, avait, peut-on croire, vu s'asseoir sur ses escabeaux ou ses bancs de futurs fondateurs religieux, saints ou porteurs de pourpre (v. pp. 1-2 et 6); de futurs poètes, celui de Jeanne d'Arc, La Varanne; de futurs chroniqueurs du Ponthieu, les Rumet. Tu as succédé dignement à cette vénérable institutrice de l'ancienne Abbeville. Tes élèves vivants ont le droit de se sentir quelque peu fiers, s'ils se rappellent leurs prédécesseurs devant tes chaires, les Waignart et les Sanson, les Briet et les Duval, les historiens et les géographes, illustrateurs anciens du nom de notre ville, et, dans ce siècle même, les Millevoye, les Labitte, les Louandre, et des condisciples dont la ceinture attendait des épées de commandement, toutes loyales, quelques-unes glorieuses.

A toi donc je dédie cette évocation de ton plus haut passé, de tes fortunes diverses, de tes services.

Je te dirai d'abord, héritier grandi des Grandes Ecoles, quels témoignages m'ont permis de reconstituer leurs annales et les tiennes.

Pour les premières il m'a été possible de remonter avec certitude à l'an 1384 (1) et par hypothèse beaucoup plus haut (2) ; pour les tiennes, à l'ordonnance d'Orléans (1560) et à la proposition du maire en l'échevinage le 24 novembre 1583.

Plus de cinq cents ans de l'histoire de l'enseignement à Abbeville ! Voilà, à coup sûr, un retour en arrière qui dépasse bien mes premières visées, et, dans ce grand parcours de temps, la rencontre de copieuses sources a rendu mon enquête heureuse au delà de mes espérances.

En premier lieu j'ai mis à contribution deux mémoires, *Collège*, réunis par J.-B. Maurice de Sachy (3) dans un bloc de notices (copies surtout) intitulé *Recueil sur Abbeville et le Ponthieu*, n° 69

---

(1) P. 12. — Bulle du pape Clément VII.
(2) PP. 1-2. — Milieu du douzième siècle, suivant une supposition des Bénédictins de S. Maur ; p. 4, treizième siècle, suivant notre mémoire A.
(3) Jean-Baptiste Maurice de Sachy, d'Abbeville, né en 1702, fils de n. h. Jean, sieur de Domqueur, conseiller au présidial de ladite ville, et de demoiselle Marie-Louise Brossart, mort en 1777. — Il est auteur d'une histoire des évêques d'Amiens in-12, parue en 1770, à Abbeville, chez la veuve Devérité, libraire, à Paris, chez Bailly, dédiée à M. l'abbé de Modène, archidiacre de Ponthieu, etc. — Note de la main de M. de Bommy, sous le titre du Recueil de Maurice de Sachy, Recueil acheté par moi à la vente de mai 1872.
Jean-Baptiste Maurice de Sachy, devait être frère ou cousin de Antoine Maurice, seigneur de Bœnat, ancien juge des marchands et maieur d'Abbeville en 1722.

(mss.) de la bibliothèque de M. de Bommy. J'ai cité souvent ces mémoires, désignant l'un par la lettre A, l'autre par la lettre B.

Le mémoire A est conservé aussi dans les archives de la Ville, série GG, sous le n° 5, cahier en papier, contenant des faits de l'an 1300 à 1602. De nombreuses irrégularités d'orthographe dans cette copie de la Ville, des irrégularités différentes dans la copie du recueil de Sachy, me font croire que les deux copies ont été faites sur un exemplaire original égaré aujourd'hui. Les deux copies peuvent heureusement se rectifier l'une par l'autre. Ce mémoire A est évidemment écrit en faveur de la Ville contre les Chanoines à l'occasion d'une des contestations si fréquentes entre le Chapitre et l'Echevinage.

Le mémoire B pourrait être rapproché du mémoire 120 (série GG) des archives de la Ville. Il ne lui est pas identique cependant. Ce mémoire B est favorable aux prétentions des Chanoines contre la Ville.

Ces deux mémoires satisfaisaient bien incomplètement à mon projet. J'ai cherché des informations plus amples, plus détaillées. Les archives municipales, série GG, ont répondu à mes interrogations par de nombreux numéros :

N° 5 déjà rappelé. Recueil de notes sur l'origine et l'administration du collège.

N° 6. Fondation, entre autres établissements, par le cardinal Lemoine, de bourses, dans son collège au profit d'écoliers d'Abbeville ou des environs. Parchemin de 60 centimètres et demi de haut et de 40 centimètres de large.

N° 48. Extraits de plusieurs actes du Chapitre de Saint-Vulfran concernant le collège, 1541-1687. Cette pièce en papier porte ce nota : « Cette copie est tirée d'un mémoire de M. Quennehen, secrétaire du Chapitre, qui m'a été prêté en communication au mois de novembre 1733, par MM. les députés nommés par le Chapitre au sujet du collège. Le mémoire est écrit en entier de la main du sieur Quennehen ». — Ce nota n'est pas signé. — J'ai pris beaucoup dans ces extraits, surtout pour le temps du principal de Grébemaisnil.

N° 61. Acte de permutation de canonicat entre M° Marand de Bailleul, chanoine de Saint-Vulfran, et M° Antoine de la Broie, curé de Moreuil près Montreuil, 1584. Parchemin. Je n'ai rien trouvé à prendre dans cette pièce intéressant le principal Marand.

N° 63. Réparations aux bâtiments du collège, etc., 1586-1731. Quatre pièces.

N° 64. Nominations, comptabilité, délibérations du bureau d'administration, correspondance, etc., 1587-1764. Quarante-deux pièces.

N° 72. Arrêt du Parlement réglant les formalités pour la nomination des régents, 1617.

N° 76. Documents divers 1643-1782. Cinq pièces.

N° 77. Inventaire après le décès de M. Tripier, principal. Arrêt du Conseil d'État sur des contestations entre MM. de Ville, de Saint-Vulfran et de Saint-Pierre, pour la préséance à l'Hôtel-de-Ville lors de l'élection du principal, etc., 1652-1763. Quinze pièces.

N° 79. Mémoire du principal et arrêt du Conseil d'État sur les contestations entre le Chapitre, les religieux de Saint-Pierre, le Présidial et MM. de la Ville, etc., 1671. Deux pièces.

N° 81. Mémoire de la Ville contre le principal, touchant le droit d'inspection sur la discipline, droit de réglement, etc., 1686. Une pièce.

N° 82. Projets de statuts et réglements rédigés par le vice-principal et les régents, 1688. Une pièce.

N° 83. Arrêt du Conseil d'État pour la nomination du principal, 1692-1694. Deux pièces.

N° 87. Nomination et installation du sieur Girard comme principal 1712. Deux pièces.

N° 89. Délibération municipale pour l'établissement des prêtres de l'Oratoire dans le collège, 1716. Une pièce.

N° 94. Mémoire adressé au recteur de l'Université à l'occasion des bruits répandus de l'établissement des jésuites dans le collège, 1734. Deux pièces.

N° 102. Édit du roi portant règlement pour les collèges qui ne dépendent pas des universités. Délibérations portant réglement pour le collège d'Abbeville, 1763, une brochure éditée en 1770, chez L.-A. Devérité.

N° 104. Lettres patentes etc., portant union de la mense conventuelle de Forest-Montiers au collège. Ordonnance concernant cette réunion, etc., 1769-1786. Trois pièces.

N° 110. Compte que rend au Bureau d'administration le sieur Bertin principal, 1785-1786. Deux pièces.

N° 111. Mémoire du principal Bertin sur une question intéressant la composition du Bureau d'administration, etc., 1786. Deux pièces.

N° 118. Extrait d'un mémoire de feu M. Délalevrièze, principal, intitulé : *Remarques sur le Collège d'Abbeville*. Une pièce.

N° 120. Mémoire historique sur les Grandes Écoles et le collège d'Abbeville, avec copie de bulles, d'arrêts et d'ordres intervenus sur différents cas. Ce mémoire, anonyme, a été écrit en 1761, ainsi qu'on le voit à l'endroit où l'auteur parle du transfert des Grandes Écoles dans la rue Tayon. Ce mémoire assez développé est sujet à caution, n'ayant pas trop crainte des hypothèses. J'ai eu occasion cependant de le citer quelquefois.

Les registres aux délibérations du Conseil de la Ville sont des mines qu'il ne faut négliger en aucun cas. M. Aug. de Caïeu, juge d'instruction au tribunal de première instance d'Abbeville, possédait, dans un riche rayon d'ouvrages sur le Ponthieu, des résumés d'un grand nombre de ces registres. Du prêt complaisant qu'il m'en a fait pour mes travaux j'ai tiré des indications qui ont utilement guidé dans ces registres mêmes, sur les rédactions originales, beaucoup de mes recherches.

J'oublierais à tort, parmi les documents qui m'ont servi, plusieurs palmarès du dix-huitième siècle, quelques pièces imprimées, volantes, antérieures à la Révolution, pièces et palmarès possédés par moi ou par la Bibliothèque de la Ville, presque tous les palmarès imprimés de 1807 jusqu'à nos jours, les deux journaux de l'arrondissement et les deux almanachs publiés à Abbeville.

Enfin j'ai consulté, mais un peu trop tardivement pour en faire profiter le corps même de ce livre (1), un dépouillement inscrit sous le n° 146 parmi les manuscrits de la bibliothèque de la Ville : *Extraits de plusieurs délibérations par ordre alphabétique des registres du Chapitre de l'église royalle et collégiale de Saint-Vulfran de la ville d'Abbeville.*

Je dois témoigner de ma gratitude à M. Picquet, archiviste de la ville, et à M. Ledieu, conservateur de la bibliothèque communale, pour l'obligeance de leurs communications ; et j'ai à remercier le maire, M. A. François, de sa complaisance pour le travailleur installé pendant si longtemps dans son cabinet.

Je n'ai pas écrit une histoire élégante sans doute du lieu où l'enseignement de la sévérité antique ne condamne pas la recherche des habiletés modernes. Je me suis modestement restreint à mettre en ordre des renseignements épars. Aussi dois-je prier le lecteur de parcourir la table de ce livre avant d'en aborder la lecture et même de se reporter souvent,

(1) Voyez, pages 551 et suivantes, *Addenda*.

en coupant les pages, aux *Justifications, notes,* etc., (p. 343) et aux *Addenda* (p. 551.)

De cette juxtaposition de faits d'importance diverse on pourra cependant tirer quelques conséquences.

Le lecteur remarquera le long antagonisme des Chanoines et de la Ville, antagonisme saisissable déjà dans la délibération d'octobre 1564 et qui ne doit pas cesser complétement avant la Révolution.

Des réglements en latin et en français lui mettront sous les yeux la discipline scolastique, les obligations des régents, les matières d'études. Il pourra, jusqu'à un certain point, constater les développements de l'instruction à Abbeville ; quelquefois aussi, par malheur, les arrêts ou le recul de l'enseignement.

Il devra s'attendre à quelques surprises. Il verra les Maire et Echevins exercer des droits que les conseils de nos jours ne réclameront plus ; procéder, par exemple, pour la réception du principal ou des régents, à des examens de théologie, de philosophie, de lettres latines et de lettres grecques (1589 et 1593, pp. 61 et 70.)

Puis il verra les études mêmes des lettres anciennes, les seules études pendant des siècles, souffrir parfois des négligences, subir des éclipses ; témoin les plaintes contre le principal de Grébaumesnil et d'autres indices.

Il cherchera vainement trace des sciences. Il lui faudra arriver à 1784, à l'esprit nouveau qui se fait jour en ce temps, au principal Bertin, pour surprendre dans les classes le semblant d'un cours de physique.

En résumé, après le souffle vraiment classique du seizième siècle, qui animait encore les premiers maîtres principaux, Marand, Macquet, Clugnet et Boullenois, on peut craindre que le feu ne se soit bien éteint dans les classes soumises à leurs successeurs.

Les cahiers de 1789 vont préparer un avenir meilleur.

De ce mouvement, après une crise forcée, tu es sorti, collège de notre siècle, plus jeune qu'aux jours des Valois, plus vivant qu'en ceux de Henri IV, compréhensif comme tu ne l'avais jamais pu être, généreux comme nos plus françaises espérances.

Dans tes chaires réparées, des professeurs, souvent de grande valeur, ont enseigné les lettres classiques avec l'intelligence de la critique et de l'érudition modernes. Dans des salles nouvelles, des maîtres nouveaux ont professé des sciences inconnues, même de nom, à tes régents de correction doctorale, en bonnets à coins et en robes talaires (*veste talari, pilo cornuto...* pp. 164-165.)

Après les mathématiques élémentaires déjà accueillies par toi sous le principal Berlin; après la physique soupçonnée dans le même temps, (une physique qui te répétait la formule des quatre éléments, l'eau, l'air, la terre et le feu), tu as entendu professer la physique des Gay-Lussac et des Becquerel, la chimie des Lavoisier et des Berzelius, des Berthollet et des Berthelot, la cosmographie des Faye, l'histoire naturelle dans toutes ses branches. Les jeunes auditeurs de tes cours ont appris l'histoire des peuples et l'histoire de la terre, la géographie, les langues vivantes. Qu'eussent pensé, en voyant cette université dans tes murs, les fidèles du Dépautère?

Tu as su insinuer aux jeunes esprits et leur rendre exigeante cette curiosité scientifique sans laquelle nul avancement ne se produirait dans la connaissance du monde ou des forces dont l'homme peut s'emparer.

Un de tes plus médiocres élèves dans l'étude des sciences t'apporte ces pages. Il t'aime parce que tu lui a fait aimer Virgile et entrevoir Sophocle. Il a tenu à s'entretenir avec toi et à te dire ces dernières paroles pour te payer celles de ses dettes qu'il regrette le moins.

COLLÈGE D'ABBEVILLE

CHAPITRE PREMIER

Les Grandes Écoles.

L'origine des écoles d'Abbeville se perd dans l'éloignement des siècles. Abbeville a commencé, s'est développée évidemment comme ville maritime et de commerce. Les transactions commerciales, lorsqu'elles s'étendent un peu, exigent toujours au moins l'emploi de l'écriture. Mais l'instruction simplement élémentaire ne paraît pas avoir été la seule déjà dans les temps reculés. Dès le milieu du douzième siècle Abbeville avait plusieurs églises. Saint-Vulfran possédait un collège de chanoines; les prêtres qui desservaient ces églises, les dignitaires des stalles canoniales, n'étaient sans doute pas absolument ignorants. La plupart, il y a lieu de le croire, appartenaient à la ville, y avaient reçu l'instruction nécessaire à leur état. Les Bénédictins de Saint-Maur nous encouragent dans cette affirmation : « Si

S. Bernard, fondateur et premier Abbé de Tiron, l'un des plus grands Prédicateurs de son temps, ne fut pas instruit dans les Letres à S. Riquier, sous l'Abbé Gervin II, il faudra dire qu'il y avoit alors une École à Abbeville, lieu de sa naissance. » — *Histoire literaire,* t. VII *(État des letres,* xie *siècle),* p. 93.

Le mot « instruit dans les letres » est à remarquer sous la plume des Bénédictins ; il implique la croyance à une haute culture.

Dans le grand treizième siècle, les écoles, au moins primaires, comme nous dirions aujourd'hui, s'étaient très multipliées en France, et, pour employer une expression usitée aussi de nos jours, elles étaient parfois mixtes :

> Bele, nous nous entraimions
> Quant à l'escole aprenions.
>
> (*Romancero français,* par M. P. Paris.)

Abbeville avait déjà très probablement au treizième siècle, et même avant, ses *Grandes* et ses *Petites* écoles. Elle les avait certainement au quatorzième.

Pour la clarté de ce travail je dois exposer d'abord un point qui, bien établi, nous fera réduire à leur juste mesure ou valeur plusieurs des documents que nous aurons à mettre en présence. L'histoire du collège est aussi celle d'une bonne part des différends de l'Échevinage et des chanoines de Saint-Vulfran. L'antagonisme du Chapitre et du Corps de ville pour l'autorité sur l'établissement nouveau éclate dès l'édit créateur de

1500. Les droits d'écolâtrerie anciens et réclamés comme toujours effectifs par Saint-Vulfran ; les droits tirés par la Ville des décisions des États généraux, des édits royaux, des sacrifices municipaux, ne cesseront pas de se combattre. La question traversera deux siècles. Elle dormait à peine aux approches de la Révolution. Nous aurions tort aujourd'hui de nous en plaindre. Grâce à ces droits difficilement conciliables, aux susceptibilités, aux conflits, aux manifestes qu'ils ont suscités, aux procédures qu'ils ont fait engager, aux sentences qu'ils ont fait rendre, le passé, même lointain, des Grandes Écoles a été évoqué, invoqué, sauvé ; la nomination des Principaux soigneusement consignée avec détails dans des délibérations spéciales ; les plaintes contre quelques-uns produites ; l'état de prospérité ou de décadence du collège constaté ; les règlements discutés, conservés ; enfin le recueil des souvenirs rendu possible.

Cela dit, je remonte aux plus anciennes données que nous ayons sur l'instruction à Abbeville.

Un mémoire (1) conservé aux archives de la Ville et que je désignerai dans la suite de cette étude par la

---

(1) J'opposerai d'abord dans ce travail deux mémoires rédigés dans des sentiments absolument contraires, en vue de contestations, de procès, entre l'Échevinage et le Chapitre de Saint-Vulfran. — Je les désignerai abréviativement, le premier par la lettre A, le second par la lettre B. Le premier, A, favorable à l'Échevinage, existe aux archives de la Ville, série GG, n° 5. Il fait aussi partie du *Recueil sur le Ponthieu* de J.-B. Maurice de Sachy, recueil figurant sous le n° 69 dans le catalogue de la bibliothèque de Bommy et acquis par moi à la vente de

lettre A fait remonter les Grandes Écoles au treizième siècle :

« L'on voit, y est-il dit, l'établissement d'un collège à « Abbeville sous le nom de Grandes Écolles dès le « treizième siècle. Les corps de la ville qu'on appeloit « dans ces temps les états (1) y concoururent et vrai-« semblablement l'on prit sur les deniers communs « de quoi avoir un logement nécessaire à l'instruction « de la jeunesse. »

Affirmations hypothétiques comme celles que je vais discuter encore.

L'auteur d'un autre mémoire anonyme conservé aux mêmes archives *(série GG, n° 120)* n'attribue pas aux communautés de la ville, mais aux comtes le mérite de la fondation. « On croit, dit-il, que ces écoles avoient été établies par les anciens comtes de Ponthieu, ou par un de nos rois devenu comte de Ponthieu, le premier de cette qualité en 1369. » L'hypothèse tient peu pour les anciens comtes et moins encore pour les rois. Si les anciens comtes avaient contribué à la création des écoles d'Abbeville, le fait eût été vraisemblablement constaté par quelque charte dont le texte n'eût

---

cette bibliothèque. Le second, favorable aux chanoines, fait aussi partie de ce recueil. Je ne l'ai pas trouvé à l'hôtel de ville.

(1) Il y a bien à dire un peu déjà. L'auteur du mémoire a les idées et emploie le langage de son temps. Les états ? Au treizième siècle on ne connaissait encore que les *jurés*, la commune. Les états, la délibération par états, bourgeoisie, clergé, noblesse, gens du roi, tout cela ne vint que plus tard avec des institutions nouvelles quelquefois comme celle de la justice présidiale, etc.

pas manqué d'intervenir dès les premiers différends entre les chanoines et l'Échevinage. Il est encore moins admissible que Charles V ait fondé une œuvre utile à Abbeville sans qu'il en soit resté trace. Plusieurs actes de ce roi concernant la ville ont été reçus par elle, enregistrés dans les archives et reproduits par presque tous les historiens locaux depuis Waignart. Le trésor des titres de la Ville date de l'institution communale (témoin la charte de 1184) et les bourgeois le gardaient précieusement. Comment une générosité royale eût-elle pu être oubliée, le titre de la fondation perdu ?

L'auteur du mémoire tient à l'idée pourtant. Il l'appuie sur certains détails décoratifs de l'auberge du Géant, antérieurement maison des Grandes Écoles : « On y voit encore au premier étage, par dehors, les armes du roy à trois fleurs de lys seulement et celles du dauphin son fils, ce qui montreroit qu'il a eu quelque part à cet établissement ou par ses dons ou par sa protection. » — Nous verrons qu'il ne faut tenir aucun compte de ces arguments.

Quelle fut donc l'origine des Grandes Écoles ? Il est à supposer qu'elle fut spontanée, les écoliers payant de faibles rétributions en argent ou en nature à quelques pauvres clercs faisant gain de leur enseignement, et l'instruction se donnait d'abord çà et là probablement sans règles trop fixes. Il serait trop hardi cependant de chercher à remonter si haut.

Mais dès le commencement du quatorzième siècle, échut à la jeunesse d'Abbeville, non à Abbeville même, il est vrai, ni pour un grand nombre d'écoliers, un avantage à noter. Un clerc sorti de Crécy, élevé peut-être à Abbeville, dans l'école qui avait vu étudier saint Bernard, devint cardinal du titre de Saint-Marcellin et de Saint-Pierre, *miseracione divinâ sanctorum Marcellini et Petri presbyter*. Le cardinal Jean Lemoine aima toujours Abbeville de souvenir particulier et jusqu'aux approches de la mort, ainsi qu'en témoigne son testament. Par cet acte dicté à Rome en 1302, il fondait dans son collège de la rue Saint-Victor, à Paris, six bourses pour des élèves choisis, de préférence à tous autres, dans Abbeville ; savoir quatre bourses pour des étudiants ès arts, *artistæ*, et quatre pour des étudiants en philosophie. La digression qui nous fera parcourir quelques lignes du testament ne franchira pas de beaucoup les limites de ce travail et me sera pardonnée :

Item ad quatuor victus pro quatuor artistis et ad duos victus pro duobus theologis me et bona mea presentia et futura obligo et promitto me provisurum dictis sex de prefatis victibus quousque redditus pro dictis sex victibus acquisivero competentes ; et decanum et capitulum ecclesie Sancti Vulfranni in Abbatisvillâ ambianensis diocesis in dictis sex victibus michi sic facio successores quod [si] de civitate seu de diocesi ambianensi habeant presentendos, assumerent; si nulli udonei (sic) inveniantur, alioquin de civitatibus et diocesibus contiguis eligant et assumant. — La pièce finit ainsi : *Actum Rome in hospicio supradicti domini J. cardinalis, presentibus* etc. — Une copie de ce testament est conservée aux archives d'Abbeville *(série GG, n° 6)*. C'est un parchemin de soixante centimètres et demi de hauteur et de quarante de large. L'écriture est belle.

Nous sommes cependant déjà dans le siècle où les écoles d'Abbeville même paraissent pour nous avec leur nom.

Où furent ouvertes d'abord ces Grandes Écoles ? Les affirmations sont contradictoires.

La première nous les montre d'abord dans la rue Tayon dite encore aujourd'hui rue des Grandes-Écoles; la seconde dans la rue Saint-Gilles, près de la porte au Sel.

Sachy les produit toutes les deux successivement dans les deux mémoires A et B, sans les discuter, sans paraître s'apercevoir de la contradiction.

Premier mémoire, A : « Les Grandes Écoles se tinrent en premier lieu en la rue Tayon. Cette rue changea de nom et ne fut plus connue que sous le nom de rue des Grandes Écoles qu'elle a conservé depuis ce temps. » Et plus loin, après l'exposé de contestations entre les chanoines de Saint-Vulfran et les maieur et échevins :

« Pendant le cours de cette procédure (1) l'on transféra
« les Grandes Écoles ou le collège dans une plus grande
« maison située près la porte au Sel, laquelle porte
« étoit vers l'auberge où pend pour enseigne, (en cette
« année 1764), l'Écu de Brabant, à l'entrée de la rue

(1) De 1584 à 1588. — Le P. Ignace disant que les Grandes Écoles furent transportées de la porte au Sel au pont aux Cardons, on est assez autorisé à donner raison à ce mémoire A d'abord, puis à croire que la station des Grandes Écoles près de la porte au Sel fut de très courte durée, comme j'espère l'établir plus loin.

« Saint-Gilles qui alors étoit dans les dehors de la
« ville. Cette grande maison où l'on fit cette translation
« étoit celle où se tient aujourd'hui (1764) le bureau des
« carrosses connu sous le nom de Sant. »

Second mémoire, B : « Cette maison, au dire du
« P. Ignace, en son *Hist. Eccl. d'Abb.*, a été en premier
« lieu vers la porte au Sel (c'est où est aujourd'hui
« l'*Écu de Brabant*, auberge de la ville sur les confins
« des paroisses de Saint-Georges et de Saint-Gilles), et
« de là lesdites Grandes Écoles furent transférées, lors
« de l'édit d'Orléans, près le pont à Cardons où sont
« aujourd'hui les Capucins. Il se trompe, car bien
« qu'elles aient été transférées de cette porte au Sel,
« elles ne l'ont point été où il le dit, mais bien peut-
« être de là en la paroisse de Sainte-Catherine dans la
« rue nommée la rue Tayon, laquelle a retenu depuis
« le nom de rue *des Grandes Écoles* qu'elle porte
« encore aujourd'hui ; d'où elles le furent en celle du
« Pont de Scardon ; d'autant que les registres, tant du
« Chapitre que de l'Échevinage, font mention de la
« vente d'icelle par Messieurs du Chapitre pour acheter
« celle où sont les Capucins, nommé l'Hôpital de Jean
« Le Sellier, qui étoit plus ample..... »

M. Louandre (*Hist. d'Abb.* 1845, t. II, p. 519) a
adopté cette seconde opinion : « Les Grandes Écoles
étaient d'abord situées rue Saint-Gilles sur l'emplacement d'une partie de la halle aux denrées. Après 1560
elles sont transférées rue Tayon. »

Où est la vérité dans ces affirmations contraires ? Les
titres des maisons voisines de l'ancienne porte au Sel

ou ceux des maisons de la rue des Grandes-Écoles pourraient la révéler à défaut d'autres témoignages.

Mais les témoignages ne manquent pas, et, bien interrogés, sauront nous répondre. Je discuterai donc la question, et malgré mon respect pour M. Louandre je ne conclurai pas comme lui.

L'assertion du P. Ignace a grand poids d'abord ; séparée, on pourrait la donner comme décisive. Le futur historien entrait au collège vingt-deux ans seulement après l'abandon de la dernière maison des Grandes Écoles. Suivant son affirmation, — *Hist. Eccl.*, p. 369, — au temps de Marand de Bailleul les Grandes Écoles étaient tenues près de la porte au Sel. Là a donc été leur dernière station avant leur transfert près du pont à Cardons sous le nom de collège, et cette station dut être de courte durée, les discussions entre la Ville et les chanoines pour la vente de la maison rue Tayon n'ayant surgi qu'un peu après l'édit d'Orléans. Notre mémoire A est sans doute dans la vérité, ou bien près de la vérité, lorsqu'il place pendant les procédures de 1584 le transfert de la rue Tayon à la porte au Sel. C'est ce voyage des Grandes Écoles que M. Louandre indique, mais en sens inverse, comme ayant eu lieu « après 1560. » Nous nous tromperons peu dans tous les cas en n'accordant que quelques années de séjour aux Écoles dans la nouvelle maison. L'auteur de notre mémoire B contenant des dépositions évidentes des chanoines qui se prétendaient propriétaires de temps immémorial de l'ancienne maison des Grandes Écoles affirme implicitement l'existence de ces Écoles sur la paroisse de

Sainte-Catherine. Les preuves qu'il n'a pas même pensé à donner, la question n'étant pas là pour lui, sont bien près de sortir pour nous des circonstances établies. Certaines obligations acquittées de toute ancienneté par les maîtres et les élèves dans l'église de Sainte-Catherine (voisine des Écoles) jusqu'à la date du transfert près du pont aux Cardons et traditionnellement encore depuis ; le patronage de la sainte sur ces Écoles ; l'invraisemblance que l'on ait établi au treizième siècle, au douzième peut-être, les écoles principales de la ville non vers le centre (1), mais près d'une porte même de la ville (porte au Sel); toutes ces considérations, d'autres présomptions ou preuves que nous rencontrerons dans le cours de ce travail, ne me laissent aucun doute. Les Grandes Écoles occupaient primitivement une maison de la rue qui a gardé leur nom.

(1) L'église de Sainte-Catherine était une des plus vieilles de la commune. Elle n'avait pas de date. Le P. Ignace la dit seulement contemporaine des croisades. La rue Tayon, toute voisine de l'église, devait être une des plus anciennes de la paroisse. Son nom est bien du moyen âge. Peut-être l'avait-elle pris d'un vieil arbre : « gros chesnes comme perots et tayons. » Cette rue à proximité de tous les points de la vieille ville a dû paraître plus propre à l'ouverture des écoles que le voisinage du fossé de la Rabette. Les deux noms Tayon et des Grandes-Écoles sont restés concurremment dans l'usage longtemps, mais n'y eut-il pas *deux* rues où nous n'en voyons plus *qu'une*? La rue des Lingers coupée en quatre tronçons a porté quatre noms ; la rue Saint-Gilles en portait deux, rien que du Marché à la porte au Sel ; dans la rue des Jacobins, la rue l'Oison respectait la rue du Vert-Soufflet, etc. Ne peut-il y avoir eu en même temps une rue Tayon et une rue des Grandes-Écoles? Rue Tayon, par exemple, de la fontaine Le Comte à la rue actuelle de Vérone, rue des Grandes Écoles au delà?

Mais nous pouvons faire un pas encore. La tradition identifie cette maison avec celle qui sert aujourd'hui, dans la rue toujours dite des Grandes-Écoles, aux distributions du Bureau de Bienfaisance et de la Consolation, et qui était, en 1761, à usage de savonnerie, quand la tradition était encore dans toute sa force. Les Grandes Écoles occupaient la maison que M. Gaillard d'Ambreville a léguée à la Bienfaisance abbevilloise et qui porte le n° 17.

Suivant l'auteur du mémoire anonyme de la Ville (*série GG, n° 120*), cette maison était au seizième siècle, et encore à la date où il écrivait (1761), décorée d'images saintes en bois : « On voit encore au bout des poutres du premier étage de cette maison les images des saints patrons de ces écoles, celle de la Sainte Vierge, celle de sainte Catherine, à cause de la paroisse sur laquelle les écoles étoient et dont la fête étoit pour cette raison propre aux écoliers......, celles de saint Grégoire et de saint Nicolas qui sont demeurés les patrons du collège. »

J'aurai à corriger (pp. 10, 283 et 351 de *la Top. hist. d'Abb.*, t. Ier) l'erreur qui m'a fait placer d'abord les Grandes Écoles près de la porte au Sel.

Je laisse à ses imaginations l'auteur du mémoire (*Arch. de la Ville, n° 120*) rappelant les fleurs de lys de l'auberge du Géant.

En bon Abbevillois j'ai appris, moi aussi, les éléments du latin dans la rue des Grandes-Écoles, chez un vieux *magister scholæ*, nommé M. F. Depoilly. M. Depoilly en était resté à la férule et à la grammaire de Tricot, demeurée dans mes souvenirs plus claire que celle de Lhomond. Il s'appelait François de Sales, et le jour de sa fête, après quelques petits cadeaux à lui offerts selon les vieux usages, ses écoliers emplissaient sa cour des cris enthousiastes : Vive saint François le Salé ! La maison de M. Depoilly est devenue celle du docteur Farcy (n° 14). Les écoles ne pouvaient se décider à émigrer de la vieille rue scolaire. Quelques-uns de nos concitoyens de trente à quarante ans ont fait leurs premiers thèmes chez M. Delarue, dont la maison abrite un comptoir de commerce (n° 8). Aujourd'hui le dernier *Epitome* a quitté la rue latine.

J'avais, étant maire, préparé quelques inscriptions commémoratives, une entre autres, non pour la maison de M. Depoilly, mais pour celle des vieilles Écoles :

> *Illic primùm reperit ripam doctrina scholarum*
> *Quâ priùs in Samaram desiluit Tiberis.*
> *Ille secutus eam; non ægriùs illa morata;*
> *Tibride sic rapto rapta fuit Samara.*

Je n'ai pas soumis au Conseil municipal ce résultat des *Rudiments* de Tricot.

Quoique il en soit du lieu, nous pouvons suivre, soit dans les mémoires pour ou contre les chanoines de Saint-Vulfran, soit dans les archives de la Ville, l'histoire des Grandes Écoles depuis 1384.

A cette date fut obtenue du pape Clément VII, par les chanoines, une bulle qui leur donna ou confirma des droits sur les écoles de la ville.

C'est ce que tend à établir le mémoire B : « Bien

« avant ce temps (1560) les chanoines de Saint-Vul-
« fran, en qualité de premier corps ecclésiastique du
« Ponthieu, s'appliquoient déjà par leur zèle et leur
« soin à l'instruction de la jeunesse de la ville, tant
« pour la religion que pour les belles lettres ; ils
« veilloient à ce qu'il y eût de bons maîtres et de
« bonnes maîtresses d'écoles qui prenoient leur attache
« de leur autorité et ils en faisoient de temps en temps
« la visite pour le bon ordre. Mais attendu qu'ils ne
« pouvoient pas exercer toujours par eux-mêmes exàc-
« tement ce droit qu'ils avoient d'écolàtrerie sur tous
« les quartiers, tant de la ville que de la banlieue
« d'icelle, à cause de leur office et autres fonctions atta-
« chées à leur état, ils prirent le parti de choisir un
« honnête ecclésiastique et capable d'enseigner le latin,
« sur lequel ils se déchargèrent de leurdit droit d'éco-
« làtrerie et qu'ils nommèrent en plein chapitre par
« l'acte inséré en leur registre, du 3 février 1383, sous
« le titre de *Magister scholarum ;* se réservant néces-
« sairement le pouvoir de le destituer toutes fois et
« quand ils le voudroient suivant l'exigence des cas (1).

« Par la suite, le lucre qui en revenoit et la distinc-
« tion qui étoit attachée à cette charge faisoient qu'elle
« étoit courue souvent par gens peu capables de la
« remplir, qui, se couvrant de la protection de gens

---

(1) Suivant leur défenseur, les chanoines auraient enseigné eux-mêmes jusqu'en 1383, mais où la preuve ? La rédaction est mauvaise d'ailleurs. Dès les lignes suivantes on voit que le Chapitre nommait le *Magister scholarum* depuis plus longtemps ou que sa prétention était de l'avoir nommé de temps immémorial.

« puissants en autorité de la ville, gênoient leurs suf-
« frages par les menaces qui leur étoient faites s'ils ne
« les nommoient, et d'autant que, n'en cherchant, pour
« ainsi dire, que le titre avec le lucre, ils n'y résidoient
« point et sembloient mépriser l'autorité dudit
« chapitre. » — Où l'auteur a-t-il pu voir tout cela à
cette distance ?

« Lesdits chanoines, voulant remédier à un tel abus (1)
« et pour mieux affermir leurdit droit d'écolâtrerie, se
« résolurent unanimement de présenter au Pape une
« requête ou supplique tendante à y être confirmés, et
« ledit *Magister scholarum* condamné, comme leur en
« ayant fait serment, à reconnaître sa dépendance dudit
« Chapitre en qualité de leur délégué (2).

(1) Les faits seraient un peu différents dans notre hypothèse émise plus haut de la naissance spontanée des écoles. Le temps marchant et ces écoles prenant de l'importance, les chanoines auraient été très probablement amenés à faire les diligences nécessaires auprès du pape pour obtenir de lui l'intendance de l'enseignement dans la ville, le *monopole*, pourrions-nous dire, par la subordination de tous les maîtres de tous degrés au Maître institué par eux et en vertu de leur droit d'écolâtrerie, suivant les termes employés depuis dans tous leurs manifestes contre la Ville. La bulle du 4 juin 1384 nous donne une date au delà de laquelle on ne peut remonter que par des inductions, mais, je dois l'avouer, par des inductions périlleuses.

(2) Un Principal du collège, Robert de la Leurièze, prenant la défense des chanoines et écrivant en 1652, a dit, en termes à peu près semblables, dans un mémoire conservé aux archives d'Abbeville *(série GG, n° 118)* :

« Par acte des doyen, chanoines et Chapitre de l'église collégiale de Saint-Vulfran, daté du troisième jour de février 1383, il appert que lesdits sieurs du Chapitre, entre autres beaux privilèges anciens, avoient droit de mettre et destituer le Maître des

« Clément VII, qui résidoit pour lors à Avignon et
« reconnu par la France lors du chisme qui troubloit
« alors l'église pour l'élection des Papes, les satisfit en
« tout point et leur donna une bulle datée du 2 des
« nones ou 4 juin 1384, la sixième année de son pon-
« tificat, au bas de laquelle Jean Rolandi (1), évêque

Grandes Écholes qui avoit, sous leur authorité, la surintendance sur les autres petites écholes tant de la ville d'Abbeville que la banlieue d'icelle ; et, voians que, pour les grans revenus d'icelle maîtrise, ils étoient souvent sollicités par des personnes puissantes à l'authorité desquelles ils n'osoient rien refuser pour les effets qui suivent plus souvent leurs menaces, ce qui faisoit qu'ils étoient souvent contraints de pourvoir aux dites places de personnes moins propres et capables, outre la non résidence qui arrivoit quelquefois desdits maîtres ainsi établis par faveur ou authorité, pour se rédimer de cette contrainte et servitude, ils résolurent tout d'un consentement unanime de se pourvoir par supplique ou requête par devant Sa Sainteté tendante à ce qu'ils fussent confirmés dans ledit droit et que, telle raison que ce pût estre, ledit grand maistre établi par le Chapitre s'estant obligé par serment à la résidence, il ne pourroit aucunement en être dispensé. »

(1) « Cette bulle obtenue fut représentée à l'official d'Amiens qui donna son *visa* daté du 13 octobre 1384. » En suite de ce *visa*, « sur la requête et instance du Chapitre » le roi Charles VI donna ses lettres patentes « d'approbation et de confirmation avec [ordre] aux gouverneurs et officiers de Ponthieu et autres de maintenir, conserver et garder ledit Chapitre dans lesdits droits d'écholâtrerie, mars 1385. » — *Mémoire de La Leurièze.*

Clément VII était un anti pape, mais la bulle fut toujours réputée très orthodoxe par le Chapitre.

Le titre, on le sait, fut ratifié par Charles VI, mais serait-il vrai que les chanoines travaillèrent plus tard à le faire confirmer de nouveau par Henri VI, roi d'Angleterre et couronné roi de France en 1421 ? L'auteur anonyme d'un mémoire écrit en 1761 (*Archives de la Ville, série GG, n° 120*), avance ce fait, mais je ne l'ai vu énoncé que par lui.

« d'Amiens, mit son visa du 1er octobre suivant.

« Tout ce qu'étant cy dessus dit fut en outre ratifié
« et agréé par le roi Charles VI qui en fit expédier des
« lettres patentes datée de Paris au mois de mars de
« l'année suivante 1385.

« Fut ainsi statué et confirmé ledit droit d'écolâtrerie
« en faveur desdits chanoines sur tous quartiers de la
« ville et banlieue d'icelle de façon à n'en point
« douter (1). »

Au contraire, le mémoire A, défavorable aux chanoines : « Dans les premiers temps il n'y avoit que des
« personnes engagées dans l'ordre ecclésiastique qui se
« mêlassent du fait de pédagogie. Il étoit tout naturel
« que les chanoines de l'église d'Abbeville veillassent
« sur les mœurs, la science et la religion des péda-
« gogues et sur l'instruction qui se donnoit à la jeu-
« nesse. Ce fut aussi un de leurs soins chrétiens qui
« leur présenta l'occasion de s'attribuer insensiblement
« l'institution et destitution des grands maîtres et la
« surintendance sur les maîtres des petites écoles.
« Mais il falloit des titres pour en imposer aux péda-
« gogues indociles. Ils profitèrent des troubles de
« l'Église, et, s'adressant au pape Clément VII pour lors
« à Avignon, obtinrent de lui, le 4 juin 1384, des bulles

(1) « D'où l'on peut aisément inférer, dit La Leurièze, que le droit et la dignité d'écholâtrerie appartient auxd. sieurs du Chapitre, et, pour ce qu'ils ne peuvent pas tous ensemble faire la fonction d'écholâtre, ils ont choisi qui bon leur a semblé de la qualité de maître ès arts pour en faire l'exercice, tant et si long temps qu'ils l'ont trouvé bon ; mesmq il y avoit une maison assignée à celui qu'ils avoient choisi pour ledit exercice. »

« qui les confirma, ... (1), dans les droits
« qu'ils s'étoient attribués. Ils étayèrent ces bulles
« avec des lettres patentes du roi Charles VI datées du
« mois de mars 1384 (2) qui les approuva. A la faveur de
« tels titres ils se constituèrent une espèce de propriété
« qui leur fit prendre la qualité d'écolâtres, donnèrent,
« à ce qu'on a prétendu, à ferme l'instruction publique
« dont ils tiroient un revenu (3). Ils chargeoient par leurs
« baux les grands maîtres, recteurs des Grandes Écoles,
« d'instruire les petits bénéficiers ou porteurs d'eau
« bénite, sans rien exiger autre chose d'eux que les
« verges et balayer les classes, plus d'instruire *gratis*
« les valets de chacun d'eux et ceux de leurs pères ; ce
« qu'on a vu par les baux des années 1512, 1514, 1516,
« 1517, 1748 cités dans le mémoire du procès qui a été
« au Parlement entre le sieur Mouchart, chanoine et
« principal, et MM. les chanoines.

« C'est en vertu de cet ancien usage constaté par ces
« baux, que les chanoines prétendent avoir la posses-
« sion de faire instruire gratuitement dans le collège

---

(1) Mots latins différemment mal écrits dans les deux copies de la Ville et de Sachy.

(2) L'année commençant à Pâques.

(3) La Laurièze, non suspect d'hostilité aux chanoines, écrit : « Le *Magister scholarum*, comme il se voit par plusieurs baux insérés dans le registre dudit Chapitre, tenoit lad. maison qu'ils appeloient des Grandes Écoles comme à louage et en rendoit tantôt trente-six, tantôt quarante livres par an, en commençant la jouissance de lad. maison et la fonction de maître des écholes le lendemain de la Nativité de saint Jean Baptiste. » — *Mém. cit. Arch. munic., série GG, n° 118.*

« les bénéficiers porteurs d'eau bénite des neuf paroisses
« de la ville dont ils sont les patrons.

« L'instruction publique affermée au grand maître
« recteur des écoles, qui tiroit le plus qu'il pouvoit des
« maîtres des petites écoles pour la permission de tenir
« écoles, faisoit tant augmenter le prix de l'instruction
« qu'il se trouvoit très peu d'étudiants. »

Ainsi, est-il dit plus loin dans le même mémoire,
« avant l'édit d'Orléans de 1560, les chanoines s'étoient
emparés (1) de la nomination à la grande maîtrise des
écoles. »

Le directeur des Grandes Écoles avait pour titre
Magister scholarum. « Celui auquel on confia le soin
des Grandes Écoles prit la qualité de grand maître
recteur des écoles d'Abbeville et banlieue. » — *Mémoire* A.

Le mémoire B, favorable aux chanoines, relate les
pouvoirs qu'avait le *Magister scholarum*, « en qualité
de Messieurs du Chapitre, » et les devoirs auxquels il
était assujéti en conséquence.

« Ledit *Magister scholarum* entroit ordinairement
« en exercice des fonctions de sa charge le lendemain
« de la Saint-Jean, jour qu'il faisoit l'ouverture de ses
« classes nommées Grandes Écoles (2).

---

(1) Toujours, on le voit, les Grandes Écoles primitivement dans la rue qui a gardé leur nom.

(2) Ce mémoire est identique sur bien des points avec celui de La Leurièze. Cependant La Leurièze précise quelques détails et en fournit quelques autres.

Les chanoines tenaient un chapitre général le lendemain de la Saint-Jean-Baptiste. Tous les maîtres des écoles devaient com-

« Il pouvoit se choisir de l'agrément du Chapitre un
« coadjuteur pour l'aider dans ses fonctions et prenoit
« de lui-même un ou plusieurs régents, selon le nombre
« des écoliers qu'il avoit.

paraître en ce chapitre et là « remettre la puissance ou permission à eux auparavant accordée d'ouvrir ou de tenir publiquement échole pour enseigner. Et de fait ils comparoissoient et remettoient lesdites écholes, ensuite de quoi, selon qu'ils s'étoient bien ou mal comportés dans l'instruction des enfans tant de la ville que de la banlieue selon le rapport qui en étoit fait par le *Magister scholarum* comme le grand maître et visiteur desdites écholes, lesdits doyen et chanoines destituoient les malversants et continuoient favorablement les autres qui se gouvernoient bien, et ceux-ci prestoient de nouveau le serment de s'acquitter dignement de leur charge à condition qu'ils satisferoient audit *Magister scholarum*, et, retenant dans leurs écholes seulement les écholiers qui apprenoient à lire et à écrire, renvoieroient auxdites grandes écholes tous les autres qui avoient commencé d'apprendre les préceptes ou principes de la langue latine; et cela s'est longtemps observé.

« Or, touchant la satisfaction que lesdits maîtres des petites écholes étoient obligés de faire auxdits grands maîtres, il faut savoir que ce grand maître faisoit trois fois sa visite par an pour y reconnaître les défauts, manquements et désordres, affin qu'en suite de son rapport il y fust pourvu par led. Chapitre selon les voies raisonnables; et les termes destinés pour ces trois visites étoient la Saint-Remi, Pasques et la Saint-Jean ou les jours prochains, selon que le trouvoit le plus à propos ledit *Magister scholarum* qui, dans lesdites visites, pouvoit se faire accompagner du notaire ou du portier ou du bedeau du Chapitre quand il le jugeoit nécessaire. Et pour les droits tant desdites visites que de reconnaissance de ce que les maîtres desdites petites écholes ne les pouvoient ouvrir ni enseigner sans la permission dudit Chapitre, tous les maîtres étoient anciennement obligés à tenir la main à ce que tous les écholiers et écholières payassent à chacun douze deniers par chacun an audit grand maître, sinon les maîtres des petites écholes étoient obli-

« Il avoit également droit, pour le bon ordre et la
« discipline, de faire visite dans toutes les écoles, tant de
« la ville que de la banlieue d'icelle, au moins trois fois
« l'an, et toutes autres fois même qu'il le désiroit ;

gés de les payer en leur propre et privé nom ; et cela s'est pratiqué jusque à l'an 1495, le 7 du mois de juillet.

« Auquel temps j'ai remarqué que, sur les remontrances faites en chapitre, tant par le maître des grandes écholes que de la part des maîtres des petites écholes, touchant les différends qui naissoient tous les ans, tant entre icelui grand maître que les autres, pour le payement de ses droits, qu'entre lesdits maîtres et les parents de leurs écholiers pour la récompense de leur instruction, pour le bien de la paix, il fut ordonné par ledit Chapitre :

1º Que les maîtres des petites écholes ne recevroient, de là en avant, aucun écholier ni écholière que ce fust, à moindre prix et récompense que de la somme de huit sols par chacun an pour chacun d'iceux écholier ou écholière, qui étoit à raison de huit deniers tout au moins chaque mois, et l'acte du 16 juillet 1396 confirme le droit du Chapitre.

2º Que pas un desdits maîtres particuliers ne pourroit, ni par luy ni par autre personne interposée, directement ou indirectement, attirer ni recevoir aucun autre écholier ou écholière venant ou se retirant de l'échole d'un autre maître, sans auparavant le plein consentement et entière satisfaction d'iceluy maître, pour éviter à bruit et jalousie.

3º Défense à qui que soit desdits maîtres des petites écholes d'enseigner la langue latine, et commandement d'envoyer les écholiers qui seront en disposition de l'apprendre audit maître des Grandes Écholes.

4º Que de toute antiquité, c'est-à-dire par l'antienne institution de la grande maîtrise confirmée par la coutume et possession, tous les maîtres en général des petites écholes, et chacun d'eux en particulier, seront obligés tous les ans, au jour de la reposition (?) de leurs écholes, qui estoit le lendemain de la Nativité de saint Jean Baptiste, ou auparavant, de payer audit maître des Grandes Écholes ladite somme de douze deniers.

« sçavoir aux termes de Saint-Remy, Pasques et Saint-
« Jean ; se faisant à cet effet accompagner d'un notaire,
« du portier ou bedeau du Chapitre, et, en conséquence,
« de se faire donner par lesd. maîtres et maîtresses une

« Néantmoins, pour certaines raisons et considérations et par une grace spéciale, ladite somme de douze deniers a esté modérée et taxée seulement à la somme de huit deniers que lesdits maîtres étoient obligés de payer ou faire payer par leurs dits écholiers, pour chacun d'iceux en particulier, audit maître des Grandes Écholes, comme estant commis et vice-gérant dudit Chapitre pour avoir l'œuil sur lesdits écholiers, et à cette fin qu'il n'y ait pas de fourbe ou tromperie dans la perception dudit droit, pour savoir déterminément et au certain le nombre des écholiers et écholières de chacune desdites petites écholes, ledit grand maître, au nom dudit Chapitre, faisoit lesdites trois visites au jour ci-devant nommé ou autres fois que bon luy sembloit ; en sorte que, si lesdits maîtres estoient en faute ou en demeure de payer et satisfaire pour ledit droit, sur les plaintes contre eux faites par le *Magister scholarum* au chapitre général le lendemain de saint Jean Baptiste, lesdits maîtres étoient privés de la permission de tenir écholes, ou, s'ils y étoient continués et conservés dans ledit exercice, c'estoit à la charge de satisfaire audit *Magister scholarum* pour ledit droit. Voilà le contenu dans l'ordonnance dudit Chapitre datée, comme dit est, du 7ᵉ jour de juillet 1495.

« Depuis ce temps ladite somme de huit deniers pour ladite reconnaissance du droit s'est payée et se paye encore à présent par chacun des écholiers estudiant au collège d'Abbeville qui tient lieu maintenant des anciennes Grandes Écholes, lesquelles ont été abolies ou changées dans l'établissement d'icelui ; payée, dis-je, au Principal dudit collège, non point en qualité de Principal (pour lequel la nomination en sa charge n'appartient pas seulement audit Chapitre, mais aussi au Corps de ville suivant l'ordonnance des États d'Orléans), mais en qualité de *Magister scholarum*, laquelle, dépendante seulement des sieurs doyen et chanoines et Chapitre à cause de leurdit droit d'écolâtrerie, ils ont annexée à ladite charge de Principal dont il jouit maintenant

« liste du nombre de leurs écoliers et écolières sur les-
« quels il lui étoit dû douze deniers, qui furent réduits
« par la suite à huit pour chacun d'eux, et dont lesdits
« maîtres et maîtresses répondoient en leurs propres
« et privés noms.

« Il les sommoit encore de comparoir avec lui au
« chapitre général que les chanoines tenoient à ce sujet
« le lendemain de la Saint-Jean pour y renouveler
« leur pouvoir ou y être destitués, suivant les cas, sur
« les plaintes ou louanges qu'ils portoient d'eux, et les
« écoles s'ouvroient ensuite.

comme ont fait ci-devant les quatre Principaux ses prédécesseurs sans contredit; et ladite somme de huit deniers se paye tous les ans en deux termes assignés environ au jour de sainte Catherine, le 25 de novembre, et de saint Grégoire pape, le 12 de mars, à raison de quatre deniers par chacun des deux termes. Voilà pour le droit qui se paye encore maintenant audit *Magister scholarum* par les écholiers dudit collège.

« Mais pour les autres, que l'on appelle petites écholes, il est constant qu'encore à présent tous les maîtres et maîtresses sont obligés, en reconnaissance dudit droit, de faire apporter, par tous et un chacun de leurs écholiers et écholières, deux deniers à deux fois, auxdits termes de saint Grégoire et de sainte Catherine, à raison d'un denier pour terme; ce qui s'est encore payé par tous lesdits maîtres et maîtresses, sans contredit, environ les jours de festes de sainte Catherine 1651 et de saint Grégoire de cette année 1652. »

Bien que La Leurièze n'ait pas jugé nécessaire de l'écrire, c'est entre les mains du Principal du collège évidemment que les maîtres et maîtresses des petites écoles s'acquittaient de la redevance. Les deniers ainsi versés étaient dits « deniers de sainte Catherine. » — *Archives, série GG, n° 120, mémoire de 1761.*

Il est évident que La Leurièze, en défendant les droits des chanoines, défendait les siens propres contre les maîtres et les maîtresses des petites écoles.

« Et, pour éviter les refus que faisoient souvent les-
« dits maîtres et maîtresses d'écoles de lui payer ledit
« droit d'écolâtre, il fut rendu une ordonnance par
« Messieurs du Chapitre qui taxoit la rétribution ou
« honoraire desdits maîtres et maîtresses desdites
« petites écoles à huit sols par an par chaque écolier et
« écolière, dont l'acte se voit au registre du Chapitre
« en date du 16 juillet 1396, lequel étoit renouvelé tous
« les ans depuis audit chapitre de la Saint-Jean.

« Et, pour mieux maintenir ledit *Magister scholarum*,
« dans la reconnaissance de leur autorité sur lui, Mes-
« sieurs du Chapitre l'obligeoient de se rendre tous les
« ans avec ses régents et écoliers aux premières vespres,
« la veille de Sainte-Catherine, au mois de novembre,
« en l'église paroissiale de cette sainte, où les cha-
« noines vont, comme curés primitifs, faire l'office, et
« d'y faire présenter par iceux une épigramme latine à
« chacun des chanoines, pratique semblablement aussi
« utile pour faire voir les progrès des écoliers et la
« vigilance des maîtres à les instruire comme leur devoir
« l'exige ; laquelle s'est conservée pendant un long
« temps, aux mêmes jour et lieu, quoique lesdites
« Grandes Écoles ayent changé de cette paroisse (1) et
« ayent été transférées par la suite en différents quar-

(1) « Les chanoines de Saint-Vulfran disent qu'ils n'ont pas de
droit mieux établi que celui d'écolâtre en vertu duquel ils se
disent maîtres des grandes et petites écoles, mais cela ne m'em-
pêchera pas de croire que c'est par une usurpation ancienne
devenue droit légitime par le laps de temps et en vertu des
arrêts du Conseil qui les y ont maintenus, et en vertu de ce
droit qu'ils nomment le principal du collège conjointement avec

« tiers et patronages de la ville, mais qui s'est abolie
« dans la suite sous M. ..... qui en étoit Principal en
« l'année.

« Et, attendu l'emploi du temps nécessaire à son état,
« ledit *Magister scholarum* n'étoit tenu à l'office du
« chœur qu'en certains jours, tels que les dimanches
« et fêtes de l'année, ordinaires et semi doubles de
« neuf leçons, pour y chanter en habit d'office la deu-
« xième leçon du premier nocturne de matines, car il ne
« devoit rien les jours de trois leçons, même les doubles
« de *primæ* et de *secundæ classis,* quoique de neuf
« leçons, lesquelles sont ordinairement chantées par les
« chanoines ou les chapelains du grand autel qui sont
« regardés comme chanoines vicariaux ; et tenoit ordi-
« nairement place audit chœur après le dernier cha-
« noine du côté gauche.

« Il ne pouvoit paroître dans le chapitre, non plus
« qu'en aucune autre cérémonie publique regardant
« son état, qu'avec une robe sous la soutane, rabat
« ecclésiastique et bonnet quarré, ainsi que ses régents.

« Quant au logement dudit *Magister scholarum,* il
« paraît par plusieurs baux de trois, six ou neuf ans
« plus ou moins à la volonté des chanoines, dont leurs
« registres font mention, qu'il prenoit d'eux tant ladite
« charge que la maison destinée à ce sujet à louage, et

les mayeur et échevins. » — *Biens, droits, etc., de Saint- Vulfran,
ms. de la main de Sangnier d'Abrancourt, composé surtout à
l'aide de pièces de procédures,* n° 113 *(manuscrits) du catalogue de
la bibliothèque de MM. Delignières de Bommy et de Saint-Amand,
acheté par moi à la vente de 1872.*

« qu'il leur en rendoit par an trente-six ou quarante
« livres ; desquels il entroit en jouissance à la Saint-Jean
« de chacun an. »

Le principal R. de la Leurièze, plus désireux sans doute de dépendre des chanoines de Saint-Vulfran que de MM. de la Ville, et se considérant comme le successeur des *Magistri scholarum*, s'est plu à mettre en lumière, en 1652, les marques de la dépendance de ces maîtres envers MM. du Chapitre.

« Outre ce que nous avons dit ci-devant, écrit-il (1) pour montrer la dépendance du *Magister scholarum* du Chapitre seul en sa qualité d'écolâtre, non seulement il tenoit dud. Chapitre les Grandes Écoles à ferme et en rendoit chacun an la somme portée par le bail, sauf à diminution quand cela y écheoit, comme il se voit par quelques actes capitulaires ; non seulement led. *Magister scholarum* étoit éleu par ledit Chapitre seul et n'exerçoit ladite charge que pour aussi longtemps qu'il plaisoit au Chapitre ; si ce n'est que le temps fust exprimé aud. bail ; mais de plus, en reconnoissance d'icelle dépendance, ledit *Magister scholarum* estoit obligé tous les ans de se rendre avec ses régents et sous-maîtres et tous les écholiers desdites Grandes Écholes dans l'église de Sainte-Catherine où lesdits sieurs chanoines et Chapitre, en qualité de curés primitifs, vont en procession, tant la veille aux premières vespres que le jour à la messe paroissiale, et de faire présenter auxdits sieurs doyen, chanoines et Chapitre

(1) Voyez ci-dessus en note.

des épigrammes. Et cette cérémonie s'est observée de tout temps, non seulement durant les Grandes Écholes, mais aussi depuis l'établissement et érection dudit collège, non seulement par ceux que l'on appelloit *Magister scholarum*, mais aussi par les Principaux dud. collège, à la charge desquels, après l'abolition ou vente desd. Grandes Écholes, lesd. du Chapitre ont donné la qualité de *Magister scholarum* . . . .

« La seconde marque c'est que (comme de toute antiquité depuis l'établissement dud. collège) on a coustume, le jour saint Grégoire, de composer une harangue en prose latine à l'honneur de ce saint comme un des patrons dud. collège et icelle harangue ou oraison composée, ledit Principal, assisté d'un régent, va inviter les premiers corps pour assister à ladite harangue et, entre autres, Messieurs les doyen et Chapitre en qualité d'écholâtres pour marque de leur prérogative ; et iceluy Principal, en qualité de *Magister scholarum*, laquelle il tient seulement du Chapitre, doit le passé honeste aux deputés dudit Chapitre. » — *Arch. mun., série GG, n° 118, mémoire de 1632.* — Le passé honeste, la déférence du pas sans doute.

On ne saurait, je crois, nommer plus de trois des *Magistri scholarum* du quinzième siècle.

1431. — Jean de Branlicourt. Les chanoines « attaquèrent en 1431 le sieur Jean de Branlicourt par assignation où ils demandoient que, conformément au droit d'écolâtrerie dont ils jouissoient depuis plus de cinquante ans, ledit sieur eût à cesser d'enseigner qu'au préalable il n'eût reçu son institution du Chapitre au jour de la Saint-Jean, et que, pour la faute par lui faite d'avoir enseigné sans cette permission, il fût condamné à l'amende. Sur cette assignation le sieur de Branlicourt renonça à la fonction d'enseigner et il intervint une sentence rendue au nom de Colart Bonpast (c'est apparemment Colart de Brimeu dit Florimond, nommé sénéchal du Ponthieu par lettre du roy du 22 octobre 1429) qui adjuge au Chapitre ses conclusions et le maintient dans son droit. Cette sentence qui est signée Machetrier semble avoir été donnée par défaut, puisqu'il ne paroit pas que le sieur de Branlicourt se soit défendu et qu'on ne voit au thrésor littéraire du Chapitre que l'assignation donnée de sa part audit sieur et la sentence mentionnée cy-dessus. — Il n'y a pas eu d'appel non plus. » — (*Arch. de la Ville, série GG, n° 120, mémoire anonyme.*)

1458. — Fremin du Four. On rencontre son nom dans le procès porté au Parlement pour la présentation au maieur du coq des Quaresmiaux par le roi de l'école. — V. plus loin.

1499. — Josse de la Garde. Avec lui nous touchons à la série complète du seizième siècle.

Notre mémoire B (Sachy) nous donne la suite des *Magistri scholarum* de 1499 à 1566, date où le dernier, Marand de Bailleul, prit le premier le titre de Principal du collège en vertu de l'édit d'Orléans.

« Le plus ancien que nous fournissent les registres
« du Chapitre n'est que de la fin du quinzième siècle.
« Les premiers nous manquent.

LISTE DES MAGISTRI SCHOLARUM

I

« M° Josse de la Garde, maitre ès arts en l'Université
« de Paris, continué, car il l'étoit déjà avant, par acte
« du 29 septembre 1499.

« Il se démit environ trois ans après et prit pos-
« session d'un canonicat de Saint-Vulfran, vacant, qui
« lui fut donné.

II

« 1502. — M° Pierre Briet, aussi maitre ès arts, ainsi
« que son prédécesseur, [nommé] par acte capitu-
« laire du 13 avril 1502. Il exerça la charge pendant
« neuf ans en deux baux, l'un de trois ans, l'autre de
« six. »

Remarquons ces expressions « en deux baux » qui marquent engagement réciproque, louage, redevance.

III

« 1512. — M° Jean Porquet fut son successeur par
« acte du 9 novembre 1512. Lequel, environ quatre
« ans après, se démit ès mains du Chapitre, le 17 oc-
« tobre 1516.

IV

« 1517. — M⁰ˢ Antoine Wailli et Jean Lami, comme
« coadjuteur, le 13 avril 1517; auxquels succéda

V

« 1519. — M⁰ Nicolas de Villers, en date du 27 avril
« 1519; lequel, sans le consentement du Chapitre, prit
« un coadjuteur qui fut M⁰ Jean Rolland, maître ès
« arts, le 25 juin 1520.

VI

« 1522. — M⁰ Mathieu Colins, lequel, à la prière du-
« dit Rolland, fut reçu au Chapitre par acte du 18 août
« 1522.

VII

« 1524. - M⁰ Jean Lardé, en place dudit Mathieu
« Colins, le 30 juillet 1524; lequel eut pour succes-
« seur

VIII

« 1525. — M⁰ Jean Ducandas, maître ès arts, reçu le
« 10 juin 1525.
« Il obtint une sentence de l'Officialité d'Amiens

« contre M' Antoine Joly qui ne vouloit dépendre ni du
« *Magister scholarum* ni du Chapitre pour tenir école
« sans permission.

IX

« 1541. — M⁰ Nicolas Dacheu (reçu dès auparavant,
« il manque ici quelque registre) fut continué par acte
« du 30 avril 1541. »

Je dois m'arrêter un peu à cette date. L'esprit de critique et de controverse qui souffle dans l'Église et dans le monde inquiète les théologiens du Chapitre. Le trouble menaçerait-il d'entrer dans l'enseignement des maîtres de petit degré? Les chanoines profitent de leur droit d'inspection pour visiter les petites écoles au point de vue de la foi, y rechercher et condamner les livres odorant la fausse doctrine, la secte luthérienne.

Super negotio fidei. — 4 aprilis 1541 ante Paschu dominus decanus et cantor deputati sunt pro communicatione faciendá cum magistro Magnarum scholarum hujus urbis, super negotio fidei, et vitandis ac prohibendis libris falsam doctrinam continentibus, Lutherianorumque sectam redolentibus. — Arch. de la Ville, série GG, n° 18, tiré d'un mémoire de M. Quennehen, notes de plusieurs actes du Chapitre.

X

« 1544. — M⁰ Jean Nicolle, chanoine de Saint-Vul-
« fran, succéda audit Dacheu le 31 mai 1544. J. Nicolle,

« environ deux ans après, remit sa charge ès mains
« du Chapitre le 30 septembre 1546

XI

« 1547. — Mes Pierre Rose et Guillaume Duchesne,
« coadjuteur, reçu en sa place le 5 janvier 1547.

XII

« 1547. — Me Jean Nicolle qui reprit ladite charge le
« 4 septembre 1547.

XIII

« 1548. — Mes Jean Savari et Jacques Brusquepine,
« du consentement dudit Nicolle qui s'étoit encore
« dégoûté dudit emploi, furent reçus et admis pour
« achever son temps le 11 janvier 1548.

XIV

« 1550. — Me Nicolas Le Leu, sur la démission du-
« dit Savary, fut reçu le 5 décembre 1550.

XV

« 1554. — Me Pierre Gasté reçu le 7 janvier 1554.
« Lequel, ayant remis sa charge, fut admis en sa place

XVI

« 1557. — M° Pierre de Humières reçu le 23 mars
« 1557.

XVII

« 1558. — M° Marand de Bailleul, le dernier de tous,
« fut reçu le 14 de novembre 1558. Il exerça cette
« charge environ sept ou huit ans jusqu'à l'édit d'Or-
« léans, et fut nommé Principal du nouveau collège
« par Messieurs, tant du Chapitre que des Mayeur et
« Échevins de la ville, et ensuite confirmé par l'évêque
« d'Amiens Antoine de Créquy. »

Marand de Bailleul fut donc, ainsi que nous l'avons dit, le dernier *Magister scholarum* et le premier Principal du collège. Suivant notre mémoire A, il prenait encore en 1565 le titre de « maître pédagogue des Grandes Écoles. »

Il nous serait aussi intéressant d'entrer en connaissance de la vie des écoliers d'Abbeville dans les temps reculés. Les renseignements font défaut. Un seul fait nous est connu. Au quinzième siècle, un écolier était nommé *Roy de l'escolle* dans la nuit des *Quaresmiaulx*, et c'est à lui qu'appartenait le droit d'apporter au maieur le champion demeuré vainqueur dans les combats de coqs donnés à cette date dans la ville. L'hommage était considéré comme assez enviable honorifiquement, puisqu'il donna lieu en 1458, entre les officiers municipaux et les chanoines, à un procès porté d'abord devant la Sénéchaussée de Ponthieu, puis, en appel, au Parlement. Par l'accord survenu devant cette dernière et suprême juridiction, les chanoines consentirent à laisser présenter le coq au maieur par le roi de l'école. — A. Thierry, *Documents inédits*, t. IV, p. 264.

CHAPITRE SECOND

Le Collège.

L'édit d'Orléans de janvier 1560 fut un acte important pour le développement et la stabilité alors de l'instruction publique (1).

L'Échevinage d'Abbeville ne demeura pas indifférent aux bonnes mesures arrêtées par les États et par le roi.

A une date que l'on peut fixer exactement entre le 13

---

(1) Ordonnance générale rendue sur les plaintes, doléances, etc., des États assemblés à Orléans (janvier 1560).

« Article 8. — En chacune église cathédrale ou collégiale sera réservée une prébende affectée à un docteur en théologie, etc...
Article 9. — Outre ladite prébende théologale, une autre prébende ou le revenu d'icelle demeurera destiné pour l'entretenement d'un précepteur, qui sera tenu, moyennant ce, d'instruire les jeunes enfans de la ville gratuitement et sans salaire ; lequel précepteur sera élu par l'archevêque, ou évêque du lieu, appellez les chanoines de leur église, et les maire, échevins, conseillers ou capitouls de la ville, et destituable par ledit archevêque ou évêque, par l'avis des susdits. » — *Recueil général des anciennes lois françaises depuis l'an 420 publié par Isambert 1829*, t. XIV, p. 66. Les éditeurs ont ajouté en note : « V. l'art. 183 et suivans de l'ord. de 1539, *de collegis artificum, vide l. 1, 2 et 3. De coll. et corp., et loi 1 cod. de monopol.* »

et le 16 octobre 1564, — *Registre aux délibérations,* — les maieur et échevins « représentans les habitans, corps et communaulté de la ville » adressent une requête à monsieur le séneschal de Ponthieu ou son lieutenant pour le roy. Ils rappellent « l'assemblée générale des estats tenus à Orléans » aux mois de décembre et janvier 1560 ; les « remonstrances et advertissemens » de ces États ; les ordonnances royales qui ont suivi, « sainement digérées et mises par escript pour mouvoir le poeuple à l'acomplissement d'icelles ; » l'article noeufviesme du premier chapitre où il est dit « que en chacune église cathédrale et collégialle de cestuy royaulme sera réservé une prébende ou le revenu d'icelle qui demeurera destiné pour l'entreténement d'un précepteur, qui sera tenu, moyennant cela, instruire les joeunes enffans de la ville gratuitement et sans salaire. » Ils ajoutent « que ladite ordonnance prend sa force et première vigueur pour apprendre et enseigner la joeunesse ès sainctes doctrines, conséquamment l'enrichir, décorer et faire vivre en bonnes mœurs, crainte et service de Dieu, observation de ses saincts commendemens et de notre mère saincte église, en quoy chacun doibt songneusement aspirer et rendre peine de parvenir pour acroissement de vertu ; » ils remontrent « qu'il n'avoit encores esté pourveu en ceste ville principalle et cappitalle de ce comté de Ponthieu d'un précepteur aux fins de lad. ordonnance ; » que, « suivant icelle, les vénérables doyen et chanoines de l'Église Monsieur St Wlfran, ensemble les officiers du roy nostre seigneur, conseillers magistrats, maieur et eschevins de lad. ville et aultres notables bourgeois et habitans d'icelle, se seroient congressés et assemblés, et, d'une mesme voix et délibération, auroient nommé M⁰ Jehan Marant de Bayeul (sic), prebtre, maistre ès arts, demeurant aud. Abbeville, précepteur et principal régent des Grandes Escolles. » Ils exposent que Marant a longtemps au précédent exercé l'office « selon sa faculté et puissance, comme il appert par lettres » etc. ; et représentent que, depuis longtemps, il auroit dû jouir d'une prébende et chanoinie ; que, les délais se perpétuant, l'ordonnance « seroit frustrée d'effect au grand destriment et intérest de la république. » Ils réclament qu'il soit fait défense aux doyen et chanoines de Saint-Vulfran « de doresnavant plus recevoir quelque personne que ce soit, quy, par importunité, surprinse ou inadvertissement, auroit obtenu jouissance d'aucune des prébendes ou chanoinies dudit lieu au préjudice de lad. ordonnance. » Le principal régent doit être pourvu de la première qui vaquera « ainsy que le roy l'a commandé. » Et cependant ils sollicitent le sénéchal « d'ordonner, par provision, que lesd. doien et chanoines et Chapitre seront contraincts assigner, fournir et bailler aud. de Bailloeuil pareille somme et revenu annuel que vault et peut monter en tous prouffrcts et eschéances quelconques une prébende de lad. église aux conditions et submissions reprinses par lad. ordonnance comme en semblables cas il a esté jugé par sentence et arrest de la court de Parlement en faveur des précepteurs d'Amiens, Beauvais et aultres lieux de ce royaulme. » Ils requièrent enfin « l'adjonction de monsieur le procureur du roy pour la conservation et entier acomplissement des voulloir et intention de la Majesté dud. seigneur. Et vous ferez bien, » concluent-ils.

De l'édit d'Orléans, en effet, date entre l'Echevinage et les chanoines, à propos du collège, l'antagonisme tantôt ouvert, tantôt latent, que nous avons déjà signalé et qui ne s'apaisera jamais complétement.

Le conflit ne paraît pas trop d'abord dans le mémoire B (favorable aux chanoines). — 1566, y est-il dit, c'est ici proprement la fin des Grandes Écoles et l'établissement du nouveau collège en vertu de l'édit d'Orléans de 1560.

« En conséquence de ladite ordonnance, comme ledit
« Marand de Bailleul faisoit la charge de *Magister scho-*
« *larum,* vint à vaquer une prébende dans la collé-
« giale de Saint-Vulfran, laquelle étant de la seconde
« fondation, l'une des six qui se nomment quotidiennes
« et beaucoup moindre en revenu que les vingt autres
« nommées prevôtales et de la premiere fondation, et
« Messieurs du Chapitre voulant l'appliquer audit *Ma-*
« *gister scholarum* en vertu de ladite ordonnance,
« comme ayant été élu Précepteur pour l'instruction de
« la jeunesse, les Maire et échevins de la ville prièrent
« lesdits sieurs du Chapitre de trouver bon qu'on laissât
« pourvoir par la forme ordinaire à ladite prébende
« vacante, comme étant une des moindres, promettant
« cependant de récompenser d'ailleurs ledit Précepteur
« ou *Magister scholarum,* jusqu'à ce qu'une autre pré-
« bende meilleure vint à vacquer, dont ils obtiendroient
« lettres d'amortissement, ce qui fut conclu et exécuté;

« car quelques années après, venant à vacquer une des-
« dites prébendes prevôtales par la mort de... (1), il
« [Marand de Bailleul] en fut pourvu comme élu par
« Messieurs du Chapitre et confirmé par l'évêque
« d'Amiens, Antoine de Créquy, en l'année 1566, et
« ses lettres d'amortissement de ladite prébende, ob-
« tenues par les Maire et échevins de la ville lorsque
« en étoit alors majeur M° Jean Gaillard. De Bailleul
« en prit possession le 17 décembre audit an ; et y fut
« maintenu par arrêt de la Cour en date du....., obtenu
« à sa requête contre M° Nicolas Quentin, chantre de la
« chapelle du Roi ; lequel, étant porteur des lettres de
« provision de Sa Majesté et voulant en prendre pos-
« session, perdit son procès ensuite de ladite ordon-
« nance d'Orléans et desdites lettres d'amortissement.
« Et en conséquence, et, au désir de ladite ordonnance,
« furent communiqués aud. Marand par Messieurs du
« Chapitre tous les titres, papiers, registres et cueilloirs
« concernant ladite prébende, pour être instruit par
« lui-même des revenus et charges d'icelle ; et lui fut
« donné alors, avec celle de *Magister scholarum*, la
« qualité de *Principal* avec les mêmes droits qu'il
« avoit ci-devant sous icelle. »

Le mémoire A, hostile au Chapitre, découvre moins d'empressement et de désintéressement chez les chanoines. Nous avons vu la requête du Maire et des échevins au sénéchal de Ponthieu pour la mise en jouis-

(1) M° François de Bacouel, ainsi que nous le verrons plus loin.

sance de la prébende accordée par l'édit de 1560. Nous allons voir la résistance opposée par les chanoines à l'Échevinage pour l'attribution aux intérêts du collège de la maison même des Grandes Écoles.

« Les articles 8 et 9 de l'édit d'Orléans du mois de
« février (1) 1560, ayant réservé dans chacune église
« cathédrale et collégiale une prébende, ou le revenu
« d'icelle, pour l'entretien d'un précepteur tenu d'ins-
« truire les jeunes enfants de la ville gratuitement,
« firent augmenter considérablement à Abbeville le
« nombre des étudians. La maison des Grandes Écoles
« devint trop petite (2).

« Les Majeur et échevins, par une résolution prise
« en l'assemblée générale des Corps de la ville, furent
« autorisés de vendre cette maison (3) et d'en employer
« le prix en acquisition d'une autre plus commode pour
« les écoles.

« Les chanoines s'opposèrent à la vente, se préten-
« dant propriétaires de la maison. Sentence intervint en
« la Sénéchaussée de Ponthieu le 18 octobre 1584, qui,
« en confirmant ladite délibération, ordonna que ladite
« maison seroit vendue. Appel de cette sentence par les
« chanoines. Le 9 janvier 1588, intervint l'arrêt du Par-
« lement sur les conclusions de M. Faye pour le procu-

(1) Janvier, avons-nous vu.
(2) Mêmes affirmations dans le mémoire des archives de la Ville, série GG, n° 120.
(3) Mais quelle maison ? Non celle près de la porte au Sel, simplement louée sans doute, mais l'ancienne, celle de la rue des Grandes Écoles. — Le mémoire A n'a été écrit qu'en 1764. Deux cents ans s'étaient écoulés depuis les faits rappelés.

« reur général qui a dit qu'il étoit *malséant aux*
« *appelants, qui devoient être les protecteurs des écoles*
« *et études publiques, de vouloir empescher une chose*
« *laquelle eux-mesmes devroient promouvoir ; qu'ils*
« *prétendent que la maison leur appartient en pro-*
« *priété, mais, par les pièces qu'ils ont communi-*
« *quées* (1), *le contraire se vérifie ; et, quand ainsi*
« *seroit, ayant ladite maison été employée par un si*
« *long temps pour tenir l'école publique, si ne peuvent-*
« *ils prétendre qu'elle soit employée à autre usage ;*
« *qu'il adhéroit aux intimés, à la charge de l'hypo-*
« *thèque sur la maison pour la rente de 9 livres qui*
« *a été payée aux appelants par le maître d'école qui*
« *tenoit ladite maison.* » — Tout cela est résumé aussi
dans le mémoire des archives de la Ville, série GG,
n° 120.

« Cet arrêt ordonne l'exécution de la sentence de la
« Sénéchaussée de Ponthieu à la charge que la maison
« des Grandes Écoles demeurera hypothéquée à la
« rente de 9 livres envers les chanoines. »

---

(1) Les chanoines fondaient leurs droits de propriétaires de la maison sur le cens qu'ils en tiraient. Une note marginale du mémoire des archives, GG, n° 120, signale au contraire dans l'existence de ce cens la preuve d'une aliénation : « Ils avoient donné cette maison pour les Grandes Écoles à la charge de neuf livres. »

I

MARAND DE BAILLEUL

Premier Principal

En divisant maintenant dans l'ordre chronologique, et sous les noms des divers Principaux, l'histoire du collège, je serai obligé de revenir sur quelques faits déjà rappelés.

Maistre Marand de Bailleul, « natif de Calaminois (1), a esté le premier principal du college d'Abbeville. » — P. Ignace, *Hist. Eccl.*, p. 369. — Le mémoire A le dit « prêtre, maistre ès arts, » et le mémoire B « précepteur, principal régent des Grandes Écoles. »

Le mémoire A, — hostile aux chanoines, — fait remonter l'élection de Marand comme Principal au 9 mars 1562.

« Avant l'édit d'Orléans de 1560, les chanoines de
« Saint-Vulfran s'étoient emparés de la nomination à
« la grande maîtrise des écoles. Après l'édit on voit
« par l'acte de nomination de Marand de Bailleul à la
« principalité des Grandes Écoles du 9 mars 1562 que
« l'élection a été faite par les chanoines, le lieutenant-
« général, juge présidial, les conseillers magistrats,

---

(1) Je lis dans le mémoire des archives GG, n° 120 : de Camp en Amiénois.

« avocats substituts du procureur du roy et autres
« officiers du siège, et les Majeur et échevins (1). »

En conséquence de l'édit d'Orléans, Marand devait être nommé à la prébende préceptoriale de la collégiale de Saint-Vulfran.

« On voit, dit encore le même mémoire A, par les
« procédures tenues en 1562, 1564 et 1565, que ledit
« Marand de Bailleul essuya beaucoup de difficultés de
« la part des chanoines de Saint-Vulfran au sujet de la
« prébende préceptoriale. Ils lui firent refus des distri-
« butions ordinaires et manuelles qui se distribuoient
« aux chanoines. Ils exigeoient de lui une caution
« comme il s'acquitteroit bien dûment des fonctions
« de précepteur principal régent et qu'il instruiroit la
« jeunesse gratuitement. Ils soutenoient qu'il ne pou-
« voit prétendre que les revenus d'une prébende et non
« ceux d'un chanoine.

« Le procureur du roy de la Sénéchaussée de Pon-
« thieu et le procureur fiscal de la Ville se joignirent
« ensemble pour soutenir Marand de Bailleul. Ils
« obtinrent sentence en la Sénéchaussée le 16 mars

(1) Le mémoire des archives, GG, n° 120, dit : « Marand de Bailleul, auparavant de Camp en Amiénois, puis maître des Grandes Écoles en 1559 et enfin nommé Principal du collège vers la mi may 1562. » — L'auteur du mémoire A a-t-il écrit mars pour mai ? — Le mémoire 120 poursuit : « Les chanoines refusèrent longtemps à Marand de lui réserver une des prébendes qui vaquaient. Il fallut une sentence de la Sénéchaussée et des arrêts rendus sur les réquisitions du procureur du roy en la Sénéchaussée et du procureur fiscal de la Ville pour les obliger à céder. » — Mais voyez dans notre texte supérieur, pour cette résistance des chanoines, nos extraits du mémoire A.

« 1565, qui ordonna que Marand de Bailleul jouiroit
« des revenus de la prébende vacante par le décès de
« Me François de Bacouel, tant en gros que distributions
« ordinaires, manuelles, obits, canonicat et autres
« choses en dépendantes, à la charge d'enseigner gra-
« tuitement la jeunesse de la ville.

« Appel au Parlement de cette sentence par les cha-
« noines. Les procureurs du roy et fiscal en demandent
« l'exécution provisoire (attendu que les chanoines per-
« cevoient depuis le décès du sieur Bacouel les revenus
« de la prébende), ce qu'ils obtinrent par sentence de la
« Sénéchaussée du 21 du même mois de mars audit
« an (1). »

Mais une complication se produisit.

« Maître Antoine Quentin, chapelain du roy, obtint
« du roy des provisions de la même prébende du sieur
« de Bacouel. Marand de Bailleul s'opposa à sa recep-
« tion ; ce qui fit la matière d'une instance aux requêtes
« du Palais.

« Les Majeur et échevins d'une part obtinrent du
« roy des lettres patentes le 16 décembre 1565 par les-
« quelles Sa Majesté ordonna que le maître d'école
« jouiroit des fruits et revenus de la prébende vacante
« du sieur de Bacouel depuis le jour de son décès,

---

(1) Le marquis Le Ver écrit simplement, à la date du 13 octobre 1564, dans ses notes extraites des registres municipaux :
« D'après l'article neuvième du premier chapitre de l'ordonnance
des États d'Orléans,..... requête présentée au sénéchal à l'effet
de pourvoir d'une prébende vacante Me Marant de Bailleul, prêtre,
maître ès arts, précepteur et principal régent des Grandes
Écoles. »

« nonobstant toutes provisions, mandant au sénéchal de
« l'en faire jouir et aux chanoines de Saint-Vulfran de
« le souffrir, à peine de saisie de leur temporel.

« Les procureurs du roy et fiscal avec M⁰ Marand de
« Bailleul se présentèrent au Chapitre pour l'exécution
« de ces lettres patentes et l'on voit par le procès-ver-
« bal du 30 décembre 1565 que MM. les chanoines en
« consentoient bien l'exécution, mais sans préjudice à
« leurs droits et prérogatives qu'ils disoient confirmés
« par les papes, rois et arrêts selon lesquels ils étoient
« écolâtres, supérieurs et visiteurs des écoles, à la
« charge que le Principal, suivant les statuts, ordon-
« nances, et la table de l'église de Saint-Vulfran, chan-
« teroit les fêtes et dimanches la seconde leçon des
« matines; qu'il se représenteroit aux jours de cha-
« pitres généraux, la veille de saint Jean Baptiste;
« qu'il entretiendroit un maître de chant pour appren-
« dre à chanter les enfants ; qu'il montreroit autant
« aux pauvres qu'aux riches (1), qu'il feroit le serment
« tel qu'il est tenu des doyen, chanoines et Chapitre, et
« qu'ils ne seroient pas tenus de rendre les fruits de la
« prébende depuis le décès du sieur de Bacouel,
« n'ayant point été enseigné gratuitement aux termes
« de l'édit d'Orléans. M° Marand de Bailleul a protesté
« du contraire ; que, néanmoins, pour vivre en union, il
« consentoit à n'entrer au partage des revenus que de
« ce qui n'étoit pas distribué.

« Sur ces difficultés on fit saisir tout le temporel du

---

(1) Pas si mal.

« Chapitre. M⁰ Antoine Quentin, chapelain du roy, en fit
« de même et traduisit les chanoines au Conseil où in-
« tervint arrêt le 3 août 1566 qui accorda aux chanoines
« la main levée provisoire des saisies et renvoya toutes
« les contestations touchant cette prébende pour être
« jugées au Parlement.

« Le 17 décembre 1566 arrêt du Parlement. L'arrêt
« ordonna que ladite prébende et chanoinie demeure-
« roit à M⁰ Marand de Bailleul, précepteur, pour en
« jouir tant en gros et revenus qu'en distributions
« manuelles ordinaires comme les autres chanoines;
« que la sentence du 16 mars 1565 seroit exécutée;
« condamna les chanoines aux dépens de la cause
« d'appel et leur fit main levée des saisies de leur
« temporel faites par M⁰ Antoine Quentin.

« ..... Des sommations sont faites aux chanoines
« les 2 et 7 avril 1567 de mettre en possession et puis-
« sance ledit Marand de Bailleul de ladite prébende
« comme les autres chanoines avec place au chœur, au
« keng (rang?), avec habits de chanoine, droits de
« quinzaine et collation de bénéfice à son tour, comme
« profit de ladite prébende et chanoinie. Les cha-
« noines répondent qu'ils accorderont à Marand les
« fruits et revenus de cette prébende conformément à
« l'édit d'Orléans; que, quant à ce qu'il prétend de
« plus, ils en requéreront avoir un réglement, lui
« offrant cependant place au chœur, ensuite des cha-
« noines, près les chapelains. »

Le P. Ignace, rappelant l'exécution à Abbeville de
l'édit d'Orléans, semble oublier ces premières résis-

tances des chanoines : « ce qui s'est toujours fidèlement observé par le vénérable Chapitre de S. Vulfran, etc.... » — *Hist. des Maieurs*, p. 695.

Suivant le P. Ignace, Marand de Bailleul commença à jouir de la prébende préceptoriale le 17 décembre 1566.

« L'édit de Blois, mois de mai 1579, d'Henri III,
« article 33, ordonne l'exécution de celui d'Orléans de
« Charles IX son prédécesseur, pour les prébendes
« préceptoriales, exceptées les églises où les prébendes
« ne seront que de dix en nombre outre la principale
« dignité. » — *Mémoire* A (1).

Cet édit ne pouvait porter préjudice au collège d'Abbeville, les prébendes de Saint-Vulfran étant au nombre de vingt-six.

Depuis l'édit d'Orléans, le collège est devenu l'objet de la sollicitude de la Ville ; les délibérations de l'Échevinage en font fréquemment foi.

Le 9 octobre 1582, la « peste » sévissant depuis quelque temps dans la ville, l'Échevinage fait défense à M⁰ Marand de Bailleul de recevoir au collège aucun écolier jusqu'à ce qu'il en soit autrement ordonné, à peine de dix écus d'amende. — *La Ligue à Abbeville*, t. 1ᵉʳ, p. 185. — Marand de Bailleul est encore dit dans cette délibération maître des Grandes Écoles.

(1) Le *Recueil des anciennes lois françaises*, t. XIV, contient l'ordonnance rendue sur les plaintes et doléances des États généraux assemblés à Blois en novembre 1576, Paris, mai 1579. Les articles 67 à 88 de cette ordonnance traitent des Universités et de l'instruction publique. Je n'y vois pas en termes exprès la confirmation de l'édit d'Orléans.

L'année suivante encore, le 16 septembre 1583, Mᵉ Marand de Bailleul « maître des Grandes Écoles » est mandé à l'hôtel de ville, et il lui est fait défense de recevoir aulcuns enfans ny tenir escole à raison de la malladie contagieuse » répandue dans la ville, jusqu'à ce qu'il en soit autrement ordonné. — *Ligue à Abb.*, t, Iᵉʳ, p. 186.

Ce sont les commissaires du Bureau des pauvres qui, en 1583, prirent particulièrement à cœur l'ouverture d'un collège dans des conditions meilleures, « pour le bien public. »

Le 24 novembre (1583) le Maire expose en l'échevinage que ces commissaires ont présenté une requête « narrative, » c'est-à-dire verbale, à cet égard. « Pour le bien publicq, ont-ils dit, et le prouffict que l'on puisse avoir d'establir un college pour l'instruction de la jœunesse tant de ceste ville que d'ailleurs, il seroit besoing d'avoir lieu commode. » Et il n'y en a pas de plus à souhait que « la maison et les guardins (on lirait aussi bien guarennes) appelée l'hospital Jehan Le Scellier » dont les Maire et échevins sont les administrateurs. — Avant de délibérer sur cette requête, le Conseil décide que les « estats » seront assemblés le prochain « jœudy. » — *Reg. aux délib.*, 1583-1586, folio IIᶜ XIX.

Je n'ai pas retrouvé le procès-verbal de l'assemblée ainsi annoncée, mais la proposition reparait l'année suivante dans les délibérations du Conseil échevinal.

Séance du XXᵉ jour d'aoust (1584), les commissaires du Bureau des pauvres, de present en charge, dit le

Maire, « ont fait plusieurs ouvertures pour l'establissement d'un college... » « Affin d'en mieux dellibérer et adviser » la proposition sera soumise à MM. du Chapitre de Saint-Vulfran, à MM. les Gens du Roy, aux anciens Maieurs, aux Juges Consuls, « et autres » dans une réunion convoquée pour le lundi suivant « auquel jour lad. assemblée (générale) sera sonnée. » — *Délib. même reg.*, fol. IIᶜ LIII. — Écriture très peu lisible.

J'ignore le résultat de cette réunion, mais la décision est enfin prise le 18 octobre suivant (1584).

Le P. Ignace rappelle brièvement la délibération dans son *Hist. des Maieurs*, p. 711. « Le 18 octobre de la même année, en l'assemblée générale faite en l'Eschevinage, fut délibéré que l'on changeroit la maison des Grandes Escolles en un college pour l'instruction de la jeunesse, lequel seroit estably en l'hospital où estoient auparavant les Repenties : les gages des régens se prendroient sur le revenu de la maison de Sainct Maur au Val. »

Cette délibération est importante. C'est d'elle que prend véritablement date le collège, par elle qu'un emplacement convenable lui est concédé, que la Ville en prend généreusement la protection onéreuse, etc.

L'assemblée est convoquée par les deux cloches, ce qui, dans les formules des procès-verbaux, signifie que les *corps* autres que le Conseil de la ville y sont convoqués. Présidents, nobles hommes Bernard licencié « ès droits, » lieutenant général (de la Sénéchaussée) et Le Roy, maieur. Sont présents etc.

Dans cette réunion furent discutés, « sur la proposition des commissaires du Bureau des pauvres, » plusieurs articles concernant l'établissement et fondation et règlement du collège, les moyens à prendre pour l'agrandir, la rémunération des régents, leur nombre, l'obligation pour eux de résider au même lieu que le Principal.

L'assemblée générale décide que les Grandes Écoles occuperont, sous le nom de collège, la maison des Repenties, et que M° Marand de Bailleul en demeurera le directeur sous le nom de Principal. L'ancien *Magister scholarum* entrera dans la nouvelle maison le plus tôt possible « avec trois régents d'expérience et de bonne vie » ..... Principal et régents etc. seront tenus de loger en la maison. Ils devront « porter *la robbe, bonnet,* et aultres habits décents et convenables à leur quallité. » Les rémunérations seront : « la prébende dudit de Boulloeul; les cinquante livres données par deffunct Louis Le Bel pour sallaire d'un régent affin d'instruire la joeunesse; » plus un prélévement « par provision sur le revenu de la maison du Val, s'il se peut faire (les charges ordinaires et l'aumosne du Bureau acquittées), d'une somme de deux cent cinquante livres. » Il est prévu mieux. Le lieu pourrait ne pas être « suffisant ni capable, si, par le moien de l'exercice qui s'y fera, il y venoit affluence d'enffans, tant pour la grandeur que pour la commodité et nécessité des bastiments. Quelques personnages d'auctorité de la ville iront chez les bourgeois les persuader de donner quelque part de leurs moiens, tant pour achetter aulcuns tenemens des voisins » que pour les constructions et accommodations nécessaires......

Il est délibéré en outre que la maison « où s'est cy-devant tenu le collège, » prétendue par MM. du Chapitre de Saint-Vulfran leur appartenir, sera vendue, et que les deniers provenant de la vente seront « employés pour l'augmentation et fondation du collège et pour sortir (1) pareille condition au droict de Messieurs du Chapitre qu'il est de présent, tant pour le service des obits, fondations, assurés sur icelle (l'ancienne maison des Grandes Écoles) que pour l'auctorité qu'ils y ont. »

Lesd. Broquier et Mathon, chanoines, n'acceptent pas cette résolution. La maison, disent-ils, leur appartient « à titre d'achet ; » et ils ne peuvent rien dire ni consentir sans délibération de leur Chapitre et consentement de Monsieur l'évesque d'Amiens. — *Délib. de 1583 à 1586*, folio II^c LXXVII recto à II^c LXXVIII verso.

L'auteur du mémoire B (conservé par Maurice de Sachy) dit que l'on donna à Marand de Bailleul cinq régents (2). Il se trompe évidemment. Trois régents

---

(1) Sortir, de *sortiri*, assigner.

(2) Il produit même leurs noms, mais sa rédaction n'est pas claire. Il n'y eut pendant longtemps que le Principal plus trois régents en exercice. Dans la petite liste ci-dessous, fournie par Sachy, il faut comprendre que Boullenois, Le Roy, Cordoin, Boucher, Dufour succédèrent à l'un ou à l'autre des premiers régents en charge et se succédèrent entre eux.

Je copie maintenant : « On lui donna (à Marand) cinq régents, scavoir,

« Me Pierre le Porc, Me Toussaint Lescot, Me Guillaume Gambier.

furent seuls mis sous la direction de Marand et le mémoire même n'en accorde encore plus loin que trois au principal Jean Macquet.

L'installation de Marand de Bailleul et de ses régents eut lieu avec quelque apparat, ai-je dit dans *la Ligue à Abbeville*, t. I|er, p. 248 :

« A esté payé, lorsque M|e Marand de Boulleul *(sic)* et trois regens furent installés par lesdict Maieur et eschevins dedans le college, pour avoir fait préparer le lieu et aultrement, la somme de ung escu quatorze sols. » — *Reg. aux comptes de la Ville,* 1585-1586.

Désormais les écoliers traduisirent Virgile : *Et fugit ad salices...* au lieu même où s'étaient murmurés quelques-uns des regrets de la belle heaulmière.

La lutte deux fois séculaire des chanoines et de la Ville est engagée cependant. Tout d'abord le Chapitre prétend que la maison des Grandes Écoles lui appartient et veut la garder. L'Échevinage a des prétentions contraires et veut vendre cette maison au profit du collège. L'affaire ne peut être réglée que judiciairement. « A la requête du procureur du Roi, dit l'auteur « du mémoire B, la maison des Grandes Écoles fut

---

« M|e Jean de Boulenois fut mis en la seconde la première année et, la suivante, il fut mis en la troisième.

« M|e Eustache Le Roy fut mis en la seconde au lieu dudit Boulenois qui la lui céda comme ayant été son écolier.

« M|e Jean Cordoin fut mis en la troisième au lieu dudit Gambier, et, au lieu dudit Cordoin sortant, entra ledit de Boullenois en la troisième.

« M|e Guillaume Boucher en la quatrième et cinquième dès l'établissement ; et, lui sortant, fut mis en sa place M|e Toussaint Dufour. »

« vendue en vertu d'un arrêt de la Cour obtenue contre
« le Chapitre en 1586. » Ce qui n'empêche pas cet
auteur d'écrire presque immédiatement : « Ledit de
« Bailleul rendit les clefs de la maison des Grandes
« Écoles à Messieurs du Chapitre le 18 octobre 1586. »

L'auteur du mémoire se trompe ; la maison des
Grandes Écoles ne fut pas vendue dès 1586. Nous
verrons la Ville en disposer encore, par louage, en
1589, en faveur de maîtres étrangers. Il fallut pour la
laisser en possession non inquiète un arrêt du Parlement de 1588, qui, confirmant la sentence de la Sénéchaussée de Ponthieu, lui permit de vendre, « la
maison des Grandes Écoles, rue Taillon, » est-il bien dit,
à la charge du cens de neuf livres que les chanoines s'étaient réservé « en la donnant pour cet usage. » —
Arch. de la Ville, série GG, n° 120. — La maison des
Grandes Écoles ne fut vendue qu'en l'année échevinale 1590-1591. — *Comptes des argentiers,* 1590-1591.

L'Échevinage, obéissant à l'esprit de l'édit d'Orléans,
et, sans le savoir, au souffle suscitant du seizième
siècle, se montre animé d'un très louable zèle.

L'année même de l'installation aux Repenties, il
s'occupe d'augmenter et agrandir le collège « de nouveau érigé en l'hôpital Jean Le Scellier appartenant à
la Ville. » — Il est décidé en cette intention, le 23 mai
1586, que l'on achètera « une portion de la maison de
Jacques Levesque qui aboute sur ledit lieu. » Le prix
de l'acquisition est de quatorze écus et demi. Les
deniers seront versés par Jean Duvauchel, argentier de
la Ville pour la maison du Val. Toutes les « seuretés

requises » seront stipulées, particulièrement les « bouts et costés. » — *Reg. aux délib. de* 1586-1587, fol. IIII^c XXII verso et IIII^c XXIII recto, *chiffres coupés par le relieur.*

Des acquisitions plus importantes vont suivre.

« Du vendredy xxxe jour de may (1586) a esté delliberé, enssuivant les délibérations cy-devant faictes, que il sera faict achept de la maison de Marie [?] veuve Desconflers demeurant à Monstroeul pour adjoindre au college de nouveau establi etc............, et que les deniers seront prins et baillés par l'argentier de la maison du Val jusqu'à la somme de II^c livres.......... tant pour led. achept que pour faire les fermetures et édifices. » — *Délib. de* 1586-1587, folios IIII^c XXIV verso et IIII° XXV recto, *chiffres rognés par le relieur.*

Une délibération du lendemain, dernier jour de mai, confirme celle de la veille. Le locataire de la maison abandonne son bail au profit de la Ville « adfin d'en accomoder le college tant et jusques ad ce que achept en poeult estre faict de sa propriété etc. » — *Ibid.,* folio IIII^c XXVI recto.

« Du mercredy IXe jour de juillet (1586)....... a esté pareillement délibéré que achept sera faict au nom de la Ville d'une maison scise et contigue le college, adfin de l'agrandir et eslargir, appartenant lad. maison à Claude Fourdrinier, tabourinier, ce au moien de la somme de IIII^c livres qui seront prins par l'argentier du Val.

Au-dessous : « Ce XIIIIe jour de juillet, paié.

« Jacques Le Roy, maieur. »

— *Ibid.,* folio IIII^c LI recto.

Le 7 août (1586), il est décidé que l'on présenter « requeste à Sa Majesté afin d'obtenir un certain nombre de chesnes pour construire le collège. » — *Ibid.,* fol. III° LVII recto.

« L'on voit par le procès-verbal du 1ᵉʳ octobre 1586 « que les Majeur et échevins firent une descente au « collège, y est-il dit, de nouveau établi en l'hôpital « Jean Le Sellier pour y visiter les réparations à faire. » — *Mémoire A.* — Et cette descente fut suivie d'un arrêté du Maire : « Nous Claude Rohault sʳ d'Espagne, Maire de la ville d'Abbeville, etc. » — *Arch. de la Ville, série GG, n° 63, délibérations concernant des réparations.*

Dans ce premier feu, la Ville a bien pris le dessus sur les chanoines, saisi la direction, assumé le patronage de la nouvelle maison.

Il est arrêté en l'échevinage, le 7 octobre 1587, que Mᵉ Dellecourt, substitut, se transportera au collège pour y installer Mᵉ Eustace Le Roy. Le Roy régentera la seconde « aux honneurs et prouffits y attachés, » sauf destitution « s'il y eschet. » Dellecourt rapporte qu'il s'est acquitté de la mission et que « Mᵉ Marand de Bailleul l'avoit receu pour agréable. » — *Délib. de 1587 à 1588,* fol. XLIII verso.

Marand de Bailleul mourut peu de temps après cette installation, en octobre même, et tout récemment nommé curé de Saint-Jacques. « Ledit de Bailleul, dit le mé- « moire B, ne demeura pas longtemps dans la maison « de Jean Le Scellier, car, après avoir pris qualité de « gradué sur le clocher *(sic)* de la collegiale de Saint-

« Vulfran, il fut nommé par M° Nicolas Mathon, cha-
« noine en quinzaine, à la cure de Saint-Jacques, le
« 24 octobre 1587 (laquelle étoit vacante par la mort
« de M° Étienne Rambert), et mourut peu de temps
« après, et son corps, enlevé par le chantre de Saint-
« Vulfran dont le Chapitre prit fait et cause contre M°
« Jean Oudinet, curé de Saint-Éloy, en la paroisse du-
« quel ledit collège se trouvoit. »

II

JEHAN MACQUET

Second Principal
1587-1592

« M° Jean Macquet, bachelier en théologie, chanoine du Saint-Sepulchre de Paris, et natif de Buigny (1), paroisse de Bellencourt près d'Abbeville, » fut le second Principal.

Dès le 3 novembre (1587) le maire Le Roy de Saint-Lau expose que, depuis peu de temps, M° Marand de Bailleul étant « allé de vie par trespas, » il convient de pourvoir la place qu'il occupait « d'un homme de bonne expérience et preudhommie. » M° Jehan Macquet, bachelier, etc. se présente, assisté de noble homme M° François

(1) Natif de Bellencourt, dit simplement le P. Ignace, *Hist. des Maieurs*, p. 693.

Rumet et de honorables hommes Noël et Waignart. Tous les trois attestent « avoir bonne et certaine congnoissance dudict Macquet, ensemble de ses bonnes vies et mœurs, expérience et dilligence au cas requis. » Ils demandent « qu'il nous plaise le voulloir admettre et instituer. »

Invitation sera envoyée à « Monsieur le Lieutenant du roy et Conseillers, Messieurs les chanoines et Chapitre de Saint-Vulfran, Messieurs les antiens Maieurs, Juges Consuls, Commissaires du Bureau des pauvres et autres honorables bourgeois de ceste ville, d'eulx trouver demain huict heures du matin en cest eschevinage au son des cloches pour en adviser. » — *Reg. aux délib.*, fol. LI verso.

Jehan Macquet fut nommé et installé le 14 novembre.

Je copie, en abrégeant, rarement, çà et là, le procès-verbal conservé, *folios* LII *recto à* LIIII *recto*, dans le registre aux délibérations portant au dos 1587-1588.

« Du XIIII° jour de novembre milV°IIII××VII, au grand Eschevinage au son descloches, » c'est-à-dire en assemblée générale..... Parmi les noms des assistants celui du gouverneur, M. de Hucqueville.

Le sieur Bernard, lieutenant-général (de la Sénéchaussée de Ponthieu), et le procureur fiscal de la Ville exposent l'objet de la réunion. Il s'agit « de prouvoir d'un principal au college pour le deceds advenu de... » etc. S'est offert Mᵉ Jehan Macquet, bachelier etc... Le procureur fiscal conclut « qu'il soit présentement proceddé à l'eslection et nomination.

« Après que plusieurs des assistants ont porté tesmoignage de l'expérience, preudhomie et suffisance dudict Macquet, par advis unanime d'icelle (assemblée), a esté nommé et esleu pour Principal audict college et mesmement par Messieurs du Chapitre de Saint-Vulfran desquels l'ellection et nomination a esté apportée par Messieurs Morel et Romilly chanoines, dattée de ce jour d'huy, signée Levesque, notaire dudict Chapitre.

« Et quant à ce qui a esté aussy advisé, en ensuivant les delliberations cy devant faictes lors de l'establissement faict par la Ville dudict college, que les regens doivent estre nourris par led. Principal et à sa table affin d'y tenir ung bon ordre et discipline, et aussy qu'il seroit nécessaire de y appeler des regens bien fondés et expérimentés et rechercher moiens pour les stipendier raisonnablement, tant sur le revenu du Val que de la Ville ;

« A esté advisé que il y sera prouveu par lesdicts sieurs Majeur et eschevins qui adviseront des conditions qui seront baillées pour la nourriture et gaiges des regens avecq ledict Macquet, desquelles seront dressés et accordés articles avecq luy ensemble pour le réglement général dudict collège.

« Et instament, après avoir communiqué bien amplement avecq ledict Macquet ou faict de la nourriture desd. regens, il a esté resolu par l'advis de lad. assemblée que, oultre la prétende preceptorialle, la Ville fornira audict Macquet, pour sa penssion et nourriture de trois regens, la somme de cent cinquante escus, qui est à la raison de cinquante escus pour chacun, laquelle somme sera prinse, scavoir : du revenu de la maison du Val, la somme de quatre cens livres chacun an, et la somme de cinquante livres léguée par deffuncte damoiselle Marie Leblond, à la charge que ledict Macquet sera aussy tenu acquitter les charges de la fondation de la dicte damoiselle qui sont de cellebrer ou faire cellebrer deux messes ou bas obits par chacune sepmaine audict college, à quoy il s'est submis.

« Et quant à la somme de cinquante livres léguée par deffunct Lois Lebel à prendre sur le Bureau des paouvres, a esté advisé, suivant l'intention dudict deffunct, qu'elle demeurera affectée pour les gaiges du premier régent dudict collége, oultre les lendis et chandelles de ses escolliers, lesquels luy demeureront, comme aux aultres regens ceulx des escolliers, de leurs classes.

« Pareillement demeureront au prouffit dudict Principal les penssions des escolliers quy seront nourris audict college et louaiges des chambres des caméristes sellon qu'il en adviendra.

« Et ledict jour après midy, environ les quatre heures de rellevée, ledict sieur Maieur assisté desd. Gaillard, Rohault, Lebel, Hermant [?], Courchelles, Lardé [?], Desgardins et aultres eschevins, de Le Devin, siéger, de Beauvarlet, procureur de la Ville, s'étant transporté audict college, a mis ledict Jehan Macquet présent en actuelle possession de ladicte charge de Principal aud. collège, ce requérant et concluant ledict procureur fiscal, à la charge que ladicte Ville, qui a icelluy estably et fondé, en sera et demeurera escolâtre. »

Il n'est pas nécessaire de faire remarquer la précaution inscrite dans cette dernière phrase (1).

Et, en fait, l'Échevinage, se considérant comme le vrai fondateur du collège, en assume le gouvernement, suivant la constatation de son droit; y intervient dès ces

---

(1) Deux copies anciennes de cette délibération sont conservées dans les archives de la Ville, série GG, n° 64. L'une est signée LE ROY maieur, LE BEL greffier. Le passage relatif à la rémunération du Principal est repris dans le mémoire A, souvent cité par nous.

Le mémoire B favorable, on le sait, aux prétentions des chanoines, nous garde une sorte de récit de la nomination de Macquet qui diffère bien quelque peu du procès-verbal de nos registres et de la copie signée LE ROY.

« M° Jean Macquet, bachelier, etc..., fut reçu en l'assemblée générale tenue en l'Échevinage le 13° jour de novembre 1587, » — nous avons vu d'abord que cette assemblée eut lieu le 14, — « malgré l'opposition des sieurs Morel et Romilly, chanoines, députés du Chapitre, laquelle opposition fut levée par la décision de M. Bernard, lieutenant-général en la Sénéchaussée de Ponthieu, qui confirma l'élection que Messieurs de Ville avoient faite de sa personne. Ensuite ledit Macquet s'étant présenté au Chapitre muni de l'acte de sa nomination authentique le 30 novembre (a) 1587, et auquel étoit joint des lettres expresses de Madame Diane de France, duchesse d'Angoulême et comtesse de Ponthieu, par lesquelles elle enjoignait à Messieurs du Chapitre d'admettre ledit Macquet à la jouissance de la prébende préceptoriale cy-devant possédée par ledit Marand de Bailleul en la même qualité que lui, Messieurs du Chapitre, ne l'ayant refusé, députèrent à l'instant lesdits Hippolyte Morel et Jean Romilly pour le mettre en possession tant de la prébende que de la maison du collège aux ordres de se faire assister de deux notaires royaux desquels ils prendroient acte, ce qui fut exécuté le 14 novembre 1587, et, le même jour, en l'assemblée générale tenue après ladite nomination dudit sieur Macquet, fut conclu et

(a) Date impossible, combattue même par ce qui suit.

premiers temps par des visites, des nominations, des destitutions ; n'hésite jamais à faire acte d'*écolâtrerie*.

Le 20 août 1588, visitation du collège pour les réfections nécessaires. — *Arch. de la Ville, série GG, n° 63*.

En 1589, différend entre le Principal et le second régent. L'affaire est portée à la Ville qui se réserve de statuer. Le xixe jour d'aoust, le Maire expose les faits à l'assemblée échevinale : « Un différent s'est meu par devers nous entre Me Eustace Le Roy, second régent au college, et Me Jehan Macquet, principal d'icelluy, prétendant icelluy Macquet destituer ledict Le Roy de lad. charge de régent pour plusieurs raisons qu'il nous auroit mises en avant. » — Macquet sera prié de se réconcilier avec Le Roy, « et, au cas qu'il ne voeuille ce faire, il sera informé (on informera) des faicts par luy maintenus touchant la destitution dud. Le Roy, laquelle

arresté qu'en vertu des délibérations faites hors de l'établissement dudit collège, le Principal nommeroit et choisiroit par lui-même des régents capables et idoines, et que, pour y mettre bon ordre et discipline, ils seroient raisonnablement stipendiés, tant sur les revenus du Val que de la Ville, dont les Maieur et echevins feroient des conditions et réglements convenables pour leurs gages et nourritures avec ledit Macquet, pour l'advantage et l'entretien dudit collège. En conséquence desquels réglements, outre la prébende préceptoriale, la Ville assigna audit Macquet, etc... » Le reste comme dans le procès-verbal de la Ville et dans le mémoire A. Et ces conditions sont aussi rappelées dans le petit mémoire n° 120 de la série GG, *Arch. de la Ville*.

Je cherche, malgré tout, à concilier les deux récits. Y aurait-il eu deux assemblées générales successives, l'une tenue le 13, l'autre le 14 novembre, et la première de ces assemblées, sans résultat acquis peut-être, n'aurait-elle laissé aucune trace dans nos registres ?

néantmoings n'a esté trouvée bonne par lad. assemblée, » parce qu'elle est « en la faculté de la Ville. » Puis « lad. information faicte » il sera avisé sur le tout « comme il appartiendra. » — *Reg. aux délib.*, 1588-1589, fol. IIIe XXXVII recto.

Il est certain cependant que Le Roy fut mis dehors, car, le 2 octobre suivant (1589), Macquet présente pour le remplacer Me Anthoine Petit : « Du IIe jour de octobre etc. au grand Eschevinage, par devant F. Rumet, s^r de Beaucauroy, Maieur, présens etc..... Sur ce que Me Jehan Macquet, principal du collège, auroit présenté en la chambre du Conseil Me Anthoine Petit qu'il auroit choisi pour faire la seconde classe, s'il nous seroit agréable, affin de l'admettre et installer en ceste charge; prins advis de l'assemblée, et après avoir oy led. Petit sur ce qu'il a esté par led. sieur Maieur interrogé ; a esté delliberé et advisé que l'on mettra affixes (affiches) aux portaux des esglises. » Les solliciteurs de la charge auront « à se présenter à l'examen quy sera faict au jour et lieu assigné par les personnes quy, pour ce faire, seront commis et depputés. Et cependant, affin que lad. seconde classe ne demeure despourveue de régent, led. Petit y a esté commis par provision. » — *Reg. aux délib.*, 1589-1590, fol. IIIe IIII^{xx} IX verso.

Les Maieurs pouvaient donc alors se permettre les examens de lettres, mais tous n'étaient peut-être pas François Rumet, le continuateur de la *Chronique du pays et comté de Ponthieu*. N'est-il pas curieux aussi de voir le système des concours inauguré par l'Échevinage d'Abbeville ?

A la même date à peu près, M⁰ Pierre de May, régent de quatrième, a demandé « quelques gages. » L'Échevinage, le 3 octobre (1589) arrête, « en attendant qu'on ait de meilleurs moyens, de lui donner, par an, à commencer du 1ᵉʳ octobre, vingt-cinq livres de rente légués au collège par défunte d^{elle} Marie Le Comte, veuve de M⁰ Jean Prevost (1). »

L'ancienne maison des Grandes Écoles n'avait toujours pu être vendue. L'Échevinage, maintenu en possession de cette maison contre les prétentions des chanoines, a résolu de la louer.

Nous pouvons lire dans le registre aux délibérations échevinales à la date du 11 octobre 1589 :

« Sur ce que led. Potier, eschevin, a remonstré que, par cy devant, il a esté commis pour faire louaige de la maison des Grandes Escolles, et que, suivant ceste charge, il a trouvé quelques maistres d'escolles estrangers quy se sont réfugiés en ceste ville, quy en ont faict offre de la somme de deux escus par mois; n'aiant trouvé aultres personnes quy en aient offert davantaige (ces maîtres d'école étaient deux), on leur accorde la maison pour ces deux escus offerts par mois. » — *La Ligue à Abbeville*, t. II, p. 232.

Le registre aux comptes nous donne peu après :

« A M⁰ Édouard Man, principal au collége des Anglois de la ville d'Eu, la somme de trois escus à luy ordonné pour réparations par luy faictes en la maison des Grandes Escolles, qu'il auroit prins à louage, ainsy qu'il est con-

(1) Voir aux justifications.

tenu et déclaré etc. » — Novembre 1589. — *La Ligue à Abbeville*, t. II, p. 232.

On n'en persiste pas moins à vouloir vendre la maison des Grandes Écoles, mais les tentatives nouvelles ne sont pas heureuses. Il n'est encore offert de la vieille maison, le 13 août 1590, que cinq cents livres. — On délibère à l'échevinage qu'il sera différé encore quelque temps à la poursuite de la vente de lad. maison, « attendu la calamité du temps quy cause que les maisons se vendent à fort vil pris quant ad présent. » — *Délib. du* 13 *août* 1590. — *La Ligue*, ibid., p. 234.

Dès l'année suivante, cependant, la vente était faite, et au profit, bien entendu, du nouveau collège. L'argentier de la Ville reçoit « de Robert Daullé, marchand bourgeois, la somme de deux cens trente trois escus vingt sols, moiennant laquelle la maison où se soulloient tenir les Grandes Escolles lui auroient esté adjugée comme au plus offrant et dernier enchérisseur par fin de chandelles, le...... (date absente) audict an V^e quatre vingt et..... (même remarque) pour estre employé en l'augmentation du collége de lad. ville, sellon qu'il appert par lad. adjudication etc... » — *Comptes de l'argentier de* 1590-1591.

Le collège, on le voit, tient grande place alors dans l'intérêt de la Ville, et nous-mêmes, de si loin, ce n'est pas sans un respect véritable que nous relevons les noms des régents établis par l'Échevinage, car de l'enseignement de cette date, ou de bientôt, doivent sortir les Pierre Waignart, les Louis Rumet, les Jacques

Sanson, les Nicolas Sanson, les historiens, les docteurs, les géographes, etc. (1).

xii septembre 1590, ai-je relevé dans les reg. aux délib. de la Ville, Jehan de May, prebtre, quatriesme régent du college, demande à l'Échevinage d'estre estably en la troisième classe, ad présent vaccante, et quy puis nagaires estoit faicte par M⁰ Jehan de Boullenois. Jehan Macquet, principal du collège, ayant donné son avis sur cette demande, Jehan de May est reçu à faire l'exercice de la classe sollicitée. — *La Ligue à Abbeville*, t. II, p. 288.

Jehan Macquet ne vécut pas toujours en très bonne harmonie avec ses régents. Il a laissé lui-même en témoignage de ses griefs dans le mémoire qu'il écrivait à la date où nous sommes arrivés (septembre 1590) et que nous ont conservé les archives municipales *(série GG, n⁰ 64)*:

UT EX MALIS MORIBUS COLLEGII ABBAVILLÆI
BONÆ LEGES ORIANTUR.

« Remontre humblement Jehan Macquet, principal, que dès l'an V^{c}IIII^{xx} et VII il fut eslu au régime et gou-

(1) Les régents qui professèrent sous Jean Macquet furent, dit le mémoire B (*Recueil* de Sachy) : « en 1587, M⁰ Antoine Petit « en la seconde au lieu de Ducoroy cy devant ; M⁰ Pierre de May « en quatrième et cinquième au lieu dudit Dufour ; depuis ledit « de May mis en la troisième au lieu dudit Boulenois qui sortit « du collège pour aller étudier en l'Université de Douay ; M⁰ An- « toine Duval en la quatrième et cinquième au lieu dudit de « May; M⁰ Jacques Saulmon en la première au lieu dudit Lescot « en mai 1592. »

vernement du college de ceste ville. Les regents qu'il y trouva prindrent dès lors ung fondement sur lequel ils commencèrent à se dispenser eux mesmes de l'obeissance et reverence qu'ils luy debvoient selon le droict et praticque, tant des universités que aultres villes où il y a collége et principal.

« Ledict fondement est tel. Nous sommes establis et institués de Messieurs de la Ville ; nous ne tenons rien du principal.

« Sur lequel fondement ils ont toujours baty une infinité de monopoles, menées, mespris et contemnement dud. principal, tant et tellement que, les années passées, il fut contrainct en mettre deux ou trois dehors, dont la cognoissance vint jusques à Messieurs de la Ville qui l'ont eu pour agréable.

« Led. principal, continuant son désir de mettre ordre aud. collège tant en doctrine qu'en la piété, auroit plusieurs fois ordonné que lesdits régents tienderoient la main à ce que les escolliers parlassent latin et principalement dedans le collège et qu'ils assistassent à la saincte messe, aux graces et saluts qu'il disoient *(sic)* en la chapelle, et led. principal n'a oncques peu obtenir ces deux choses, encore que de ce faire ils les eust plusieurs fois importunés, tant par prieres que aultrement, dont sont venues plusieurs querelles lorsque led. principal menaçoit ou voulloit faire punition des defaillants.

« A aussy led. principal eü plusieurs contentions pour ce qu'il voulloit tenir la porte fermée le soir et toute la nuict, pour tenir forme de collège et bon réglement.

4.

« Est finablement advenu, environ le x ou xii de
ce présent mois de septembre, qu'un desdicts régents,
nommé Mestre Jehan de Boulnois, qui, de piéça, avoit
proposé s'en aller à Douay, pour surprendre led. principal et affin d'introniser un autre en sa place qui
estoit dernier régent, nommé Mestre Pierre de May, par
les menées de Mᵉ Toussaint Lescot premier, ainsy
qu'il alla prendre congé de mesd. sieurs de la Ville, sans
avoir aucunement adverty led. principal, leur présenta
led. de May avec faveur de quelques gens notables,
qui le receurent dès lors, encor que led. principal n'en
fust adverty, tant que mesd. sieurs luy dirent le lendemain qu'ils l'avoient receu et qu'il seroit régent au lieu
dud. Boulnois; ce que ne voulut consentir led. principal. Néantmoins led. de May, en vertu de telle réception et establissement desd. sieurs de la Ville, s'est
intronisé et logé actuellement, de faict de sa propre
autorité, en la chambre où se souloit tenir led. Boulnois, le tout en la présence et contre la deffense
expresse dud. principal, disant qu'il ne tenoit rien de
luy et que c'est à Messieurs à y prouvoir et non aud.
principal qui n'y avoit que voir, et que, malgré luy, il
seroit logé et que led. principal fit ce qu'il vouldroit,
il estoit asseuré de sa pansion ; qu'il avoit fait preuve
de sa capacité et suffisance sans luy ; et plusieurs propos d'arrogance ; tellement que led. principal est contrainct se retirer vers vous et demander nouveau réglement pour le gouvernement dud. collège, tant envers
lesd. régents, escoliers, que pour son estat et autorité
sur iceulx; vous advertissant que Messieurs nos maistres

Lempreur et Avril (1), qui sont de présent en ceste ville, ont exercé tel estat respectivement aux collèges du Cardinal Le Moyne et Harcourt à Paris, et pourroient bien donner leur advis, comme aussy pourroient faire Monsieur Perache, Monsieur Morel, chantre de l'église Sainct Vulfran de ceste ville, et quelques autres gens notables qui ont fréquenté les colleges et universités ; protestant que, pendant led. reglement, il privera lesdits regents de leur pansion et nourriture comme réfractaires et rebelles. Vous pourrez aussy juger que, suivant l'ordonnance de ce faicte par mesdicts sieurs, l'an passé, que ceux qui se présenteront pour régenter soient esprouvés par la dispute, afin de couper le chemin à toute faveur à l'advenir, et d'y mettre gens qualifiés et capables, et vous ferez bien (2).

« Présenté le XXVIIe septembre V^c IIII^{xx} X.

« MACQUET. »

Macquet a quelque peu raison probablement ; sa dernière proposition est bonne ; mais si tel était le style professé par le Principal, quel valait celui de ses trois régents ?

Le 3 octobre 1592, la Ville se voit forcée « par le malheur du temps » de refuser une augmentation de pension à J. Macquet, qui invoque le même malheur.

(1) Ces noms ne sont-ils pas d'Abbeville ? Ces « maistres » n'étaient-ils pas d'anciens boursiers abbevillois du collège du Cardinal Le Moyne ?

(2) La phrase est longue et manque cependant de quelques mots pour être claire.

« Du IIIᵉ jour d'octobre (1592) sur la requeste présentée par Mᵉ Jehan Macquet à ce que la pension qui lui a esté cy devant ordonnée pour la nourriture de trois regens aud. college qui est de..... (en blanc *sic*) luy soit augmentée en considération de la misère du temps et de la chereté des vivres ; veu la provision dud. Macquet en la charge de principal par laquelle il est dict nommément qu'il aura pour la nourriture de ses regens la somme de cinquante escus..... et attendu que, quant ad présent, par le malheur du temps, le revenu de la maison du Val est entièrement perdu et ne s'en reçoit aulcune chose, il a esté advisé, par l'advis unanime de lad. assemblée, qu'il ne se fera aulcune augmentation, quant ad présent, aud. Macquet, ains qu'il se contentera du prix convenu avecq luy lors de son institution et que, moiennant ce, il nourrira, et à sa table, lesd. regens, si mieulx n'aime se desporter de sa charge pour y estre prouveu. » — *Délib. de 1591 à 1593*, folio cx recto et verso.

Les régents qui professèrent sous J. Macquet furent suivant le mémoire B qui ne donne pas les dates de mutation :

Mᵉ Antoine Petit en la seconde, au lieu de Ducoroy régent précédent ;

Mᵉ Pierre de May en quatrième et en cinquième, au lieu de Dufour ; — depuis, P. de May occupa la troisième au lieu de Boullenois qui sortit du collège pour aller étudier en l'Université de Douay ;

Mᵉ Antoine Duval en la quatrième et cinquième, au lieu de P. de May ;

Me Jacques Saulmon en la première, au lieu dud. Lescot en mai 1592.

Jean Macquet occupa le poste de Principal « avec honneur pendant environ cinq ans, y étant mort au mois de décembre de l'an 1592. » — *Mémoire* B.

III

ANTOINE CLUGNET

Troisième Principal

1593-1598

Jean Macquet vient de mourir. Les régents qui dinaient à la table du Principal demandent à l'Échevinage qu'il soit pourvu à leur nourriture par le vote d'une certaine somme.

Le dernier jour de décembre « sur l'instance faicte par les regens à ce qu'il soit pourveu à leur nourriture, attendant qu'il soit mis ung principal aud. college au lieu de Me Johan Macquet, naguaire décéddé, il est dellibéré qu'il sera baillé aux susdicts régens la somme de cinquante livres pour leur nourriture, attendant qu'il soit pourveu d'un principal, laquelle sera prise par forme d'emprunt sur la ville. » — *Reg. aux délib.*, — *La Ligue à Abbeville*, t. III, p. 72.

La Ville laisse s'écouler un mois encore cependant avant la nomination d'un nouveau Principal.

Le lundi premier jour de février 1593, les deux cloches appellent à l'échevinage le lieutenant-général

J. Bernard, le maieur Manessier, le doyen et des chanoines de Saint-Vulfran, les anciens Maieurs, les échevins et autres. Il s'agit de pourvoir d'un Principal le collège de la ville (1). Pour cette place ne s'est présenté encore que « M⁰ Anthoine Clugnet (2), du pais du Boullenois. » — *Reg. aux délib.*, — *La Ligue à Abbeville*, t. III, p. 72.

Ici je dois combiner mes extraits des registres municipaux et quelques-uns du mémoire B (*Recueil* de Sachy).

Ledit Clugnet est interrogé et répond « tant sur la théologie que philosophie et lettres grecques au contentement d'un chacun. » — *Reg. aux délib.*, — *La Ligue à Abbeville*, t. III, p. 72. — « Il fut interrogé, dit le mémoire B, tant sur la théologie que la philosophie, les lettres grecques et latines, et, entre autres choses, sur le vers de Juvénal :

Semper ego auditor tantum......

« Il répondit à toutes questions avec succès et fut reçu avec applaudissement et au grand contentement d'un chacun (3). Néanmoins, comme il n'étoit pas encore

(1) L'élection fut faite « en la même manière » que pour le précédent Principal, dit l'auteur du mémoire B, le 1ᵉʳ février 1593, « présents le sieur Bernard, lieutenant-général en la Sénéchaussée de Ponthieu, et le sieur Manessier, alors maieur, MM. Aprou, de Belloy, de Remilly et Lempereur, échevins. »

(2) Antoine Clugnet « natif d'un village d'auprès Monstreuil, » dit le P. Ignace, *Hist. des Maieurs*, p. 695. — « Natif du Boullenois et près de la ville de Montreuil. » — *Mémoire B*.

(3) Ce plaisir m'a toujours manqué de voir un Conseil municipal interroger sur les lettres grecques et latines ou simplement sur un vers de Juvénal un candidat quelconque.

dans les ordres sacrés, il lui fut enjoint de faire apparoir dans un an du jour de sa réception, au temps de Pasques, de ses lettres de prêtrise. Il se présenta en conséquence à Messire Geoffroy de la Marthonie qui lui conféra les ordres et le mit en état de chanter sa première messe au temps qui lui étoit prescrit et d'acquitter les fondations dudit collège. »

Clugnet n'en a pas moins été admis dès le 1er février à exercer la charge de Principal (1).

Le Vᵉ jour de février 1593, le Maieur, assisté de plusieurs échevins, de Le Devin, siéger, et de Tillette, procureur de la Ville, se transporte au collège et en met en possession Ant. Clugnet comme Principal, en présence de « Messieurs Sommon (Saumon ou Saulmon sans doute), Petit et Demay, régens. » Le nouveau Principal prête le serment « de garder et observer les réglemens quy ont esté faicts et observés avec son prédécesseur et aultres quy pourront estre cy-après faicts pour la pollice et direction dud. collège. » — *La Ligue à Abbeville*, t. III, p. 72, d'après les *Reg. aux délib.*

Le XXIII (2), assemblée générale uniquement pour cette affaire du collège.

Le Principal et les régents demandent qu'on augmente leur pension insuffisante, affirment-ils, en rai-

---

(1) La citation ci-dessus et celle qui suit démontrent donc fausse l'assertion du petit mémoire n° 120 des archives de la Ville, série GG : « Maistre Antoine Clugnet d'auprès Monstrœuil fut nommé principal vers le mois d'aoust 1594. »

(2) J'ai oublié de prendre le mois qui doit être de la première moitié de 1593 ; la demande rappelée dans l'extrait ne put, dans tous les cas, précéder l'installation du Principal.

son de la cherté des vivres; ils prient en outre « que, pour entretenir la jeunesse en meilleure discipline, l'on advise de achever de fonder une messe par chacun jour dedans la chapelle dud. college. » — La Ville, parlant par toutes les voix de l'assemblée générale, accorde, « pour la malice du temps, XXXIII escus ung tiers aud. principal, pour surplus ou deffault pour ceste demye année, et sans tirer à conséquence....., » et elle décide en outre « quant au regard desd. messes, que, pour achever la fondation, l'on fera dire aud. college celles quy se disent en l'hospital des Repenties (1) quy se disoient au précédent aud. college où elles estoient fondées et celles quy se soulloient dire au chasteau, et, à ceste fin, l'on luy fournira du revenu de lad. chapelle dud. chasteau. » — *La Ligue à Abbeville,* t. III, p. 73, d'après les *Reg. aux délib.*

En octobre 1594, les régents viennent se plaindre à l'Échevinage. Ils demandent que la somme donnée au Principal pour la nourriture soit partagée entre eux :

« Du vendredy vingt et ungniesme jour d'octobre mil V^cIIII^{xx}XIIII, au grand Échevinage.

« Sur l'instance faicte par les regens du college affin que la somme qui est baillée par lad. Ville au principal dud. college pour la nourriture des trois regens

---

(1) Je vois dans le registre aux délibérations de l'année échevinale suivante (c.-à-d. 1593-1594), au neuvième jour de novembre 1593, que les meubles servant au culte dans la maison « où naguaires les Repenties faisoient leur demeure » seront délivrés au Principal du college « pour servir au sainct service quy s'y dict. » Le surplus de ces meubles servant au culte serviront à l'autel de l'échevinage. - *La Ligue,* t. III, p. 73.

fust despartie entre eulx affin qu'ils eussent mieulx moien de eulx entretenir et nourrir aud. college avec les moiens qu'ils ont d'ailleurs, ce qui estoit empesché par M° Anthoine Clugnet, principal ; sur quoy le procureur de la Ville oy, quy a remonstré que le paiement de la somme de six cens livres qui a esté paiée l'année dernière pour lad. pension et quy a encore esté augmentée l'année passée seullement, oultre ce quy se paioit à M° Jehan Macquet de deulx cens livres, à raison de la calamité du temps ne se poeult plus continuer sans grand...... (mot que je ne peux lire mais qui doit signifier danger) de délaisser plusieurs aultres charges et affaires de conséquence dont la Ville est chargée de touttes parts ; le revenu de lad. maison du Val sur laquelle lesd. pensions se sont précédemment [?] prises par dellibération des estats de lad. ville estant par la misère du temps devenu à néant et touttes les terres demeurées en friche ; pour quoy il requeroit lad. pension estre remise à la mesme raison qu'elle estoit lors que led. Clugnet est entré aud. college, attendu mesmes qu'il poeut maintenant jouir de la prébende et des cinquante livres fondés pour le premier régent en faisant la classe ; — A esté dellibéré et advisé que lesd. pensions, seront remises à lad. raison de quatre cens livres, ce quy a esté fait entendre aud. Clugnet principal et auxd. régens, lequel Clugnet a déclaré qu'il se desportoit de lad. charge de principal. » — *Reg. aux délib.*, 1593-1595, fol. III° xii recto et verso.

Nos registres montrent par l'*Hendécasyllabe* donné en supplice au roi le 18 décembre 1594, dans la grande salle de la Gruthuse, que Clugnet quoique peu content, la suite le prouvera, ne maintint pas sa démission. — *La Ligue à Abbeville*, t. III, pp. 215-216.

La réponse opposée le 21 octobre aux trois régents de droit ne décourage pas un quatrième maitre qui parait pour la première fois et n'était qu'une sorte d'*adjoint* aux autres.

Le dernier jour d'octobre (1594), « sur la requeste présentée par Me Simon Bonnard, prêtre, faisant la quatriesme classe au college, affin d'une penssion comme les aultres regens dud. college ; oy le procureur de la Ville et attendu que la Ville n'a jamais pourveu ni donné ordre à la penssion ou aultrement que de trois regens et du Principal, aiant jugé que les petits enfans se pourroient estre instruits aux Cordennetiers (Cordeliers évidemment) et maisons de grand couvent, par les maistres quy sont par la ville; a esté advisé et ordonné, en conséquence des dellibérations précédentes, qu'il ne sera plus aulcune chose baillé aud. Bonnard, sauf à luy à prétendre et demander sa pension faire led. Principal, ou faire stipendier et paier par les père et mère des enfans. » — *Reg. aux délib. de* 1593-1595, fol. III^cXIII verso.

La Ville soutient encore le collège, sans céder cependant à toutes les sollicitations du Principal. Le 30 décembre 1594, Me Antoine Clugnet demande que la somme qui lui a été précédemment accordée à cause de la cherté des vivres lui soit maintenue pour la nourriture des régents, la maison du Val, sur les revenus de laquelle on lui a attribué quelque subvention, étant pauvre au point qu'on n'en peut tirer aucuns deniers, même pour la nourriture des malades lépreux. L'Échevinage décide que Clugnet sera prié de se contenter dorénavant de la pension ordinaire. On lui donnera néanmoins vingt écus, mais pour cette année seulement et sans tirer à conséquence. — *La Ligue à Abbeville,* t. III, p. 281, d'après le *Reg. aux délib.*

Voir aussi, pour le Val du moins, la délibération du 6 février 1595.

Il fallait bien que le Principal pût vivre cependant. Il ne se tient pas pour satisfait. Il réclame de nouveau.

Le collège et la maison du Val reviennent dans la délibération du XXVII juin (1595) et nous retrouvons Antoine Clugnet aussi besoigneux et la maison du Val aussi pauvre. L'Échevinage décide que le Principal sera payé de sa pension, « pour ce qui est de l'ordonnement [?] jusques à la Sainct-Remy prochain et que, à ceste fin, la somme de C livres sera prise sur la maison du Val. » Cette cense est dans un tel état de misère que le fermier, ne pouvant labourer, est sur le point de la quitter. Il devient impossible de continuer à Me Clugnet sa pension. On décide donc que « doresnavant, et à commencer dud. jour saint Remy prochaine, lad. pension, quy est de IIII^c livres par an, ne sera plus payée. » Me Clugnet averti « instamment » de cette décision remontre, à l'instant, » qu'il ne poeult plus continuer l'exercice aud. college. » Il se retirera donc, mais il réclame de la Ville un dédommagement pour ses frais d'installation dans un poste qu'il a occupé si peu de temps. L'Échevinage, tout en se réservant d'aviser « comme il appartiendra, » recevra de Clugnet la déclaration de ses frais. — *Reg. aux délib. de 1593 à 1595*, folio III^c LXXV recto et verso.

L'Échevinage revient en effet sur sa décision et sa rigueur.

Une assemblée générale « des corps » est convoquée le 22 septembre 1595 par les deux cloches. Noble homme Jacques Bernard sieur de Moymont, lieutenant en la Sénéchaussée de Ponthieu, la préside (1). Le Principal, est-il dit, veut abandonner le collége parce qu'on lui a retranché la moitié de ses gages de quatre cents livres. Fera-t-on effort pour le maintenir dans sa charge ? Ses appointements étaient pris sur le revenu de la maladrerie du Val aujourd'hui absolument ruinée. Les prendra-t-on pour le satisfaire sur les revenus de la Ville ? La question étant ainsi posée, je transcris.

« Prins advis à lad. assemblée en laquelle ledict Clugnet a esté oy, il a esté dellibéré, par l'advis unanime d'icelle, que led. Clugnet sera continué et entretenu en la charge de principal aud. college aux gaiges de quatre cens livres chacun an, ou la prebende preceptorialle, quy se prendront sur les plus clers deniers de ladite Ville jusques à ce que lon puisse prendre commodement lad. somme de IIII^c livres sur le revenu du Val, attendu que lad. maison sur le revenu de laquelle se soulloient prendre lesdits gaiges est entierement

---

(1) J'ai trouvé en plusieurs lieux l'analyse ou la copie du procès-verbal de cette séance, dans les mémoires A de la Ville et de Sachy, et B de Sachy, dans une des 42 pièces réunies sous le n° 64 des archives de la Ville, série GG.

ruynée et n'y poeult satisfaire quant à présent pour la malice du temps: à la charge de par led. Clugnet de dellivrer la somme de deulx cens livres aux deux regens que la Ville trouvera bon d'y mettre, de faire par luy la première classe, se rendre assidu aud. college, et faire tous debvoirs requis en ceste charge pour l'instruction de lad. jeeunesse, ce qu'il a instamment promis faire aprez avoir esté admonesté en la présence de toute lad. assemblée; mesmement, en ensuivant ce à quoy il s'estoit par cy devant submis lors qu'il est entré aud. college, de chanter messe en dedans l'an, pour parvenir à la grade de prebstrise, affin d'apporter plus de respect et d'auctorité aud. college, et qu'il (le collège) puisse estre gouverné par gens de qualité requise et convenable. Et affin de donner plus de moïen aud. Clugnet et aux regens quy seront emploiez aud. college d'avoir de l'exercice en icelluy, (et pour davantaige les convier à leur debvoir et rendre led. college mieulx régy et gouverné qu'il n'a esté par le passé, affin d'en voir réussir quelque fruict,) que les escolles particulières où s'enseigne la langue latine seront deffendues, et que, pour accommoder lesd. regens et escolliers aud. college, il sera mis en estat suffisant, soit de chambre ou aultrement, comme il sera trouvé expedient, et que, pour la direction d'icelluy, seront dressés articles et statuts qui seront extraicts des édicts, ordonnances et status de l'Université de Paris. Et seront depputez quelques notables personnaiges, tant de l'église de Saint Wulfran que du Corps de lad. ville pour visiter led. college et classes, et faire le rapport de ce qu'ils trouveront y servir, pour y estre promptement remédié.

« Plus a esté advisé, affin que les enfans dud. college ne soient contraincts de vaguer parmy la ville et sortir d'icelluy college pour oyr messe, que les messes qui se soulloient dire au chasteau trois fois la sepmaine, par le chappellain d'icelluy, se diront aud. college, et qu'il en sera à ceste fin parlé aud. chappellain que l'on dict estre M° Nicolas Winart.

« Et sur ce quy a esté mis en avant que M° Jehan de Boullenois, quy a par cy devant régenté aud. college, se présentoit pour faire la seconde classe en icelluy moiennant la somme de cent livres par an des deulx cens quy sont réservées pour les deulx regens et des gaiges affectés à ceste charge, led. Boullenois mandé sur l'offre qu'il a faict d'entrer audict college avecq les escolliers qu'il enseigne de présent, en l'accomodant de lieu et chambre nécessaire et luy baillant lad. somme de cent livres oultre les gaiges qui ont esté cy devant assignés à lad. charge quy sont de vingt cincq livres par an, il a esté, par advis de lad. assemblée, receu à régenter aud. college et faire la seconde classe moiennant son offre quy a esté acceptée. — *Reg. aux délib.*, folio IIII^c VII recto à IIII^c VIII verso.

Cette délibération nous montre que la Ville peu riche a rétabli avec modération les traitements, en obligeant le Principal à faire la première classe; que ce Principal a eu et accepté une admonestation publique, que, n'étant pas prêtre encore, il doit le devenir dans l'année; que les maitres des écoles particulières ne pourront plus enseigner le latin; que certains travaux d'accommodation seront faits au collège; que des règlements seront tirés des statuts de l'Université de Paris ; que des inspections seront faites dans le collège par des délégués du Chapitre et de la Ville ; que les trois messes du château (de Ponthieu) seront dites au collège ; que Mᵉ Jehan de Boullenois, que nous avons déjà vu régent au temps des principaux Marand et Macquet, est admis à rentrer au collège et à y faire la seconde.

Le mémoire A rappelant cette délibération ajoute : « Toutes les écoles particulières où s'enseignoit la langue latine étant abrogées, sur le commandement fait aux maîtres d'école de s'exécuter, ils obéirent et quelques classes étant vacantes ils se rangèrent dans le collège. » — Ces derniers mots font allusion sans doute à Jehan de Boullenois.

Les chanoines tiennent toujours à constater le droit qu'ils prétendent dans la nomination des régents :

27 septembre 1595. « Sur la réquisition à nous faite par Nicolas Sanson, prêtre et chapelain de ceans (c'est-à-dire de Saint-Vulfran), d'être pourvu à l'une des classes du collège par nous comme maîtres administrateurs et écolâtres d'iceluy, après avoir connu la suffisance et capacité d'iceluy pour ce faire, nous l'avons désigné et nommé d'un commun accord et consentement à faire la troisième classe dud. collège, commandant à M. le Principal de le recevoir. » — *Arch. de la Ville, série GG, n° 48, — Notes tirées d'un mémoire de M. Quennehen, tendant à établir sur des précédents les droits du Chapitre.*

Plus tard les chanoines se plairont à dire et à écrire:

Notre collège d'Abbeville. Peut-être y eut-il toujours plus de suite dans les actes du Chapitre pour affirmer et développer son autorité sur le collège que dans ceux de l'Échevinage pour défendre et maintenir intacte la sienne.

Les fondations aidaient bien à l'entretien des régents, nous l'avons vu plus haut pour Boullenois, mais ne suffisaient pas.

Une délibération du 13 octobre (1595) nous montre M° Simon Bonnart, régent de quatrième, ayant présenté à la Ville une requête afin d'obtenir « quelques gages outre la somme de cinquante livres de la fondation de d^{lle} Marie Le Blond, damoiselle d'Ailly, à la charge de dire deux messes par semaine. » Bonnart offre de dire les deux messes. Il demande enfin de conserver les vingt-cinq livres de la fondation de d^{lle} Le Comte « qu'il a receu jusqu'alors. Oy M. d'Ailly, fils de lad. deffuncte Le Blond, qui a dict que l'intention de lad. deffuncte, sa mère, a esté que lad. somme soit fournie à celui des régens qui diroit les deux messes et instruiroit la jœunesse ; a esté dellibéré et ordonné que led. Bonnart recevra doresnavant lad. somme de L livres tant que il continuera de chanter les deux messes et instruira la jœunesse. — *Délib.* de 1595, folio III^c XIIII verso.

Les régents ne paraissent pas toujours absolument désintéressés, mais la Ville ne semble pas non plus de générosité excessive.

Un jour Jehan Boullenois et Anthoine Petit demandent à être payés du quartier commencé à la Saint-Remy.

La Ville refuse (20 décembre 1596). — Attendu qu'ils ont été payés du quartier de juillet, août, septembre, durant lequel temps ils n'ont fait aucun exercice à cause de la contagion et mortalité, il ne leur sera fait aucune taxe pour un intervalle de temps égal. — *Reg. aux délib.*, fol....

27 octobre 1598, mandement sera délivré au Principal et à ses trois régents pour leur pension commençant au 1er octobre. — *Reg. aux délib.*, fol...

La fin de l'année 1598 vit finir le principalat d'Antoine Clugnet.

Les régents qui professèrent sous lui furent suivant notre mémoire B :

« Me Antoine de Rachinois qui fut mis en la troisième classe au lieu dudit de May (1).

« Me Simon Bonnart en la quatrième, au lieu dudit Duval ;

« Me Jean de Boullenois étant regent sous le sieur Macquet quitta la troisième qu'il enseignoit pour aller prendre des degrés en l'Université de Douay. Ses études finies, il revint et, ne trouvant plus de place sous ledit Clugnet, il se mit à enseigner dans sa maison. Le nombre des maîtres d'écoles qui enseignoient dans la ville faisant grand tort au collège qui se dépeuploit tous les jours par les écoliers qui le désertoient pour se mettre entre les mains des particuliers, ledit Clugnet prit le party d'inviter le sieur de Boullenois à venir

---

(1) Voir plus haut les noms des régents qui professèrent sous Johan Macquet.

prendre place dans le collège et lui donna la seconde classe à régenter.

« Me Antoine Petit, au lieu dudit Rachinois.

« Me David Ledien qui tenoit aussi école privée en la troisième, au lieu dudit Petit.

« Me Jean de Boullenois par la suite monta en la première, au lieu dudit Clugnet, son principal, qui lui céda sa place.

« Me Obri Le Mercher en la seconde, au lieu dudit Boulenois. »

J'ai publié dans *la Ligue à Abbeville*, t. III, pp. 215-216, p. 235 et p. 316, les vers écrits par Clugnet pour le passage du roi en 1594.

Clugnet avait un faible goût pour l'enseignement sans doute. A peine prêtre il s'empressa d'accepter un autre service.

Clugnet, dit un de nos mémoires, « exerça les fonctions de principal jusqu'au moment où Messire Claude-André de Dormy, évêque de Boulogne, l'appela auprès de lui et le revêtit de la dignité d'archidiacre et official de son église. Il s'y distingua, ajoute le mémoire, par sa science et son mérite de façon que l'on fit choix de sa personne pour assister aux États tenus à Paris sous Henry IV en qualité de député de l'état ecclésiastique du Boullenois. Il y mourut et fut inhumé dans l'église de Saint-Jean le Rond. » — *Mémoire* B, et aussi *Archiv. de la Ville*, série GG, n° 120.

Espérons qu'il jetait plus de clarté dans les affaires publiques que dans ses vers latins. — V. *la Ligue*, t. III, pp. 215-216 et 235.

5 décembre 1598, a écrit le marquis Le Ver, « sur ce qu'hier Antoine Clugnet, principal du collège depuis cinq ans, a donné sa démission, M° Jehan de Boullenois a été nommé pour le remplacer. » — *Reg. aux délib.*, 1597-1599. — *Extraits du marquis Le Ver.*

IV

JEHAN DE BOULLENOIS

Quatrième Principal

1598-1644

Le mémoire B, favorable aux chanoines, rapporte ainsi l'élection de Jean de Boullenois :

« M° Jean de Boullenois, eslu le 10 décembre 1598 en
« présence (c'est-à-dire sous la présidence) de M. J. Ber-
« nard, escuyer, sieur de Moismont, lieutenant général
« en la Sénéchaussée de Ponthieu, et Anthoine Rohault
« Majeur alors de la ville, Vignette et Hyver, chanoines,
« Roussel et Gaillard échevins, fut confirmé par
« Messire Geoffroy de La Marthonie, évêque d'Amiens, qui
« lui en fit expédier son visa au 18 du mois suivant...

« Ledit de Boullenois eut un compétiteur en la per-
« sonne de M° Jacques Saulmon, professeur de rhéto-
« rique sous M° Jean Macquet en 1592; c'est ce qui
« appert mesme par l'acte de reception dudit Boullenois
« où les mots sauf lesdits Vignette et Hyver sont insérés.

« Voici comme cela arriva. Ledit Saulmon ayant
« gagné le sieur Hermant, notaire du Chapitre, celui-ci

« sollicita vivement pour son ami auprès de quelques
« chanoines en les advertissant que le jour de l'assem-
« blée des corps de la ville étoit indiqué à un tel jour
« pour l'élection d'un Principal en place du sieur Clu-
« gnet, ce qu'ayant confirmé les sieurs de Romilly et
« Hiver leurs confrères, ils se laissèrent gagner et assem-
« blèrent furtivement plusieurs d'entre eux, scavoir le
« trésorier, les sieurs de Rambures, Hubert, Cateux,
« Mathon et Forestier. Tous nommèrent par acte capitu-
« laire ledit Saulmon, en date du 7 décembre de ladite
« année 1598, pour lesquels lesdits de Romilly et Hiver
« furent députés à ladite assemblée, lesquels l'avoient
« déjà été cy-devant par le Chapitre entier pour y porter
« l'acte de nomination unanime de leur part en faveur
« dudit de Boulenois ; mais leur subterfuge ayant été dé-
« couvert, ils eurent la honte de n'y être point regardés,
« et d'être connus pour avoir desservi et voulu trom-
« per leur corps et de l'avoir compromis en ce que
« l'acte de nomination du s^r de Boullenois n'ayant été
« inscript au registre des délibérations par la négli-
« gence du secrétaire, leur voix devint nulle, tant pour
« l'un que pour l'autre en ce moment. »

Jean de Boullenois fut installé le 12 décembre, par le Maieur assisté de MM. les échevins, en l'hôpital Jean Le Scellier (le collège). Le nouveau principal fit au Maieur et aux échevins les soumissions requises, en présence de MM. Obry Le Mercher, David Ledien et Simon Bonnart, régents. — *Reg. aux délib.*, folio...

Je viens de nommer les régents qui professèrent d'abord sous Jean de Boulenois. Le mémoire B nous a conservé la liste de tous ceux qui desservirent le collége sous sa direction pendant quarante-six ans. La voici :

« M⁰ Obri Le Mercher en la première, au lieu dudit de Boullenois, principal.

« M⁰ Jean de Boullenois principal en la seconde, au lieu dudit Le Mercher.

« M⁰ David Le Dien en la troisième.

« M⁰ Simon Bonnard en la quatrième.

« M⁰ François Gosset en la quatrième et cinquième, au lieu dudit Bonnard.

« M⁰ Jean d'Airaine en la quatrième et cinquième, au lieu dudit Gosset.

« M⁰ Jean d'Airaine en la troisième, au lieu dudit Le Dien.

« M⁰ Noel Groult en la quatrième et cinquième, au lieu dudit d'Airaine.

« M⁰ Mathieu Duvivier en la seconde, au lieu dudit de Boulenois, lequel quitta sa classe pour se reposer environ deux ans et demi, après lequel temps ledit Duvivier laissa sa classe audit de Boullenois qui la reprit.

« M⁰ Jean Griffon en la troisième, au lieu dudit d'Airaine.

« M⁰ Éloy Cauchon en la quatrième et cinquième, au lieu dudit Groult. Est à noter que ledit Cauchon, en sortant du collège, avoit tâché de mettre en sa place, et contre le gré dudit de Boullenois principal, le nommé Estienne Descaules qu'il avoit fait nommer par M. Lancelot Manessier, Majeur en charge de la ville, et les échevins, à la réquisition de M⁰ Philippe Manessier, procureur du roy en l'hôtel commun de la ville, auxquels (1) il étoit allié. Ce qui mut procès entre le Corps de ville et ledit de Boullenois, principal, qui le soutint et fit évincer ledit Descaules (2) en vertu d'un arrest rendu au Parlement le 16 mars 1616 qui le débouta entièrement (3) du droit dont les Majeur et échevins vouloient s'emparer au préjudice des principaux du collège qui a *(sic)* l'entière liberté d'admettre de son choix tels régents qu'il lui plait dès qu'il les juge capables d'enseigner. Ensuite de quoi, ledit de Boullenois, maintenu ainsi dans ses droits, mit en place dudit Cauchon celui qui suit.

« M⁰ Jean Duhamel en la quatrième et cinquième le 4 avril 1607. Mais ledit Duhamel ayant été nommé quelque temps après à la cure de Collines, il fut mis en sa place

« Martin Rumault qui ne l'occupa que peu de temps, car ledit de Boullenois, fondé de raisons légitimes, fit signifier audit Rumault ainsi qu'aux sieurs Mercher, régent de la première, et Griffon, régent de la troisième, de se retirer et abandonner leur place, par exploit de Gomel sergent royal, en date du 21 août 1628, et il renouvela, à la Saint-Remy suivante, le collège de régents et y mit

---

(1) Auxquels, c'est-à-dire aux deux Manessier.

(2) Qui le soutint et fit évincer, etc., c'est-à-dire qui soutint le procès et fit évincer, etc.

(3) Qui le débouta entièrement..... L'écrivain, ami des chanoines et du Principal, fait peu honneur à leur langue. Ici il dit absolument le contraire de sa pensée. Peut-être entend-il : qui débouta Descaules ; mais du droit convoité par les Maieurs, etc. Cela n'a plus de sens.

« Me Jean Darrest en la première, au lieu dudit Mercher.

« Me Antoine Tillette en la seconde, au lieu dudit de Boullenois principal.

« Me Philippe Duvauchel en la troisième, au lieu dudit Griffon.

« Me Louis de Ribeaucourt, au lieu dudit Rumault en la quatrième, 1628.

« Me P... Manessier en la quatrième, au lieu dudit Ribeaucourt, 1632.

« Me Hugues Harnas en la cinquième, au lieu dudit de Boullenois qui s'étoit mis en la cinquième et monta au lieu en la quatrième.

« Me Robert de Lalevriese 1° en quatrième, aux Pasques 1637, au lieu de Boullenois, et en seconde, à la Saint-Remy 1637, au lieu dudit Tillette, et à la première à la Saint-Remy 1638, au lieu dudit Darrest.

« Me Charles Dumet en troisième, au lieu dudit de Boullenois qui reprit la seconde au lieu dudit de Lalevriese.

Me Nicolas Dusaulchoy en troisième, au lieu dudit Manessier.

« Me Jean Hourdel en quatrième.

« Me Pierre Vasseur en cinquième, au lieu dudit Dumets.

« Me Pierre Alliamet, au lieu dudit Dusaulchoy. »

Parmi tous ces régents nous devons remarquer et mentionner particulièrement Me Obri Le Mercher reçu régent de la première classe en 1598. Obri Le Mercher que le P. Ignace a appelé (*Hist. des Maieurs*,

p. 758), Obert le Mercier, « très scavant en grec, » et (*ibid.*, p. 791) Aubry le Mercier, ne dédaignait pas l'exercice latin, alors à la mode, des anagrammes. Il en composa un, développé en deux distiques, sur les mots LUDOVICUS DECIMUS TERTIUS, lorsque le roi traversa Abbeville, le 21 décembre 1620. — *Hist. des Maieurs,* p. 791.

J. de Boullenois, d'abord régent d'un peu trop d'initiative, nous l'avons vu, sous le principal Macquet, avait quitté le collège en 1590 pour prendre ses degrés en l'Université de Douay. — *Mémoire B.* — De retour à Abbeville, au temps du principal Clugnet, il avait ouvert une école particulière « qui faisoit grand tort au collège. » Clugnet, inquiet, lui offrit, lui fit donner la seconde classe qu'il accepta, et le collège profita de ses écoliers. Principal, il semble avoir eu, au contraire de son prédécesseur, toutes les qualités de métier et de conviction pour bien enseigner et prendre plaisir à l'enseignement. Son administration fut la plus longue des temps anciens ou rapprochés. Un seul tort au point de vue municipal ; il a penché quelquefois, en 1616 par exemple, vers l'autorité des chanoines plutôt que vers celle de la Ville.

La fin du siècle est marquée par un différend entre l'Échevinage et le Présidial, les gens du roy. La Ville a pris à cœur ses devoirs et ses droits envers le collège. Sa sévérité se porte sur l'exactitude des leçons, sur la bonne tenue des maîtres. La délibération du 23 septembre 1599 établit qu'elle a destitué un régent et engagé le Principal à mettre hors du collège la belle-sœur et la chambrière d'un autre. Le Présidial a pris la défense, sinon du second, au moins du premier. Cela dit, je laisse la parole au rédacteur municipal.

Du XXIII° de septembre (1599) . . . . . . « Sur ce qu'il a esté rapporté que M° Simon Bonnard, prebtre, quatriesme régent du collège, ne faict son debvoir de chanter et célébrer la messe (il en devait quatre par chacune semaine), et n'est aussy assidu à la classe, estant distraict à cause de sa cure de Favières et vicariat de l'église Sainct-Gilles en ceste ville, et que cy-devant il y a eu aulcunes plaintes faictes contre led. M° Simon Bonnard de ses négligences et aultres fautes en son debvoir de régent, et ouy M° Jehan de Boullenois, principal, pour ce mandé ; a esté délibéré qu'il sera signifié aud. Bonnard qu'il ayt à se pourvoir d'ailleurs que de sa régence et aultres charges audict collège, et, en conséquence de ce, a esté ordonné audict M° Jehan de Boullenois de nous produire quelque aultre personnaige capable d'estre régent quatriesme ou aultre (d'une autre classe sans doute), au cas que luy-mesme (Boullenois) se charge de faire lad. classe quatriesme à faute d'en trouver quy vœuille entreprendre lad. classe quatriesme.

« Et soit fait injonction (1) à M° David Le Dien, troisiesme régent, de faire sortir sa belle-sœur et la chambrière qu'il tient maintenant aud. collège, à peine de l'emprisonnement des dictes femme et fille ; et sera la présente délibération signifiée ausdicts Bonnard et

(1) Ce n'est pas le mot, mais le sens. Le procès-verbal est d'une très mauvaise écriture.

Le Dien. » — *Délib. de* 1599 *à* 1600, folio IIII^c XXV, verso.

Du dernier jour de septembre (1599) « suivant la délibération cy-devant faicte, a esté produit par ledict de Boullenois (au lieu de Me Simon Bonnard) Me François Passet pour faire lad. régence quatriesme, après qu'il nous a certifié de sa capacité et pour le regard des messes que ledict Bonnard chantoit, icelluy de Boullenois s'en est chargé. » — *Délib.*, fol. IIII^c XXV verso et IIII^c XXVI recto.

Ici éclate le différend.

Du IIIIe jour d'octobre (1599) « il a esté proposé que Me Simon Bonnard, naguaires régent de la quatriesme, s'estant présenté le dernier jour de septembre dernier pour scavoir pour quelle cause il lui a esté signiffié qu'il eust à se pourvoir d'ailleurs que de sa régence aud. collège, il luy fut respondu, comme il est reprins en l'acte dudict jour, que la charge de régent estoit tenue précairement et conséquemment estoit révocable à volonté et qu'il luy debvoit suffir qu'on le remercioit du service qu'il y avoit faict le passé, sans que l'on veoulle imputer aulcune cause; pour quoy il puisse estre..... [?] et asseuré en son honneur. Néantmoings ne s'estant contenté de lad. response, auroit appellé et rellevé son appel par devant Monsieur le Seneschal de Ponthieu ou Monsieur son lieutenant et Messieurs les gens tenans le siege présidial dud. lieu, lesquels..... sont nos parties directes....... eu esgard à l'administration et authorité que nous avons cue de tous temps sur led. collège et d'ailleurs sont incompétans de congnoistre de ce faict, attendu que, pour causes semblables regardant la direction dud. collège, nous aurions appelé en la court de Parlement de ce qu'ils ont (un mot que je ne peux lire). . . . . de leur sentence de règlement faict et ordonné en grande assemblée où mesmes avoit présidé led. Seneschal ou son lieutenant, par laquelle l'on avoit deffendu les escolles particulières où l'on enseigne le latin, et appartient privativement à nos dits seigneurs du Parlement de nous régler sur le faict susdict et sur d'aultres poincts qui touchent le service divin et la seureté et bien publicq de la ville. Sur quoy a esté dellibéré que lesdits sieurs (de la Sénéchaussée) seront priés de se desporter congnoistre de lad. cause, et, en tous cas, sera tenu à mal incompétamment intimé par devant les dits sieurs Seneschal et Conseillers de Ponthieu, et subordinement seront iceulx récusés pour les causes susdictes, et où (au cas où) ils se déclareroient juges compétans, sera appelé comme de juges incompétans, recusés et prins à partie, et pour faire la desclaration susdicte a esté donné pouvoir à M° Philippe Manessier et à Jehan Delecourt et à l'un d'iceulx, procureur de la Ville et substitut d'iceluy. »

Sentence rendue le 5 octobre 1599 en la Sénéchaussée de Ponthieu, à neuf heures du matin, sur les conclusions des avocat et procureur du roi qui ordonne la comparution des parties à vendredi prochain, nonobstant les causes de récusation et incompétence proposées.

Le 6 octobre (1599) l'Échevinage arrête « qu'il sera appelé du faict de la présente sentence en tous ses chefs comme de juge incompétant. . . . . . . et protesté de faire réparer les attentats faicts contre, et au mespris de l'auctorité de la court de Parlement, laquelle d'ailleurs scaura trop mieulx juger etc. . . . . . . et pour ce faire, a esté nommé et depputé M⁰ Jehan Delecourt, substitut du procureur fiscal, et a esté donné pouvoir mesme de prendre le faict et cause de M⁰ Jehan de Boullenois, principal, attendu que ce n'est que la mesme cause qui se doibt vuider en mesme temps. » — *Reg. aux délib. de* 1599 *à* 1600, folio IIII° XXXIIII IIII° XXXV recto.

L'affaire prend des proportions larges.

Les Maire et échevins ont destitué le quatrième régent. Le gouverneur de Picardie s'émeut.

Le 3 novembre (1599), le comte de Saint-Pol témoigne dans une lettre aux officiers municipaux le regret de ne pouvoir leur parler avant son départ d'Amiens. Il a appris qu'il y a entre eux une grande division. Il y va, leur dit-il, de leur liberté, de leurs privilèges dont il est aussi jaloux qu'eux-mêmes ; il les prie de tâcher de vivre en bonne union et intelligence et de cesser leurs brouilleries, que le roi n'en ait point de nouvelle ; il les prie enfin de lui mander leur avis.

Les Maire et échevins répondent le 4 novembre :

« Monseigneur, nous vous remercions très humblement de la bonne affection, qu'il vous plaist continuer à nostre communaulté, particulierement à l'avoir recommandée vers Sa Majesté comme vous jugerez estre expédient pour le faict de la . . . . (1) de la fortification et pour le bien parti-

(1) Mot que je ne peux lire : continuation (?).

culier de ceste ville, et sommes fort estonnés que l'on vous ait porté nouvelles qu'il y a eu depuis peu de jours de grandes brouilleries parmy nostre Corps de ville, car, de la grace de Dieu, nous avons tous depuis le commencement de nostre charge vescu en très grande union, mais il est avenu, que Messieurs du siège présidial, ayant voullu infirmer la destitution faicte par nous du quatriesme régent sur la plaincte du Principal du colleige, nous avons résolu de maintenir avec bonne cause l'auctorité de la Ville sur l'administration du colleige, et là dessus se sont formées des contradictions de part et d'autre, de sorte que, comme il est accoustumé en matière civile, nous nous sommes pourveus en la court de Parlement, à laquelle Court et MM. les gens du Roy nous entendons nous soubmettre pour faire paroistre que, de nostre costé, il n'y a aulcune passion, ains ung seul désir de voir la direction dud. colleige, quy est fondé et stipendié par la Ville, réglée par arrest de la Court et par ceste voie estre délivrés des importunités et plainctes que nos prédécesseurs et nous ont receues infinies fois des Principal et régens dud. colleige quy sont desgoustés de travailler à l'instruction des enffans qu'ils ont en petit nombre à cause des petittes escolles où s'enseigne le latin par la tollerance et jugement desd. sieurs présidiaulx, contraire à plusieurs dellibérations faictes en grandes assemblées où ils s'estoient trouvés en nostre Corps de ville; quy est chose quy ne poeult en rien altérer le service du Roy et nostre repos commun, d'aultant que lad. Court, par sa prudence accoustumée, scaura bien nous reigler, ne prétendant de nostre part autre auctorité que celle quy poeult avoir esté donnée en . . . . . . (1) faict sur pareilles contentions ; de sorte que nous n'estimons poinct que ce (cela) mérite vous donner

(1) Mot que je ne peux lire.

la peine de venir à nous quy désirons demeurer perpétuellement, Monseigneur, vos très humbles et très obéissans serviteurs, Maieur et eschevins d'Abbeville. A Monseigneur le comte de Sainct-Pol ce iiii° novembre mil V^c IIII^{xx} dix noeuf. » — *Reg. aux délib. de* 1599 *à* 1600, folio iiii^c xliiii verso à iiii^c xlv verso.

Dans la réunion échevinale du 5 novembre (1599) il est dit : « Mercredy dernier, troisiesme de ce mois, Messieurs les lieutenant et conseillers du siège présidial ont faict anticiper les Maieur et eschevins sur les appellations par eulx interjetées à la Cour pour le faict de M° Simon Bonnart . . . . L'on a inséré dans la commission une infinité d'injures, calomnies et impostures à l'encontre de Monsieur le Maieur qu'ils taxent contre vérité d'avoir seul interverti les protestations et appellations interjetées des ordonnances de mesdits sieurs Présidiaulx, ne s'estant rien passé qu'il n'ait esté dellibéré et résolu en cest eschevinage ; au moien de quoy lesdictes injures redondent sur lesd. eschevins. »

Les échevins couvrent ainsi le Maire.

« A esté dellibéré que l'on se présentera à l'assignation donnée à la Cour et d'aultant que Monsieur le Maieur y est aussy anticipé et prins à partie, que l'on se joindra avecq luy pour soutenir lesd. appellations et poursuivre en reiglement mesd. sieurs les lieutenant et officiers du Roy parties sur les faicts proposés céans touchant le service du Roy et utilité publicque, et, pour ce que les dits propos injurieux sont . . . . . (mot peu lisible), en demander et requérir à la Court réparation et, à ceste fin, soubstenir que mesd. sieurs les officiers du Roy seront tenus de plaider sur l'adveu ou desadveu qui en sera requis particulièrement et non point en nom collectif afin que le jugement quy interviendra puisse estre exécuté à l'encontre de ceulx lesquels seront dénommés. » — *Délib. de* 1599 *à* 1600, folio IIII^c XLV verso et folio IIII^c XLVI recto.

Le 8 novembre les maire et échevins reçoivent une réponse du comte de Saint-Pol. La lettre du gouverneur de Picardie est datée du 6. Elle est venue à l'Échevinage par l'intermédiaire d'un officier du Présidial. M. de Saint-Pol mande aux Maire et échevins qu'il trouve bien estrange qu'ils ne l'aient pas mis au courant de l'affaire plus tost, « estant chose dont vous me deussiez donner congnoissance afin d'y pourveoir et en respondre à Sa Majesté. » Il veut que, aussitôt la présente reçue, ils l'informent en quoi il va du service de S. M. afin qu'il y donne ordre « sellon que ma charge m'en oblige et de fasson qu'il n'en arrive aulcune altération au bien d'icelle ny au repos public et moins encore à la conservation de lad. ville (1). » — *Folio* IIII^c XLVI *recto et verso.*

Les Maire et échevins répondent immédiatement (8 novembre). Ils s'excusent mais ils se défendent.

« Monseigneur, nous avons receu cejourd'hui en nostre eschevinaige la lettre qu'il vous a pleu nous escripre en datte du 6 de ce mois envoyée ouverte par Messieurs du

---

(1) Il y avait aussi entre la Ville et le Présidial une autre difficulté que celle du collège.

siège présidial ou l'un d'eulx.......... Pour conserver à la Ville l'auctorité qu'elle prétend sur la direction du colleige,... nous avons soustenu et prétendu qu'il n'appartenoit qu'à la cour de Parlement, privativement ausd. sieurs, de nous reigler..

.... Nous vous supplions donc très humblement, Monseigneur, ne pas croire que nous ayons jamais eu intention de recourir en autre chose qu'en matière contentieuse et..... ailleurs qu'à vostre auctorité pour le service de Sad. Majesté, repos public et conservation de la ville. » — *Folio* IIIIe XLVII *recto et verso.*

Le comte de Saint-Pol répond à son tour le 10 novembre. Il est tout à la paix, il conseille la paix, les accords amiables. Il part pour Paris. Il désire être utile aux maire et échevins pour le différend renvoyé à M. le procureur général. Il lui parlera s'ils désirent s'accommoder avec lui. Il finit amicalement sa lettre : « Vostre concitoyen et meilleur amy. » — *Folio* IIIIe XLVII *verso et* IIIIe XLVIII *recto.*

Mais l'Échevinage ne cède pas.

Le 23 novembre (1599), « a esté advisé et délibéré que Me François Dequevauviller, nostre confrère eschevin, fera voyage en la ville de Paris » pour consulter « deux ou trois des plus fameux advocats de la Court » pour la direction du college avec les pièces justificatives, « et, d'aultant que mons^r de Lessau est amy particulier d'aulcuns de nos parties, » c'est-à-dire des officiers du Présidial, « led. s^r de Quevauvillers prendra ung aultre advocat » pour la Ville. — *Folio.....*

La Ville n'est pas seulement pour le collège en difficulté avec le Présidial mais aussi pour d'autres affaires. Les procédures traînent. Le 7 janvier 1600, François Dequevauvillers est encore à Paris, s'occupant des procès, voyant le comte de Saint-Pol. Il est advisé que « M⁰ Philippe Manessier, procureur fiscal de la Ville, se transposera exprès à Paris pour, avec lesd. s^r Rumet et Dequevauvillers, entendre auxd. causes, les poursuivre, recommander et faire plaider, » etc. — *Folio* IIII^c LX *verso et* IIII^c LXI *recto*.

Je perds le collège de vue en parcourant le registre. Le certain est que Bonnard demeura hors de sa classe mais la Cour lui adjugea des honoraires.

« Du vendredy premier jour d'octobre (1604), sur la requeste présentée par M⁰ Jehan de Boullenois, principal, etc. affin d'estre acquitté et deschargé de la somme de XXXII livres p., d'une part, adjugée par arrests de la Court du VIIe jour de septembre dernier à M⁰ Simon Bonnard, cy-devant regent dud. college et destitué de lad. charge par la Ville en l'an IIII^{xx} XIX, plus de la somme de XXXII livres et de LXV s. d'autre part, espices des arrests donnés en lad. Court, montant à la somme de…, attendu qu'il n'y a rien de son faict et que la Ville a prins son faict et cause, comme il apert par lesd. arrests, A esté délibéré que lad. somme sera paiée et mise ès mains dud. de Boullenois pour en faire le paiement aud. Bonnard… » — *Délib. de 1601 à 1604, folio* II^c IIII^{xx} II *recto et verso*.

Bonnard triomphe. Il réclame en outre de la Ville une somme de treize livres « à luy deube pour avoir, durant une demy année de la mairie de Mr Rohault

(1598-1599), chanté et faict chanter deux messes par chacune sepmaine en la chapelle de l'hospital Jehan le Scellier (alors le collège) desquelles il n'auroit lors esté sallarié. » La somme est due. La Ville paie. — *Délib. de 1601 à 1604*, folio II^c IIII^{xx} III verso et II^c IIII^{xx} IIII recto.

Nous voyons paraître en 1600 les distributions de prix.

Le 7 septembre 1600, « sur la requeste présentée par les Principal et régents affin qu'il leur soit ordonné quelque somme pour achetter quelques livres pour gratiffier les escolliers et les inviter à bien estudier au jour saint Remy prochain, ensemble affin de faire faire et dresser ung eschafault pour jouer un acte public dans led. collège ainsy qu'il est accoustumé chacun an, il est delliberé et ordonné qu'il sera payé aud. Principal, pour employer à l'effect susdict, la somme de huit escus. » — *Délib. de 1599 à 1600*, folio V^c XXIIII verso.

L'Échevinage nomme alors sans contestation (1) les régents, les destitue. Le Principal se subordonne ; les chanoines n'interviennent pas.

Le 27 septembre 1601, « sur ce que Me Jehan de Boullenois, principal, a proposé que la dernière classe du collège qu'a exercée jusques à présent Me Jehan Gosset est vacante par le délaissement qu'en a fait led. Gosset et que, aiant recherché par nostre ordonnance ung homme propre pour en faire l'exercice, il s'est présenté Me Jehan Dairenes du village de Buigny Saint Martin, lequel il congnoist de bonnes mœurs

(1) Malgré l'arrêt concernant Descaules, malgré l'exemple Bonnard.

et doctrine suffisante pour s'en charger, pour avoir estudié aud. collège par cy-devant l'espace de quatre ans, s'il vous plaist à le recevoir. Après avoir sur ce oy le procureur de la Ville et de son consentement, nous avons icelluy Dairènes receu et admis en lad. charge pour icelle exercer tant qu'il sera trouvé bon et jugé expédient par nos successeurs en ceste charge, ce qu'il a accepté. » — *Délib. de* 1601 *à* 1604, folio xx recto.

Les années suivantes nous fournissent d'autres exemples de cette autorité plénière exercée par le Corps municipal.

Le 19 juillet 1606, le procureur de la Ville remontre à l'Échevinage « qu'il est impossible à Mᵉ David Le Dien, régent de troisiesme, de s'acquitter de sa charge et conserver les bénéfices dont il est pourveu. » Le Dien a reconnu lui-même l'impossibilité du cumul. « Il s'est retiré vers Mʳ le Maïeur auquel, en la présence de Mᵉ Rohault eschevin, il auroit fait remerciement et remis lad. charge et luy dict qu'il se trouveroit en cest eschevinage pour icelle remettre d'habondant, ce qu'il n'a fait, encores qu'il ait esté prié par deux diverses fois de s'y trouver, et par ce qu'il estoit besoing d'adviser et recouvrer homme capable pour exercer ceste charge, il (le procureur de la Ville) nous a requis y pourvoir, attendu mesme que led. Le Dien, qui a esté prié d'estre trouvé céans ce jourd'huy pour ce subject et qui a promis de ce faire..., n'est comparu. A esté advisé que led. Le Dien sera de rechef prié de se vouloir trouver céans ; et, à ceste fin, ont esté envoiés vers luy deux sergens lesquels ont rapporté avoir trouvé led. Le Dien au college, lequel leur a dict qu'il viendroit incontinent, ce qu'il n'a fait. L'affaire mise en délibération, a esté arresté que led. Le Dien sera d'habondant remercié du service qu'il a fait aud. collège jusques icy et qu'il luy sera signiflé par le premier sergent à mace qu'il ait à se pourvoir, si bon luy semble, d'aultre condition en dedans la Saint-Remy prochainement venant, pendant lequel temps sera par nous pourveu d'aultre personne capable en la place dud. Le Dien. » — *Délib. de* 1605 *à* 1607, folio IIII^c XXXVIII verso et IIII^c XXXIX recto.

Le même jour « sur ce que Me Jehan de Boullenois, principal, s'est présenté et a remonstré que la classe de Me David Le Dien est maintenant vacante et cognoissant la nécessité d'y pourvoir en dedans la Saint-Remy, et la capacité et suffisance de Me Jehan Dairenès, lequel, depuis cinq ans, a exercé, comme il exerce encore à présent, la quatriesme classe avecq fort peu de prouffict et sans aucun gaige, sur la promesse qui luy a tousjours esté faicte que, quand il s'offriroit quelque place, il y pourroit estre advancé; après avoir sur ce oy le procureur de la Ville et de son consentement, et que led. Dairènes, présent en personne, s'est offert souffrir l'examen quand il sera advisé et que Me de Boullenois s'est porté fort de la doctrine, mœurs et suffisance dud. Dairenes; a esté délibéré que led. Dairenes sera, et l'avons receu, en lad. charge de troisiesme regent pour icelle exercer avecq la dilligence et fidellité requise aux gaiges ordinaires et accoustumés. » — *Folio* IIII^c XL *recto.*

Enfin le 26 septembre (1606) « sur le certifficat de M⁰ Jehan de Boullenois et de M⁰ Obry Le Mercher, premier régent, M⁰ Noel Groul a esté receu et admis à faire la quatriesme classe, à la charge de s'y porter avecq toutte modestie et dilligence en l'instruction des enfans et pour tel temps qu'il nous plaira. » — *Folio* IIII⁰ LXVI *verso.*

Le Principal était-il malade, il faisait nommer par la Ville, pour sa classe, son suppléant ou son successeur : « Du XIII⁰ jour d'aoust (1608) sur ce que M⁰ Mathieu Duvivier, presbtre, s'est cy devant présenté pour avoir la place de second régent au college par le moien que M⁰ Jehan de Boullenois, principal en iceluy, qui a tousjours fait lad. charge, en est empesché par ung accident de maladie... Après que led. sieur Maieur a dict en avoir conféré aud. de Boullenois, il a esté delliberé et advisé que led. Duvivier, jugé capable de lad. charge, sera receu à faire lad. classe du jour de saint Remy prochain, auquel led. de Boullenois se désistera..., et instamment led. Duvivier mandé est comparu en personne, et luy aiant fait lecture de la présente délibération, il a accepté lad. charge, aux charges et conditions y contenues, et a fait le serment. » Suit la signature DUVIVIER. — *Délib. de 1607 à 1611,* folio LXII verso.

En 1604 la distribution des prix est accompagnée d'une représentation théâtrale. L'usage de la diversion dramatique persistera ainsi que nous le verrons.

« Du lundy XXX⁰ jour d'aoust (1604), sur la requeste présentée par les Principal et régens affin que il leur fut accomodé et dressé ung eschaffault aud. college pour y représenter quelque action aux vaccances prochaines, comme aussy achepter quelques livres et images pour donner aux six premiers escolliers de chasque classe pour rescompense de leur dilligence et pour exciter les aultres à s'advancer à l'advenir (1); davantaige qu'il leur fut fourny quelque nappe et aubes pour servir à l'autel de la chappelle et travailler aux parois des bastimens dud. college pendant les dictes vaccances, affin de prévenir les gellées; a esté advisé et délibéré que, pour inviter lesd. escolliers à leur debvoir, il sera délivré ausd. régens par l'argentier de la maison du Val la somme de vingt livres pour estre par eux emploiée tant en la construction d'un eschaffault

(1) Nous trouverons la même somme votée aux mêmes intentions d'année en année; ainsi en 1606 :

« Du lundy IIII° jour de septembre... sur la requeste présentée par Jehan de Boullenois, principal, a esté advisé qu'il luy sera délivré la somme de vingt livres par l'argentier de la maison du Val, tant pour luy aider à supporter les frais d'ung eschaffault qu'il luy convient faire pour représenter quelque action aux vaccances prochaines que pour achepter quelques livres pour donner aux six premiers escolliers de chaque classe affin de les recompenser de leur dilligence et exciter les aultres à s'advancer à leur exemple. » — *Reg. aux délib. de* 1605 *à* 1607, folio IIII° LXII recto.

Ainsi en 1612 :

« Du mercredy v° jour de septembre..., sur la requeste présentée par le Principal et régens affin qu'il leur fut ordonné quelque chose pour leur aider à fournir aux frais d'ung théâtre qu'il leur convient faire led. jour pour faire représenter quelque action par leurs escolliers et les gratiffier de quelques livres, a esté advisé et délibéré qu'il leur sera délivré à cest effect la somme de vingt livres par Anthoine de Boullongne argentier de la maison du Val... » — *Reg. aux délib. de* 1611 *à* 1612, folio II° LXXVIII recto.

que achept de livres et images ; et, pour le regard du surplus, que visitation en sera faicte pour, ce faict, y estre pourveu. — *Délib. de* 1601 *à* 1604, folio II^c LXXII recto.

Nous sommes arrivés à l'année 1606 qui vit le dernier transfert du collège et son établissement dans le lieu qu'il occupe encore aujourd'hui.

« Le sieur de Boullenois, dit l'auteur du mémoire B, mis en possession de la principalité du collège, l'exerça avec applaudissement pendant sept à huit ans, en cette même maison de Jean Le Sellier, jusqu'à ce que les Pères Capucins, appuyés de la faveur de François duc d'Orléans, comte de Saint-Paul et gouverneur pour le roy Henri IV de la province de Picardie, obtinrent des Majeur et échevins et Corps de la ville de s'établir en cette maison où ils sont encore. Le collège occupa alors l'hôtel de Nouilly (1), au coin de la rue de l'Arquet. »

Il ne faudrait pas croire, en effet, que le comte de Saint-Pol fût un grand protecteur du collège ; il était surtout un grand ami des Capucins (2). Les motifs de

---

(1) L'hôtel de Neuilly s'était appelé aussi précédemment, suivant le P. Ignace, hôtel de Bouberck. — ***Hist. des Maieurs***, p. 712.

(2) C'étaient les Capucins qui désiraient surtout la translation du collège, convoitant beaucoup la maison des anciennes Repenties. Les délibérations échevinales de 1606 en conservent de nombreux témoignages :

« Du IXe jour de juing (1606), sur l'instance faicte par les pères capuchins *(sic)* affin que la Ville ayt à leur accorder le collège pour ce que aultrement il leur est impossible de bastir leur église et convent, offrant comme ils ont tousjours faict de bailler ou faire bailler à lad. Ville, en eschange dud. collège, la

l'intervention du gouverneur de Picardie ressortent avec assez d'évidence des termes du mémoire A.

« En 1606 au mois de juillet et le 5 dudit mois fut passé contrat devant Nicolas Becquin et Pierre Lefebure notaires à Abbeville, par lequel le sieur Oudart Henry Le Moittier, escuyer, sieur de Noüilly-l'Hôpital, vend à M* Claude Foullon, bachelier en théologie, pour lui ou son command, la maison jardin et tennement appelé la maison de Neüilly, située rue de l'Arquet, tenue de divers seigneurs, non dénommés, par les cens ordinaires déclarés n'excéder 6 à 7 livres par an ; le vendeur se réservant le droit honorifique d'une flesche que lui présentoient chacun an les cinquanteniers archers, avec pouvoir de tirer au papegay des archers et les censives que lui devoient les cinquanteniers archers à cause d'une portion de leur jardin qui leur avoit été cédée. » — *Mémoire* A.

Le comte de Saint-Pol avait fait l'acquisition sous

maison du sieur de Noully, laquelle est de beaucoup plus grand pris et valleur que led. collège ; pourquoy ils ont fait convenir du pris à la somme de VII^m CXXV livres, ce pris faict par led. s^r Maieur, comme Monseigneur le comte de St-Pol estant en ceste ville luy en a, par plusieurs fois, parlé et recommandé lesd. pères capuchins ; a esté advisé que, pour délibérer de ceste affaire et sur ce qu'ils désirent [?] que aiant prins en la terre ou grand jardin de lad. maison ce qu'il en sera de besoing pour la commodité du collège, le surplus soit vendu pour leur aider à payer partie du pris de lad. maison, il sera fait assemblée de Messieurs les Gens du Roy et antiens Maieurs et il en sera escript à ceste fin à Monsieur le lieutenant-général. » — *Délib. de* 1605 à 1607, folio IIIIe XXIX verso et IIIIe XXX recto.

Je ne trouve pas dans les pages suivantes l'assemblée ainsi annoncée.

le nom de Claude Foullon, moyennant le prix de deux mille deux cents livres, — contrat du 5 juillet, — *Mémoire* B, — et, le 15 suivant, C. Foullon déclara son command. — Acte passé devant les mêmes notaires, — *Ibid.*

On peut suivre la marche des négociations et de l'affaire dans le registre des délibérations de la Ville (1).

Le comte de Saint-Pol n'a agi que d'accord avec la Ville et en vertu de résolutions de l'Échevinage.

« Par les saisines des 7 et 8 juillet et l'acte devant
« ledit Becquin notaire, du 15 du même mois de juillet
« 1606, on voit que la maison de Noeuilly est tenue des
« chanoines de Saint-Vulfran par 1 livre 10 sols, et
« des prêtres curés de la ville d'Abbeville par 2 livres
« 2 sols 6 deniers de cens par an, et que Mᵉ Claude
« Foullon a déclaré pour son command le très haut et
« très puissant prince François d'Orléans comte de
« Saint-Pol en Artois, gouverneur et lieutenant pour
« le roy en la province de Picardie, pour lequel seul

(1) Du mercredy xixᵉ jour de juillet (1606) le sieur de Noully, qui avoit promis de bailler lad. maison par eschange, ne l'auroit voulu faire. A esté le contract escript et prest à signer, ains (mais) auroit vendu lad. maison à Mᵉ Claude et Jehan Foulon, lesquels auroient déclaré leur command de Monseigneur le comte de Sᵗ-Pol etc.... au nom duquel lesd. pères capuchins, et en vertu de sa procuration spéciale, poursuivent d'avoir led. collège par eschange de lad. maison de Noully, à quoy il est besoing d'adviser. A esté délibéré en suite [?] d'une délibération précédente que l'eschange et permutation se fera du collège avec la maison et hostel de Noully ainsi qu'elle a esté vendue par led. sieur de Nouilly.......... à la charge etc. » — *Délib. de 1605 à 1607*, folio IIIIᵉ xxxix verso.

« il avoit acquis cette maison, ce qui a été accepté par
« Jean de Maupin, escuyer, sieur de Bellencourt, Mou-
« flières et Beaulieu, ancien Majeur, Conseiller en la
« Sénéchaussée de Ponthieu, noble homme Lancelot
« Manessier, sieur de Préville, Conseiller assesseur cri-
« minel, honorable homme Antoine Rohault, ancien
« Majeur, et Thomas Duchesne, bourgeois marchand,
« chargés de la procuration dudit comte de Saint-Pol.

« Suivant le contrat du 29 du mesme mois de juillet
« devant le mesme notaire, les quatre susnommés
« comme ayant pouvoir du comte de Saint-Pol et les
« Majeur et échevins représentés par M° Philippe
« Manessier, procureur fiscal de la Ville, autorisée par
« délibération du 17 mesme mois, firent échange de
« ladite maison de Noüilly avec l'hôpital Jean Le Sellier
« où le collège étoit alors établi, à la charge des cen-
« sives respectives dont les maisons et dépendances
« étoient chargées.

« Les Majeur et échevins se sont réservé expres-
« sément les cens, surcens et rentes qui étoient dûs à
« l'hôpital Jean Le Sellier qui faisoient partie dudit
« collège échangé, à condition toutefois qu'ils demeu-
« reroient chargés des renvois dûs à cause desdits cens,
« surcens et rentes réservées, plus de retirer la cloche,
« l'image de saint Barthelemy et autres étant oudit
« collège, et que les Principal et régents pourroient
« retirer les aix (ais, bancs,) avec lesquels ils avoient
« fait leurs études.

« Par autre contrat du même jour 29 juillet 1606
« devant ledit Becquin notaire, les mêmes susnommés,

« en vertu de la procuration du comte de Saint-Pol,
« firent donation entre-vifs, irrévocable, aux Révérends
« Pères capucins d'Abbeville, ; e l'hôpital de Jean Le
« Sellier (1), à la charge des cens ordinaires. Ils y éle-
« vèrent en peu de temps une capucinière (2). C'est le
« couvent qu'ils habitent aujourd'hui 1764. » —
Mémoire A.

« Toutes choses ainsi terminées, dit le mémoire B
« auquel je reviens, led. de Boullenois vint, le 30,
« prendre possession avec ses régents de la nouvelle
« maison (3) et l'on mit sur une pierre de marbre noir
« qui se voit au dessus du ceintre de la porte ces mots
« écrits en grosses lettres d'or :

COLLEGIUM ABBAVILLEUM.

« L'on y bâtit cinq classes pour les humanités depuis

(1) Suivant le P. Ignace, — *Hist. des Maieurs*, p. 752, — la cession du collège aux Capucins fut faite « par Jean de Boullenois, avec permission de Messieurs du Chapitre de Saint-Vulfran et de Messieurs les mayeur et eschevins de la ville, à l'instance du comte de S. Paul, François d'Orléans, pour lors gouverneur de Picardie. » Les chanoines ne paraissent pas ou paraissent peu pour l'échange des deux maisons dans les mémoires A et B et dans les délibérations de la Ville.

(2) Le mot est bien du mémoire A, du moins dans la copie que je possède ainsi que dans celle de la Ville, *série GG, n° 5*. Peut-être ce mot n'était-il pas pris en mauvaise part en 1764.

(3) Malgré cette prise de possession immédiate, il est assez certain, cela résulte de ce qui suit, des délibérations de l'Échevinage et du témoignage du P. Ignace (*Hist. des Maieurs*, p. 758), — que l'enseignement ne fut pas donné dans la nouvelle maison avant la construction des classes et de la chapelle et la messe du 12 mars 1607.

« la cinquième jusqu'à la rhétorique inclusivement et
« une petite chapelle que l'on dédia à saint Grégoire
« de l'agrément de Mʳ de la Marthonie, évêque d'Amiens,
« qui en donna ses lettres du 26 de febvrier 1607, les-
« quelles permettent d'y chanter et célébrer la messe,
« d'y faire l'eau bénite, donner le pain bénit et y
« acquitter les charges et fondations dudit collège par
« le Principal, les régents et tous autres pour eux. »

C'est le 2 mars 1607 que comparait en l'échevinage Mᵉ Jehan de Boullenois et qu'il communique la permission obtenue par lui « de M. l'official d'Amiens, de pouvoir célébrer chacun jour la messe en la chapelle nouvellement construite en la maison du sieur de Noully où se doibt faire la translation du collège et y bénir le pain et l'eau les jours de dimenches, laquelle veue et leue, a esté advisé qu'elle sera inscrite cy après:

*Adrianus Pecoul presbiter, archidiaconus Pontivensis, vicarius generalis in spiritualibus et temporalibus christianissimi etc........... domini Geoffridi de la Martonie Dei et sanctæ fidei apostolicæ, etc.......
notum facimus universis quod missam celebrandi singulis diebus cum altari portatici et panem et aquam* (1) *benedicendi diebus dominicis in sancto constructo de novo seu construendo in domo domini de Nouilly in quam nuncq magnum collegium.....* (2) *Abbatisvillæ diocesis ambianensis translatum est seu proximo* [?] *transferendum per modum provisionis*

---

(1) L'analyse donnée dans le registre de la Ville porte: « et y bénir le pain et le vin. » Erreur à n'attribuer qu'au copiste.

(2) Mot que je ne peux lire.

licentiam.... et facultatem auctoritate dicti christianissimi domini quo fungimur in hac parte pro scolarismis dicti collegii duntaxat concedimus et impartimur......Datum Ambian. sub sigillo dicti christianissimi domini quo utimur, anno Domini millesimo sexagentesimo septimo XXVI^a *februarii.* Ainsy signé :
..... PICARD.

— *Délib. de* 1605 *à* 1607, folio IIIe IIII^{xx} VIII *recto*.

« Cette chapelle fut aussi non seulement dédiée à
« saint Grégoire mais encore à la Vierge et à sainte
« Catherine.

« L'on y chanta la première messe par un samedi
« 12 de mars 1607, — (1) — jour de la feste de ce saint
« patron dudit collège dont fut fait le panégyrique par
« un discours latin qu'y prononça ledit de Boullenois,
« en présence de Messieurs du Chapitre, du Corps de
« Ville et du Présidial qui y assistèrent en corps, et le
« lundi suivant, 14 dudit mois, fut faite l'ouverture
« des classes ; et c'est en mémoire de cela que, tous les
« ans, il s'y prononce, en l'honneur du saint, le 12 de
« mars, un pareil discours latin, où Messieurs du
« Chapitre, du Corps de Ville et du Présidial assistent
« par députés, et les écoliers y communient, ainsi
« qu'aux festes de Vierges et de sainte Catherine. » —
Mémoire B.

(1) Le P. Ignace donne à tort la date de 1606 — *Hist. des Maieurs*, p. 758 — : « Le douziesme de mars, jour de Sainct Gregoire 1606, maistre Jean de Boullenois, principal, célébra la première messe dans la chapelle du collège......... et le lendemain on commença l'exercice des estudes dans les classes. »

7

Nous retrouverons, pour une reconstruction, cette chapelle en 1636.

Les cinq classes construites en 1606 ne furent occupées pendant fort longtemps que par le Principal et trois régents.

Quelques changements parmi ces derniers eurent lieu pendant l'année 1606 même.

17 juillet (1606), David Ledien, ne pouvant faire sa classe, est remercié par la Ville. Deux jours après, Jehan Dairaine, régent de quatrième (depuis cinq ans) sans rétribution, reçoit en la troisième la place et le traitement de Ledien. — *Délib.*

En septembre de la même année, M° Noël Groul est reçu par la Ville régent de quatrième sur la recommandation du Principal et de M° Obry Le Mercher, premier régent. — *Ibid.*

C'est dans les années 1606 et 1607 que le P. Ignace apprit dans notre collège, suivant son propre témoignage, « les premiers rudiments. » — *Hist. des Maieurs*, p. 712.

En août 1608, un accident empêche Boullenois de régenter la seconde comme il l'a jusqu'alors fait. M° Mathieu du Vivier est admis le 13 à le suppléer dans cette classe. — *Délib. de la Ville.*

En 1614 la somme ancienne de vingt livres est portée à vingt-six pour la distribution des prix et la représentation théâtrale (1).

---

(1) 3 septembre 1614, donné vingt-six livres aux Principal et régents du collège pour les frais « tant d'un théâtre que pour

Le collège est à peine établi en son lieu définitif, et déjà MM. de la Ville songent, est-ce pour faire pièce aux chanoines ? à y introduire des Jésuites.

« Du lundy xıııı⁰ jour d'avril (1615) aud. eschevinage, au son des cloches, assemblée des deux collèges par devant J. Lyver, escuier, sieur de Bouencourt, lieutenant particulier en la seneschaussée et siège présidial de Ponthieu. » L'assistance est très nombreuse. L'intérêt qu'excite la proposition à discuter est visible. Sont, présents, dans l'ordre des préséances, le Maieur, deux chanoines de Saint-Vulfran, deux religieux de Saint-Pierre, le bailli d'Abbeville, les anciens Maieurs, les échevins, le procureur de la Ville, son substitut, les élus, de notables bourgeois, les commissaires du Bureau des pauvres, les maieurs de bannière.

« Sur ce que led. sieur lieutenant a proposé le subject de la présente assemblée estre sur l'ouverture que l'on faict de recepvoir et admettre en ceste ville les pères Jhésuistes pour y establir ung collège affin d'instruire la joeunesse non-seulement de ceste ville mais aussy des lieux et villages circonvoisins, ce quy semble ne debvoir estre négligé, veu mesme qu'ils ne seront en charge à la ville ny à aucuns des habitans en particulier, joinct le prouffict que la multitude des enfans pourra apporter ausd. habitans, soit pour les

---

achepter quelques livres et images pour donner aux huict premiers escolliers de chasque classe quy representeront quelque action aux vaccances prochaines affin de les exciter à plus dilligemment estudier à l'advenir et les aultres à leur exemple. » — *Délib. de la Ville de 1614 à 1617, folio ix recto.*

vivres, entretenemens et autrement (1) ; et, sur ce, à semond lad. compaignie d'y adviser meurement soubs le bon plaisir néanmoins du roy. Le faict considéré et aiant pris l'advis de la plus saine partie (2) de lad. assemblée, il a esté délibéré que lorsqu'il apparoistra du fond et moiens que lesd. peres Jhésuistes pourront avoir pour leur establir en cested. ville (3), il sera advisé sur leur réception comme il appartiendra. Et cependant, avons accordé acte au procureur de la Ville de l'empeschement par luy donné ad ce que led. Saulmon, chanoyne, n'oppinàt, attendu que, estant venu en corps et aiant jà le sieur doien de Saint-Vulfran parlé, il se debvoit contenter, et aud. Saulmon de sa protestation au contraire qu'il peust nommer, quand ce ne seroit mesme qu'à cause qu'il a acquis droit de bourgeoisie en ceste ville en ce qu'il y a six ans qu'il y demoeure. » — *Reg. de* 1614 *à* 1617, folio XXXVIII verso et XXXIX recto.

La rédaction est peu claire vers la fin. L'assemblée donne à la fois acte au procureur de la Ville de son opposition au vote du chanoine Saulmon et au chanoine de sa réclamation. On voit que le Chapitre en corps a déjà exprimé son opinion par la bouche de son doyen. — Saulmon proteste qu'il peut *nommer*, c'està-dire qu'il a voix délibérative etc. Il invoque en der-

(1) Le profit, c'est-à-dire les gains d'argent. Arguments du dix-septième siècle non tout à fait démodés encore.
(2) La plus saine partie. L'impolitesse était grande alors pour les minorités.
(3) Délibération très prudente.

nier lieu son droit commun de bourgeoisie acquis par un séjour de six ans.

Autant qu'en donnent à penser ces indices de vif désaccord, les chanoines sont, à bon escient, hostiles à l'introduction des Jésuites dans le collège sur lequel ils se croient des droits datant de Clément VII. Ils ont senti venir le coup de la Ville.

Le projet, ajourné, indisposa-t-il contre l'Échevinage le Principal de Boullenois ? Il y aurait lieu de le craindre. Jusqu'alors en parfaite entente avec la Ville, recevant d'elle ses régents, il élèvera bientôt la prétention de les nommer lui-même. Il trouvera pour le soutenir les chanoines, volontiers mécontents depuis l'exécution à Abbeville de l'édit d'Orléans. Le différend suscité par Boullenois est le réveil sérieux d'une discussion simplement passagère et vite étouffée en 1589. J. Macquet ne prétendait que destituer ; Boullenois prétend instituer. Ce qui suit est pris dans le mémoire A. Nous verrons comment le différend fut réglé le 30 juillet 1616 par la Sénéchaussée de Ponthieu ; comment enfin par le Parlement en 1617.

Le Principal l'emportera ; avec lui les chanoines qui ont saisi cette occasion de reprendre pied dans le collège.

« En 1616, dit l'auteur du mémoire A, s'est élevé
« une contestation entre Me Jehan de Boullenois, prin-
« cipal alors du collège, les chanoines de Saint-Vulfran
« adhérants au principal, et les Maieur et échevins,
« par rapport au droit de nomination aux places de
« régents du collège (1).

(1) « Du lundy XIe jour de juillet (1616)... Me Jehan de Boullenois,

« Le principal se fondoit sur la bulle Clémentine
« première *De Magistris,* les statuts de l'Université, et
« prétendoit avoir seul le droit de nommer les profes-
« seurs de son collège.

« Les chanoines soutenoient que les Majeur et
« échevins n'avoient aucuns droits à ces nominations,
« qu'ils (eux chanoines) y seroient mieux fondés à le
« prétendre sur les patentes de Charles VI, du mois de
« mars 1384, approbatives des bulles de Clément VII,
« du 4 juin précédent, par lesquelles ils auroient droit
« d'installer et de destituer le grand maître recteur des
« écoles d'Abbeville et banlieue, avec la surintendance
« sur les maîtres des petites écoles; qu'ils avoient donné
« une maison pour tenir les écoles avec la réserve seu-
« lement de 9 livres de rentes suivant qu'il étoit prouvé
« par sentence de l'official d'Amiens du 9 mars
« 1530 (1).

principal, s'est porté appellant; mesmes, en vertu de commission, faict adjourner la Ville par devant M. le seneschal de Ponthieu ou M. son lieutenant pour raison de la prouvision de Mᵉ Estienne Descaules en la place de quatriesme régent au collège. A esté advisé et délibéré que la Ville interjettera complaincte à raison dud. trouble ; de quoy faire est advoué led. procureur (de la Ville) par la présente. » — *Reg. de 1614 à 1617,* folio LXVII recto.

(1) Intervention du Chapitre contre les Maire et échevins au sujet de la nomination des régents du collège. — « 25 juillet 1616 sur le récit à nous fait par Mᵉ Jehan Boullenois, principal de cette ville, que les Maieur et échevins de cette dite ville l'ont inquiété en la jouissance et possession de mettre et poser régents au collège, vacation avenante, et de connoître de leur suffisance et capacité, suivant le pouvoir qu'il en auroit de nous, lorsqu'il fut posé en sa charge de principal, avons avisé et délibéré que notre procureur interviendra et se joindra à la cause

« Les Majeur et échevins se disoient les fondateurs
« et conservateurs du collège; » rappelaient et remontraient «qu'en 1584 ils avoient donné des gages volontai-
« rement à trois régents, que depuis ils étoient en pos-
« session avec le siéger, en présence du procureur du
« roy fiscal d'examiner, choisir, nommer, installer ou
« déplacer tous les régents du collège suivant les déli-
« bérations et actes de 1587, 1593, 1595 et 1602, que
« les chanoines n'avoient donné aucune maison pour
« tenir les écoles ni contribué au collège dont ils avoient
« voulu empêcher l'établissement, suivant qu'il étoit
« prouvé par l'arrêt de 1588.

« Sur ces contestations est intervenu sentence en la
« Sénéchaussée de Ponthieu le 30 juillet 1616, laquelle
« ordonne que la nomination des régents se fera dans
« une assemblée par les chanoines, le lieutenant géné-
« ral et autres officiers de son siège et les Majeur et
« échevins suivant l'ancien usage.

« Appels respectifs de cette sentence au Parlement (1)
« qui, par son arrêt du 6 mars 1617, met ladite sen-
« tence au néant, ordonne que, vacation arrivant des
« places de régents du collège d'Abbeville, il y sera

---

pendante par devant M. le sénéchal de Ponthieu, auquel procureur l'on fera fournir des mémoires. — *Arch. de la Ville, série GG, n° 48*, tiré d'un mémoire de M. Quennehen: *Notes de plusieurs actes etc., du Chapitre.*

(1) Procuration pour l'intervention du Chapitre. — « 10 décembre 1616 sont députés deux de Messieurs (des chanoines) pour passer procuration pour joindre et intervenir en lad. cause dont est procès au Parlement. » — *Arch. de la Ville, série GG, n° 48.* — *Mémoire de M. Quennehen.*

« pourvu de personnes de vie, mœurs et de suffisance
« requise, par le principal seul, sans préjudice de l'ins-
« titution du principal, vacation advenant, à laquelle
« sera pourvu par les chanoines, Majeur et échevins
« suivant la coutume. »

Une copie de l'arrêt du Parlement du 16 mars 1617 est conservée dans les archives de la Ville, série GG, n° 72. — Voir *Pièces justificatives*.

L'Échevinage s'efforce de nouveau de protéger le collège en restreignant l'enseignement du latin dans les petites écoles.

« Une sentence du 31 décembre 1621 fait défense à
« Thomas Quignon et Antoine du Moulin, maîtres
« d'écoles, d'enseigner en leurs maisons particulières
« la langue latine aux enfants qui auront passé l'âge
« de neuf ans, à peine de 100 livres d'amende, leur per-
« met seulement d'enseigner les rudiments et les prin-
« cipes de la langue latine. » — *Mémoires* A et B.

Suivant le P. Ignace, *Hist. des Maieurs*, p. 756, un ancien maire, Gabriel Briet, « fit édifier la chapelle du collège en l'année mil six cens vingt-cinq. » Réédifier eût été mieux dit. Nous avons entendu une première messe dans une chapelle de 1607. Je prends avec regret l'historien en légère faute possible. N'avance-t-il pas de quatre ans, ou même de beaucoup plus, la réédification ? — Voyez plus loin, à la date de 1629, l'extrait du mémoire A, les délibérations de la Ville, et, à la date de 1636, le testament de Françoise Belle veuve du sieur Briet.

En 1628, J. de Boullenois met à profit l'arrêt du

6 mars 1617 pour renouveler le personnel enseignant du collège. Il n'a d'ailleurs agi que sur les « admonitions » du Maire et il vient rendre compte à la Ville de son acte d'autorité.

15 septembre (1628). — Le Maire expose d'abord que « M° Jean de Boullenois se doibt trouver céans cejourd'huy pour nous faire entendre le choix qu'il a fait de régens aud. collège et nous requérir de pourvoir aux gages et logemens desd. régens. » Puis il demande « s'il ne seroit pas à propos de prier messieurs les antiens Majeurs de se trouver céans affin d'entendre led. de Boullenois et délibérer avec eux. » La compagnie décide à l'unanimité « qu'il n'est point nécessaire de donner la peine auxd. sieurs antiens Majeurs de se trouver céans, attendu que l'affaire n'est autrement de conséquence et qu'il ne s'y pœult rencontrer de difficulté qui ne se puisse résouldre par la compagnie. » — Maintenant je transcris simplement :

« Sur ce que M° Jean de Boullenois (admis dans la salle du Conseil) nous a dit et remontré que, pour satisfaire aux prières et admonitions que nous lui aurions faites par plusieurs fois, depuis six mois, de pourvoir aux abus et désordres qui s'estoient coullés et introduits dans le collège depuis quelques années, et, en ce faisant, travailler au restablissement de l'ordre antien et réformation d'icelluy, suivant les arrests et réglemens de Nosseigneurs de la Cour de Parlement donnés pour et en faveur de l'Université de Paris et d'aultres, il auroit, suivant le pouvoir qu'il a et qui lui est donné par les arrests de lad. Cour, remercié les régens dud. collège qui estoient en charge et exercice et fait choix, en leur lieu et place, de personnes de mérite, capacité et suffisance, desquels, comme de leurs mœurs, il s'est plainement informé ; scavoir de M°... Darrest pour régent de la première classe, M° Antoine Tillette pour régent de la seconde ; de M° Philippe Du Vauchel pour régenter la troisiesme, et M° Louis de Ribaucourt pour régenter la quatriesme ; et pour la cinquiesme classe il se l'estoit réservée, au lieu de la seconde qu'il avoit cy-devant faite, affin de plus facilement et plus particulièrement vacquer à la charge de principal, et, en ce faisant, tenir la main à la réformation dudict collège, et qu'il ne restoit aujourd'huy que de voulloir favoriser son dessein et de donner des gages honnestes auxd. régens. — Pourquoy, l'affaire mise en délibération et prins l'advis de la compagnie, nous avons loué et agréé le dessein dud. M° Jean de Boullenois et iceluy exhorté de bien faire son debvoir et de tenir la main à ce que les escholiers soient bien instruits, tant à la piété que aux bonnes lettres, et faire que la discipline scholastique soit entièrement restablie aud. collège (1). Et, pour obliger les régens de se bien acquitter de leurs charges, il a esté advisé de continuer de donner au régent de la première classe la somme de cent cinquante livres ordinaires, en ce non compris la somme de cin-

(1) C'est cette autorisation qui porte ombrage évidemment aux chanoines, ainsi qu'en peut faire juger le mémoire de M. Quennehen, — *Notes de plusieurs actes*, etc., *du Chapitre :* — « 22 septembre 1628, opposition du Chapitre à la réception des régents par Messieurs de Ville, pour la conservation de ses droits d'écolâtrerie. » — *Arch. de la Ville, série GG, n° 48.*

quante livres de fondation, et pour le régent de seconde, de luy continuer aussy les mesmes gages qu'il avoit, scavoir de six vingts livres, y compris vingt cinq livres de fondation; et pour le régent de troisiesme, de luy continuer les gages ordinaires qui sont de cent livres; et pour celuy de quatriesme, oultre les cinquante livres qu'il souloit avoir, lui donner et augmenter lesd. gages d'autre somme de cinquante livres pour revenir à cent livres, afin de le rendre esgal à celui de la troisiesme; et pour les gages de la cincquiesme classe il a esté advisé d'ordonner la somme de cincquante livres qui sera prise, avec pareille somme de cincquante livres qui est ordonnée pour [ou par?] augmentation pour le régent de la quatriesme, sur le revenu de la maison du Val. Et pour donner ordre aux logemens et classes desd. régens et réparations qui sont à faire aud. collège, les sieurs Manessier, maistre de la maison du Val, et Descaulles, maistre des ouvrages de lad. Ville, sont commis pour visiter led. collège, et de la visitation y dresser procès-verbal, pour y estre cy-après promptement pourveu. »
— *Reg. aux délib., pagination coupée par le relieur.*

L'Échevinage confirme en 1628 sa défense aux maîtres des écoles particulières d'enseigner le latin au delà des rudiments. Une sentence des Majeur et échevins ordonne (11 octobre) que les prescriptions du 31 décembre 1621 seront exécutées sous les mêmes peines:

« A tous ceux qui ces présentes lettres voiront Majeur et échevins de la ville d'Abbeville salut. Scavoir faisons que, ce jourd'huy, entre M⁰ Jean de Boulenois, principal du collège de cette ville, et les autres régents dudit collège, demandeurs en requeste, et maitres Bricault, Gabriel Daucy [?], Buteux et consors, prêtres, deffendeurs, M⁰ Claude Le Blond, bailly d'Abbeville, et consors intervenant d'autre part ;

« Vû ladite requeste par laquelle les demandeurs exposoient qu'encore que l'institution du collège eût été faite pour instruire en la langue latine la jeunesse de ladite ville et que par nos sentences il ait été fait défense aux maitres particuliers de ladite ville d'enseigner chez eux ladite langue latine, sinon pour le regard des rudiments et concordances ; néantmoins que plusieurs desdits maîtres particuliers s'ingéroient, surtout les deffendeurs, de jour en jour, non-seulement d'enseigner lesdits rudiments et concordances, mais encore la syntaxe et tout ce qui étoit du Despautère (1), qui n'étoit pas seulement contrevenir à nosdites sentences et réglements sur ce fait, mais empêcher totalement les fonctions des régents de quatrième et cinquième classe dudit collège où telles choses doivent être montrées et enseignées, selon qu'il s'est fait de tout temps depuis l'établissement dudit collège.. ;

« Notre sentence rendue le 31 décembre 1621 entre ledit de Boulenois et M⁰⁰ Thomas Quignon et Antoine du Moulin, prêtres, par laquelle nous avons fait défense auxd. Quignon et du Moulin d'enseigner et d'apprendre en leurs maisons particulières ladite langue latine aux enfants qui auroient passé l'âge de neuf ans, à peine de cent livres d'amende, néantmoins leur auroit été permis d'enseigner les rudiments et principes de la langue latine ;

« Autre sentence de la Sénéchaussée de Ponthieu rendue

---

(1) *Commentarii grammatici*, c'est-à-dire les *Rudiments*, la *Grammaire*, la *Syntaxe*, la *Prosodie*, etc. de la langue latine. Despautère était depuis le commencement du seizième siècle le Lhomond des collèges : « C'est du latin, madame, et la première règle de Jean Despautère » — Molière, *la Comtesse d'Escarbagnas*.

entre le procureur du Roy de ladite Sénéchaussée et nous le 10 novembre 1598 ;

« Autre sentence de nous rendue entre les parties le 11° février dernier ;

« L'acte expédié le 22° septembre dernier contenant la déclaration faite par Benard, procureur desdits intervenants, lesquels se désistent de leurs interventions ;

« Les conclusions du procureur fiscal de cette Ville auquel le tout a été communiqué ;

« Nous avons ordonné et ordonnons que notre sentence du dernier décembre 1621 sera exécutée selon sa forme et teneur etc...

« Prononcé à Abbeville le 11 octobre 1628. »

Cette sentence a été analysée dans les mémoires A et B. J'ai emprunté le texte ci-dessus aux *Arch. munic., série GG, n° 64.*

A rapprocher de cette sentence une note de M. Quennehen se rapportant à l'année suivante : « 17 octobre 1629, M° Jean Boullenois, principal, assisté de M° Jean Darrest, régent de la première classe, a fait plainte que M⁺ Lamoral Bureau fait leçon latine et enseigne en sa maison les livres que l'on montre en la troisième classe, au préjudice des réglements et arrests. Pourquoi le Chapitre interviendra. » — *Arch. de la Ville, série GG, n° 48. — Notes de plusieurs actes, etc., du Chapitre.*

« En février 1629, — *Mémoire* A, — M. Briet, con-
« seiller en l'Élection, a fait construire la chapelle du
« collège. » — Il eût fallu dire reconstruire (ou, puisque l'emplacement de la chapelle fut changé, construire

la nouvelle chapelle), et la date n'est pas exacte. Le testament de Gabriel Briet était du 29 janvier et la construction de la nouvelle chapelle fut commencée bien après février 1629 ainsi qu'en témoignent les délibérations de la Ville.

7 avril (1629). — « A encore proposé led. sieur Majeur (Antoine Rumet) qu'il fût délibéré si l'on acceptera les deux legs faits par deffunct Mr l'esleu Briet, vivant doien de messieurs les antiens Majeurs de cette ville, par testament du xxixe janvier dernier, le premier de la somme de mil livres dont il fait don au collège de ceste ville pour en estre faict et construit une chapelle aud. collège ; l'autre de la somme de deux cents livres dont il fait don pareillement auxd. sieurs antiens Majeurs pour d'icelle en estre receu par la Ville douze livres dix sols de rente, affin de faire dire et chanter chacun an des vigiles avecq ung service de *Libera* où assisteront les sieurs antiens Majeurs et que lad. somme de douze livres dix sols fût délivrée au doien d'iceulx par led. argentier annuellement pour l'effect susdit et le surplus de lad. somme pour le disner (1) desd. sieurs qui y assisteront.

---

(1) Je reviens sur ce mot et ne peux lire que disner. — Le prix d'un *Libera* n'était pas sans doute élevé en 1629. Dix livres, au moins, pouvaient rester pour le dîner, et le dîner (notre déjeuner d'aujourd'hui), attendant avec impatience midi, n'était pas toujours le principal repas de la journée. Les anciens Maieurs convoqués aux assemblées d'importance ne paraissent jamais dépasser ou même atteindre le nombre de cinq ou six. Des réélections fréquentes des mêmes hommes expliquent ce chiffre restreint. Le dîner pouvait donc être de deux livres par tête, prix

« Pourquoy, l'affaire mise en délibération, veu l'extrait du testament dud. sieur Briet, prins advis de l'assemblée, il a esté advisé et délibéré que led. legs de mil livres sera accepté, et néanmoins, attendu que lad. somme n'est suffisante pour la construction de lad. chapelle suivant l'intention dud. s^r Briet, qu'il sera différé de l'employer jusqu'à ce que l'on eust trouvé fonds à la maison du Val pour fournir à ce qu'il conviendra desbourser de plus... Et pour le regard dud. legs de II^c livres, qu'il sera aussi accepté par lad. Ville et la somme de XII^l X^s de rente délivrée par chacun an par l'argentier d'icelle ès mains du sieur doien desd. sieurs antiens Majeurs pour faire dire led. service, vigile et *Libera* et le reste d'icelle estre employé en œuvre pieuse selon qu'ils adviseront (1). »

La chapelle ne fut rebâtie que plusieurs années après. L'auteur du mémoire B a écrit :

« Par la suite, le nombre des écoliers croissant de
« plus en plus, cette chapelle qui étoit sur le froc de la
« rue de Larquet, tenante à la maison du sieur Dores-
« mieux de Longuerue (qui est celle du sieur Lefebvre
« du Grosriez, ancien majeur et conseiller en la séné-
« chaussée de Ponthieu et siège présidial de cette ville),

---

acceptable en ce temps. G. Briet désirait fonder un repas commémoratif, mortuaire. Il faut se rappeler aussi, pour ne pas trouver la disposition trop singulière, les usages du vieil hôtel de ville. Lorsque les membres de l'Échevinage vaquaient à quelque affaire communale hors des délibérations ordinaires, il était de droit acquis qu'ils dînassent aux frais communaux.

(1) Les anciens Maieurs n'avaient pas accepté l'invitation posthume.

« étant devenue trop petite, on la transféra au lieu où
« elle se voit aujourd'hui, vers le milieu de la cour et
« tenante à la maison du susdit sieur Lefebvre, vis à vis
« les classes (1). Il en fut édifiée une plus grande qui
« est 'dube à la libéralité de dame Françoise Belle, veuve
« du sieur Briet d'Etrebœuf..., qui, touchée du bien pu-
« blic, laissa par son testament du 3 septembre 1636, de
« quoy la bâtir avec fondation de deux messes en icelle
« par chacune semaine. » — *Mémoire* B.

Tout cela n'est pas de rédaction très claire. Il faut comprendre sans doute que la chapelle « qui se voit aujourd'hui vers le milieu de la cour » ne fut construite qu'après 1636, des générosités réunies de Gabriel Briet et de sa femme.

Par une lettre en date du 12 décembre 1634, l'évêque d'Amiens, M⁺ Lefebure de Caumartin, donne permission au Principal de choisir et commettre un prêtre approuvé pour entendre les confessions des écoliers y étudiant, et de leur donner la sainte communion. — *Mémoire* B.

La Ville servait-elle toujours exactement les gages des régents ? Très probablement, sauf exception.

« Requête et exploits de saisie sur les argentiers du
« Val pour le payement des gages des 14 et 18 août
« 1636. » — *Mémoire* B.

A cette question des gages se rattache naturellement la note suivante :

« Requête et minute présentée pour l'augmentation

---

(1) La maison désignée ainsi doit être aujourd'hui la Sous-Préfecture.

« des gages des régents obtenue le 25 décembre 1636. »
— *Mémoire* B.

Une question de propriété, de voisinage difficultueux, s'éleva en ce temps, entre le Principal et les Ursulines. Ces religieuses avaient des droits (le lieu n'est pas ici de chercher lesquels) sur le jardin des cinquanteniers arquebusiers. Je ne puis bien comprendre l'affaire qui mit en procès en 1637 le collège et le couvent. Le mémoire B a conservé mention du « Mémoire de M° Jean de Boullenois touchant l'entreprise que les religieuses Ursulines faisoient sur la terre du jardin du collège au profit des cinquanteniers et arquebusiers vers la porte qui donne entrée du côté du rempart. » — Cette affaire étant absolument étrangère à l'administration pédagogique du collège et à l'enseignement, je l'abandonne, en constatant le soin de Boullenois à défendre tous les terrains commis à sa garde (1).

« Du quinziesme jour de septembre (1642) .... Le sieur de Boullenois, principal du collège, tenant la seconde classe d'icelluy, à cause de son grand aage, ne poeut plus instruire la jeunesse ainsy qu'il seroit à

---

(1) Une requête fut présentée à l'occasion de cette affaire par Boullenois et M° Philippe de la Levrièze, son procureur, au lieutenant général de la Sénéchaussée le 29 avril 1637. — *Mémoire* B.

Une lettre du 6 juin de M. de Neuilly donne des explications sur la possession de la porte. — *Ibid.*

Une audience est accordée par le lieutenant particulier au Principal, le 15 juin. — *Ibid.*

Enfin, le 4 août 1637, un concordat intervint entre le Principal et les « Ursulines et arquebusiers, » et les différends se trouvèrent apaisés par devant M° Robert Calippe. — *Ibid.*

désirer. » Cette délicate question lui a été posée. « Il a accordé, sur la prière quy luy en a esté faicte, de quitter la place de second régent et de faire choix d'une personne quy s'en pourra dignement acquitter au contentement du publicq ; néantmoins a supplié qu'il nous pleust, le reste de ses jours, luy voulloir continuer la pension qu'il a tousjours eue pour instruire la jeunesse de lad. seconde classe. » L'affaire, ainsi présentée et discutée dans le Conseil de la ville, « il a esté délibéré, pour certaine (1) considération, qu'il sera paié au sieur de Boullenois, principal, pour chacun an, la pension ordinaire qu'il avoit, outre celle quy sera donnée à celuy quy sera choisy pour faire la seconde classe, qui sera tenu de se loger à ses despens en attendant qu'il puisse prendre son logement aud. collège. » — *Reg. aux délib. du 24 août 1641 au mois d'août 1644, pagination rognée par le relieur.* — Je ne reproduirai plus cette remarque qui s'applique à tout le registre.

Jean de Boullenois se sentait donc vieillir. Depuis quelque temps il se faisait aider ou suppléer par La Leurièze. Il finit bien en donnant à la Ville, c'est-à-dire au collège qu'il avait administré si longtemps, sa bibliothèque « qui étoit considérable en son temps pour le nombre et la bonté des livres classiques dont elle étoit composée » — *Mémoire* B — et en la laissant « sous l'inspection et garde des Majeur et échevins de la ville qui en doivent répondre et n'en point laisser distraire aucun et en laisser la clef au Principal. » — *Ibid.*

(1) Certaine. L'épithète est faible si l'on considère les services du vieux Principal.

Ces affirmations sont justifiées par les délibérations de la Ville.

« Du vingtiesme jour desd. mois et an (octobre 1642) présents les anciens Maieurs..... Le Maieur expose que le sieur de Boullenois a tousjours désiré, comme il fait encore à présent, de donner ses livres quy sont en très grande quantité et très beaux au publicq (1) pour en avoir l'usage à l'advenir par les régens dud. collège, pourveu qu'il soit fait par la Ville une bibliothèque suffisante pour les mettre tous. » Deux questions sont posées. Est-il à propos d'accepter lesd. offres ? Où pourroit-on establir lad. bibliothèque ? — « Le sieur Hermant, eschevin, maistre de la maison du Val, s'est transporté aud. collège avecq Adrien Loeulliart, maistre charpentier. Ils l'ont veu et visité et led. Lœulliart a faict ung desseing d'un lieu propre pour establir, non seullement lad. bibliothèque, mais encore, au dessoubs, une demeure pour le second régent. » Ce lieu « est entre le pignon des bastimens où demeurent lesd. régens et la maison du sieur de Longuerue. » Au dessin, Loeulliart a joint « ung mémoire des bois qu'il conviendroit employer pour faire led. bastiment qui pourroit couster dix-huit cens ou deux mil livres. » L'affaire discutée, il est délibéré que « les offres faictes par led. sieur de Boullenois seront acceptées. Icelluy donnant sesd. livres à lad. Ville pour en avoir l'usage par les régens dud. collège tant qu'ils seront pbtres (presbtres),

(1) Le P. Ignace rappelle et loue, — *Hist. des Maieurs*, p. 848, — les libéralités de J. de Boullenois et les délibérations échevinales des 14 et 19 août 1644 qui les acceptent définitivement.

séculiers (1), de quoy il baillera acte par escript, il sera faict et construit une bibliothèque aud. collège pour retirer lesd. livres. Pour le regard du lieu de l'establissement de cette bibliothèque, attendu que la despense seroit fort grande » si on la construisait au lieu proposé par Loeulliart, il est délibéré que « led. collège sera de rechef veu et visité par led. sieur Hermant, avecq le sieur Sanson, ancien majeur, et le sieur de Lengaigne, aussy eschevin, avecq led. Loeulliart, pour recognoistre s'il ne se poeut trouver quelque autre place commode » où pourrait se faire « un establissement qui couste moings. » Enfin « les deniers qu'il conviendra desbourser seront pris sur le revenu de la maison du Val. » — *Délib.*

Le collège est en effet de nouveau visité par les commissaires, et, le vingt-quatrième jour d'octobre, leur rapport est verbalement transmis par le Maire aux échevins et aux anciens Maieurs.

François de la Garde représente que, « en exécution de la délibération du vingt de ce mois, les sieurs Hermant, Sanson et Lengaigne avecq Adrien Loeulliart, maistre charpentier, » ont rempli leur mission, « veu et visité le collège et trouvé qu'il se poeult establir facilement une bibliothèque suffisante pour retirer et conserver les livres offerts par le principal, et que led. Loeulliart en a fait le desseing et estime la despense à trois ou quatre cens livres ..... » L'affaire mise en délibération, « ouys lesd. sieurs Hermant, Sanson et de

---

(1) Tant qu'ils seront prêtres séculiers. A remarquer cette condition du vieux chanoine en défiance des ordres enseignants.

Lengaigne, veu led. dessein, il a esté délibéré, attendu le peu de fonds qu'a à présent la maison du Val, quy ne pourroient estre suffisans pour fournir à la despense du bastiment dont est fait mention en lad. délibération (du 20 octobre), joint les autres réparations quy y sont à faire, que le dessein sera suivy pour le jubé faict pour l'establissement de lad. bibliothèque (1) et que les deniers seront pris sur le revenu de la maison du Val. »
— *Délib.*

La Ville s'exécuta, parait-il, fit établir de grandes armoires pour renfermer les livres du donateur, mais la donation n'était encore que verbale, non régularisée par un écrit, par des signatures. On ne connaissait pas le testament de Boullenois. — Il en existait un du 21 avril 1640. — Peut-être s'inquiéta-t-on à la Ville. Dans tous les cas, voici ce que je lis dans les délibérations de 1643 :

« Du quatorziesme jour d'aoust (1643) ..... Le sieur Maieur rappelle « que vénérable et discrette personne Me Jean de Boullenois, prebtre etc., porté de zèle pour le publicq, a tousjours eu intention de donner à la Ville tous ses livres, quy sont fort bons et en grand nombre, pour en avoir l'usage et s'en servir par les régens dud. collège après son déceds. » Il rappelle que, pour reconnaitre « ce louable desseing, » on a décidé (24 octobre 1642) d'établir au collège une bibliothèque et, en attendant, de grandes armoires dans la chambre haute

---

(1) Un autre projet sans doute exposé aux délibérants, mais dont le procès-verbal n'a pas fait mention et qu'il ne laisse deviner que par ces mots : jubé, galerie.

dud. sieur de Boulenois, pour serrer et conserver lesd. livres. » Il a été satisfait à ce point, « en sorte qu'icelluy de Boullenois est content ; » mais « il semble estre à propos et raisonnable que led. sieur de Boullenois exécute par escript ce qu'il a tousjours promis, affin que la ville puisse avoir tiltre pour justifier du don desd. livres. »

La proposition du Maieur paraît juste. Il est délibéré que le sieur de Boullenois « sera prié voulloir prendre la peine de se trouver en cest eschevinage affin de scavoir sur ce son intention. »

J. de Boullenois prévenu arrive immédiatement. Il déclare « qu'il a faict, comme il fait encore d'habondant, don à la Ville de tous et chacuns de ses livres, desquels il a commencé l'inventaire et quy se trouveront marqués de son chiffre inséré au bas de la présente délibération, pour en jouir par icelle Ville après lui et en avoir l'usage par les régens dud. collège, tant et si longuement qu'ils seront prebstres séculiers nommés et establis par led. sieur principal et agréés par lesd. sieurs Majeur et eschevins (1), de laquelle déclaration led. sieur de Boullenois a esté remercié. Ordonné que led. don sera accepté par lesd. sieurs Majeur et eschevins et que le procureur du roy aud. eschevinage en aura acte, et a esté délibéré en conséquence qu'après le décèds dud. sieur de Boullenois il sera mis une coppie de l'inventaire de ses livres dans l'argenterie de

---

(1) Nommés par le Principal et agréés par les Majeur et eschevins. — Il n'est plus question des chanoines sous la plume du vieux Principal. — Boullenois revient sur cette condition que les régents ne seront jamais que des prêtres séculiers.

lad. Ville pour y avoir recours, et une autre quy sera délivrée auxd. régens, qu'ils signeront. Ils se chargeront de tenir lesd. livres et de les représenter en bon et suffisant estat et en pareil nombre, suivant l'inventaire quy leur en sera donné en la fin de l'année et pendant le temps des vaccations (vacances) dud. collège à celluy quy sera depputé de la part desd. sieurs Maieur et eschevins, sans qu'ils en peussent tirer dud. collège ny prester à quy que ce soit, mais en auront seullement l'usage pour en faire la lecture et s'en servir au fait de leurs charges, dans le lieu où ils seront mis, duquel ils auront une clef et la Ville une autre, affin d'y pouvoir aller par lesd. sieurs Maieur et eschevins quy seront en charge quand bon leur semblera et prendre garde à la conservation desd. livres. »

Signatures :

« Jean de Boulenois (signature tremblée de vieillard, une seule l) ; — à côté son chiffre qui me paraît être un B et une S juxtaposés très près, l'S empiétant sur le B — (1).

« De la Garde (le maieur), Delengaigne, Griffon, Darsin [?], Rohault, de Doullens, G. Rault.

« Ledit don, est-il ajouté, escript et signé dudit sieur de Boullenois et daté mesmement, est encores en la fillace. » — (2) — *Délib. de la Ville.*

---

(1) Dans l'analyse du mémoire A ce chiffre se compose de deux B accolés de très près, BB. — Le chiffre dans le registre de la Ville a été un peu brouillé par des frottements de doigt.
(2) Les archives de la Ville, série GG, n° 75, gardent probablement l'original de l'acte de donation :

Cette délibération a été largement analysée dans le mémoire A.

J. de Boullenois semble avoir aimé à régler lui-même quelques-unes de ses affaires avant sa mort et l'ouverture de son testament; ainsi pour le don qui suit, de cinquante livres de rente, porté cependant dans son second testament récemment écrit :

« Du dix-noeufviesme jour dud. mois (août 1643).....
Led. sieur de Boulenois a représenté qu'il a fait don au collège de cinquante livres de rente constituée au denier vingt par Françoise Billet, veuve de Pierre Daullé,

« Je soub-signé, prebstre, chanoine préceptorial en l'eglise collégiale de Dieu et de monseigneur Sainct Vulfran, maistre des escholes des ville et banlieues de ceste ville d'Abbeville et principal au collège de lad. ville, fay cejour-d'huy, quatorziesme jour d'aoust de ceste presente année mil six cent quarante trois, offre, prestation [?] et don au public de tous les livres à moy appartenants au frontispice desquels est écrit mon nom en françois et en latin, esquels est aussi imprimé mon chiffre (ici le chiffre), lesquels j'ay enfermés en armoires qui sont en la chambre laquelle sera d'ores-en-avant appelée LA BIBLIOTHÈQUE DU COLLÈGE D'ABBEVILLE, pour estre conservés à perpétuité, etc..... »

Deux pages. L'écriture est celle d'un vieillard. La signature surtout accuse une main très sénile. Bien que les caractères de l'écriture se ressemblent de « soub-signé » à Boulenois, on est tenté de croire que le donateur a dicté.

Les signatures sont :

d'abord JEAN DE BOULENOIS.

puis

DE LA GARDE.	HERMANT DACHEU [?].
DELENGAIGNE.	ROHAULT.
GRIFFON.	G. RAULT.
DE DOULLENS.	

et Mᵉ Nicolas de Hault, greffier de la maréchaussée, pour icelle somme estre baillée à deux prebstres quy seront choisis par le principal. dud. college, lesquels seront obligés de venir chacun mois entendre les confessions des escolliers dud. collège, requérant à ceste fin qu'il nous pleust accepter led. don et, affin que son intention soit exécutée, voulloir trouver bon que icelle somme soit touchée et receue chacun an par l'argentier de la maison du Val et par luy délivrée, de nostre ordonnance, aux deux prebstres quy seront nommés par le principal pour ouir les confessions desd. escolliers. » L'affaire mise en délibération; « veu les contracts de lad. rente, » etc., etc., la Ville accepte suivant les intentions et aux conditions de Boullenois. — *Délib.*

Une « copie du testament holographe de feu Mᵉ Jean de Boulenois de may 1643 » se trouve intercalée entre des délibérations qui paraissent toutes les deux du 19 août 1643. C'est un cahier de dix pages portant en tête : Extrait des fillaces aux contracts de maistre Robert Calippe, l'un des notaires gardien de la minute(1), pour servir à Mᵉ Louis de Ribeaucourt, chapellain du grand autel de l'église collégiale de Saint-Vulfran, l'un des prestres entendans la confession des escolliers du collège de ceste ville d'Abbeville. CALIPPE.

J'analyserai cette pièce qui nous montrera les dernières préoccupations du vieux *maistre des escholles* :

(1) Elle doit se trouver aujourd'hui chez M. Deslaviers, dernier successeur de Robert Calippe.

In nomine sanctæ et individuæ Trinitatis.

« Jean de Boullenois, prestre indigne, chanoine préceptorial de l'église collégialle de Dieu et de Monseigneur saint Vulfran, maistre des escholles des ville et banlieue d'Abbeville et principal de lad. ville, estant en mon bon sens, mémoire, entendement, sain de corps et d'esprit, vacquant à mes affaires, et considérant qu'il n'est rien plus certain que la mort ni rien de plus incertain que l'heure d'icelle, ne voulant mourir intestat, je fais par ces présentes mon testament, etc. » Le testateur révoque ensuite un premier acte fait chez Robert Calippe le 21 avril 1640. — Il se recommande à Dieu et aux saints dont il nomme un assez grand nombre, « à toute la cour céleste. » — Il élit le « sepulchre de son corps, l'âme en estant séparée, dans l'église de Saint-Vulfran, en la chapelle de Notre-Dame de Laurette, selon que le lui ont promis messieurs les doyen et chanoines du Chapitre lorsqu'il a fait la fundation de l'office de sainte Agnesse en lad. église, voulant et entendant que Anne Orifroy, fille de Charles Orifroy et [de] Genevefve du Bos, ma cousine et filleule, et Louis Orifroy et Jacques Orifroy, mes cousins et nepveux de la susdite Anne, légataires cy après nommés, après l'exécution de ce présent testament, face (1) dresser, au plus prochain lieu où mon corps sera enterré, un épitaphe où seront escripts les vers et

(1) *Sic*, mais la pièce a été transcrite par un très mauvais clerc.

vocables insérés à cest effect en la fin des présentes et ce en marbre noir ; pour quoy il sera emploié la somme de deux cens livres ou environ. — Je donne et laisse à la fabrique de Saint Vulfran pour l'ouverture de la terre la somme de trente livres avec mon habit canonial, mon surplis mailleur (1) avecq l'aumusse et bonnet quarré. *Item*, au couvent des religieux pères Corliers, Minimes, Capuchains, Carmes deschaussés, ... Dominiquins, Sœurs de Saint François renfermées ou non renfermées, Minimesses, Sœurs réfugiées de Doullens, au portier du collège, chacun un escu, scavoir soixante sols ..... » — Autres dons à l'autel Dieu, à Saint-Jacques, aux quêtes de Saint-Jacques, à l'église de Saint-Gilles, aux quêtes de cette même église, etc..... Il laisse au couvent des pères Chartreux la somme de dix-huit livres ; ordonne des messes pour le jour et le lendemain de son trespas. — Autres dons à des confréries ; ainsi soixante sols « à la confrérie du Puis érigée en l'église de Saint-Vulfran. » — « Quant à mes obsèques et funérailles, dit-il, je désire avoir au convoi mesdits sieurs du canonicat [?] de Saint-Vulfran, les Cordeliers, les prestres de la paroisse Saint-Jacques et [de celle de] Saint-Gilles, lesquels assistans seront honnestement récompensés. » Il veut aussi que « douze torsses (torches, cierges) sans blasons, chacune du poids de deux livres, allumées, accompagnent la croix jusques à l'enterrement de son corps, lesquelles seront portées par les bénéficiers et portier du collège. » — Le lendemain

(1) Je lis bien mailleur. Est-ce un mot d'église ? le plus grand, *majorem* ?

de son enterrement aumônes aux pauvres jusqu'à concurrence de soixante livres; etc., etc. — Il revient à son collège. « Je fais légast, dit-il, au collège d'Abbeville d'une chasuble de velours, comme aussy de l'horloge qui estoit et servoit, accommodé à la fenestre du grenier de la maison du collège. — *Item,* je donne encore aud. collège la somme de cinquante livres de rente annuelle constituée en deux parties au denier vingt que j'ai droit de prendre, scavoir vingt-cinq livres sur les héritiers de damoiselle Françoise Billet, vefve de Pierre Daullé, et vingt-cinq livres sur maistre Nicolas Dehault, greffier héréditaire de la maréchaussée de ceste ville, lesquelles cinquante livres messieurs les principaux du collège qui me succéderont recevront et distribueront à deux prestres etc. qui viendront tous les mois entendre la confession des escolliers (1). — *Item* ..... » Boullenois en arrive alors aux dons à sa famille qui nous intéressent peu. Ses seuls parents sont une cousine et trois cousins, tous du nom d'Orifroy : Anne Orifroy d'abord, sa cousine et sa filleule, tante des suivants : Louis Orifroy, curé de Noeully-le-Dien et Jacques Orifroy, frères et ayant pour mère Marie du Marché ; enfin Charles Orifroy, maistre du Paon Couronné. — Une disposition montre que J. de Boullenois possédait dans le Rivage une maison qu'il avait acquise

(1) « J'estime, dit le P. Ignace, cette constitution fort salutaire pour le bien spirituel de la jeunesse, pourvu qu'elle soit bien observée. » — *Hist. des Maieurs,* p. 848. — Cette rente de cinquante livres fut touchée au profit du collège par l'argentier du Val.

de maistre Louis Louchet et qui était voisine d'une maison de M. Canteleux. Louis et Jacques sont ses légataires préférés et chargés de distribuer ses autres legs. Il nomme pour son exécuteur testamentaire Charles Orifroy, maistre du Paon, et maistre Guillaume Berger, « cirurgien; » et à chacun d'eux, il laisse « une vaisselle d'argent en façon de verre et trois modales (sic) antiques d'or fin de trois divers empereurs romains (1), si comme je recognois escript de ma propre main, sain d'esprit et entendement et de corps, comme dit est ; leu et releu mots après mots, le tout bien et meurement considéré selon ma volonté dernière, le jeudy septiesme jour de may, mil six cens quarante trois, signé de mon seing manuel etc.

JEAN BOULNOIS.

Au-dessous :

Epitaphium magistri Joannis de Boulnois presbyteri abbavillæi quondam gymnasiarchæ quod ipsemet sibi posuit.

Puis les huit vers que je reproduirai plus loin.

Au dos était un codicille (pour un don de quarante-six livres à un cousin du côté maternel) écrit et signé encore par le testateur. Enfin, il est évident que Boullenois s'est fait relire ces actes par les notaires en sa chambre même du collège. On lit après le codicille :

« Et après que lecture lui a esté faicte par l'un desdits notaires, l'autre présent, a dit et desclaré que c'est le testament et codicile par luy fait et escript de sa

---

(1) Y avait-il dans Boullenois un amateur d'œuvres d'art ?

main, que ce sont ses propres escritures et signatures qu'il a d'habondant recognu et desclaré qu'il veut qu'ils sortent leur plein et entier effet etc. recognoissant aussy au bas du testament estre apposé son cachet ordinaire et plus bas l'épitaphe qu'il veut estre mis au lieu exprimé audit testament qu'il veut faire sortir effet, n'est (si ce n'est) qu'il soit par lui cy après augmenté ou diminué ….. ; et ont lesd. notaires signé. Au regard dud. Boulnois il n'a peu signer, tant à cause de son aage que de sa débilité et maladie, estant néanmoins sain d'esprit, mémoire et entendement, comme il est apparu aux notaires en sa maison, au collège de ceste ville. »

Boullenois se sent de plus en plus faiblir. Les forces lui manquent pour diriger le collège.

« Du septiesme jour d'octobre aud. an M.V^cXLIIII…. Le Maieur a dit avoir esté visité le jour d'hier par M^e ….. Vasseur, l'un des régens, de la part de Me Jean Boullenois, de présent indisposé, quy luy a remis une requête de ce principal, avecq prière de voulloir entendre à l'entérinement d'icelle. » ….. Cette requête « tend aux fins de pourvoir à la survivance dudit principal de la personne de Me Robert de la Leurièze, premier régent dud. collège, lequel sera dès à present considéré comme coadjuteur ….. Arresté et délibéré de ne respondre ny inthériner lad. requeste, attendu qu'il s'agit de la charge de principal quy est eslective et pour laquelle la résignation, coadjutorie ou survivance n'ont lieu sy ce n'est du consentement de ceux quy ont droit en la nomination, entre les mains desquels se doibt faire la démission pure et simple pour par eux, pour ce assemblez en la forme ordinaire, y pourvoir, et, à ce faire, avoir tel esgard que de raison aux recommandations dud. principal. »

Boullenois meurt (28 novembre 1644). Le mémoire B nous a conservé cet éloge :

« Ledit sieur de Boullenois, après avoir régi le col-
« lège pendant l'espace d'environ quarante six ans, y
« mourut plein de vertu et de mérite, âgé de quatre-
« vingts ans et est enterré en l'église de Saint-Vulfran
« la collégiale, à l'encontre du chœur, en la carolle (1) de
« l'autel de la Conception et à côté de l'autel de sainte
« Geneviève vis à vis le Chapitre (2), où sa figure est repré-
« sentée en marbre blanc, et au dessous est un tableau
« noir adossé à la muraille où se lit l'épitaphe qui suit
« en vers latins et que l'on croit avoir été faite par
« lui-même (3). Le cartouche de l'ensemble est en

(1) Carolle, peut-être corolle. Lecture incertaine. Que peut signifier ce mot ?

(2) L'emplacement est ainsi bien indiqué. Nous savons que Boullenois avait la promesse d'être enterré dans la chapelle de N.-D.-de-Laurette. Cette chapelle était parallèle au chœur, et occupait tout le bas-côté gauche de ce chœur, ayant un autel formant fond de ce bas-côté. L'autel de N.-D.-du-Puy était adossé dans la nef au premier pilier (gauche) du chœur. Un peu plus loin, dans la chapelle de N.-D.-de-Laurette (ou bas-côté gauche du chœur) on rencontrait l'autel de Sainte-Geneviève, et, en face de cet autel s'ouvrait le Chapitre (salle construite hors de l'église et démolie aujourd'hui). La sépulture et le monument de Boullenois se trouvaient donc entre le pilier de N.-D.-du-Puy et l'autel de Sainte-Geneviève, à peu près en face de la porte du Chapitre.

(3) Nous avons vu par le testament qu'elle était bien l'œuvre de Boullenois.

« marbre blanc et très bien fait quoique simple.

« Voici l'épitaphe de M⁰ Jean de Boullenois écrite en
« lettres d'or (1) :

EPITAPHIUM
MAGISTRI JOANNIS DE BOULLENOIS PRESBYTERI
ABBAVILLÆI QUONDAM GYMNASIARCHÆ
QUOD IPSEMET SIBI POSUIT.

Hic ego lethœa confossus cuspide mortis
 Bulnosus jaceo, vermibus esca datus.
Annos contrivi reserans arcana Minervæ
 Discipulis, vanis accubitus studiis.
Qui me, Christe, vocas, vitæ delicta prioris
 Terge priùs ; maculas erue, Christe, meas.
Qui quoque nunc hæres tumulo, dic quæso, viator :
 Bulnose, æternâ luce potitor, amen (2).

OBIIT ANNO CHRISTIANO M.DC.XLIV DIE 28 MENSIS
NOVEMBRIS, ÆTATIS SUÆ OCTOGESIMO.

« On peut le regarder, ajoute l'auteur du mémoire B, comme un vrai amateur des arts qu'il professait et comme un bienfaiteur du collège, puisque, par son testament » etc. — Le mémoire rappelle le don de la bibliothèque et les autres legs.

(1) La copie du testament, quoique fautive, me permet de corriger quelque peu la leçon donnée par le mémoire B.

(2) Le mémoire B, qui a déjà donné *Bulnolus* au second vers du premier distique, donne pour ce dernier vers, avec une quantité différente :

Bulnolus æternâ lu.e potitur. Amen.

Le changement appartient-il aux chanoines ?

Pour moi, quand je relis ces vers :

*Annos contrivi reserans arcana Minervæ
Discipulis.....*

je ne puis m'empêcher d'y trouver une grande mélancolie de vieux professeur.

La figure de marbre blanc de Boullenois a disparu de Saint-Vulfran avec son épitaphe, mais ses os reposent encore évidemment sous le nouveau dallage de l'église.

Je trouve dans l'Obituaire de Saint-Vulfran au 4 des nones de septembre : *Huberti episcopi et confessoris duplex primæ classis ex fundatione domini Johannis Boulenois magistri scholarum. — Postridie missa de Requiem pro eodem.* — Et au 4 des kalendes de novembre : *Missa de Requiem pro domino Joanne Boulenois magistro scholarum.* — Enfin je relève dans *la Chartreuse de Saint-Honoré* de l'abbé Lefebvre, p. 553 : Jean de Boulenois, prêtre, chanoine de Saint-Vulfran et principal du collège d'Abbeville, « a légué 18 livres » à la chartreuse de Thuison. Date inconnue. Anniversaire le 28 novembre.

Quand Boullenois mourut, Robert de la Leurièze gouvernait déjà le collège depuis assez longtemps. — Voyez plus haut la délibération du 15 septembre 1642 et celle du 7 octobre 1644. — Ici je crois devoir revenir au mémoire B, bien que je ne le croie pas tout à fait d'accord avec les délibérations de la Ville.

L'auteur de ce mémoire, dans une page intitulée : *État du collège depuis la mort de M. de Boullenois* s'exprime ainsi :

« Est à noter que ledit de Boullenois, environ un an
« avant sa mort, fut conseillé, attendu son grand âge
« et ses infirmités corporelles, tant de la vue que de
« l'ouïe que autres incompatibles avec les fonctions de
« son poste, de demander un coadjuteur pour l'aider et
« conduire le collège dans l'ordre et le maintenir dans
« la bonne discipline. Ce qu'ayant consenti, ledit de
« Boullenois demanda la suppression d'une classe en
« faveur du sieur de la Levrièze premier régent, ce à
« quoi ayant consenti MM. les Majeur et échevins, il
« fut supprimé l'une des cinq qui composoient le collège,
« de sorte que, ledit de Boullenois quittant la régence,
« il ne resta plus que quatre classes avec les mêmes
« régents qui les occupoient. La requête du sieur de
« Boullenois en ce cas de suppression d'une des cinq
« classes tendoit : 1º à ce qu'on lui conservât les gages
« attribués au régent de la seconde qu'il professoit,
« comme s'il eût été encore en exercice, et ce en consi-
« dération des longs services qu'il avoit rendus au col-
« lège depuis qu'il y étoit entré et exerçant, c'est-à-dire
« au moins l'espace de cinquante ans, d'autant mesme
« que, nommant un nouveau régent en la classe de
« seconde, il eût fallu que Messieurs de Ville eussent au
« moins donné à ce régent une somme de soixante-
« quinze livres de gages par an, outre ceux qui lui sont
« ordinairement attribués et ceux qui étoient pour le
« principal.

« En second lieu, tous les appartements dudit col-
« lège étant occupés par le principal et les quatre
« autres régents, il en auroit fallu louer un dans la ville

« pour ledit régent aux dépens de la Ville ou aux siens
« propres, ce qui auroit causé de la difficulté qui se
« seroit trouvé d'avoir quelqu'un pour régenter en ce
« temps et à ces conditions. » — *Mémoire* B.

C'est dans cette situation du collège que R. de la Levrièze va en recevoir, sous un nouveau titre, la direction régulière à travers mille difficultés, oppositions et procès.

V

ROBERT DE LA LEVRIEZE

Cinquième Principal

1644-1669

Robert de la Levrièze, natif de la ville de Rue, exerça assez longtemps la charge de principal avant de pouvoir en devenir le titulaire. Nous l'avons déjà vu en remplir les fonctions avant la mort de Jean de Boullenois. Des difficultés de plusieurs sortes, des contestations, retardèrent sa nomination lorsque la place fut libre.

Avec l'auteur du mémoire B dont je me ferais scrupule de diminuer la part dans ce travail, je dois revenir un peu en arrière.

Comme le P. Ignace, — *Hist. Eccl.*, p.370, — l'auteur du mémoire fait d'abord l'éloge de La Levrièze :

« Son amour pour l'instruction de la jeunesse, sa
« science et ses bonnes mœurs, le firent aimer du

« public et consentir les corps à l'admettre coadjuteur
« de Mᵉ de Boullenois qui l'aimoit, mais, avant cette
« admission, il fut bien traversé, ainsi que le sieur de
« Boullenois son principal appui. Pour mieux s'éclaircir
« du fait à cet égard, il est bon de reprendre la chose
« dans son origine et d'en détailler les circonstances qui
« l'accompagnèrent et comment lesdits de Boullenois
« et de La Levrièze triomphèrent de leurs ennemis.

« Ledit de Boullenois, se voyant sur l'âge et presque
« hors d'état de remplir par lui-même les fonctions de
« principal, résolut de se donner un coadjuteur qui les
« rempliroit pour lui. Comme il connoissoit apertement
« la capacité du sieur de La Levrièze, il tourna ses
« vues sur lui. Celui-ci, charmé de cette préférence,
« d'autant qu'il avoit été son disciple et étoit son ami,
« n'eut garde de refuser l'honneur qu'il lui faisoit et
« qui naturellement le conduisoit à être le successeur
« de son maître. Sur quoi, ayant pris ensemble les
« mesures nécessaires à ce dessein, ledit de Boullenois
« dressa une requête d'abord à Messieurs du Cha-
« pitre (1) et ainsi de même aux corps de la ville, ten-
« dant à ce qu'il plût à Messieurs qui ont droit à l'élec-
« tion d'un principal pour le collège d'Abbeville,
« d'agréer que le sieur Robert de La Levrièze, régent
« de la première classe, fût par eux admis pour son
« coadjuteur en ladite charge de principal avec assu-
« rance de la survivance d'icelle après lui, et demandoit
« par icelle requête que ledit de La Levrière, en cette

(1) Ce mémoire, on le sait, est écrit par un partisan des chanoines.

« qualité de coadjuteur, ne pourroit rien entreprendre
« ni faire dans ledit collège, que suivant les avis et
« consentement dudit suppliant qui entendoit se réser-
« ver tous les honneurs, droits et profits, émoluments
« et authorité appartenant au principal, tant qu'il
« vivroit, et après sa mort ledit de La Levrièze entre-
« roit dans tous les droits appartenants à ladite prin-
« cipalité. Laquelle requête, signée dudit de Boullenois,
« fut présentée à Messieurs du Chapitre, le 7 d'octo-
« bre 1644 par Me Pierre Vasseur, son ancien domes-
« tique et alors régent de la cinquième classe, et fut
« agréée et souscrite par les chanoines au nombre de
« quinze capitulants suivant [procès-verbal] du même
« jour inséré aux registres du Chapitre. Elle le fut
« également de Messieurs du prieuré de Saint-Pierre
« et inscrite en leur registre aux délibérations en date
« du 15 mêmes mois et an. Mais il en arriva bien dif-
« féremment de celle présentée à Messieurs du corps
« de Ville, car elle fut adroitement supprimée par ceux
« d'entre eux qui vouloient introduire une autre per-
« sonne au préjudice dudit de La Levrièze et d'autres
« encore, membres du même corps, qui vouloient insi-
« nuer dans les esprits de recevoir et admettre les
« Jésuites dans le collège d'Abbeville ; et pour mieux
« couvrir ce dessein l'on crut trouver un motif, du
« moins apparent, de la suppression de ladite requête,
« en supposant que, pour agréer un coadjuteur, de
« même que pour l'élection et nomination d'un prin-
« cipal, il se devoit faire, ainsi qu'à l'accoutumée, une
« assemblée générale à la pluralité des voix, tant de

« Messieurs du Chapitre, du prieuré de Saint-Pierre,
« que de Messieurs les anciens Majeurs et de celui en
« charge avec ses échevins, et même de Messieurs les
« curés de la ville, et, en outre, des majeurs de ban-
« nières dont les soixante-quatre voix qu'ils composent
« devoit être réduit à quelque nombre bien moindre.
« L'assemblée tenue de cette manière sembloit assurer
« au sieur de La Levrièze un succès prompt, d'autant
« qu'il avoit déjà par écrit les consentements et suf-
« frages d'un grand nombre de votants des corps qui
« faisoient membres de cette assemblée ; mais ceux qui
« le traversoient entièrement eurent l'adresse de sus-
« citer Messieurs du Présidial à se trouver en ladite
« assemblée et y avoir leur voix délibérative à cet
« effet ; ce qui ayant été tenté de leur part, il leur fut
« signifié opposition de la part de Messieurs du Cha-
« pitre de Saint-Vulfran qui avançoient dans leurs
« dires qu'en vertu de l'ordonnance d'Orléans, du roy
« Charles IX, il ne devoit y avoir, en cas de nomina-
« tion d'un principal de collège, que deux voix qui
« résidoient dans le corps des chanoines et dans celui
« des majeur et échevins de la ville et qu'en cas d'éga-
« lité ou disparité des voix, il est porté en ladite
« ordonnance que M⁺ le lieutenant-général de la juri-
« diction d'où ressort la ville où est le collège doit être
« appelé pour présider en ladite assemblée des deux
« susdits corps, y conclure et y prononcer pour l'une
« ou l'autre des parties contendantes, à sa liberté, et
« suivant qu'il juge pour le mieux. Messieurs du Cha-
« pitre avançoient en outre, en ladite opposition, que

« ni Messieurs du Présidial, non plus que ceux du
« prieuré de Saint-Pierre, ne pouvoient avoir aucune
« voix en ladite nomination, mais bien qu'elle devoit
« être confuse avec celle de Messieurs du corps de
« Ville qui avoient droit d'admettre en leur délibération
« autant de personnes et de telle qualité que bon leur
« sembleroit, pourvu que tous ensemble ils ne fissent
« qu'une seule même voix à l'encontre d'une seule
« autre qui est, aux termes de l'édit d'Orléans, celle
« du Chapitre, et c'est ce qui a donné lieu à nombre
« de contestations par la suite, de part et d'autre, jus-
« qu'au procès-verbal qui s'est fait touchant le différend
« et mis au greffe de la Cour pour être terminé par son
« arrest quand il lui plairoit, comme il le fut aussi par
« la suite. Mais avant d'en rapporter l'énon[cé], il est
« bon de mettre au jour les différents dires des parties
« jusqu'au moment de l'obtention d'icelui. »

Nous allons voir en effet les difficultés continuer lorsque, la charge étant devenue vacante, il s'agira de nommer un Principal.

« M° Jean de Boullenois étant mort pendant ces con-
« testations, en 1644, comme nous l'avons dit, Messieurs
« du Présidial se transportèrent, le 12 janvier sui-
« vant 1645, par leurs députés, les sieurs Hermant et
« Vincent de Montigny, en l'hôtel de Ville pour y faire
« entendre de leur corps. Les chanoines de Saint-
« Vulfran, par acte du même jour, renouvelèrent leur
« opposition, alléguant toujours par icelle que lesdits
« sieurs du Présidial n'ont aucune voix, à moins qu'elle
« ne soit confuse avec celle desdits sieurs majeur et

« échevins de la ville, comme a été dit ci-devant,
« et députèrent de leur corps Messieurs Sanson et
« Descaules, leurs confrères, pour faire la déclaration
« de leur résultat capitulaire à cet égard, en la chambre
« du conseil de Messieurs du Présidial et, le 16 desdits
« mois et an (1), se transportèrent en celle de l'Esche-
« vinage pour induire les Majeur et échevins à faire
« assemblée générale pour nommer un principal succes-
« seur dudit de Boullenois et d'y procéder diligem-

(1) Je lis effectivement dans les délibérations de la Ville :
« Du XVI janvier 1615, ... les sieurs Sansson et Barthelemy, chanoines en l'église de St Wlfran, sont venus représenter que la charge de principal est vacante depuis quelques mois par le décès de M⁰ Jean de Boullenois et que le Chapitre quy a droit de nommer et fournir à lad. charge concurremment avecq l'hostel de ville » juge qu'il est à propos « pour la conduite dud. collège et l'instruction de la jeunesse que ceste place soit le plus tost remplie de personne suffisante et capable pour l'exercer. » Ils « ont chargé de nous venir prier d'y vouloir entendre au plus tost ; » etc.
« ..... Arresté de dire par led. maïeur ausd. députés que le corps de Ville a la mesme considération que le Chapitre pour le bien du collège ; l'on n'a différé si longtemps d'y pourvoir » que pour différents empêchements ; « divertissement continuel qu'a eu l'hostel de ville pour le passage des troupes par estappes et arrivée de garnisons. » — « L'affaire estant de conséquence, il faut en communiquer aux antiens maïeurs quy seront priés de s'assembler à ce sujet. »
Le lendemain, en effet, 17 janvier, réunion des anciens maïeurs. Le maïeur leur représente qu'il est réellement à propos de nommer un principal. — « Arresté par l'assemblée de faire apporter sur le bureau les registres quy contiennent les nominations cy devant faites pour, conformément à ce quy s'y est observé, résoudre de la façon qu'il sera proceddé à lad. nomination. » — *Délib. de la Ville, dans un petit cahier recousu dans le registre portant au dos : du 24 août 1644 au 24 août 1657.*

« ment. Les Majeur et échevins, restant en demeure
« à ces invitations, reçurent un acte de sommation, le
« 23 desdits mois et an, de leur part et qui leur fut
« signifié par le nommé Lavène, sergent royal du
« Chapitre, et, sur leur refus, firent signifier de
« nouveau par le même sergent leurs plaintes de ce
« qu'ils l'avoient intimidé de logements de gens de
« guerre, et, sur le rapport du sieur Barthelemy, leur
« doyen, qui voyant ledit Lavène n'oser plus travailler
« pour eux dans l'appréhension d'être logé par Mes-
« sieurs de Ville, fit délibérer par son Chapitre, le 30 du
« même mois, de sommer ledit Lavène de comparoître
« par devant M^r le lieutenant-général pour se voir
« condamner sommairement à faire ladite sommation.
« Ledit Lavène, appelé en cause, le 8 février suivant,
« fut condamné de le faire et le fit le lendemain neu-
« vième [février] en la chambre dudit Echevinage,
« ainsi qu'il appert par son exploit ; auquel fut ré-
« pondu... » Ici quelques mots mal copiés, incohérents,
mais dont le sens est qu'il n'est pas possible, quant à
présent, « de faire ladite assemblée, pour l'absence de
« M^r le Majeur, en ce moment en cour pour les affaires
« de la ville. En suite de laquelle réponse, après quel-
« ques surséances, ledit Chapitre, assemblé le 30 de
« mars suivant, et considérant que, la place de prin-
« cipal étant si longtemps vacante, il ne se pouvoit
« qu'il n'en arrivât quelque préjudice au collège et au
« public en ce qui touche l'instruction des enfants,
« délibéra de faire encore une nouvelle tentative par
« une dernière sommation aux dits sieurs Majeur et

« échevins qui leur fut effectivement faite et signifiée
« par ledit Lavesne, le 3 avril suivant ; toutes lesquelles
« choses étant enfin demeurées sans effets (1), par
« advis, ledit de La Levrièze fit à ses dépens un voyage
« à Paris et présenta requête à la Cour de Parlement,
« au nom dudit Chapitre, sur laquelle arrêt fut obtenu
« le 29 d'avril 1645, lequel ordonne qu'à la diligence
« du substitut de M^r le procureur général en la Séné-
« chaussée de Ponthieu, dans trois semaines pour tout
« délai, il se feroit une assemblée générale en la
« manière accoutumée, en laquelle il seroit procédé à
« la nomination dudit principal, dont seroit dressé
« procès-verbal (2).

« Cet arrêt rapporté sur le bureau dudit Chapitre et
« ensuite entre les mains de Boulogne, procureur du
« roy en la Sénéchaussée de Ponthieu, qui en donna
« communication à Messieurs les Majeur et échevins
« en charge, résolution fut prise de faire lad. assemblée

(1) A rapprocher de la séance du xvi janvier (note plus haut,
p. 148). — Je vois cependant que l'on s'occupe de cette affaire à
la Ville. Ainsi, dans une assemblée des anciens maieurs du
x apvril (1645), le maieur dépose sur le bureau les registres dans
lesquels sont reprises les nominations de ceux qui ont reçu précédemment la charge de principal. On a désiré y rechercher
« les formes quy ont esté gardées en ces occasions et quelles
personnes y ont assisté et donné leurs suffrages. » Lecture est
prise « des nominations de Me Jehan Macquet, du xviii novembre 1587, de Me Anthoine Cluquet, du 1er febvrier 1593 (sic), de
Me Jean Boullenois, du x décembre 1598, quy se trouvent différentes et par lesquelles il appert que les chanoines y ont assisté
par députés, etc., etc. »

(2) Pour l'analyse de l'arrêt du 29 avril 1645, voir plus loin
(note de la p. 151) l'extrait de la délibération du 26 juin 1645.

« générale en exécution dudit arrêt, et le jour pris au
« lundi 26 juin. En conséquence, le Chapitre, assem-
« blé le même jour, nomma d'une voix unanime
« Me Robert de La Levrièze en la place de principal.
« Me Barthelemy, doyen, et Sanson, chanoine, furent
« députés pour porter la voix du Chapitre, lesquels,
« s'étant rendus en l'assemblée générale qui se tenoit en
« la salle d'audience de l'hôtel de Ville, y trouvèrent
« Mr Deheu lieutenant-général comme chef, M. Jean
« de Dompierre, sieur d'Yonval, et M. Louis Sanson,
« conseillers, députés pour le Présidial, Me Papin,
« avocat du roy, et M. de Boulogne, procureur du roy
« audit siège, et de la part de Messieurs du prieuré de
« Saint-Pierre dom Jean Martin, sous-prieur, et dom
« Claude Aleaume, prevost, comme députés de leur
« maison et couvent (1), et de celle de l'hôtel de Ville,
« MM. Sanson, de Buissy, de Cumont de la Garde,
« comme anciens majeurs, avec le sieur Philippe Papin,

(1) Je lis dans les délibérations de la Ville :
« Du vingt sixiesme jour de juing (1645). Le mayeur a représenté que ce matin domp Charles de Laistre, religieux du prieuré
de St Pierre, est venu en son hostel pour lui faire une sommation au subject qu'ils ont eu advis que ce jourd'huy se doibt
faire assemblée générale pour l'eslection de principal au collège
et que n'y avoient esté appelez de la part de la Ville » ....
Les religieux protestaient de nullité..... « Advisé de respondre
à lad. sommation que c'est à MM. du Chapitre » etc., de
les avertir.
« Le lit jour (26 juin) en suite de l'arrest de la Cour du xxix apvril
dernier par lequel, sur la requeste présentée par lesd. sieurs du
Chapitre (de Saint-Vulfran) à ce qu'il fût enjoint de procéder à lad.
nomination (de principal) il a esté ordonné que, à la diligence
du substitut de Mr le procureur général du roy en la sénéchaus-

« advocat du roy et conseiller en la Sénéchaussée de
« Ponthieu et siège présidial, en qualité de Majeur en
« charge, accompagné des sieurs Le Bel d'Huchenne-
« ville, conseiller esdit siège, ancien majeur, comme
« premier échevin, M^r Le Blond d'Acquet, conseiller,
« Duchesne, Depoilly, Violette, tous échevins, ainsi que
« des sieurs Boullon, siéger, Mannessier de Préville,
« procureur du roy, et Poultrain, greffier, et tous per-
« pétuels audit corps de la ville, et ensemble le commis
« du greffe du Présidial, tous avec eux faisant nombre
« de vingt-deux personnes, où, en laquelle dite assem-
« blée, proposition faite par M^r le lieutenant-général
« de lieu du sujet de ladite assemblée, Mr Manessier,
« procureur du roy audit hôtel de Ville, requit l'enre-
« gistrement de l'arrêt conformément à sa forme et
« teneur, et avec toute diligence de passer à l'exécution
« d'icelui, étant de la compétence et fonction de sa

sée de Ponthieu, assemblée sera faite en la manière accoustumée pour procéder à l'eslection d'un principal aud. collège, dont sera dressé procès-verbal pour, iceluy rapporté, y estre pourveu par la Cour ainsy qu'il appartiendra, a esté faite lad. assemblée en laquelle se sont trouvés le sieur lieutenant général et led. procureur du roy en lad. sénéchaussée qui a requis l'exécution dud. arrest en la présence des antiens majeurs et du corps de ceste ville...., assisté des chanoines députés dud. Chapitre..., de dom Jean Martin, sous-prieur, accompagné de dom Lepressy [?], religieux de Saint-Pierre, de Me Claude Becquin (1), bailly dudit prieuré, MM^rs de Dompierre et Sansson, conseillers, députés dud. siège présidial, et par chacun desd. corps a esté baillé les moyens et soutenues [?] de pouvoir dans les suffrages pour lad. nomination de principal, » etc.

(1) Le mémoire B dit Claude Alexume, prevost.

« charge et comme membre du corps de Ville. Ce
« droit lui fut incontinent contesté par Messieurs les
« gens du roy du corps du Présidial qui s'en référoient
« aux termes dudit arrêt.

« L'assemblée ayant donné acte aux parties de leurs
« soutenues et persistances, Messieurs les députés du
« Chapitre soutinrent, au contraire, que la nomination
« du principal [devant se faire] suivant l'ordonnance
« d'Orléans, il ne devoit y avoir que deux voix, sçavoir
« celle du Chapitre et [celle] des Majeur et échevins
« qui pouvoient appeler toutes personnes que bon leur
« sembleroit pour ne faire qu'un corps avec eux, et,
« au cas que ledit Chapitre nommât, de sa part, une
« personne à ladite place et lesdits Majeur et échevins
« une autre, que M. le lieutenant-général, président en
« ladite assemblée, pourroit prononcer et conclure en
« faveur de l'une des deux personnes qui seroient ainsi
« nommées des deux corps.

« Messieurs les députés de Saint-Pierre soutinrent
« avoir leur voix indépendante, distincte et séparée
« d'avec celle des autres corps.

« Messieurs les Majeur et échevins soutinrent aussi
« avoir droit, selon l'ordonnance d'Orléans, de nommer
« conjointement avec Messieurs les doyen et chanoines
« de Saint-Vulfran pour ne faire que deux voix, à
« l'exclusion de tous autres habitans, de quelque con-
« dition qu'ils pussent être, et, au cas que lesdites deux
« voix se trouvassent différentes, le Majeur en charge
« devoit présider et avoir sa voix prépondérante et
« prononcer en faveur de l'un ou l'autre des [candidats]

« des deux corps de l'hôtel de Ville ou du Chapitre.

« Quant à Messieurs du Présidial, MM. les gens
« du Roy de ce corps soutinrent également avoir aussi
« droit d'assister à telle assemblée dont il s'agissoit, y
« faire les fonctions de leur charge avec voix délibéra-
« tive et droit de nommer un principal.

« L'on voit par ce qui vient d'être ainsi rapporté le
« sommaire de tout ce qui s'est passé et dit en ladite
« assemblée pour la nomination d'un principal en ce
« jour-là.

« Mais le 28e jour suivant desdits mois et an, les
« mêmes corps s'étant rassemblés de nouveau en ladite
« salle de l'hôtel de Ville pour le même sujet, et lec-
« ture faite en icelle assemblée du procès-verbal fait
« sur les dires et soutenements de la dernière du 26,
« M. Sanson, ancien Majeur, soutint que les quatre
« maîtres des majeurs de bannière auroient dû avoir
« été semons et appelés en ladite assemblée et avoir
« droit de nomination avec les autres suivant la cou-
« tume.

« Le sieur Poultrain, greffier de la Ville, soutint aussi
« avoir droit à ladite expédition et non pas le greffier
« du Présidial, dont lui fut donné acte sur sa réqui-
« sition; comme aussi à tous les autres de leurs pro-
« testations, soutenues, deffenses et persistances, et le
« tout renvoyé à nosseigneurs du Parlement de Paris
« pour juger de ces différends ; et sur ce que les
« extraits des registres de l'hôtel de Ville (et dont les
« députés du Présidial vouloient se servir pour prouver
« et maintenir leur pouvoir et possession du droit de

« nomination dudit principal) se sont trouvés avoir
« quelques mots ajustés entre lignes, lesdits extraits, col-
« lationnés en la présence de M. le lieutenant-général et
« rendus conformes aux actes insérés dans le registre
« dudit hôtel de Ville, ont été joints et attachés audit
« procès-verbal. Et sur la cloture d'icelle assemblée,
« comme les deux ne s'étoient passées qu'en contesta-
« tions, au lieu de suivre l'intention de l'arrêt qui
« ordonnoit qu'en icelle on procéderoit à l'élection et
« nomination d'un principal, Messieurs de Saint-
« Vulfran et Messieurs de Saint-Pierre requirent que le
« premier régent du collège (M. de la Levrièze) fût
« prié d'avoir l'œil audit collège et remplir les fonc-
« tions de principal, sans préjudice aux droits des
« parties et par provision seulement, à quoi acquies-
« cèrent Messieurs du Présidial, sauf l'advocat du roy
« dudit siège d'avis contraire. Messieurs de la Ville
« convinrent également d'acquiescer à cet advis et dirent
« même qu'il en falloit faire note et jonction audit
« procès-verbal, sauf le sieur Violette, échevin d'advis
« contraire ; tous lesquels, au nombre de quinze voix
« sur vingt, s'en sont remis au jugement de la Cour, et
« fut ordonné en conséquence que, pour éviter à con-
« fusion, les régens dudit collège seroient tenus de
« suivre l'ordre prescrit pour l'instruction des enfants
« étudiant audit collège par le sieur régent, ce qui
« seroit notifié et signifié aux autres régents, et toutes
« les parties consentantes ayant signé en la minute
« dudit procès-verbal avec Mr Deheu lieutenant-général,
« ledit procès-verbal fut envoyé en la Cour de Parlement

« où ledit de La Levrièze fut contraint de se retirer sur
« une requête présentée en son nom (car il faut noter
« que le procureur du Parlement qui l'a minutée y a
« inséré des termes contre l'intention du suppliant,
« comme de dire que Messieurs du Chapitre prétendent
« seuls avoir droit de nomination, qui est contre la
« vérité des protestations contenues audit procès-verbal,
« et ainsi d'autres mots glissés par inadvertance ou
« surprise). Néantmoins sur cette requête est intervenu
« arrêt de la Cour du Parlement en date du 14 de dé-
« cembre 1645, par lequel a été ordonné que les parties
« viendroient procéder en icelle sur les contestations
« contenues audit procès-verbal, et, à cette fin, aura
« le suppliant commission pour y faire assigner qui bon
« lui semblera aux fins de sa requête. »

Je ne suivrai pas plus loin, — textuellement, — l'exposition de ces procédures dans le mémoire B.

Ce qui suit est un résumé.

La Levrièze obtient la commission en question (datée du 20 décembre 1645).

Des « significations et assignations » sont envoyées par lui, le 27 janvier (1646) à M. Deheu, au Chapitre, à Messieurs de Saint-Pierre, à Messieurs de la Ville.

Le 5 février, les chanoines arrêtent « les moyens et conclusions » qu'ils enverront à la Cour.

Le 10 du même mois, MM. du prieuré de Saint-Pierre, par acte de leur Chapitre, arrêtent les leurs.

La veille, les Maieur et échevins ont rédigé leur court mémoire (1).

(1) « Du noeufviesme jour de febvrier audit an M.VI^cXLVI, Il

Le 10 mars, Messieurs Deheu, lieutenant-général, et de Boulogne, procureur du roy, arrêtent également leur avis, pour la Cour, au nom du Présidial.

Toutes les conclusions portent consentement exprès que La Levrièze « soit reçu par provision en la charge de principal, sans préjudice au droit des parties. »

Sur toutes ces pièces « ensemblement attachées » La Levrièze présente sa requête à la Cour.

Sur cette requête, poursuit le mémoire B, « suivant
« les conclusions de M. le procureur général M. Crespin,
« doyen des conseillers en la grand chambre et rap-
« porteur du procès, est intervenu le troisième et der-

a esté délibéré que les deffenses cy après insérées seront servies par lad. ville sur l'assignation donnée à icelle par Mᵉ Robert de la Leurieze, prebtre et premier régent du collège, sur l'arrest intervenu le xɪɪɪɪᵉ décembre dernier :

« Les majeur et eschevins de la ville d'Abbeville, pour satisfaire à l'arrest rendu le xɪɪɪɪᵉ decembre dernier par nosseigneurs de la Cour de Parlement à Paris et à l'assignation quy leur a esté faicte en conséquence d'icelluy à la requeste de Mᵉ Robert de la Leurieze, prebtre et premier régent du collège de lad. ville, dient par devant vous, nosseigneurs du Parlement, qu'il persistera *(sic)* dans les moiens qu'ils ont desduit par le procès verbal faict en l'assemblée générale tenue en l'hostel de ville le (en blanc) jour de (en blanc) dernier passé, et néantmoins, d'autant que le publicq a véritable intérest qu'il y ait aud. collège un principal pour y commander et faire observer la discipline...., les majeur et eschevins, ayans cognoissance de la capacité et probité dudict de la Leurieze quy en faict les fonctions doppuis le décedz de feu Mᵉ Jean de Boullenois arrivé au mois de novembre M.VIᶜXLIII!, ont consenty et consentent qu'icelluy soit admis en lad. charge de principal par provision et pendant la décision du procès, aux gages, honneurs, dignités, prérogatives afférans à lad. charge, le tout sans préjudice aux droits des parties. » — *Délib. de la Ville*. — Je n'ai pu lire un ou deux mots.

« nier arrêt de lad. Cour, en date du 27 mars 1646,
« lequel veut et entend que les parties fassent diligence
« de faire juger l'instance pendante en ladite Cour de
« Parlement dans l'espace d'un mois, du jour de sa
« date, et cependant, par manière de provision et sans
« préjudicier au droit d'icelles parties au principal,
« aura le suppliant la direction dudit collège en jouis-
« sant des fruits, droits et revenus appartenant à la
« charge de principal dudit collège, ainsi que de la
« prébende préceptoriale y attachée en l'église royale et
« collégiale de Saint-Vulfran, jusqu'à ce qu'autrement
« il en ait été ordonné par la Cour, et sera ledit arrêt
« exécuté en vertu de l'extrait d'icelui..., de façon que
« Me Robert de La Levrièze, en exécution de ce dernier
« arrêt, prit possession de la place de principal du
« collège et fut installé en la dernière chaire ou forme
« des chanoines, du côté gauche, par Mr Sanson, cha-
« noine, à ce député, du Chapitre, et depuis entra en
« jouissance des revenus, tant de ladite prébende que
« des gages à prendre sur la maison du Val, assignés
« audit principal, dont il a joui paisiblement et sans
« contredit jusqu'au 5 novembre 1653. » — *Mémoire* B.
On peut recourir aussi pour cette procédure et les
arrêts rendus aux arch. de la Ville, *série GG, n° 120*.

Cette longue procédure me semble assez bien résu-
mée par ces lignes que je trouve aux archives de la
Ville, *série GG, n° 120* : « La nomination de ce principal
(La Levrièze) avoit été précédée d'un arrêt rendu au
Parlement en 1645 qui règle ceux des corps qui doivent
nommer à la place de principal d'Abbeville. Messieurs

de l'Élection, du Présidial, qui prétendoient, avec MM. de Saint-Pierre, avoir droit à la nomination, y sont déboutés de leur demande, à l'exception des anciens Majeurs, qui, comme étant du corps de Ville, ont droit de s'y joindre pour procéder à la nomination. »

Robert de la Levrièze prit possession « le... 1646 ». M. Quennehen a-t-il bien relevé une date dans cette note : « Le 30 septembre 1645 M⁰ Robert de la Levrièze, premier régent, récemment nommé principal, se rend au Chapitre, assisté de M⁰ Pierre Vasseur, troisième régent, et expose qu'il a choisi pour régents des quatrième et cinquième classes, M⁰ Jean Rivillon et Jean de Lendru, et supplie les chanoines de « les avoir agréables », ce qui lui est accordé. » — *Arch. de la Ville, série GG, n° 48.*

L'auteur du mémoire B, après la très longue exposition de ces longs débats, en déclare l'issue heureuse et bien méritée pour R. de la Levrièze. Le coadjuteur de J. de Boullenois avait en effet dirigé le collège dès longtemps avant la mort de son prédécesseur et depuis la mort de Boullenois, durant tout le cours du procès rappelé. Il n'avait, pendant tout ce temps, rien touché « des gages appartenant au principal sur la maison du Val, ni de la prébende préceptoriale de Saint-Vulfran. » — *Mémoire B.* — L'arrêt de 1646 ne fit dater ces gages que du jour où il fut rendu (1ᵉʳ avril).

Un des premiers soins de La Levrièze, soit lorsqu'il fut coadjuteur, soit lorsqu'il fut chargé par la Ville de

la direction du collège, soit lorsqu'il fut titulaire de l'office de principal, se porta sur la bonne tenue du collège, la force des études, les moyens de retenir les élèves et de subvenir aux charges du service avec les ressources pécuniaires restreintes. En vue de ces intérêts, il conseillait la suppression d'une des classes. Il proposait donc pour « le bien du collège et des enfants » de ne pas recevoir un nouveau régent en remplacement du sieur de Boullenois quittant la régence « et de
« différer de quelques années la nomination d'un cin-
« quième régent, d'autant que la première, la seconde
« et la troisième n'avoient des écoliers qu'en petit
« nombre auprès de la quatrième et cinquième qui en
« étoient toujours remplies au contraire des supérieures,
« desquelles il en sortoit nombre pour aller étudier
« ailleurs, ce qui les rendoit désertes, à moins d'y
« faire monter des inférieures des sujets, non capables
« à la vérité mais pour les remplir, remède nécessaire
« en pareille occasion pour prévenir la ruine du collège
« si on ne s'en fût pas servi. De façon que, pour forti-
« fier lesdites classes et en nombre et capacité d'éco-
« liers, l'ordre fut en telle sorte établi qu'à la Saint-
« Remy suivante, ledit de La Levrièze (avec les écoliers
« qui lui restoient de sa classe, et pris seulement les
« plus forts de la classe du principal qui regentoit la
« seconde) fit seulement comme une seconde (1), le
« sieur Hourdel une troisième et ainsi pour les autres
« classes inférieures jusqu'à la Saint-Remy suivante »

(1) En langage actuel, les élèves de seconde et la plupart de ceux des autres classes redoublèrent.

c'est-à-dire jusqu'à l'année scolaire 1644-1645.

Après le décès de Boullenois, La Levrièze, non encore nommé, mais déjà « accrédité pour la place de « principal, voyant que par la multiplication des éco- « liers les classes inférieures étoient trop pleines et que « deux régents y suffisoient à peine, » en nomma deux nouveaux dont l'un remplaça le sieur Alliamet sorti à la Saint-Remy 1645. Ces deux nouveaux régents étaient Me Jean Revillon qui reçut la quatrième et Jean d'Olandre qui reçut la cinquième. Les autres régents furent alors MM. Vasseur, pour la troisième, et Hourdel, pour la seconde. La Levrièze se chargea de la première. « Il « remit ainsi ledit collège en vigueur par la capacité et « le soin de ses collègues. » — *Mémoire* B.

Les régents qui professèrent sous Me Robert de la Levrièze furent ainsi suivant un tableau du mémoire :

« Me Robert de La Levrièze, en la première,
« principal.................................... 1638
« Me Jean Hourdel, en la seconde, à la Saint-Remy 1645
« Me Pierre Vasseur, en la troisième, même temps 1645
« Me Jean Revillon, en la quatrième, même
« temps....................................... 1645
« Me Jean d'Olandre, en la cinquième et sixième
« audit an..................................... 1645
« Me Nicolas Malhour de Beauchamp, en la
« cinquième, octobre.......................... 1646

« Le sieur de La Levrièze, ne connaissant pas ledit « de Malhour, le fit composer en prose et en vers « latins qui se trouveront avec les cédules d'obligations « signées desdits régents. »

L'auteur du mémoire constate ainsi les mutations qui suivirent :

« M⁹ Philippe Leclerc, de Rambures, en la qua-
« trième, au lieu dudit d'Olandre qui prit la troisième,
« et ledit Vasseur, en la seconde, au lieu dudit Hourdel
« qui sortit aux Pâques 1647, pour aller desservir la
« cure de Villers-sous-Ailly-le-Haut-Clocher. Ledit
« Malhour, quoique ancien, céda cependant volontaire-
« ment audit Leclerc, pour ce qu'il étoit prêtre, réser-
« vant toutefois à soi la préférence pour le logement
« et chambre dudit collège, *jure antiquitatis*; et, pour
« ce que ledit Leclerc n'étoit point encore connu pour
« sa capacité, ledit de La Levrièze le fit aussi composer
« en prose et en vers, ainsi qu'il se peut voir par
« lesdites obligations.

« M⁹ Adrien Lemoine, de Crécy, en la cinquième,
« au lieu dudit Malhour, qui prit la quatrième; ledit
« Leclerc, la troisième, et ledit d'Olandre, la seconde
« au lieu dudit Vasseur qui sortit aux vacations 1649,
« pour se rendre au séminaire à Paris; et ledit Le-
« moine fut d'autant plus facilement admis par le
« principal qu'il avoit étudié sous lui dans les années
« 1638, 1639 et 1640, et que, dans la dernière année
« d'étude qu'il fit sous lui, il remit à son maître une
« tragédie qu'il avoit faite en vers sur l'histoire de
« Thomas Morus, chancelier d'Angleterre.

« M⁹ Jean Pinart, en la cinquième et sixième, à la
« Saint-Remy 1653, au lieu dudit Lemoine, qui monta
« en quatrième en place dudit Malhour, qui se retira
« aux vacations 1652.

« Est à noter que ledit principal de La Levrièze, pré-
« voyant le même inconvénient pour la ruine et le
« détriment dudit collège et la faiblesse qui alloit se
« glisser dans les écoliers pour la raison mentionnée
« ci-devant, fit trouver bon à Messieurs de Ville que,
« pour une année, toutes les classes fussent réduites
« seulement à quatre, ce qu'ayant obtenu, quoique avec
« peine, encore que ce fut le bien dudit collège, depuis
« la Saint-Remy 1652 jusqu'à la Saint-Remy 1653, il
« n'y eut pour régent que ledit principal faisant comme
« une seconde, ledit d'Olandre la troisième, ledit
« Leclerc la quatrième et Lemoine la cinquième, tel-
« lement qu'au jour et an 1653, ledit principal, n'ayant
« que douze écoliers des plus forts de la classe sui-
« vante, faisoit alors la première, ledit d'Olandre la
« seconde, ledit Leclerc la troisième, ledit Lemoine la
« quatrième et ledit Pinard la cinquième et sixième.
« Ledit Pinard fut pareillement admis par ledit prin-
« cipal audit collège, pour ce qu'ayant étudié sous lui
« dans la seconde, en l'an 1637, et dans la première en
« l'an 1638, il avoit une connoissance certaine de sa
« force et de son caractère. » — *Mémoire* B.

Remontons un peu. — Les prétentions rivales des chanoines et de la Ville se réveillent aux plus petites occasions, s'emparent des moindres prétextes.

Le 25 mars 1649, la cause du différend est un congé donné aux écoliers. — *Arch. munic., série GG, nº 48. Mém. de M. Quennehen, notes de plusieurs actes du Chapitre.*

Un droit d'inspection n'était pas d'ailleurs refusé aux

chanoines : « 4 février 1664, visite au collège par MM. le doyen, chantre, Buissy, Tillette et Levesque, chanoines et députés du Chapitre, assistés de *son* notaire (du notaire du Chapitre) pour des querelles et batteries arrivées entre les écoliers. Procès-verbal dressé par lesd. sieurs est demeuré au greffe en la filace aux affaires dud. collège. » — *Arch. de la Ville, série GG, n° 48. Mém. de M. Quennehen*, etc.

L'œuvre principale laissée par Robert de la Levrièze est un règlement (1).

ENSUIVENT LES CONDITIONS *sous l'obligation desquelles lesdits régents ont été reçus dans ledit collège, ledit de la Levrieze étant principal.*

Ego qui, nomini meo, chirographum inferius apposui admissus a Roberto de La Levrièze, *abbavillei collegii primario, ad erudiendos in quintâ (2) classe discipulos, spondeo me propositis ab ipso de more conditionibus facturum satis ;*

1

Concessam mihi classem ingressurum cum veste

---

(1) « 16 octobre 1663, M° Robert de La Levrièze, principal de *notre* collège de cette ville, a mis sur le bureau du Chapitre plusieurs cahiers contenant les règles qu'il a été prié par le Chapitre de dresser touchant la discipline qui doit être tenue et gardée par les régents, chambristes et écoliers dud. collège ; lesquels ont été ès mains de M° Antoine Tillette, notre confrère, pour les examiner ; et après qu'il les aura vues, les apportera au Chapitre, et, pour les arrêter, led. M° Robert de La Levrièze les a priés de s'y trouver. » — *Arch. de la Ville, série GG, n° 48. Mém. de M. Quennehen.*

(2) Ou *primâ* ou *secundâ*, le plus souvent *quintâ*, les régents commençant ordinairement par les dernières classes.

talari, pilo cornuto et aliis, quævis signa sint, magistralibus signis, post datum preceptorium classicum; ingressurus inde pulsatâ campanâ.

II

Eidem primario vel præfecto cæterisque professoribus comitem me adjungam cum ducendi erunt in ædes divæ Catharinæ discipuli, tam ad primas vesperas, cum ad missam in ipso die, ibique conditos a me versus offerri pro solemni more curabo; item ad Minimitarum sacrum invitatus adibo.

III

Singulis biennis, prout ordo contigerit, aut in Remigialia aut in festum sancti Gregorii, latinam orationem ipse conscribam, necnon ego, saltem primâ vice, coram invitatis DD. primatibus abbavilleis, dicto die, recitabo.

IV

Pro classium autem ordine, gallicum drama versibus, aut latinum, exarabo, quod ab electis a primario mecum discipulis, post diligentissimam exercitationem, palam exhibebit (exhibebitur?)

V

Nunquam præsumam istam orationem aut ediscere aut cuipiam discipulorum ediscendam tradere prius quam hac de re primarium consulendo; quod idem *actione tragicâ facturum me polliceor antequam argumentum tractetur* (1).

VI

Celebrandis in collegio missis solemnibus atque vesperis evangelium aut epistolam lecturus, aut alioqui cantaturus, diebus et horis indictis, adero.

VII

Si quando mihi, vel ob privata negotia, vel per infirmam valetudinem, classicis non licuerit interesse lectionibus, idoneum, quantum in me erit, ac peritum preceptorem sufficiam, quoadusque vel convaluero vel absoluta fuerint negotia.

VIII

Neminem in abductum mihi cubiculum admittam, quin ipsius collegii legibus obtemperare tenentur, immo nec ullum omnino discipulum ante consultum primarium.

IX

Suspectis viris aut mulieribus nunquam familiariter utar, neque liberum iis ad me faciam ingressum.

X

Singulis diebus, horam circiter nonam vespertinam, in collegium atque cubiculum me recipiam.

(1) Le nouveau régent est obligé de promettre, dans la langue que lui impose le Principal, qu'il ne traitera pas le sujet de sa tragédie avant de le lui avoir soumis.

XI

Si preceptoriam artem dimittere vel quâlibet de causâ gymnasio egredi ac discedere proposuero, perspectum habeo hoc mihi licitum non fore, nisi vacationum tempore, nec nisi de futuro discessu monito, saltem tribus ante mensibus, primario.

XII

Pari ratione, si quando eidem primario visum fuerit a me, collegii cubiculique, post primam admonitionem, eodem, hoc est vacationum, tempore, post habitum discipulorum examen, discedam (1); nec enim id unquam nisi gravissimâ de causâ futurum suspicor.

XIII

Nullum in classe librum aut auctorem coram discipulis legam aut explicabo, nisi consulto priùs hac de re gymnasiarchâ.

XIV

Si forte inter exercendam artem preceptoriam aliquod mihi beneficium obtigerit, quod propter animarum curam actualem aut personalem, ut vocant, residentiam exigat, aut alio quovis modo cum regentiâ, si fas est ita loqui, incompatibile, intra annum spondeo me alterum e duabus electurum.

(1) Cet article n'est pas clair. On comprend cependant. Mais *eidem primario visum fuerit a me, collegii discedam.* Quel Despautère avaient ces chanoines ?

XV

Denique, cum professoris publici munus obviam, sic agendum esse mihi persuasum est, ut non minus q. :m officii ratio postulat, aut in studiis diligens, aut in scholis assiduus ac vigilans, aut in reservatione serius, aut in mensâ moderatus, aut in præmiendis (1) *discipulis æquus, aut in plectendis severus, aut ubique gravis esse videor.*

Quæ, cum omnia rationi consentanea sint et ad rectam disciplinam perfectamque morum compositionem necessaria, hæc obstrictâ sub chirographo fide, quantum facere enitique potero, impleturum me polliceor.

« Tous lesquels articles et conditions sont signés et
« se trouvent dans les cédules séparées qui sont parmi
« les autres papiers dudit collège pour chacun des
« régents dont les noms suivent : Darrest, Tillette,
« Duvauchel, de Ribeaucourt, Manessier, Harny, de la
« Levrièze, Dumetz, Dusaulchoy, Hourdel, Rivillon,
« d'Olandre, Malhour, Le Clerc, Lemoine et Pinart. »

— *Mémoire* B. — La lecture du règlement m'a fait hésiter quelquefois dans ce mémoire. Je ne sais s'il existe une meilleure copie du code de la Levrièze.

Les régents acceptent le latin de leur Principal ; mais se plaignent de l'insuffisance de leur traitement.

« Du vingt-huitiesme jour desd. mois et an (1646),
. . . . . . led. sieur Maieur a représenté avoir receu

---

(1) Il faudrait *præmiandis*, mais *præmiari* veut-il bien dire récompenser ?

plusieurs plaintes des régens du collège de ce que les gaiges et rétributions qu'ils ont sont si petits qu'ils n'y poeuvent subsister. — Délibéré que les gaiges desd. régens en nombre de cincq seront augmentés de vingt-cincq livres par chacun an et pour chacun d'iceux et qu'en ceste considération les aulmosnes quy se font en bled aux relligions de ceste ville sur le revenu de la maison du Val seront réduites à ce qu'elles estoient cy-devant. » — *Délib. de la Ville.*

Les actes de l'administration de Robert de la Levrièze ont laissé peu de traces dans les registres de la Ville, et le mémoire B lui-même ne nous en fournit plus à partir de la date où nous sommes, mais le collège a recueilli, pendant que La Levrièze le gouvernait, un certain nombre de legs indiqués seulement ci-dessous avec renvoi aux justifications. — Ces générosités, il faut le dire, étaient rarement désintéressées ; la plupart des donateurs, sinon tous, les subordonnant au service de messes, d'obits.

3 décembre 1646, codicille du testament de M. Antoine Mallery, 200 livres de rente « au profit des régents » etc. — *Mémoire* B. — Inexact dans ces termes. Ce don fut d'ailleurs de tous le plus désintéressé peut-être dans ses motifs et il ne fut pas fait par Antoine Mallery mais par son fils. Antoine Mallery, greffier de la justice consulaire, avait, par un codicille apposé à son testament, fait le don très louable d'une somme de 200 livres de rente pour commencer l'établissement, à Abbeville, d'un hôpital de charité pour les pauvres filles ou femmes malades ; don adressé aux sœurs de l'hôpital de la Cha-

rité des femmes établi à Paris puis des Minimesses de la place Royale. Ces sœurs n'ayant pas accepté ce don insuffisant pour les intentions du testateur, Alexandre Mallery héritier du défunt fut « meu, pour l'acquit de sa conscience, de faire don desd. deux cens livres de rente au prouffit des régens du collège qui instruiront la jeunesse, à la charge d'avoir un soing particulier des pauvres escolliers et de dire et chanter par chacun an, à perpétuité dans la chapelle dud. collège, le vendredy des Quatre temps de décembre, ung obit solempnel, et qu'il sera posé une lame de cuivre qui contiendra lad. fondation et don » etc. . . . . . . Robert de la Levrièze et les régents ont accepté ce don aux charges dites par contrat passé devant notaires le 6 octobre 1646. Depuis par son testament du 15 novembre, Alex Mallery a entendu que ce contrat ait force et que son intention soit exécutée par ses légataires universels. Dans les termes de ce contrat, les Maieur et échevins « maistres et administrateurs du collège » sont priés d'accepter le legs « pour en faire délivrance auxd. régents. » — L'affaire est présentée par le Maieur aux échevins, le 3 décembre 1646. La Ville accepte « la disposition comme estant très utile pour le collège aux charges et conditions portées par le contrat et où (au cas où) il s'y rencontreroit quelques oppositions ou empeschemens et que les régens fussent troublés et inquiétés en la jouissance et perception dud. legs, la Ville prendra leur fait et cause et poursuivra à ses frais et despens les instances et procès qui pourroient intervenir jusqu'à arrest deffinitif. » — *Délib. de la Ville.*

9 janvier 1651, fondation par dame Françoise Onfroy (peut-être Orifroy) d'une messe perpétuelle dans l'église de Saint-Georges, à dire par un des régents du collège.

20 janvier 1651, fondation par.... d'une messe par semaine, le vendredi.

20 janvier 1652, « fondation d'une messe, pour tous
« les vendredis de chacune semaine à perpétuité, à
« l'intention de tous les bienfaiteurs du collège (1)
« pour laquelle M. Robert de La Levrièze, principal,
« (au refus de MM. les Maieur et échevins en charge
« qu'il avoit priés et suppliés plusieurs fois de rece-
« voir à cet effet la somme de 374 livres qu'il a même
« présentée plus d'une fois sur le bureau de leur
« chambre du Conseil pour en charger par eux le
« receveur de la maison du Val, en employant l'argent
« en acquisition de quelque immeuble au profit et aug-
« mentation dudit collège et d'icelle fondation, et enfin,
« de leur aveu et autorisation,) a mis ladite somme de
« 374 livres 8 sols entre les mains de M⁰ Philippe de
« La Levrieze (2), adjoint [?] royal et procureur, par
« contrat et constitution passé par devant Mᵉ François
« de Calonne, notaire, en date du 20 de janvier 1652,
« pour en payer, chacun an, vingt livres seize sols,
« sçavoir huit sols pour chacune messe, qui fait ladite
« rente au denier 18, payable en deux termes, égale-
« ment partagés au 20 des mois de janvier et juillet de

(1) Je reproduis ici tout l'extrait parce qu'il me paraît assez curieux et semblerait indiquer La Levrièze lui-même comme le donateur.
(2) Philippe de la Levrièze était le frère du Principal.

« chacun an, qui font dix livres quatre sols par cha-
« cune demie année, qui se doit au principal ou [à]
« celui qui acquittera ladite messe, tout vendredi,
« dans ledit collège. » — *Mémoire* B.

De la Levrièze avait-il voulu placer ses trois cent soixante-quatorze livres à son profit viager, à fonds perdus ?

Une dernière fondation met, ou manque mettre, un assez grand désordre dans le collège en 1657.

Par son testament du 14 novembre 1656, « dam^{elle} Barbe David, vefve en dernières nopces de Jean Pigné, a donné et laissé au collège la maison, lieu, jardin, pourpris et tenement scis proche de la porte Comtesse où elle faisoit sa demeure, à la charge de faire dire et chanter dans la chapelle dud. collège, par les régens à perpétuité, par chacun jour de joeudy de l'année; la messe du Saint Sacrement de l'autel à haulte voix, avecq les premières et secondes vespres, comme aussy, par chacun jour de mercredy de l'an, à perpétuité, la messe à voix basse du Saint nom de Jésus, à la charge de fournir par led. collège tout ce quy sera nécessaire pour l'entretien desd. fondations. Le Conseil de la ville, réuni le 14 décembre (1656), prend lecture de ce testament et délibère que « la donation, estant advantageuse pour le collège, sera acceptée par la Ville, aux charges » etc..... « dont sera donné advis à Mr Louis David, bailly d'Airaines, frère et héritier de la défunte. »

La Ville est heureuse d'augmenter ainsi les émoluments des professeurs sans charger son budget. Mais les régents trouvent que c'est beaucoup chanter. Ils tentent de se soustraire aux obligations. Ils signent même une protestation qui occupera le Conseil de la ville.

Le 18 juillet 1657, le Maieur, après avoir rappelé le legs « considérable » de Barbe David « d'une maison » etc., « de la valleur de cincq ou six mil livres, à la charge » etc., expose que le Principal, s'étant « mis en debvoir de faire exécuter l'intention de lad. deffunte, quelques régens, entre autres..... Pinart, l'un d'iceux, ont fait reffus, [prétendant] de n'ostre tenus de chanter lesd. fondations, mesme ont renoncé aud. legs selon l'escript qu'ils en ont fait, d'eux soubsigné. » Ce refus, ajoute le Maire, « est de conséquence pour la Ville et poeult empescher les habitans de faire [à l'avenir] des fondations aud. collège s'il n'y est pourveu. » ..... « Délibéré que led. sieur Pinart sera remercié par led. sieur principal des services qu'il a rendus aud. collège et qu'il sera pourveu en sa place d'un autre régent; pourquoy affiche sera faite. » — *Délib.*

Cet exemple fit évidemment rentrer dans l'ordre MM. les régents. Ils prirent sur Virgile le temps de chanter les vêpres.

Au temps de M° Robert de la Levrièze, le jardin du collège était loué par le Principal et les régents, moyennant la somme de vingt-quatre livres. — *Bail du 9 février 1646.* — Voir aux justifications.

La Levrièze eut à défendre quelque peu ce jardin contre ses voisins les cinquanteniers et archers. — Voir aux justifications: *Mémoire instructif* etc.

Sentant approcher sa fin sans doute, La Levrièze crut

devoir se mettre en règle avec son collège. De là un testament, un codicille, rappelés dans un inventaire assez curieux pour nous.

Je trouve, entre les délibérations du 23 mars et du 20 avril 1671, trois pages intercalées ; elles nous donneront :

« L'an mil six cens soixante et unze, et le vingtiesme jour d'avril, par devant nous Pierre Becquin d'Angerville, conseiller du roy en la sénéchaussée de Ponthieu, Majeur, etc., présens les sieurs de Ponthieu et Fouque, eschevins, sur la remonstrance à nous faite par le procureur fiscal de lad. Ville qu'il estoit nécessaire de faire mettre en exécution le testament de feu Mᵉ Robert de La Levrièze, vivant principal du collège de ceste ville, et avoir délivrance des legs faicts aud. collège contenus en icelluy, par Mᵉ Philippe de La Levrièze, son frère, etc....., nous nous sommes transportés aud. collège, où estans, nous aurions envoié quérir led. Mᵉ Philippe de La Levrièze qui, à l'instant, seroit arrivé, auquel nous aurions demandé décret au testament et codicille dud. feu sieur principal, son frère. » Philippe de la Levrièze « après lecture à luy faicte du testament faict sous seing privé le XXᵉ juillet M.VIᶜ soixante-huit et du codicille passé deuant nottaires le XXVIᵉ octobre M.VIᶜ soixante et neuf au registre de Callongne, l'un d'iceux, » a « consenty à la délivrance desd. meubles aux charges y contenues. » Ces « meubles » ont été, « à l'instant, mis sur le bureau, scavoir dix pièces de tapisserie appropriée pour l'ornement de la chapelle, deux calices, un de cuivre à coupe d'argent doré et pied de cuivre avec une patène de cuivre, l'autre d'argent et deux burettes d'argent avec un petit plat d'estain ; *item*, cinq nappes usées etc. (le reste de l'inventaire); — lesquels meubles ont esté à l'instant remis dans les armoires de la chapelle dud. collège dont led. sieur de Grébemaisnil (le nouveau Principal) s'est volontairement chargé pour en avoir et continuer l'usage, et par ainsi led. Mᵉ Philippe de La Levrièze est demeuré deschargé des legs faits aud. collège, auquel nous avons promis de faire la fondation contenue auxd testament et codicille au premier jour et an... »

Le procureur fiscal et Philippe de La Levrièze ont remontré alors « qu'il estoit à propos de monter dans le cabinet dud. feu sieur Mᵉ Robert de La Levrièze, où il y avoit plusieurs meubles, livres et papiers, appartenans tant aud. collège qu'aud. Mᵉ Philippe » et de « remettre ceux appartenans aud. collège dans la bibliothèque et le surplus aud. Mᵉ Philippe de La Levrièze. » Et le Maire poursuit dans sa déclaration: « Nous nous y sommes transportés, en la présence des sus-nommés et de tous les régens, et, après une exacte recherche et examen, avons fait deux lots séparés, dans l'un desquels ont esté mis les livres, papiers et meubles appartenans aud. collège, et, dans l'autre, les livres, meubles et papiers appartenans aud. Mᵉ Philippe de La Levrièze en sa qualité d'héritier. » Les « meubles, papiers et livres appartenans aud. collège, ensemble le catalogue, ont esté mis dans la bibliothèque, et à l'esgard des autres livres, papiers et meubles, » ils « ont esté remportés par led. sieur de La Levrièze, dont il s'est tenu content ; et par ce moien chacun demeure réciproquement deschargé.

« BECQUIN. DE PONTHIEU. FOUQUE. DE GRÉBEMAISNIL. MANESSIER. DE LA LEVRIÈZE. » Etc. (1).

Cette déclaration ne nous donne guère qu'un inventaire et nous apprend peu du testament déposé chez Callongne. Les legs consistaient probablement en ces tapisseries, calices, burettes, et en ces nappes, chasubles etc., dont j'ai omis le détail.

Je ne saurais dire pourquoi l'exécution du testament de La Levrièze tarda tant après sa mort.

L'Obituaire de Saint-Vulfran me donne au 6 des ides de juin cette mention : *In dominicâ infra octavam Sanctissimi Sacramenti post complectorium fit processio in hac ecclesiâ et die lunæ sequenti fit missa solemnis de Requiem pro domino Roberto de Laleurieze, gymnasiarchâ, ejusque parentibus.*

VI

NICOLAS DE GRÉBEMAISNIL

Sixième Principal

1669-1687

Nicolas de Grébemaisnil, « prêtre de ce diocèse, » fut élu principal le 25 novembre 1669 et installé le

(1) Reg. aux délib. commencé le 24 août 1670 et fini au 10 août 1672, très rogné mais dans lequel on retrouve cependant une partie des paginations.

2 décembre. — *Mémoire* B ; *Arch. de la Ville, série GG, n° 87.*

Entre la mort de La Levrièze et l'élection du nouveau principal, les chanoines n'oublièrent pas de faire acte d'autorité dans le collège : « 22 novembre 1669, MM. le doyen et Levesque, chanoines, députés pour faire la visite au collège, après la mort de M. de la Levrièze, et Mᵉ Jacques de Calonne, chanoine, député du Chapitre pour aller journellement aud. collège pour tenir la main au bon ordre jusqu'à l'élection d'un principal. Dans lad. visite, les députés étoient précédés du massier du Chapitre. » — *Arch. de la Ville, série GG, n° 48, Mém. de M. Quennehen, secrétaire du Chapitre.*

L'élection de Grébemaisnil (1) n'eut pas lieu d'ailleurs sans opposition de la part du Chapitre. Les notes prises dans le mémoire de Quennehen me fournissent :

« 23 novembre 1669, opposition au sieur lieutenant général pour l'élection du principal. »

Et sous la même date encore (25 novembre) : « Mᵉ Nicolas de Grebaismenil, prêtre, maitre ès arts en l'université d'Angers et de la congrégation de l'Oratoire, natif de cette ville, élu principal et rapport de la part de l'hôtel de ville. MM. le chantre et Levesque, chanoines, qui portèrent à l'hôtel de ville la nomination du Chapitre prétendoient que c'étoit dans le Chapitre que la résolution et élection du principal devoit être faite. »

(1) Quelle était l'orthographe de ce nom ? Mes citations exactes le montreront écrit souvent très différemment. Le mémoire B donne Grébaumesnil ; l'Obituaire de Saint-Vulfran Grébemaisnil. Quennehen, secrétaire du Chapitre, écrit de cette dernière façon.

Sous la date du 26 novembre : « Opposition au sʳ lieutenant général pour l'élection du principal ; et députation pour mettre le principal en possession. »

Enfin à la date du 2 décembre (1669) : « Réception du principal en Chapitre et son serment. Permission des hautes chaires. » — *Notes de plusieurs actes du Chapitre de Saint-Vulfran.*

Les chanoines semblent d'ailleurs, au temps du principal de Grébemaisnil, avoir tenté avec suite un retour offensif dans leurs prétentions sur le collège.

J'emprunterai comme preuves au secrétaire du Chapitre, Quennehen, quelques indications parmi lesquelles d'abord celle-ci :

« 25 avril 1670, intervention pour le principal contre le lieutenant général prétendant faire la nomination et la faire par devant luy. »

On peut voir que Nicolas de Grébemaisnil est cité au Chapitre le 7 janvier 1671 « pour y justifier qu'il est maitre ès arts et en exhiber ses lettres, ce qu'il fait. » Mais cet acte est suivi de difficultés « qui donnent lieu à l'arrêt du Conseil du 4 décembre 1671. » — *Arch. de la Ville, série GG, n° 120. — Mémoires historiques sur les Grandes Écoles et le Collège d'Abbeville.*

Pour ces difficultés je retrouve le mémoire B.

« En 1671, dit l'auteur de ce mémoire, il s'éleva plusieurs contestations entre les Maieur et échevins, le lieutenant général du Présidial, les doyen, chanoines de Saint-Vulfran, et les prieur et religieux de Saint-Pierre, entre autres, pour l'élection du principal du collège.

« L'arrêt du Conseil, du 4 décembre 1671, ordonne, par rapport à la principalité du collège, que l'élection d'un principal se fera dans l'hôtel-de-ville par les chanoines, les Majeur et échevins, en présence du lieutenant général, pour régler les contestations qui pourroient arriver si lesdits chanoines, Majeur et échevins étoient de différents avis, et ce dans l'ordre des séances ordinaires, à la charge que le principal qui sera élu prêtera le serment par devant le Majeur en la manière accoutumée et dans le Chapitre suivant l'ancien usage. »

Cet arrêt se retrouve plusieurs fois dans les archives de la Ville, d'abord en parchemin, si je ne me trompe, dans la série GG, n°... [?], puis en papier dans la même série, n° 79.

Le Conseil de la ville l'accepta. — 4 février 1672, requête des Majeur et échevins à l'intendant de justice, police et finance d'Amiens pour l'enregistrement et exécution de l'arrêt du 4 décembre 1671. — Cette requête est signée : de Ponthieu. — Elle revient avec l'ordonnance de l'intendant Barillon datée d'Amiens,... [?] février 1672. — *Arch. de la Ville, série GG, n° 77.*

Quennehen à qui je reviens ne se lasse pas, lui, de rapprocher des constatations de droits exercés par le Chapitre :

« 24 septembre 1674, présentation de M⁰ François Lefevre, prêtre, pour la cinquième classe.

« 14 avril 1677, place dans le chœur et aulmusse permis *(sic)* aux régents du collège.

« 24 septembre 1677 et 2 octobre 1679, présentations de MM. Condron et Lefevre pour régents.

« 10 juillet 1682, M° Nicolas Duval, régent de la cinquième classe de *notre* collège d'Abbeville, a demandé congé au Chapitre de s'absenter quinze jours pour aller à Senlis y faire ses affaires ; ce qui lui a été accordé par le Chapitre, à la charge que, durant son absence, il mettra une personne en sa place capable d'instruire ses écoliers. » — *Notes de plusieurs actes du Chapitre de Saint-Vulfran.*

Ainsi ce n'est pas à la Ville, c'est aux chanoines que les maîtres demandent la permission de s'absenter.

Les droits ou, du moins, les prétentions et les exigences du Chapitre s'affirment encore dans ces extraits:

« 2 octobre 1682, M* Nicolas de Grébemaisnil, principal de *notre* collège, appelé par notre massier, est comparu et a rendu raison pourquoi il n'étoit pas venu prier la compagnie d'assister à l'oraison latine pour l'ouverture des classes et pourquoi il avoit reculé cette oraison. Et, après qu'il en a rendu raison, a été arrêté que ladite oraison se fera sans différer, et qu'on la fera tous les ans le jour de saint Remy, à moins qu'il ne tombe le dimanche ; auquel cas, lad. oraison sera transférée au lundi, suivant la coutume. V. ledit acte plus au long.

« 30 septembre 1684, l'oraison de saint Remy transférée au lundi.

« 20 septembre 1685, MM. de Calonne, de Chardon, Langlois et Dubourguier, chanoines, députés pour examiner les statuts de notre collège de cette ville. Ces statuts ont été pour cet effet tirés de nos archives et mis ès mains dudit sieur de Calonne pour être examinés par lesdits sieurs députés et par eux en être dressés de nouveaux pour réformer et régler les congés, ordonner les catéchismes et les autres choses nécessaires qu'ils trouveront bon être ; pour après être, par lesd. sieurs députés, rapportés au Chapitre et y être approuvés.

« 24 septembre 1685, arrêté un Chapitre général au jeudi 27 pour y être fait lecture desd. statuts à M⁰ Nicolas de Grébemaisnil, principal de *notre* collège.

« 27 septembre 1685, Chapitre général, comparution du sʳ principal. Lecture des statuts et règlements pour *notre* collège et registrement d'iceux. » — Quennehen, *Notes* etc.

Les statuts mentionnés ainsi nous amèneront bientôt à examiner et à juger l'administration de Nicolas de Grébemaisnil. Ces règlements étaient dirigés contre lui et, ce qui est plus significatif, œuvre de collaboration entre la Ville et le Chapitre. — Grébemaisnil fut un très mauvais principal. Il mécontenta tout le monde et mit d'accord pour quelque temps, sur le terrain du collège, les chanoines et MM. de Ville.

Mais n'anticipons pas.

Un acte de l'État inquiéta, mit en péril, en 1674, les ressources de l'instruction.

Depuis la fondation du collège, les gages attribués aux régents par la Ville étaient pris sur les revenus de la maladrerie du Val et délivrés par l'argentier particulier de cette maison qu'administraient et gouvernaient les Maieur et échevins. La somme ainsi payée au principal et aux régents était, en 1674, de 675 livres. On la considérait « comme une charge ordinaire et foncière de la maladrerie. » — *Mémoire* A.

Un arrêt de la Chambre royale établie à l'Arsenal de Paris déposséda, le 26 mai 1674, les Maieur et échevins de cette maison et en fit passer tous les droits et revenus à l'Ordre de Notre-Dame du Mont-Carmel et de Saint-Lazare.

Cela dit, je laisserai parler les Maieur et échevins eux-mêmes.

On lit dans les délibérations de la Ville (1) :

« Du. . . . . (en blanc, mais forcément après le 8) d'aoust (1674). . . . . Il est représenté que le collège n'a esté establi qu'à la faveur de la maison du Val dont on a de tout temps appliqué une partie du revenu à la subsistance du principal et des régens et à l'entretien et réparations des bastimens quy en despendent, nos antiens ayant regardé cet establissement comme l'ouvrage le plus utile et le plus conforme à l'intention des fondateurs de lad. maison, puisqu'il s'agist de l'éducation de la jeunesse pour laquelle on ne scauroit avoir trop de zèle ; que, néantmoings, l'union que le roy a faict depuis peu des maladreries du royaume à l'Ordre des chevaliers de Saint-Lazare par sa déclaration du mois de décembre mil six cens soixante et douze, et de lad. maison en particulier par arrest de Nosseigneurs de la Chambre royalle establie à cet effet, du vingt six may dernier, est capable de ruiner une institution si

---

(1) Reg. commencé au 21 août 1672 et fini au 19 août 1675. — Pagination absente ou coupée, — plutôt absente.

louable et si nécessaire à la ville, » etc. — Il est donc important de délibérer.

Il est délibéré en effet « que les reliquats des comptes des sieurs Germain et Damiens, receveurs et argentiers de lad. maison, seront mis et baillés en constitution de rente pour estre spéciallement affectés et employés à la subsistance desd. principal et régens avec le produit [?] des legs, dons et aumosnes quy ont esté et seront faicts cy après aud. collège, toutes lesquelles rentes, legs, dons et aulmosnes seront receus par l'argentier quy sera nommé à l'ordinaire et payés par ses mains auxd. principal et régens, soubs nostre ordonnance, en la maniere accoustumée; et seront lesd. rentes, en cas de rembours, remployées à mesme fin. » — *Délib.*

Suivant le mémoire A, le Conseil de direction de l'Ordre du Mont-Carmel, « pour se libérer de la charge annuelle des 675 livres envers le collège, » crut devoir s'entendre avec la Ville. Un traité fut passé le 15 août 1674 entre le sieur de Turmesnil, son fondé de pouvoir, et le maieur, M. Beauvarlet. Par ce traité « furent cédées au collège, pour lui tenir lieu des 675 livres, toutes les censives prétendues appartenir à la maladrerie, montant alors par an à 472 livres 10 sols 11 deniers, déduction faite des renvois.» — *Mémoire A.* — La Ville ne pouvait s'estimer en gain. Ses délibérations ne triomphent pas.

« Du huitiesme jour de janvier (1675). . . Le sieur de Bomicourt (1), conseiller du roy en la séneschaussée

---

(1) Charles-Antoine Beauvarlet de Bomicourt, qui avait été

de Ponthieu et siège présidial de ceste ville, antien majeur, a exposé et mis sur le bureau un estat des cens et surcens afférans à la maison du Val, au pied duquel est la délibération de messieurs du conseil de direction de l'Ordre de Nostre-Dame du Mont-Carmel et de Saint-Lazare, du deux aoust mil six cens soixante quatorze, et l'acte de délaissement desd. cens et surcens, fait au proffit de messieurs les Majeur et eschevins de ceste ville, pour emploier à la subsistance des régens du collège, par messieurs Collin et Turmenil, chevaliers dud. Ordre, et ayant ordre de ce faire par lad. délibération en datte du quinziesme aoust ensuivant, que led. sieur de Bomicourt a retiré sur nostre prière de mondit sieur Turmenil, au voiage qu'il a pour ce fait en la ville d'Amiens le trente uniesme décembre dernier. » — *Délib.*

Grébemaisnil, avons-nous dit, fut un très mauvais principal.

Les délibérations municipales nous montrent le collège en pleine décadence sous sa direction. La Ville ne se désintéresse pas de cette ruine de la discipline et des études. Elle use de ses droits de surveillance et d'autorité.

« Du vingt quatriesme jour de septembre (1685)...

... Le procureur fiscal représente que l'on reçoit journellement des plaintes des habitants de ce que les congés trop fréquens que les sieurs principal et régens du

---

majeur en 1672 et en 1673, en charge encore en août 1674, lors du traité avec l'Ordre du Mont-Carmel.

collège donnent à leurs escoliers sont cause que leurs enffans, non seullement perdent leur temps et ne s'avancent pas dans leurs estudes, mais mesme qu'ils se portent au libertinage et au déréglement, ce quy est d'une très dangereuse conséquence et à quoy il est important de remédier. . . . . . . Délibéré qu'il en sera communicqué à messieurs les doyen, chanoines et Chapitre de Saint-Vulfran, et que, conjoinctement et de concert avec eux, il sera fait et dressé un réglement touchant les congés, conduite et discipline des escoliers, pour estre gardé et observé à l'advenir, duquel lecture sera faicte le jour de la Saint-Remy, chacune année, en la présence de messieurs les députés dud. Chapitre et des sieurs de Ville, des régens et des escoliers, et affiché aux portes du collège, de la chapelle et des classes, et ailleurs où besoin sera, affin qu'il soit rendu publicq. » — *Délib.* (1).

Tout alla bien de la Ville au Chapitre. Le règlement fut fait, mais c'est au collège que la mesure fut accueillie comme nous l'allons voir.

« Du lundy, premier octobre (1685) — c'était justement la Saint-Remy — . . . . . Led. sieur maieur, » suivant ce qu'il fait entendre à la compagnie, « a assisté ce matin, avec le sieur Belloy et le sieur Serin [?], à la messe et à l'oraison de Saint-Remy quy s'est déclamée dans la chapelle du collège pour l'ouverture des classes.» Il a voulu, « à la fin de la cérémonie, faire faire lecture

---

(1) Registre commencé au 21 août 1685 et fini au mois d'août 1688. — Sans pagination.

du réglement quy a esté faict avec messieurs du Chapitre touchant les congés et discipline dud. collège en conséquence de la délibération du vingt quatriesme septembre dernier, » mais le sieur principal « a fait difficulté d'en souffrir la lecture, prétendant qu'il ne luy avoit pas esté communicqué, quoique, en effet, il luy ait esté communicqué dans le Chapitre de Saint-Vulfran et que coppie luy en ait esté donnée le 30 dud. mois de septembre par lesd. sieurs du Chapitre. » . . . . Le Maieur et les députés dudit Chapitre ont insisté à faire faire la lecture. Mais alors, « led. sieur principal avec ses régens, sont sortis de lad. chapelle, suivis de la plupart des escoliers, desquels quelques-uns se sont mis en debvoir d'arracher led. réglement des mains de celluy qui en debvoit faire la lecture. » — Ces écoliers ont enlevé les affiches déjà posées aux portes du collège et de la chapelle, « poulsés aparemment à ce faire par led. sieur principal; et, comme ce procédé n'est point à souffrir et qu'il est important pour le bien publicq de faire exécuter led. réglement, il est à propos d'adviser ce quy est à faire là dessus. » . . . . . . Il est délibéré « qu'à la requeste dud. procureur fiscal, led. réglement sera signifflié ausd. principal et régens affin qu'ils n'en puissent prétendre cause d'ignorance et que l'exécution en soit incessamment poursuivie. » — *Délib.*

Quelques jours après (3 octobre 1685), nouvelle délibération qui n'est guère que la répétition et confirmation de la précédente.

« Depuis plusieurs années, dit le procureur fiscal, on

s'aperçoit que le collège dépérit et diminue notablement, tant par le peu de soin du principal et des régents que par les congés trop fréquents qu'ils donnent....., de manière que les habitans sont obligés le plus souvent d'envoier leurs enffans estudier hors de ceste ville, ce quy les engage à des despenses considérables...... Et, quoyqu'en différens temps l'on ait fait des plaintes ausdits sieurs principal et régens et qu'on les ait priés etc. ....., ils ne s'en sont néanmoins pas mis en peine, ce qui nous a obligés, au mois de septembre dernier, conjointement avec Messieurs du Chapitre de Saint-Vulfran, de faire dresser un réglement,» etc. ...... Ici le procureur fiscal ou le maieur rappelle la décision prise pour une lecture annuelle et l'affichage de ce règlement, la manière dont la première tentative a été reçue par le principal, les régents et les écoliers, « ce qui fait évidemment connoistre que lesd. sieurs principal et régens n'ont aucun dessein de se porter au restablissement du bon ordre et de la discipline quy doit estre observée dans led. collège...., de sorte que l'on ne voit aucun autre moien, pour restablir led. collège et le remettre sur un meilleur pied, que de recevoir en ceste ville quelque communauté et particulièrement celle des Jésuittes quy réussit le mieux pour l'éducation et instruction de la jeunesse, à quoy il seroit à propos d'adviser. ...... »

Il est délibéré, en effet, et arrêté « de consentir partout où besoin sera que les pères jésuittes puissent s'establir en ceste ville, à la charge d'y tenir collège pour l'éducation et instruction de la jeunesse jusques à la rhétorique inclusivement, et qu'on leur accordera le collège de ceste ville avec les gages dont jouissent à présent lesd. principal et régens. »

Du 3 octobre 1685 à juillet 1636, les griefs sommeillèrent peut-être. Ils se réveillèrent sur un acte de sans-gêne du Principal.

« Du vingt trois juillet (1686). » Le procureur fiscal a reçu avis et remontre que le sieur de Grebemaisnil « s'est absenté et a laissé le collège depuis huit jours sans avoir commis aucune personne en sa place pour exercer la charge et faire les fonctions de principal régent et enseigner en sa place la rhétorique. Mesme dans la chambre où est la bibliothèque » ce principal « a fait mettre du grain depuis quelque temps. » Il n'a nul souci des livres et il « ôte la liberté aux régens d'estudier et se servir de lad. bibliothèque. » Le Conseil décide que les sieurs de Belloy et Groult, échevins, se transporteront « incessamment » au collège « pour recongnoistre » ces choses.

La mesure est comblée. La Ville et le Chapitre, mus d'un même sentiment, portent leurs plaintes au Palais.

Les archives de la Ville, *série GG*, n° 81, conservent deux mémoires adressés alors à Nosseigneurs des Requêtes, l'un par les Maieur et échevins, l'autre par les chanoines.

MÉMOIRE *pour le corps de Ville contre le Principal du collège touchant le droit d'inspection sur la discipline scolastique, droit de réglement, etc.*

Les sieurs majeur et eschevins de la ville d'Abbeville, demandeurs et intervenants suivant leur requeste signifiée le 3 juillet dernier,

Contre M° Nicolas de Grebesmaisnil, prestre principal du collège, et maistre des Grandes et petites écoles de laditte ville, défendeur,

Disent par devant vous, nos seigneurs des Requestes de Palais, pour repliques aux défenses signifiées le 28 juin dernier, que le défendeur couvient de quelque façon du trop grand nombre de congés dont les sieurs demandeurs se plaignent qu'il a donnés jusqu'à présent aux écoliers, puisqu'il demeure d'accord de les retrancher si on lui justifie qu'il en ait donné d'autres que les sieurs Boullenois et de La Leurièze dont il sait que la mémoire est en vénération dans les esprits de tous les honnêtes gens.

La preuve de ces multitudes de congés seroit très facile à faire....... etc.

Les maire et échevins sont d'accord avec les doyen et chanoines de Saint-Vulfran dans leurs plaintes...

Au moyen de tous ces congés, les écoliers sont, plus de la moitié et presque les deux tiers de l'année, sans aller en classe. Il ne faut pas s'étonner si, après cela, les écoliers se trouvent si foibles et si peu avancés en sortant de rhétorique qu'à peine expliqueroient-ils *Florus* ou un autre auteur latin.

Les plaintes publiques ont obligé les sieurs demandeurs à travailler conjointement avec lesdits sieurs doyen et chanoines à corriger tant d'abus par les statuts et réglements qu'ils ont esté forcés de faire après avoir averti plusieurs fois inutilement le défendeur de retrancher lui-même ces mêmes abus.

. . . .

Un exemple.

Du temps de son prédécesseur, le sieur de La Leurièze, les vacances ne commençoient pour les rhétoriciens qu'à la Notre-Dame d'aoust et pour les autres classes à la Notre-Dame de septembre. Cependant, présentement, il est certain que le défendeur fait commencer les vacances des rhétoriciens au 15 ou 22 juillet et celles des autres classes à l'Assomption. Les demandeurs n'entreront pas dans le détail de tous les autres abus......

Il s'est introduit, depuis que le défendeur est principal, un libertinage qui va à la ruine totale des études. . . . . Quoique, aux termes de l'ordonnance dont l'article a été ci-dessus rapporté, le principal doit enseigner *gratis* et sans salaire, néantmoins il est de l'usage de tout temps observé que les écoliers portent tous les ans deux gratifications à leurs régens ; la première s'accorde pour les chandelles, et l'autre s'appelle les landies. Il est certain que présentement, et depuis quelque temps que les écoliers ont à porter les chandelles et landies, ils s'absentent des dix et quinze jours auparavant, sans qu'on leur dise mot ni fasse aucune correction quand ils viennent faire leur présent à leurs régents. Ces abus ne se souffrent et n'ont été introduits que dans une vue d'avarice et de porter les écoliers à redoubler leurs libéralités afin d'avoir et d'obtenir l'impunité de leurs désordres et de leurs libertinages......

Le défendeur a été plusieurs années sans faire les catéchismes.

Autre grief, le Principal promoteur de révolte.

Lorsque les demandeurs ont été avec le Chapitre par députés à l'oraison qui se fait à l'ouverture des classes et qu'ils ont essayé d'y faire lire les réglements (rédigés par eux) toute la ville sait que le défendeur, non seulement manqua de respect en cette occasion, mais qu'il s'échappa au point jusqu'à se servir lui-même de termes peu civils et pleins de mépris et à porter ses écoliers à faire des cris insolents et contre les demandeurs et le Chapitre et contre leurs réglements, qu'ils s'efforcèrent même d'ôter des mains de celui qui en faisoit la lecture; de sorte qu'animés par le défendeur ils eurent l'effronterie, en sa présence et à son instigation, d'arracher et lacérer lesd. réglemens imprimés qui avoient esté affichés par l'ordre des demandeurs qui en ont dressé leur procès verbal. . . . . . Si la qualité des personnes offensées est, comme il n'en faut pas douter, une circonstance très aggravante, il est certain que les sieurs demandeurs doivent attendre, non seulement une réparation publique, mais même un châtiment exemplaire, puisque le sieur majeur qui estoit présent est une personne distinguée, non seulement en sa qualité de majeur et faisant les fonctions de gouverneur, de sorte que c'est lui qui commande aux troupes, qui fait monter la garde, qui donne le mot du guet et fait toutes les autres fonctions de gouverneur, de manière qu'il n'y a que les seuls maréchaux de France et princes qui peuvent commander dans la ville, mais qui se trouve encore très recommandable par le rang et la noblesse de sa naissance; le sieur de Belloy, premier président en l'Élection et premier eschevin, aussi d'une très noble famille, et les chefs du Chapitre qui se sont aussi trouvés à cette occasion augmentent aussi de beaucoup la qualité de l'injure.

. . . .

Le défendeur s'est absenté dès le 16 juillet dernier sans commettre même une personne capable pour enseigner la rhétorique.

Il prête et laisse emporter à des particuliers des livres de la bibliothèque. — Fait de cette bibliothèque un grenier, un lieu propre à son usage, y met du bled, des verres et autres choses, en emporte la clef, ce qui prive les régents de moyens d'étude, ne les laisse pas entrer dans cette bibliothèque. — *Arch. de la Ville, série GG, n° 81.*

Les chanoines ne sont pas moins sévères.

Mémoire *contre le Principal du collège au sujet du droit d'inspection sur la discipline scolastique, droit de réglement,* etc.

Les doyen, chanoines et Chapitre de l'Église royale et collégiale de Saint-Vulfran,

Contre M° Nicolas de Grébemaisnil, prestre du diocèse d'Amiens, comme maistre des Grandes Ecoles et principal du collège.

. . . . La qualité qu'il prend de chanoine doit être rayée, attendu qu'il n'est pas chanoine, n'a pas de voix au Chapitre, ains jouyt seulement du revenu d'une prébende amortie . . . .
. . . .
. . . . Les demandeurs ont droit de veiller à la discipline ecclésiastique que le défendeur leur conteste mal à propos, puisque lui-même l'a reconnu et a lui-même prié, et ses prédécesseurs, de corriger l'insolence des écoliers et d'y apporter l'ordre et le remède nécessaires.

. . . .
La supériorité des demandeurs s'établit par la bulle de

Clément VII, confirmée par la patente de Charles VI et par le serment du défendeur où il est parlé en ces termes :

Statuta, regulas et ordinationes in dicto collegio receptas et receptas (1) servare, nec per me novas introducere et facere, nisi prius per Capitulum approbentur et confirmentur.

Et en un endroit il promet :

Omnia jura Capituli, et specialiter tanquam dictorum dominorum vices gerere, eorum jura scolastica in omnibus servare et defendere.

Les reproches adressés par les chanoines au Principal signalent « la trop grande quantité de congés et les abus du collège où on parle ordinairement le françois et non le latin. »

Les chanoines rappellent aussi « les paroles de mépris » du Principal lors de la lecture du règlement.

Pour les congés ils disent :

Du temps de M. de la Leurièze les écoliers rentroient le lendemain de la dernière fête de Pâques et présentement ils ne rentrent que le mercredi d'après la Quasimodo ; ils rentroient ci-devant au lendemain des fêtes de Noël, et présentement ils rentrent le deuxième janvier ; aux jours gras, les congés commençoient au samedi après midi, on rentroit le lundi, on vaquoit le mardi après midi et le jeudi ; et présentement ils commencent dès le samedi et on ne rentre que le jeudi ensuivant ; aux landies, ils ont huit jours et ils n'avoient auparavant que . . . . . . jours ; il souffre que les écoliers s'absentent des huit et dix jours, et, parce qu'ils apportent au bout de ce temps là les chandelles ou landies,

---

(1) Le même mot est répété ainsi deux fois, sans doute par une faute de copiste.

ils sont excusés de leur absence ; et cela ne se souffre que pour tirer plus de profit des écoliers aux chandelles et landies.

Les vacances commencent au 15 ou 22 juillet pour la rhétorique et au 1er aoust pour les autres classes ; et autrefois en rhétorique les vacances ne commençoient qu'à la Notre-Dame d'aoust et les classes suivantes ne commençoient à vaquer qu'à la Notre-Dame de septembre.

. . . .

— *Arch. de la Ville, série GG, n° 81.*

Grébemaisnil meurt enfin. Je retrouve son nom dans l'Obituaire de Saint-Vulfran au 16 des kalendes de septembre : *Obitus pro domino* de Grebemaisnil *magistro scholarum.*

VII

INTÉRIM

CHARLES RETART. — CHARLES-FERDINAND LANGLOIS

(Ch. Retart fut l'élu des chanoines, non de la Ville. Les fonctions de principal furent remplies pendant l'intérim par Ch.-F. Langlois)

1687-1692

Dans les mois qui précèdent la mort de Grébemaisnil, nous perdons de vue les plaintes portées contre lui à Nosseigneurs des Requêtes. Sa mort met fin aux instances, mais rompt l'accord entre MM. de la Ville et les chanoines. L'antagonisme se réveille immédiatement plus vif entre les deux corps à l'occasion de l'élection à faire.

Les Maire et échevins, encore sous l'impression de la mauvaise gérance de Grébemaisnil, se souviennent de la délibération du 14 avril 1615. — V. plus haut, p. 111. — Comme leurs prédécesseurs de soixante-douze ans en ça, ils pensent à remettre le collège aux Jésuites. Ils surseoiront donc à la nomination d'un principal. Les chanoines entendent maintenir l'ordre existant et profiter de leurs droits.

En cette intention, et dès la fin de septembre, MM. de Saint-Vulfran ont fait acte d'autorité dans le collège. J'emprunte les constatations qui suivent au secrétaire du Chapitre, Quennehen :

« 24 septembre 1687, à cause de la vacance de la principalité arrivée par la mort de Mᵉ de Grébemaisnil, sur les réquisitions du promoteur du Chapitre, sont députés Mᵃˢ Jacques de Calonne et Nicolas Dubourguier, nos confrères, chanoines, pour faire la visite de *notre* collège de cette ville et celle des petites écoles.

« 1ᵉʳ octobre 1687, Mᵉˢ Charles Lennel, chantre, et Louis Sanson, chanoines, députés pour aller à l'ouverture des classes en *notre* collège de cette ville. » — *Arch. de la Ville, série GG, n° 48.*

Ainsi du côté du Chapitre. Du côté de la Ville une réunion importante a lieu le 2 octobre (1687) en la grande salle. Il s'agit dans la pensée du Maire du grand changement médité depuis longtemps par quelques-uns, redouté déjà par Boullenois, la remise du collège à une congrégation religieuse.

Le maieur, Pierre Doresmieux, a convoqué tous les « corps » qui se sont fait représenter, suivant l'usage, « par députés. » Sont ainsi nommés en tête du procès-verbal, après le Maieur qui préside, deux députés du Chapitre, deux députés du prieuré de Saint-Pierre, deux députés du siège présidial ; puis quatre anciens maieurs, six échevins et le siéger ; puis, dans l'ordre des préséances sans doute, deux députés de l'Élection et Grenier à sel, deux députés des juges consulaires et trois maieurs de bannières, de ceux dits les *Quatre Maistres*.

La présente assemblée est faite, dit en commençant le Maieur, « au subjet du décedz arrivé depuis peu de jours du sieur de Grébemesnil. . . . . . . dont la place est à présent vaccante et à laquelle il sera nécessaire de pourvoir. » Puis il refait l'histoire déjà exposée par plusieurs de ses prédécesseurs. « Le collège diminué, tant par le peu de soin et d'application du deffunt et des régens que par les congés trop fréquents. . . . . ; les escolliers portés aux libertinages et aux déréglemens. . . . . . . Dans l'estat où sont les choses il sera très difficile de restablir le bon ordre et la bonne discipline. . . . . . . Il est important pour le bien publicq de ne pas laisser la place vaccante. Il est à propos » cependant « d'aviser s'il est plus expédient et plus advantageux de nommer un principal ou d'appeler en cette ville quelque communauté pour y tenir collège. » — On délibère. Les députés des corps sont ouïs, et, leurs avis pris, il est « unaniment arresté, pour le plus grand bien et advantage de cette ville, que l'on y appellera les pères Jésuittes pour y tenir collège et pour cet effect que l'on fera les desmarches (1) et diligences nécessaires. » — Suivent les signatures de tous les assistants.

« Unaniment, » on sait ce que valent quelquefois ces attestations dans les procès-verbaux. Les chanoines qui devaient réfléchir bientôt purent se laisser entraîner cependant ou n'avoir pas osé protester dans l'entraînement commun.

Ils n'avaient pas encore signifié leur opposition quelques jours plus tard.

Du huitiesme jour d'octobre (1687). Le Maieur rappelle d'abord au Conseil de la ville que, dans l'assemblée de tous les corps (du 2), il a été arrêté qu'au lieu de nommer un principal, on remettrait le collège aux pères jésuites. Il ajoute « que l'on a escrit à Paris à ce subjet pour les y engager, mais, en attendant la réponse, pour ne pas laisser perdre le temps aux escolliers dont les vaccances sont expirées dès le premier de ce mois, il seroit à propos de faire faire l'ouverture des classes, de choisir une personne de mérite et capable pour faire la fonction de principal, faire observer une bonne discipline dans le collège, et [capable] de régenter la première classe. » — Le Conseil décide « que l'ouverture des classes se fera

---

(1) On voit dans la délibération du dernier jour d'octobre (1687) que les Jésuites ont dû être appelés « soubs le bon plaisir du roy et après en avoir communiqué et donné advis tant à monseigneur le duc d'Elbeuf, gouverneur de cette province, qu'à monseigneur Chauvelin, intendant de lad. province. »

incessamment, que le sieur Lenglois, prestre, chanoine de l'église roiale et collégialle de cette ville, sera prié, attendant qu'il y ait un autre establissement dans le collège, d'en vouloir prendre le soin, d'y faire garder un bon ordre et discipline, d'y faire les fonctions de principal et de régenter la première classe ou d'y commettre telle autre personne qu'il jugera à propos. De quoy faire il est advoué par la présente délibération. »

Les chanoines se sont ravisés cependant. Ils ne veulent pas des Jésuites. Ils font sommer les Maieur et échevins de convenir d'un jour pour la nomination d'un principal, et dès le 25 octobre ils adressent une requête au lieutenant général en la sénéchaussée pour réclamer une élection régulière de ce principal. Les délibérations échevinales des 28 et 31 octobre nous expliquent tout cela.

Quant à la réunion du 27, elle ne figure pas dans le registre, les Maieur et échevins ne l'ayant pas reconnue comme régulière et s'étant retirés pour protester contre elle. Mais nous en connaissons les principales circonstances. Cinq ans plus tard, le 25 octobre 1692, le Maire les rappelait aux échevins. Les chanoines, disait-il, après avoir obtenu du lieutenant général « une ordonnance contre toutes les règles et fait faire, en vertu d'icelle, quelques sommations aux sieurs Maieur et eschevins, se seroient, le vingt-septiesme dud. mois d'octobre, rendus tous en corps dans la grand salle de cet hostel de ville et y auroient pris leur place à main gauche de lad. grandsalle, au banc sur lequel ont accoustumé se placer les sieurs eschevins, nonobstant les oppositions et protestations faites par lesd. sieurs Majeur et eschevins contre lesd. ordonnances, etc. . . . . ce quy auroit fait naistre de grandes contestations entre lesd. sieurs du Chapitre et lesd. sieurs Majeur et eschevins, tant au sujet de la nomination que l'on prétendoit faire. . . . . . . qu'à cause de la manière extraordinaire de venir tous en corps dans l'hostel de ville et des places dont ils s'estoient emparés, au lieu qu'auparavant ils n'y estoient receus que par députés. . . . . . . desquelles contestations, dirés et soustenues des parties, led. sieur lieutenant général auroit dressé procès verbal, et cependant auroit fait procéder par lesd. sieurs du Chapitre (les sieurs Majeur et eschevins s'estans retirés) à la nomination d'un principal, lesquels sieurs du Chapitre auroient nommé le sieur Retart, docteur en théologie, lequel s'en estant depuis déporté etc. . . . . »

L'usurpation du banc de gauche dut en effet mettre le comble au mécontentement de MM. de Ville (1).

Les suites du conflit nous sont données par les délibérations des 28 et 31 octobre (1687).

Du vingt-huitiesme jour d'octobre (1687). Le Maieur rappelle encore l'assemblée « des corps » du deux de ce mois, dans laquelle « il a esté unanimement délibéré » etc... En exécution de cette délibération on a pris les mesures nécessaires et « escrit au P. provincial des

---

(1) Suivant le mémoire A qui rappelle aussi l'usurpation des chanoines en cette occasion, les députés du Chapitre « prenoient leur séance à l'hôtel de ville dans un banc vis-à-vis des Majeur et échevins. »

Jésuites... » On attend la réponse. « Cependant, au préjudice de lad. délibération, les sieurs doien, chanoines et Chapitre de Saint-Vulfran, qui ont voix eslective conjoinctement avec les sieurs Maieur et eschevins pour nommer un principal, ont présenté requeste au sieur lieutenant général en cette ville à cette fin, le vingt-cinquiesme de ce mois... » etc. (L'explication sera renouvelée dans la délibération du 31.) « Pris l'advis de l'assemblée, il est arresté, comme l'affaire est de la dernière importance, que messieurs les antiens majeurs seront priés de se réunir en cet hostel de ville pour prendre sur ce leurs advis. »

Et, en effet, la page suivante nous donne :

« Du dernier jour d'octobre (1687), par devant le maieur (Doresmieux), présens les anciens maieurs, de Dourlens, Vaillant, de Canteleu, de Dompierre et Lesperon, puis les échevins. » — La présente assemblée a été convoquée, dit le Maieur « pour aviser ce quy est à faire touchant le procédé qu'ont tenu les sieurs chanoines de l'église de Saint-Vulfran, lesquels, au préjudice de la délibération faite en l'assemblée des corps le deuxiesme de ce mois, auroient fait sommer les sieurs Maieur et eschevins de convenir d'un jour et heure pour nommer un principal au collège etc... et auroient présenté requeste au sieur lieutenant général. » Une ordonnance rendue par le lieutenant général prescrivait « que le vingt-sept dud. mois, dix heures du matin, il seroit proceddé par devant luy, dans cet hostel de ville, à la nomination du principal par lesd. sieurs chanoines et par lesd. sieurs Maieur et eschevins. » Les chanoines ont fait signifier cette ordonnance à la Ville, mais les Maieur et échevins « ont formé opposition à lad. nomination, interjeté appel de lad. ordonnance et déclaré qu'ils prenoient led. sieur lieutenant à partie en leur propre et privé nom. » Ils ont fait signifier le tout aux chanoines et au lieutenant général, « lesquels, nonobstant la signification, n'auroient laissé de se transporter aud. hostel de ville, led. jour vingt-septiesme. » Là « les Maieur et eschevins auroient déclaré aud. lieutenant général qu'ils persistoient dans leur appel, opposition, etc.; à quoy led. sieur lieutenant général n'ayant eu mesme esgard, ni à toutes les raisons desduites par les sieurs Maieur et eschevins..., il auroit ordonné qu'il seroit procéddé à lad. nomination, ce qui les auroit obligés de se retirer de l'hostel de ville, après avoir formé appel de lad. ordonnance. — En leur absence, les sieurs chanoines auroient nommé pour principal le sieur Retart (1).

« L'affaire mise en délibération, il est arresté que l'on informera mondit seigneur le duc d'Elbeuf et monseigneur l'intendant de tout ce qui s'est passé, qu'on leur envoiera coppie des procédures et ordonnance rendue par led. sieur lieutenant général et qu'ils seront très humblement suppliés de nous accorder leur pro-

---

(1) Le mémoire B, favorable aux chanoines, dit « Charles Rétart, prêtre de ce diocèse et docteur en théologie de la Faculté de Paris, élu principal le 29 octobre 1687. »
Par cette date du 29 il faut entendre sans doute, non celle de l'élection même, mais celle du serment prêté aux chanoines par Retart. L'arrêt du Conseil du roi du 8 septembre 1692 rappelle ce serment.

tection dans les poursuites qui se feront au Conseil sur l'appel desd. ordonnances et prise à partie. » — *Délib.* (1).

Tous ces faits sont rappelés, et à peu près de la même façon, dans l'arrêt du Conseil du roi du 8 septembre 1692.

Un mémoire des archives de la Ville, *série GG, n° 120*, compte Retart comme principal, mais les termes dans lesquels il rapporte son élection ne permettent guère de la considérer comme valable :

« Maitre Charles Retart fut nommé principal par le Chapitre seul en 1687. Ce fut de la manière qui va être décrite. Au jour indiqué pour la nomination *tous* les chanoines se rendirent à l'hostel de ville au grand étonnement de MM. les Maieur et échevins, déclarant qu'ils venoient procéder avec le corps de Ville à la nomination qui se feroit à la pluralité des voix prises des deux corps, ce qui étoit assurer la nomination au Chapitre seul qui, par le nombre de ses membres, avoit vingt voix contre neuf. Le procureur de la Ville requit l'ancien usage et on protesta contre la prétention des chanoines, qui, étant appuyée du lieutenant général, fut décidée en faveur de M. Retard (2), mais l'affaire ayant été soutenue au. . . (blanc) il y eût arret le. . .

---

(1) L'encre a si blanchi, est devenue si pâle dans cette partie du registre, que la lecture est difficile pour les deux délibérations qui précèdent, surtout pour celle du 28.

(2) Une copie du procès-verbal de l'élection (onze pages) est aux arch. munic., *série GG, n° 64* ; mais le papier de cette copie est si sali, taché de boue sèche par places, que la lecture en est devenue difficile.

(blanc) 1691, qui régla la manière dont le Chapitre et le corps de Ville doivent procéder à la nomination du principal, et qui, dans le cas où ces deux corps nommeroient deux sujets, donne le droit au lieutenant général de départager. Il faut remarquer que cet arrêt ne parle que des sieurs Maieur et échevins pour le corps de Ville, sans aucune mention des officiers perpétuels. M. Retard ayant donné sa démission au Chapitre, et la place restant vacante, on choisit Mᵉ Jacques Becquin qui fut nommé en l'année 1692. »

Mais cet extrait nous fait courir beaucoup trop vite et omet un long intérim.

Les Maire et échevins n'ayant pas voulu reconnaître l'élection de Retart et celui-ci s'étant en effet démis entre les mains des *chanoines* (1), la charge demeura bien vacante jusqu'en 1692, mais, dans cet intervalle, un chanoine de Saint-Vulfran, Mᵉ Ferdinand Langlois, reçut de la Ville (du gré peut-être du Chapitre), la charge d'administrer provisoirement le collège.

La contestation ayant été pendant ce temps portée à Paris, « Sa Majesté auroit ordonné au sieur Chauvelin, conseiller ordinaire du Roy en ses conseils et commissaire départi en la Généralité d'Amiens, d'entendre les parties, dresser procès-verbal et l'envoyer avec son advis. » — *Termes de l'arrêt qui interviendra le 8 septembre 1692.*

Le titre de vice-principal est attribué à Langlois en

---

(1) « Les mayeur et eschevins ne l'ayant voulu reconnoistre, dit l'arrêt du 8 septembre 1692, il se démit bientost après de lad. principalité. »

tête d'un projet de statuts conservé par les archives municipales, *série GG, n° 82* :

PROJET de statuts et règlement pour le collège d'Abbeville rédigé par les vice-principal et régents 1688.

J'analyse ce document.

I

CE QUI REGARDE LE PRINCIPAL ET LES RÉGENTS

Neuf articles. — Ces articles, sauf deux, concernent la vie en commun et le partage des bénéfices pécuniaires.

L'article 7 vise l'autorité du principal et son droit d'inspection sur les écoliers, tant internes qu'externes. L'article 8 dit : Les régents monteront aux classes supérieures vacantes, la rhétorique réservée cependant au principal. C'est l'avancement à l'ancienneté sans compte tenu du mérite. Les régents, on le voit, ont mis la main au projet.

L'article 9 revient au jardin et au partage du produit qui doit être commun entre le principal et les régents.

II

LA BIBLIOTHÈQUE

Règlement de sept articles.

III

DES CHAMBRISTES ET PENSIONNAIRES

Vingt et un articles réglant les heures de levée, de travail, de coucher, etc.

L'article 7 dit : Depuis le repas jusqu'à une heure sera la récréation pendant lequel temps, comme aussi pendant toute la journée, il ne sera permis à personne de parler françois.....

On peut s'imaginer le dialecte développé par ces prescriptions. Sous leur empire sans doute fut composée, en quelque lieu des Universités, la poésie fameuse :

> Aspice Pierrot pendu
> Qui hunc librum n'a pas rendu.

IV

DES ÉCOLIERS EXTERNES

Quatorze articles, concernant surtout la bonne conduite qu'ils doivent garder.

V

LES BÉNÉFICIERS

Six articles, regardant ceux qui sont *engagés dans la cléricature*. — L'article 3 dit : Ils tiendront les classes nettes et les balayeront chacun à leur tour tous les jours et fourniront les choses nécessaires pour le chastiment des écoliers. — Il s'agit évidemment des verges.

L'article 5 : Ils sont avertis que leur condition et le rang qu'ils tiennent dans l'église ne leur permettent pas les personnes du sexe, et principalement de se promener avec elles le soir et d'avoir avec elles de trop fréquentes conversations, comme aussi de fréquenter les cabarets, lieux publiques, et jouer à des jeux de hasard et défendus.

L'article 6 : S'ils contreviennent notablement à quelques-unes des choses susdites, qu'ils sachent qu'on les défère à ceux qui ont pouvoir de leur ôter leur bénéfice.

VI

DU PORTIER

Cinq articles.

VII

DES CONGÉS DURANT L'ANNÉE ET DES VACANCES

Dix articles. — Les fêtes religieuses fournissaient pas mal de congés aux écoliers.

VIII

ACTES PUBLIQUES

Quatre articles. — Le premier : Le principal et les

régents feront chacun à leur tour une oraison (c'est-à-dire un discours) dans la chapelle à la Saint-Remy, pour l'ouverture des classes, dont le sujet sera à la liberté de l'orateur, plus le panégyrique de saint Grégoire, le 12° mars, jour de sa feste.

Le second : Le principal et chaque régent feront une épigramme en l'honneur de sainte Catherine, une des patronnes du collège, lesquelles épigrammes seront présentées par leurs écoliers à MM^{rs} de Saint-Vulfran aux premières vespres qui se disent dans l'église et paroisse de son nom le 24 du mois de novembre ; et le lendemain, jour de la feste, les écoliers de rhétorique et seconde en présenteront de leur façon, pendant la messe qui se dit par MM^{rs} de Saint-Vulfran, auxquelles vespres et messes le principal et les régents assisteront avec leurs écoliers.

Le troisième : Le jour de saint Grégoire, immédiatement après l'oraison, les écoliers de rhétorique et de seconde présenteront chacun une épigramme à chacun de MM^{rs} députés des corps et autres personnes de marque en l'honneur de saint Grégoire (1).

Le quatrième : On représentera tous les ans, tant que faire se pourra, pour l'exercice des écoliers, une tragédie à la fin de l'année, de la composition du meilleur des auteurs ou du principal ou de quelqu'un des régents.

(1) L'usage était ancien. Je ne saurais dire à quelle date les épigrammes furent remises imprimées à MM. les députés et aux « personnes de marque. » — J'en possède une que la sainteté de Grégoire a sauvée en couvrant des pièces de procédures. Le

Les sieurs vice-principal et régents soussignez, se portans à remettre le college de cette ville en bon ordre, ont dressé les statuts et réglements susdits etc., et ensuite les ont présentés à messieurs les Maire et échevins, les suppliant de les agréer, etc.

Les signatures sont :

  Langlois   Formentin
  Cossin [?]

puis :

Soient les statuts susdits communiqués au procureur fiscal de la Ville, le 18 aoust 1688.

            Doremieulx.

On remarquera que le projet est présenté uniquement aux Maire et échevins, non aux chanoines. Ne reconnaitrait-on pas aussi à quelques légers signes l'œuvre d'un temps *d'intérim,* de demi-anarchie ?

Les Maieur et échevins tiennent toujours (malgré les réclamations portées par eux au Conseil du roi pour la nomination d'un principal) à remettre le college aux Jésuites.

Du huitiesme jour de janvier (1688). — Le Maire rappelle les résolutions prises et les discussions inter-

titre devait avoir trois ou quatre lignes. Il n'en reste que deux mots superposés : ...... GREGORIUM epigramma. (Sans doute : Ad divum etc. GREGORIUM epigramma.) Au-dessous :

  Ne fuge, Gregori, fictâ sub veste thyaram :
  Mercaris citiùs quod fugiendo negas.
      Antonius Michault, quartanus.

Sans date, — sans nom d'imprimeur.

venues depuis le 2 octobre 1687 pour l'appel des Jésuites, puis il ajoute : « Il seroit à propos de faire voir par quelque personne intelligente, tant led. père provincial que le père de La Chaise, premier confesseur du roy pour conférer avec eux » etc. — L'encre très blanchie rend assez pénible la lecture de cette délibération. — Il est arrêté que le sieur Dinger, échevin, de présent à Paris, sera prié de voir le P. La Chaise et le P provincial pour solliciter l'agrément du roi à l'établissement des Jésuites à Abbeville, « de quoy faire il est advoué par la présente délibération. »

La Ville, le temps marchant, est amenée à voter une somme un peu plus forte pour la distribution des prix, en termes peu flatteurs cependant pour l'état des études.

« Du deuxiesme jour de juillet (1688). — Depuis quelque temps, représente le Maieur, l'on remarque quelque relâchement dans la conduite et dans l'application que doivent avoir dans leurs estudes les escolliers du collège. Pour en prévenir les fâcheuses suites, les porter à mieux faire leur debvoir et leur donner entre eux quelque émulation, il seroit à propos de leur proposer et donner quelques prix à ceux de chaque classe qui auroient le mieux emploié leur temps et qui réussiront le mieux dans la composition tant en prose qu'en vers, lesquels prix seront distribués à la fin de cette année lors de la représentation qui se doit faire d'une tragédie aud. collège. — Délibéré, pour les considérations ci-dessus, qu'il sera paié des mains de l'ar-

12.

gentier de la Ville, sur les deniers de sa recepte, la somme de trente livres pour estre emploiée etc. pour prix et distribution à la fin de cette année » etc.

Pendant les négociations ayant en vue l'appel des Jésuites, la charge de principal, bien remplie par Langlois, demeure sans titulaire. Elle est considérée comme disponible, du moins un peu trop chez le duc d'Elbeuf.

Le septiesme jour de septembre (1688), le nouveau maieur, Pierre Foucque, préside, en la chambre du Conseil de l'hôtel commun de la ville, les anciens maieurs et les échevins. Depuis sa nomination, il a, dit-il, reçu des lettres du duc d'Elbeuf, en date du 21 août dernier, par lesquelles le gouverneur de Picardie « tesmoigne [le désir] que l'on nomme le sieur Liébault, prestre, natif de cette ville, principal du collège ; au subjet desquelles lettres il a fait faire la présente assemblée pour scavoir quelle response l'on y doit faire. » — « Délibéré que l'on escrira à monseigneur le duc et prince d'Elbeuf et qu'on lui représentera avecq respect que, dans l'estat où sont à présent les choses, il n'est point dans nostre pouvoir de nommer un principal, d'autant que, par délibération faicte en l'assemblée de tous les corps, le deuxiesme jour d'octobre mil six cens quatre vingt sept, il a esté arresté d'appeler dans cette ville les pères jésuittes . . . . . ; que, sur cette délibération, les pères jésuittes ont obtenu l'agrément du roy pour venir s'y establir et qu'ainsy il n'y a pas lieu à présent de nommer un principal, à moins que lesd. pères jésuittes ne se desportent et ne refusent de venir . . . . ; et que, quand bien mesme il y auroit un reffus de leur part, l'on ne pourroit encore procedder à la nomination d'un principal, parce que. . . . » La délibération rappelle ici la contestation entre les chanoines et les Maieur et échevins, — la question des places que prétendent occuper en l'hôtel de ville « les sieurs du Chapitre lorsqu'ils y viennent pour la nomination d'un principal. » — Il faut, avant toutes choses, régler cette contestation. On députera donc « incessamment vers mons^r l'intendant pour scavoir quelle mesure l'on doibt tenir pour se pourvoir contre l'ordonnance rendue par le feu s^r lieutenant général, le vingt septiesme du mois d'octobre » touchant les droits de séance. Sur l'avis de l'intendant on fera régler le différend.

Langlois, pendant l'intérim, exerce toutes les fonctions d'un principal, et autant qu'on peut le voir, d'un principal déférent envers les magistrats municipaux. Il présente à la Ville des régents et la Ville les reçoit, leur fait des conditions, agit en maîtresse, sans s'occuper des chanoines.

Le douxiesme jour de janvier 1690, s'est présenté par devant nous, dit le Maire présidant les échevins, « Me Charles-Ferdinand Langlois, prestre, chanoine de l'église royalle et collégialle de Saint-Vulfran, par nous commis et préposé pour faire l'exercice et fonctions de la charge de principal du collège (vaccante par le décéds du sieur de Grébemaisnil) suivant nostre acte du huit octobre mil six cens quatre vingt sept. » Langlois a exposé au maire « que le sieur Formentin, prestre, régent de la seconde classe, ayant esté pourveu depuis quelques jours de la cure de Sainte-Catherine, le sieur Caudron, régent de la troisiesme classe, a pris sa place ; » que, par suite, « le sieur Lasol [ou Lalot ??], régent de la quatriesme, a rempli celle dud. sieur Caudron, et [que] le sieur Cordier, régent de la cinquiesme, a pris possession de la quatriesme (1), en sorte que la cinquiesme classe est devenue vacante. » Il s'agit de choisir « une personne capable pour remplir cette place. » Langlois a présenté M⁰ Pierre Vasseur. « Et après avoir esté certiffié de la probité, suffisance et capacité dud. sieur Vasseur, poursuit le Maire, au nom du corps de Ville sans doute, Nous l'avons receu pour régent en la place du sieur Cordier, à la charge de garder et observer les statuts dud. collège et réglemens par nous faits, tant pour ce qui regarde les congés qu'autrement, et de s'acquitter en tout exactement de son debvoir, ce qu'il a accepté et signé avec tous les présens. » — *Délib.* — La signature hésitante ou tremblée du nouveau régent donne Le Vasseur.

Le Maire, le Conseil de la ville répondent avec empressement aux demandes du principal intérimaire.

Du vingt sixiesme jour de mai (1690) . . . Le maire a reçu M⁰ Ch.-F. Langlois etc., « par nous commis et préposé pour faire les fonctions de principal. » — « Depuis quelque temps, » lui a dit Langlois,

(1) Conformément au projet de statuts analysé plus haut, les régents montent régulièrement et comme à la file, mais nous sommes, à cette date, dans une sorte d'incertitude de l'autorité.

la cloche « qui sert, tant pour l'ouverture et fermeture des classes que pour célébrer le service divin, est cassée, de manière qu'elle ne s'entend plus, mesme des lieux les plus voisins du collège, ce quy faict que les escolliers ne peuvent s'y rendre aux heures précises comme ils faisoient auparavant. » — « Délibéré que cette cloche sera apportée en cet hostel de ville et mise au trésor littéral (1), » et que, du même trésor, une autre, appartenant à la Ville, sera tirée (2) pour être posée au collège, en la place de la première ; « à la charge qu'en cas que la Ville en ait cy après besoin, led. s^r Langlois sera tenu de la rendre et renvoier en cet hostel de ville. » — « Nous avons [donc] fait tirer dud. trésor littéral une cloche autour de laquelle sont les mots TE DEUM LAUDAMUS, TE DEUM CONFITEMUR. L'ayant fait peser en nostre présence au pois (poids) dud. hostel de ville, elle s'est trouvée peser quarante deux livres, y compris le marteau et le mouton. Au mesme temps, la cloche dud. collège ayant esté apportée autour de laquelle se sont trouvés les mots et chiffres A ABBEVILLE M. L. LXII (3), nous l'avons aussi fait peser en nostre présence (même poids constaté, 42 livres y compris le marteau et le mouton). Cette cloche est « à l'instant » mise « dans le trésor littéral. »

(1) La chambre des archives.
(2) C'était un magasin de cloches ce trésor des chartes.
(3) C'est ainsi que je lis. Peut-être lirait-on à la rigueur M. C. LXII, — 1162, — ce qui donnerait une bien curieuse ancienneté à cette cloche. Je crois qu'il faut comprendre 1562.

Langlois a fait transporter l'autre au collège « aux conditions ci-dessus et a signé avec nous. »

Au Maire, au Conseil de la ville, s'adresse de nouveau Langlois pour les nominations de régents, et la Ville emploie toujours pour le qualifier la même formule.

Du vendredy vingtiesme jour d'octobre (1690) . . . . S'est présenté M⁰ Ch.-Ferd. Langlois, prestre, etc., « par nous commis et préposé pour faire l'exercice et fonctions de la charge de principal du collège vaccante par le décèds etc., suivant nostre acte du huit octobre mil six cens quatre vingt sept, lequel nous a représenté que le sʳ Lassol [?], régent de la troisiesme et Vasseur, régent de la cinquiesme classes, ont quitté led. collège pour prendre d'autres emplois, et, partant [?], que, lesd. deux classes estant demeurées vaccantes, il s'agissoit de choisir des personnes capables de remplir ces deux places. Led. Langlois nous a présenté M⁰ François Dannel [ou Dennel] pour estre régent de la troisiesme classe et M⁰ Jacques Caudron pour être régent de la cinquiesme . . . . . . et après avoir esté certifié de la probité, suffisance et capacité desd. Dannel et Caudron, nous les avons receus pour régenter aud. collège . . . . à la charge » etc. (comme pour la précédente réception de régents).

Les places vacantes sont donc cette fois remplies par des régents nouveaux. J. Caudron ne doit pas être confondu avec son homonyme, régent de la seconde classe depuis le 2 janvier.

. . . .

L'arrêt du 8 septembre 1692 va mettre fin aux doutes, permettre une vraie élection.

Les archives de la Ville, *série GG, n°s 77 et 78*, nous mettent sous les yeux cet arrêt du Conseil d'État. Je transcris l'expédition.

« Sur ce qui a esté représenté au Roy estant en son Conseil qu'étant survenu plusieurs fois des difficultés à Abbeville au sujet de l'eslection du principal du collège que les doyen et chanoines du Chapitre de Saint-Vulfran et les Mayeur et eschevins ont droit de nommer, Sa Majesté, pour prévenir les différens qui pourroient arriver à cette occasion, auroit, par arrest de son Conseil d'Estat du quatre décembre 1671, donné, sur l'advis du feu sr de Barillon, lors intendant de Justice en Picardie, entre autres choses, ordonné que l'eslection d'un principal se fera dans l'hostel de ville par les chanoines, les Mayeur et eschevins, en présence du lieutenant général pour régler les contestations qui pourroient arriver si lesd. chanoines, Mayeur et eschevins, estoient de différents advis, et ce dans l'ordre des séances ordinaires, à la charge que le principal qui sera esleu prestera le serment par devant le Mayeur en la manière accoustumée et dans le Chapitre suivant l'ancien usage.

« Néantmoins en 1687, » etc. — L'arrêt rappelle alors les incidents du 27 octobre 1687, les prétentions du Chapitre à la première place « comme représentant le corps ecclésiastique qui précède toujours les autres, » l'opposition des Maieur et échevins, l'ordonnance du lieutenant général, la retraite des Maire et échevins, l'élection de Retart par les chanoines seuls, etc., l'ordre donné par le roi à M. Chauvelin d'entendre les parties ; puis visant l'arrêt du Conseil du 4 décembre 1671 et l'avis envoyé par M. Chauvelin, il conclut :

« Le Roi, estant en son Conseil, a ordonné et ordonne que l'arrest d'icelluy dud. jour, quatriesme décembre 1671, sera exécuté selon sa forme et teneur, et en conséquence qu'il sera incessamment procédé en l'hostel commun d'Abbeville à la nomination d'un principal; qu'à cet effet l'assemblée sera convoquée en la grande sale dud. hostel commun dans laquelle les doyen, chanoine et Chapitre assisteront par deux députés seulement, et que les séances y seront semblables à ce qui se pratique dans celle qui se tient le jour de la Magdeleine pour l'eslection du receveur et commissaire des pauvres. Fait au Conseil d'Estat du roy, Sa Majesté y estant venu de Versailles, ce vIII° jour de septembre mil six cents quatre vingt douze.

« PHELIPPEAUX. »

Nous rentrons donc dans l'ordre et nous allons assister à l'élection régulière d'un nouveau Principal.

VIII

JACQUES BECQUIN

Huitième Principal (1)

1692-1694

En exécution de l'arrêt du 8 septembre 1692, l'élection du principal eut lieu le 4 octobre suivant.

Le maieur, Antoine de Dourlens, refait d'abord devant les échevins toute l'histoire des contestations qui ont suivi la mort de Grébemaisnil et des procédures intervenues depuis l'importante assemblée dans laquelle (2 octobre 1687, les trois corps ont résolu d'appeler les Jésuites et de leur confier le collège. Il leur remet en mémoire l'élection irrégulière du 27 octobre (1687), la place indûment prise en cette occasion par les chanoines sur le banc réservé aux échevins, et ces membres du Chapitre venus alors « tous en corps » et non « par députés » comme la règle et l'usage le demandaient ; il rappelle la protestation et la retraite des Maire et échevins, le procès engagé à la suite de ces faits, etc.

Cette affaire, poursuit-il, était demeurée indécise, « mais depuis quelques jours, mondit sieur l'intendant

---

(1) Si l'on admet Retart ou plutôt Langlois comme principal. Langlois.le fut d'ailleurs de fait. Le n° 120, *série GG* des archives dit seulement : 8° M. Jacques Becquin qui fut nommé principal en 1692.

(Chauvelin) luy a envoié un arrest du Conseil d'estat par lequel Sa Majesté a ordonné que l'arrest du Conseil d'Estat du quatriesme décembre 1671 seroit exécuté selon sa forme et teneur et en conséquence qu'il sera incessamment procédé en l'hostel commun de cette ville à la nomination d'un principal. A cet effet l'assemblée sera convoquée en la grande salle dud. hostel commun dans laquelle les doien, chanoines et Chapitre assisteront par deux députés seulement. Les séances, ajoute-t-il, y seront semblables à ce qui se pratique dans l'assemblée qui se tient le jour de la Magdeleine pour l'eslection du receveur et des commissaires [du bureau] des pauvres. » — Il fait donner alors lecture de l'arrêt du 8 septembre et le Conseil décide « que, pour obéir aud. arrest, et sans préjudice à la susdite délibération de tous les corps dud. jour deuxiesme octobre 1687, il sera ce jour d'huy procédé à la nomination d'un principal dud. collège. »

Et immédiatement, en effet, on trouve dans le registre :

« Le samedy, quatriesme jour d'octobre (1692)... ..... en la grande salle de l'hostel de ville, par devant Jacques Le Bel, escuyer, seigneur d'Huchenneville et autres lieux, conseiller du roy, lieutenant général en la séneschaussée de Ponthieu et siège présidial d'Abbeville, présents Anthoine de Dourlens, escuyer, seigneur de Saint-Elier, conseiller du roy etc., Majeur etc., les sieurs etc. (suivent les noms des échevins). Les Maieur et échevins, réunis ainsi, choisissent pour principal « à la pluralité des voix, Mᵉ Jacques Becquin, prestre, natif de cette ville. »

« Incessamment sont aussi comparus M⁰ Nicolas Lefebure et Anthoine Hecquet, prestres, chanoines de l'église royalle etc. de Saint-Vulfran, lesquels, ayant pris place sur le banc à main droite (1) de la grande chambre, du costé de la chambre du Conseil sur lequel ils se placent ordinairement lors de la nomination des commissaires du bureau des pauvres, ont déclaré qu'ils nomment aussi pour leur Chapitre la personne dud. sieur Becquin en la charge de principal.

« En conséquence des quatre nominations (2) nous avons ordonné que led. sieur Becquin demeurait pour principal du collège, en prestant par luy le serment en tel cas requis et accoustumé et en la manière accoustumée.

« LEBEL. »

Très régulièrement elu, J. Becquin, menacé d'un procès (par le Chapitre, pour la question de la prébende), se désiste cependant, dès le commencement de 1693, de la charge de principal.

« Du unziesme jour d'avril (1693)... est comparu en cet hostel-de-ville, vénérable et discrette personne M⁰ Jacques Becquin, prestre, licentié en droit, lequel a déclaré et déclare par ces présentes que, pour éviter aux procès ausquels il est exposé par le Chapitre de

---

(1) Le banc à main gauche était, on s'en souvient, celui des échevins. Il s'agissait sans doute de la gauche et de la droite du président.

(2) Les voix de l'Échevinage comptaient pour deux comme celles du Chapitre.

Saint-Vulfran au sujet de la charge de principal du collège et de la prébende préceptoriale annexée à lad. charge, ausqueles il a esté nommé par devant etc.,... par acte du quatre octobre dernier, il n'entend pas accepter lad. charge et la prébende ausqueles il renonce en tant que besoin est, pour y estre pourveu par lesd. sieurs du Chapitre et lesd. sieurs Maire et eschevins ainsy et comme ils adviseront bon estre, dont il a requis et à luy accordé acte.

« BECQUIN. »

Il est à croire que Becquin continua cependant à diriger le collège plus d'un an encore, puisque son successeur ne fut élu que le 1er juillet 1694.

L'Hôtel de ville n'en poursuivit pas moins dans cet intervalle l'appel des Jésuites.

Dans le même registre (1) je trouve intercalés entre les délibérations du 1er et du 2, deux cahiers relatifs aux projets d'accord avec les Jésuites et dont l'un porte même arrangement définitif. Le premier, par la place qu'il occupe, est un cahier de douze pages, d'une forte et belle écriture, — convention du 2 juillet 1693 avec le P. Caron; — l'autre, petit cahier de sept pages, est un acte passé le 18 juin précédent par devant Racine et Marchand, notaires royaux à Alençon. C'est la procuration donnée au P. Caron par le R. P. Louis Genevrai, prestre, religieux de la Compagnie de Jésus, provincial de la province de France, de la maison pro-

(1) Commencé au 20 octobre 1692 et fini au mois d'aoust 1694. — Sans pagination.

fesse de Paris, y demeurant ordinairement rue Saint-Anthoine et de présent à Alençon.

J'analyse rapidement le premier cahier.

« Du deuxiesme jour de juillet (1693), en la chambre du Conseil de l'hostel-de-ville..., par devant nous Jacques Godart, escuier, seigneur de Beaulieu, Brucamps et autres lieux, conseiller du roy, maire perpétuel...., présents etc. (les échevins), s'est présenté le Révérend père Emard Le Caron, prestre, religieux de la compagnie de Jésus, du collège d'Amiens, au nom et comme procureur de Révérend père Louis Genevray, aussy prestre, religieux de lad. compagnie de Jésus, provincial de la province de France, » etc.

Le Caron (d'après le procès-verbal ou les termes recueillis par la convention) couvre dès ses premiers mots sa Compagnie devant le conseil ; il remémore à l'assemblée (ou au maire Godart qui parle, disant toujours Nous) que par acte et délibération des députés de tous les corps, le 2 octobre 1687, il a été arrêté d'appeler les R. P. Jésuites « pour tenir le collège »........ Il offre de la part de sa compagnie de satisfaire à cette délibération, « tant pour respondre à une si louable résolution qu'aux favorables intentions de Monseigneur de Brou, évesque d'Amiens, de Monseigneur de Chauvelin, intendant de la province de Picardie, » et « pour concourir au zèle qu'elle (la ville d'Abbeville) a marqué depuis plusieurs années à posséder des pères jésuistes dans led. collège. »

Il fait ces offres « aux conditions qui suivent. »

« Il reçoit et accepte led. collège avecq les bastimens,

chapelle et revenus, pour y entrer incessamment, en faire l'ouverture le jour de la feste de saint Luc prochain, à y remplir trois classes d'humanité ; comme aussy il accepte la prébende préceptorialle accordée par l'ordonnance d'Orléans. . . . ., les biens et revenus afférans aud. collège avecq les censsives qui ont cy-devant fait partie du revenu de la maison du Val délaissé pour led. collège... » Il accepte d'ailleurs les charges dont ces biens peuvent être grevés, « suivant l'estat qui en sera donné ; mesme de faire dire la messe trois fois l'an dans la chapelle de l'hostel de ville, les jours de sainct Barthelemy, du renouvellement des loix de cette ville et de saincte Magdeleine ; de faire prédication dans la chapelle de lad. maison du Val, le jour de la feste de sainct Maur. . . . . . ; pourquoy le Révérend père Genevrai fera supplier le Révérend père général de le voulloir ainsy ordonner. »

Il accepte de recevoir, en prenant possession du collège, « huit cens livres pour les *reliqua* des compte et revenus qui peuvent estre dûs jusqu'au 1ᵉʳ octobre dernier de l'année 1692.... ; » mais il emploiera cette somme « à l'ameublement, réparations, changement » etc., etc... (autres prévisions et conditions d'intérêt).

« Déclare en outre led. père Caron (ici peut-être une réponse à l'hostilité des chanoines) qu'il nous recognoist et recognoistra à tousjours pour fondateurs dud. collège ; pourquoy les honneurs à nous deubs en lad. qualité de fondateurs nous seront rendus et les armes de la Ville mises et placées aux principales portes de lad. maison et chapelle dud. collège, mesme aux classes et bastimens qui s'y feront et autres endroits où se mettent ordinairement les armes des fondateurs. »

. . . .

Il se soumet et s'engage « d'ajouter aux trois classes dont est cy devant parlé, à fournir de régens, deux autres classes, si tost que nous serons rentrés dans l'administration et jouissance de tout ou partie des revenus des biens de lad. maison du Val, avecq un Recteur, pourveu touttefois que ce que nous accordons ausd. pères jésuistes sur le revenu de lad. maison aille et monte à la somme de douze cens livres, sinon l'augmentation des pères et régens ne sera faite qu'à proportion que les pères jésuistes establis dans led. collège en profiteront sur le pied de trois cens livres pour chacun père d'augmentation. — Si touttefois il arrivoit que lad. maison du Val, biens et revenus, d'icelle ou partie, ne soient pas rendus à lad. Ville, (1) lesd. deux classes et le Recteur dont est fait mention cy dessus, ensemble deux pères pour y enseigner la philosophie et un autre pour y enseigner la théologie, un Casuiste et un Prédicateur, quand le revenu dud. collège le permettra, de quelque part ou manière qu'il vienne, à raison de trois cens livres pour chacun père.

« Plus led. père Caron promet et s'oblige de faire faire par le régent de rhétorique une harengue publique par chacun an, aux ouvertures des classes, et par un escollier de rhétorique l'oraison accoustumée

(1) Il faut sous-entendre ici : le père Caron promet néanmoins, etc.

le jour de sainct Grégoire le Grand, patron dud. collège, et de Nous inviter et les officiers de lad. ville ausdittes harengues et oraisons. . . . .

« S'oblige le P. Caron de faire faire à l'advenir, aux frais et despens desd. pères jésuistes, toutes les réparations des bastimens et despendances dud. collège. » — La Ville promet de son côté « de faire faire la recepte et régie desd. censives, » etc.

Enfin le P. Caron « s'oblige et promet nommément que les biens et revenus afférans aud. collège, présens et advenir, ne pourront pas estre transposés ailleurs, pour quelques causes et occasions que ce soit. . . . »

Le second cahier — la procuration donnée à Alençon — contient à peu près toutes les clauses de la convention analysée ci-dessus. Le R. P. Genevrai avait tout prévu.

Mais le Val ne revient pas à la Ville.

En 1693, cette mense est désunie de l'Ordre du Mont-Carmel et réunie à l'Hôtel-Dieu d'Abbeville. Ces mutations ou transmissions sont l'occasion d'inquiétudes nouvelles pour le collège dont la fortune semble toujours liée aux revenus de l'ancienne maladrerie.

L'auteur du mémoire A redevient ici notre collaborateur.

« Par les édits et déclarations des mois de mars,
« avril et aoust 1693 la maladrerie du Val a été désu-
« nie de l'ordre du Mont-Carmel et de Saint-Lazare, et
« [par] l'arrêt du Conseil du 13 juillet 1695 et lettres
« patentes sur iceluy de febvrier 1696 les biens et
« revenus de cette maladrerie ont été unis à l'hôtel-

« Dieu d'Abbeville pour en jouir du premier juillet 1696 ;
« les revenus employés à la nourriture et entretien
« des pauvres malades dudit hôtel-Dieu et à la charge
« de satisfaire aux prières et fondations dont pouvoit
« être tenue la maladrerie du Val.

« Au mois de septembre 1696 les religieuses de
« l'hôtel-Dieu ont tenté d'empêcher le sieur Jacques
« Alliamet, receveur et argentier de la maladrerie du
« Val, de recevoir les censives cédées au collège qu'elles
« prétendoient appartenir encore à la maison du Val
« et à elles au moyen de la réunion. Sur cette pré-
« tention, les Majeur, échevins, corps et communauté
« d'Abbeville se sont pourvus au Conseil, dont la déci-
« sion n'a pas été sans doute favorable à l'hôtel-Dieu
« puisque le collège a toujours joui pareillement de
« ces censives. Il y a tout lieu de croire que l'arrêt du
« Conseil de 1695 n'a réuni à l'hôtel-Dieu que ce qui
« appartenoit alors à la maison du Val et non ce qui
« pouvoit en avoir été détaché pour un emploi également
« utile et nécessaire ; d'ailleurs, si les 675 livres étoient
« une charge ordinaire et foncière de la maison du Val
« envers le collège, on luy avoit fait préjudice d'accepter
« 472 livres 10 sols 11 deniers de censives pour et au
« lieu de la charge foncière.

« Les cens et surcens montant à 472 livres 10 sols
« 11 deniers sont détaillés en tête de la cession ou
« traité du 15 août 1674 sous trois différents cha-
« pitres.

« Le premier etc. . . . .
« . . . . »

13.

Je ne poursuis pas l'extrait qui nous a conduits déjà au delà du temps où J. Becquin fut principal.

Les circonstances qui précèdent, l'atteinte portée à la sécurité des honoraires, au gage immobilier des revenus du collège, refroidirent-elles la bonne volonté des Jésuites? Firent-elles hésiter les échevins, poursuivre la réalisation du traité avec mollesse, solliciter avec négligence le roi qui refusa, paraît-il, son agrément au projet? — Paroles du maire Godart en 1716.— Je ne sais; mais les Pères ne reparaîtront plus, et simplement à la cantonade, qu'en 1734. — V. plus loin, p. 253.

Le successeur de Becquin ne sera nommé que le 1ᵉʳ juillet 1694.

Mais avant l'élection, un changement très important à l'hôtel de ville, l'institution d'un maire à titre d'office perpétuel par le roi (1693) et quelques prétentions de ce maire (1) donneront occasion aux chanoines de revenir à leurs visées, de réclamer contre l'arrêt de 1692. En l'intervalle donc de la démission de J. Becquin et de l'élection de F. Lefebvre un nouvel arrêt devra régler les droits en conflit.

(1) Il avait acheté cinquante mille livres le droit de succéder aux maieurs élus, de triompher dans l'humiliation de la loi municipale. Louis XIV qui exploitait la vanité voulait faire des sortes de personnages de ces maires perpétuels : « Arrêt du Conseil ordonnant que les pourvus des offices de maires porteront la robe rouge. »— *Recueil général des anciennes lois françaises.*

EXTRAIT *des registres du Conseil d'Estat.*

25 mai 1694. — Arrest du Conseil concernant la nomination du principal du collège.

« Veu au Conseil d'Estat du roy les requestes respectives présentées en iceluy, la première par les doyen, chanoines et Chapitre de l'église royale et collégialle de Saint-Vulfran d'Abbeville ; la seconde par Jacques Godart, escuyer, sieur de Beaulieu, maire de la ville d'Abbeville, et la troisième par Jacques Le Bel, escuyer, sieur de Huchenneville, lieutenant-général au Présidial d'Abbeville. »

Toujours pour les préséances ou droits du Chapitre dans l'élection. — Les chanoines rappellent leurs droits exclusifs à la nomination du précepteur des écoles antérieurement à l'édit d'Orléans qui les a obligés à *relascher le revenu d'une de leurs prébendes* et à partager alors en effet leurs droits d'élection avec l'Hôtel de ville ; ils rappellent ce qui s'est passé en 1687 à l'hôtel de ville lorsqu'ils ont voulu y exercer leurs droits en corps, — l'arrêt du 8 septembre 1692 qui, ordonnant l'exécution de celui de 1671, a dit qu'ils n'assisteraient à l'élection que par deux députés.

« Lequel arrest, disent-ils, est insoutenable par plusieurs raisons [ils donnent quatre raisons. . . . . . . puis] :

« Cependant aujourd'hui on prétend encore plus altérer le droit du Chapitre sous prétexte que Sa Majesté ayant créé des offices de maire dans toutes les villes du royaume avec le droit de présider dans toutes les assemblées qui se tiennent dans l'hôtel de ville, celui d'Abbeville soutient devoir présider à celle-ci à cause qu'elle s'est faite dans l'hôtel de ville et estre en droit d'y faire la même fonction, lors do partage de voix entre le Chapitre et la Ville, que le lieutenant général . . . . . ; ce qui ne serait pas juste, l'Hôtel de ville lui-même étant un des deux corps qui doivent concourir à l'élection et la voix du maire devant alors lui assurer la prépondérance.

« Il est juste, pour répondre à la prétention du maire, que le lieu de l'élection soit changé, que l'élection se fasse dans le collège ou ailleurs, et de débouter le maire de sa prétention de présider à l'assemblée des députés du Chapitre et de la Ville » etc., etc.

La requête du maire contient « qu'ayant droit de présider dans toutes les assemblées qui se font dans l'hôtel-de-ville, il doit présider à celle qui se fait pour l'élection du principal; qu'étant le chef de toute la ville dont le Chapitre fait partie, il a droit de présider ses députés, » etc. . . . .
. . . .

« Et pour l'indue vexation desdits du Chapitre et la contravention par eux commise auxdits arrêts du Conseil des 20 janvier, 10 novembre et dix décembre derniers, les condamner en mil livres de dommages et intérests et cinq cens livres d'amende. »

La requête du lieutenant général disait :

Que le droit de l'élection du principal « n'appartenant pas plus au corps de Ville qu'au corps du Chapitre (et qu'au contraire il paroist que le Chapitre y avoit plus de part) il s'ensuivoit que c'étoit deux intérests opposés qui ne peuvent estre conciliés que par le magistrat commun qui estoit luy, ainsi que le Conseil l'a décidé par les arrests de 1671 et 1692, etc. . . . . . ; » et il proposait de condamner le maire aux dépens.

Sur l'avis du sieur Chauvelin, intendant en Picardie, et le rapport du sieur Phelypeaux de Pontchartrain etc., le roy etc. a ordonné et ordonne « qu'*à l'advenir* les nominations qui seront faites pour l'élection du principal du collège de la ville d'Abbeville, tant par les doyen, chanoines et Chapitre de Saint-Vulfran que par les Maire et échevins et habitans de lad. ville, *seront présentées par deux députés de chacun corps au lieutenant général du bailliage, et ce dans la salle de l'hostel-de-ville où il se rendra pour cet effet, en laquelle assemblée les deux chanoines députés du Chapitre auront leurs séances du costé droit et les deux échevins députés du corps de la ville l'auront à costé gauche*, que dans l'acte qui sera dressé pour ladite élection *par le lieutenant général et son greffier*, la nomination desdits du Chapitre *sera insérée la première* et, en cas que les voix du Chapitre et de l'Hôtel de ville soient différentes, ordonne Sa Majesté qu'*elles seront départagées par le lieutenant général*. — Fait au Conseil d'Estat etc. — à Versailles le 25 mai 1694. — *Archives de la Ville, série GG, n° 83.*

Les arrêts de 1671 et de 1692 sont donc confirmés. Si la vanité de M. Godart n'a pas ménagé une victoire aux chanoines elle ne leur a pas porté préjudice. Il est dit pour la première fois que, dans l'acte de l'élection, les voix du Chapitre seront consignées avant celles de la Ville.

IX

FRANÇOIS LEFEBVRE

Neuvième Principal

1694-1712

Suivant le mémoire B, François Lefebvre fut nommé le 7 juillet 1694. Le n° 87 de la *série GG* des archives municipales dit, avec la même date, « installé. » Le n° 120, même série, dit seulement : M° François Lefebvre fut nommé en 1694.

Les délibérations de la Ville donnent cependant pour date à la nomination le 1er juillet. Le mémoire B n'est qu'en demi-faute. Lefebvre fut nommé le 1er, mais reçu et installé le 7.

« Du premier juillet (1694). » — Le Conseil n'accepte qu'à son corps défendant l'arrêt du 25 mai (analysé plus haut). Le procureur du roy (de la ville) rappelle les droits anciens de l'Échevinage, l'Hôtel de ville en « possession immémoriale » de procéder en corps à la nomination du principal. Néanmoins, expose-t-il, un procès au Conseil privé pour une contestation entre le lieutenant général et le maire prétendant chacun présider, contestation dans laquelle la Ville n'a pas été partie, a fait rendre un arrêt, le 25 mai dernier, préjudiciable aux anciens droits du corps municipal. Cet arrêt a ordonné que l'Hôtel de ville ne se trouveroit à lad. nomination que par députés ainsy que lesd. sieurs du Chapitre, et cependant deux arrests du Conseil d'Estat du roy, donnés en commandement les quatre décembre 1671 et 8 septembre 1692, portent « que toutes les nominations qui se feront à l'advenir dans l'hostel de ville d'un principal du collège seront faites dans l'ordre des séances ordinaires. » Ces « arrests ne peuvent estre détruits par led. arrest du vingt cinq may dernier où l'Hostel de ville n'a point esté partie. . . . . . . L'affaire mise en délibération..., arrêté que l'Hostel de ville formera opposition à l'exécution dudit arrest du Conseil du vingt cinq may dernier, et cependant, sans préjudice à lad. opposition et aux droits de cet Hostel de ville, attendu qu'il s'agist du bien publicq, et pour ne point retarder la nomination quy se doit faire ce jour d'huy d'un principal, que l'on nommera incessamment un principal capable de remplir lad. place etc. . . . . » La nomination « sera portée par deux députés du corps de Ville, lesquels, auparavant de présenter lad. nomination, formeront et relesveront lad. opposition à l'exécution dud. arrest, etc., etc. Et instamment, ayant esté procédé à la nomination d'un principal, la compagnie est unanimement convenue de la personne de Mᵉ François Lefebvre, prestre, curé de Cambron, laquelle nomination sera portée par lesd. sieurs Maurice et Levasseur. De quoy faire ils sont advoués par la présente délibération. »

L'élection se fit donc le 1ᵉʳ juillet mais F. Lefebvre

ne prêta serment que le 7. De là sans doute l'erreur du mémoire B.

« Du septiesme jour de juillet (1694) est comparu Me François Lefebvre nommé principal du collège par acte du premier juillet, auquel led. maire a fait prester le serment de s'acquitter etc.,... de garder et observer le réglement etc.... Pourquoy nous nous transporterons aud. collège pour mettre en possession led. sieur principal. »

Suivent les signatures de F. Lefebure, du maire et des échevins.

« Et instamment, nous Maire, assisté des sieurs Maurice, Godart, Pigné et Levasseur, eschevins et assesseurs, Danzel, procureur du roy, et Poultrain, greffier, nous nous sommes transportés aud. collège, avecq le sieur Lefebure, principal, où estant nous avons' mis et estably led. Lefebure en possession du collège. »

Suivent les mêmes signatures.

L'écriture de quelques-unes de ces délibérations est si pâle que, dans quelques années, on ne les lira plus.

« L'Hôtel de ville » ne paraît pas d'ailleurs avoir donné suite au projet d'opposition manifesté le 1er juillet, et c'est ici le lieu peut-être de rappeler avec l'auteur du mémoire A comment, en vertu de l'arrêt de 1694, confirmatif de ceux de 1671 et de 1692, les élections du Principal durent être faites désormais.

« La forme de procéder etc..... est comme s'ensuit :

« Les chanoines de Saint-Vulfran, par acte capitu-
« laire, font choix d'un sujet pour remplir la princi-
« palité du collège. Ils députent par le même acte deux

« de leur corps pour faire cette nomination en la forme
« prescrite par les arrêts ci-devant mentionnés et celui
« du 25 mai 1694.

« Le corps municipal fait une délibération dans
« laquelle est porté le choix de la personne qu'il juge
« à propos pour remplir la même principalité. Les
« deux députés du corps y sont désignés pour faire la
« nomination du sujet.

« Ceux du corps municipal qui ont droit de voter, à
« cette nomination sont les Majeur et échevins et le
« siéger, en présence du procureur du roy fiscal de la
« Ville ou de son substitut en son absence.

« Les chanoines et les municipaux doivent convenir
« entre eux du jour qu'ils feront leur nomination.

« Après ces actes respectifs en forme, deux des quatre
« députés, un de chaque corps, se rendent ensemble
« chez M. le lieutenant-général et l'invitent de se
« trouver dans la grande salle de l'hôtel-de-ville pour
« être présent à la nomination qui doit être faite d'un
« principal par les députés du Chapitre et du corps de
« Ville.

« M. le lieutenant-général prend séance sur le siège
« de la grande salle d'audience. Les deux députés du
« Chapitre se mettent à sa droite et les deux députés du
« corps de Ville à sa gauche au désir desdits arrêts.

« Les deux députés du Chapitre mettent sur le bureau
« leur acte capitulaire. Ils réitèrent l'élection du sujet
« choisi par le Chapitre et le nomment d'abondant pour
« principal.

« Les deux députés du corps de Ville en font autant

« et nomment d'abondant le sujet choisi par leur corps.

« Alors M. le lieutenant-général donne acte aux
« députés de leur nomination et ordonne que le sujet
« élu par les deux corps demeurera pour principal du
« collège.

« Si le Chapitre et le corps de Ville nommoient
« chacun un sujet différent, M. le lieutenant-général
« départage et celui auquel des deux il donne sa voix
« demeure principal (1).

« Le sujet nommé prête le serment au Chapitre et
« par devant le Majeur en l'hôtel-de-ville. — Il est
« ensuite mis en possession comme un chanoine en sa
« qualité de principal par deux députés du Chapitre et
« deux députés du corps de Ville qui se transportent à
« cet effet dans le collège avec deux notaires, qui en
« dressent l'acte. » — *Mémoire* A.

Le Val devenu bien de l'Hôtel-Dieu demeure terrain de contestations pour des revenus afférents au collège.

« Du vingt-deuxiesme jour de juin 1696....... »
Le maire perpétuel, Godart de Beaulieu, refait d'abord devant les échevins, peut-être en se fondant sur l'*Histoire Ecclésiastique* du P. Ignace publiée en 1646, l'histoire de la maison du Val et des censives qui en dépendaient. « Lors de l'establissement de la maison de la maladrerie les sieurs Majeur et échevins (2) jouissoient

---

(1) C'est ce qui arriva en 1761. Le Chapitre avait nommé le sieur abbé Morgand de la ville d'Amiens, ex-jésuite ; le corps de Ville le sieur abbé Louchart de la ville d'Abbeville. Le lieutenant général donna sa voix à ce dernier.

(2) Y avait-il déjà alors des Maieur et échevins ?

de quelques censives. . . . . . . que, pour grossir le revenu de ladite maladrerie dans son commencement ils y avoient jointes et qui auroient été augmentées de temps en temps (1). . . . .
. . . . Les Majeur et eschevins avoient l'administration de ladite maison et maladrerie, attendu qu'elles avoient esté fondées par les habitans de cette ville (2). . . . . . . Enfin. . . . . » — Le maire Godart rappelle le paiement, sur les revenus de cette maladrerie et jusqu'en 1674, des gages du principal et des régents du collège ; il rappelle l'arrêt de la Chambre royale établie en l'Arsenal qui a réuni (26 mars 1674) lad. maison et maladrerie à l'Ordre de Notre-Dame-du-Mont-Carmel. . . . . . . , « de manière que l'on auroit esté dépossédé de lad. maison et maladrerie à l'exception toutte fois desd. censives quy auroient esté laissées aud. collège par le sieur de Turmenil. . . . . . . , à la charge par les régens d'acquitter dans la chapelle dud. collège le service divin quy avoit accoustumé de dire dans la chapelle de lad. maladrerie du Val et d'aller trois fois l'année, aux jours marqués dans ledit acte, faire le service dans la chapelle du Val. . . . . » — Ces censives montaient « à quatre cens soixante douze livres. . . . . . . — Mais depuis quelque temps l'on a eu advis que l'Hostel-Dieu de cette ville a obtenu la donation de lad. maison du Val, que dans cette dona-

---

(1) Je suis obligé, pour la clarté, d'arranger un peu — Pourrait-on découvrir des preuves à l'appui de ces assertions ?
(2) C'est l'opinion du P. Ignace, chap. LXXI de son *Histoire Ecclésiastique*, p. 385 et p. 388.

tion l'on prétend que lesd. censives sont comprises, et, sur ce fondement, led. Hostel-Dieu prétend envoier, la veille et le jour de saint Jean prochain, faire célébrer le service dans lad. chapelle du Val et jouir desd. censives, quoy que ledit Hostel-Dieu n'ait pas plus de droit que led. Ordre de Saint-Lazare et de Nostre-Dame du Mont-Carmel. . . . . . » -- Délibéré « que l'on formera opposition (1); que l'on se maintiendra dans la possession de célébrer le service divin dans la chapelle de lad. maison du Val et qu'à cette fin lesd. sieurs principal et régens se transporteront en la manière accoustumée [au Val.] Et pour faire toutes les poursuites et diligences nécessaires est advoué led. sieur Danzel, procureur du roy. »

Je relève quelques actes de l'administration de F. Lefebvre.

« Du quatorze d'octobre 1701, par devant le sieur maire, présens les sieurs assesseurs et eschevins. . . .

« Le sieur Lefebure, principal du collège, a trouvé à propos de remercier M⁰ Toussaint Cordier, prestre, régent de la seconde classe dud. collège. . . . . Led. sieur Cordier prétend se plaindre dud remerciement, en disant qu'il n'appartient point seul aud. sieur principal de le faire, mais bien à la compagnie qui l'a nommé et establi dans lad. place de régent, conjoinctement avec les sieurs doien, chanoines et Chapitre de St-Vulfran, ainsy qu'il est accoustumé, [MM. de] la compagnie estant les fondateurs, conservateurs et adminis-

(1) A l'exécution des patentes, arrêts et autres titres dont l'Hôtel-Dieu voudrait se prévaloir.

trateurs dud. collège. Veu les mémoires desd. sieurs principal et Cordier, ouy le sieur Unique, conseiller assesseur, pour l'absence du procureur du roy de ce siège, la compagnie a arresté que led. procureur du roy aportera ou fera représenter par le greffier les actes et pièces concernant le collège et nomination des régens ; et cependant, sans tirer à conséquence pour l'advenir, lad. compagnie déclare qu'elle a la destitution pour agréable et, en tant que besoin est, l'a confirmée et confirme ; et seront mis les mémoires au greffe de ce siège dans la liasse, paravant paraphés, pour y avoir recours en cas de besoin. »

Neuf signatures.

Bien avant l'ouverture de Saint-Stanislas, les évêques d'Amiens ont désiré établir un petit séminaire à Abbeville. Au temps des principaux Lefebvre, Girard, de Lespy, Mouchart, Tripier, le collège est menacé de cette concurrence. J'ai dit quelques mots du projet épiscopal dans le tome I*er* de *la Top. hist. d'Abbeville*, p. 436. L'intention de l'évêché date de 1703 [?] et appartient à M. Feydeau de Brou.

Plusieurs pièces relatives à ce projet sont dans les archives de la Ville, — série GG de l'inventaire, cultes, instruction etc.

N° 84. — Contrat d'acquisition par l'évêque d'Amiens de la maison cléricale d'Abbeville pour y établir un petit séminaire. — 1703 à 1721, 6 pièces, papier.

N° 91. — Legs fait à l'évêque d'Amiens par Pierre Hecquet, chanoine de Saint-Vulfran, d'une contre-partie de la maison qui compose la maison cléricale pour établir un petit séminaire à Abbeville. Adhésion de M. Hecquet médecin. — 1723 à 1725, 4 pièces, papier.

N° 97. — Précis divers concernant les tentatives faites infructueusement par l'évêque d'Amiens pour établir un petit séminaire à Abbeville. — 1750 à 176., — 9 pièces.

N° 101. — Lettre patente de Louis XV portant érection d'un séminaire à Abbeville.

En 1707 l'imprimeur Artous s'intitulait imprimeur du collège. On lit à la fin d'une pièce de vers latins de Claude Prestau en l'honneur de l'évêque Pierre Sabatier : *Abbavillæ ex typis Guillelmi Artous collegii typographi* etc.

F. Lefebvre fit travailler quelque peu aux bâtiments du collège.

« Suivant la délibération du 20 mars 1709 et la
« quittance de remboursement au bas de l'expédition
« de ladite délibération, du 12 mars 1712, les Majeur
« et échevins, autorisés à prendre de l'argent en rente
« au nom de la Ville pour la subsistance des troupes de
« la garnison, avoient arrêté d'employer les deniers
« appartenant au collège en dépôt ès mains de
« M° François Lefebvre, chanoine et principal, lequel,
« invité de se rendre en l'hôtel-de-ville, y auroit dit
« avoir fait faire plusieurs réparations au collège et
« qu'il y en avoit encore de nécessaires. Pour quoi
« l'on n'auroit pris du sieur principal que 500 livres en
« constitution de 25 livres de rentes au profit dudit col-
« lège, laquelle, suivant l'acte au bas du 12 mars 1712,

« auroit été remboursée au sieur principal sans inté-
« rêts. » — *Mémoire* A.

François Lefebvre n'était pas un esprit tout à fait ordinaire. Il a publié un livre : *Relation du voyage de l'isle d'Eutopie ; Delft, chez Henry Van Rhin,* 1711, in-12. — Delft, Abbeville peut-être. Il serait curieux de voir si les caractères du volume sont ceux de l'imprimeur Artous. — J'ai donné un bref aperçu du livre, honnête et assez hardi, dans l'*Histoire de Cinq villes*, t. I, pp. 117-123. — Suivant M. Louandre, — *Biographie d'Abbeville,* — Lefebvre était né à Abbeville le 2 novembre 1648 et mourut en 1721. Le mémoire B me donne simplement : « mort chanoine de Saint-Vulfran, » avec deux annotations de mains différentes qui se contredisent et contredisent celles de M. Louandre. Suivant la première, Lefebvre serait mort le 4 octobre 1712 ; suivant la seconde, il serait mort âgé de 80 ans en 1721. 1712 et 1721 s'expliqueraient par des interversions de chiffres, mais 80 ans ne s'accorderaient jamais avec 1648. — En 1712, Lefebvre n'aurait joui qu'un an de la publication de son livre et ne se serait démis de sa place que par la mort. — Suivant la seconde annotation il était fils de M° Nicolas Lefebvre et de Marie Machart.

X

JACQUES GIRARD

Dixième Principal

1712-1728

M· Jacques Girard, prêtre du diocèse de Paris, fut élu principal du collège d'Abbeville le 3 novembre 1712. — *Mémoire* B.

Légère erreur sans doute. Le procès-verbal conservé par les archives, *série GG, n° 87*, donne le 5 novembre.

« Le samedy cinquième jour de novembre 1712, nous Jacques Lebel, escuyer, seigneur d'Huchenneville, conseiller du Roy, lieutenant-général en la sénéchaussée de Ponthieu et siège présidial d'Abbeville, nous sommes transporté dans la salle de l'hostel commun de cette ville d'Abbeville, » etc.

Il y a encore quelque difficulté, non pas sur le choix de Girard dont le nom est apporté par les chanoines et par les échevins, mais pour une prétention municipale. Trois échevins ont apporté le vote de la Ville, les députés du Chapitre protestent. Ils sont surpris que les Maire et échevins envoient trois députés au lieu de deux, ce procédé étant contraire à l'arrêt du 25 mai 1694.

Les trois échevins répondent. Ils ne sont pas venus comme députés mais comme représentant tout le corps de la Ville qui est en droit d'assister à la nomination et de la faire en corps conformément aux arrêts des

4 décembre 1671 et 8 septembre 1692, ils sont opposants à l'exécution de l'arrêt, surpris par les sieurs du Chapitre, du 25 may 1694. Ils soutiennent que les parties doivent être renvoyées au Conseil pour être (pour qu'il soit) réglé sur leurs contestations, estant d'autant plus juste que les échevins et autres officiers de l'hôtel-de-ville n'ont pas été ouïs dans l'arrêt, mais seulement le Maire qui a discuté ses intérêts particuliers.

Les chanoines répliquent, le lieutenant général conclut.

« Desquels dires soutenues, oppositions et protestations, nous avons donné acte, pourquoy les parties se pourvoiront ainsi qu'elles aviseront bon estre; et cependant, sans préjudice à leurs droits, ordonnons que le sieur Girard, prestre du diocèse de Paris, demeurera principal du collège de cette ville en prestant serment selon la manière accoutumée. »

Girard prit possession de sa charge quinze jours plus tard:

« L'an 1712, le 19 décembre, sur les trois heures après midi, en la présence de Jean Lucas, notaire royal et apostolique au diocèse d'Amiens, résidant en la ville d'Abbeville, soussigné, » etc. . . . .
. . . . »

On voit que Girard a prêté le serment au Chapitre, ès mains du sieur doyen, et en l'hôtel de ville par devant le sieur Jean Formentin (avocat au parlement et au siège présidial d'Abbeville, premier échevin) faisant évidemment les fonctions de maire.

Les échevins et les chanoines présents renouvellent et font consigner par le notaire royal et apostolique dans son procès-verbal leurs protestations du 5 novembre. — *Arch. munic., série GG, n° 87. Procès-verbal de quatre pages.*

MM. de la Ville, n'ayant pu donner leur collège aux Jésuites, songent à le remettre aux Pères d'une autre congrégation. Les archives de la Ville, *série GG, n° 89*, nous dispensent de prendre cette délibération du 21 octobre 1716 dans les registres mêmes. L'extrait porte en tête : Délibération pour convoquer l'assemblée des corps sur l'établissement des prêtres de l'Oratoire dans le collège. — N'y a-t-il pas encore dans les motifs de cette nouvelle résolution un peu de jalousie contre les chanoines ?

« Du 21 octobre 1716, en la chambre du Conseil de l'hostel commun de la ville, par devant nous Jacques Godart etc., Maire perpétuel de la ville d'Abbeville, présents les sieurs échevins et autres officiers...

« Ledit sieur maire a représenté qu'il lui a été proposé plusieurs fois, par maître François Prevost, de la congrégation de l'Oratoire, et par quelques personnes de considération, que, si la Ville estoit disposée à donner les mains à un establissement des prestres de lad. congrégation pour remettre et faire fleurir le collège dans son ancien lustre, ils pourroient s'y porter volontiers, sans qu'il en coûtât rien à la Ville ni aux habitans, qui, par rapport à l'éducation de la jeunesse, y profiteraient considérablement.

« Le sieur Le Prevost, en avant écrit à ses supérieurs

sur quelques ouvertures verbales, en a reçu deux lettres mises sur le bureau et dont il est donné lecture. »

Il est délibéré « de convoquer une assemblée générale des corps pour samedi prochain, 24 de ce mois, à l'effet de faire part aux députés des corps des ouvertures et des propositions des deux lettres. — Le s' Le Prevost sera prié de s'y trouver pour que les députés puissent l'entendre. »

Le Conseil de la ville se rassemble de nouveau le 23 octobre pour discuter la même question avant la réunion des corps.

La compagnie délibère d'abord sur le choix de ses deux députés et sur l'advis qu'ils doivent porter à l'assemblée générale. — Les sieurs Douville, échevin, et Bouteiller, siéger, sont choisis pour porter cette mission. Ils seront porteurs de la délibération rédigée comme il ensuit :

. . . .

« Depuis plus de trente ans les maire et échevins voient avec douleur, de même que les autres corps, que le collège de la ville est bien esloigné de son ancienne splendeur. » — Suit un éloge des maîtres « qui ont esté préposés pour remplir la place de principal, qui tous esgallement, comme celuy d'aujourd'huy, ont rempli leur ministère avecq zèle et capacité ; mais la cause du relâchement, pour ne point dire de la décadence entière du collège, procède uniquement de ce que les régents n'y trouvent pas une rétribution honneste et suffisante et de ce qu'estant, pour ainsi dire, comme des oiseaux sur la branche, ils n'y restent qu'en attendant mieux. »

Déjà, « par une délibération du 2 octobre 1687 faite en l'assemblée générale des corps, on résolut d'appeler en cette ville les révérends pères jésuites dont une des occupations principales est d'instruire la jeunesse . . .
. . . Il se fit à ce sujet un traité le 2 juillet 1693 avec le père Émart Le Caron porteur de procuration du R. P. Louis Genevray, provincial de la compagnie de Jésus pour la province de France; mais le feu roy, de glorieuse mémoire, n'ayant pas trouvé à propos de leur accorder son agrément, et les Jésuites n'ayant pas été satisfaits, de leur part, à ce qui estoit porté par la délibération et le traité, il n'en estoit plus question. »

Aujourd'hui, la congrégation de l'Oratoire s'offre. — « M. François Le Prevost, prêtre de lad. congrégation, natif de cette ville, et quelques autres personnes de considération ont fait entendre que, si l'on vouloit donner les mains à l'establissement » etc. (comme dans la précédente délibération).

Les Maire et échevins ont reçu avec joie ces ouvertures et propositions. . . . . Ledit s' Prevost leur a communiqué deux réponses de ses supérieurs, des plus affectionnées, des plus intéressantes. — Ils ont donc fait assembler les corps pour communiquer avec eux sur un projet « si advantageux. »

Les Maire et échevins ne pourront jamais assez louer «. le zèle et la charité avec lesquels » les prêtres de la congrégation de l'Oratoire « veulent bien se porter, par le seul et unique motif de l'amour de Dieu et du bien publicq, à se charger d'un collège aussi pauvre et aussi délabré que celuy de cette ville.

« Ils souhaiteroient estre en estat de leur donner des marques de leur reconnaissance par quelques améliorations ou contribution ; mais la Ville se trouvant sans aucun fonds, accablée de debtes, et les habitans dans la dernière misère, ils ne pouvoient payer de si grands advantages offerts que par des remerciements et leur bonne volonté:

« Leur compagnie est donc de sentiment de révoquer la délibération du 2 octobre 1687 et le traité fait avecq le P. Caron jésuite, le 2 juillet 1693, de mesme que tout ce qui est ensuivy en conséquence, comme elle les révoque effectivement, de remercier les prêtres de l'Oratoire par les termes les plus affectueux de leur bonne volonté ; et non seulement de les recevoir pour le rétablissement du collège, mais mesme de les appeler aux conditions suivantes:

La Congrégation « s'obligera d'envoyer et entretenir en cette ville six professeurs d'humanité depuis, et compris, la sixiesme jusques, et compris, la rhétorique, un professeur de philosophie, un professeur de théologie, un préfet et un suppléant qui confesseront les escoliers, avec un préfet particulier pour les pensionnaires. Il sera néantmoins libre à la Congrégation d'augmenter le nombre des professeurs et des autres personnes nécessaires pour la perfection du collège et le bien de la ville.

« La Congrégation recevra et se chargera du collège, des bastiments, jardins, lieux en dépendants d'iceluy, chapelle, livres et ornements, en tel estat que le tout puisse estre, pour y entrer incessamment et en faire l'ouverture la première semaine d'après Pasques de l'année 1617, ou dans tel autre temps que l'on conviendra, et y remplir dès lors quatre classes d'humanité, sçavoir la sixième, la cinquième, la quatriesme et la troisiesme, et augmenter d'année en année le nombre des classes, ou plus tost s'ils le jugent à propos.

« Outre le revenu de la prébende préceptoriale réservée par l'ordonnance d'Orléans, la Congrégation se contentera des fonds appartenant aud. collège qui consistent dans un surcens de 150 livres par an affecté sur une maison, dans des cens et autres surcens de valeur par an de quatre cent livres, dans une redevance de 75 livres par chacun an deub par le Bureau des pauvres, dans une autre redevance deüe par la Ville de 50 livres aussy par an, et dans quelques autres redevances et rétribution, le tout de la valeur de plus de huit cents livres par an, outre la prébende préceptoriale, aux charges des renvois, cens, surcens, messes, prières et fondations dont lesdits biens et revenus sont tenus, sans que la Ville soit garante d'aucune chose. . . . .
. . . .

« La Congrégation fera en sorte de faire pourvoir maître Jacques Girard, prestre, actuellement principal dudit collège, d'un bénéfice ou d'une pension convenable qui puisse l'indemniser de lad. principalité.

« La Congrégation reconnoistra la Ville ou les Maire et eschevins qui la représenteront pour premiers fondateurs dud. collège ; pourquoy les armes de la ville seront mises et placées aux principales portes d'iceluy et dans les autres endroits où lesd. Maire et eschevins jugeront à propos.

« Elle sera tenue de faire faire par un des professeurs dud. collège deux discours latins par chacun an, l'un à l'entrée et ouverture des classes, et l'autre le jour de saint Grégoire le Grand, patron dud. collège, auxquels, ainsy qu'aux autres actes publicqs qui se feront en iceluy, Messieurs du Chapitre, Messieurs du Présidial et le corps de Ville seront invités de se trouver pour s'y rendre par députés en la manière ordinaire, et enfin un des prestres dud. collège sera obligé de dire trois fois la messe par chacun an dans la chapelle de cet hôtel commun ; sçavoir le jour de la feste de sainte Magdelaine, le jour de la feste de saint Barthellemy et le jour du renouvellement de la loy en lad. ville.

« Aussitôt que très R. P. général de lad. Congrégation et son Conseil auront trouvé à propos d'accepter tous les remerciments, offres et conditions contenues en la présente délibération. . . . . . . , on doit se joindre avecq eux et concourir à ce qu'ils jugeront le plus à propos etc. . . . . . , mesme présenter placet, au nom de la Ville, au roy et à Son Altesse Royalle Monseigneur le Duc d'Orléans, régent du royaume, pour leur demander ledit establissement ; et, attendu que lad. Ville n'a aucun fonds pour se le procurer, et qu'elle est dans une impossibilité absolue d'y contribuer en aucune manière, qu'il plaise au roy et à Son Altesse Royalle d'accorder à lad. Congrégation les fonds et pensions nécessaires pour y parvenir ; le tout néantmoins sans qu'il en puisse rien rejaillir contre lad. Ville et ses habitans, soit par imposition, soit par octroy, soit autrement, comme il a déjà esté observé. »

La Ville, comme on le voit, se montre prudente.

L'assemblée générale, ou des corps, a lieu, comme il a été convenu, le 24 octobre.

Les différents corps sont représentés par députés; le Chapitre par MM. Jean Demiannay et Jean-Charles Lucas; le prieuré de Saint-Pierre par MM. Dom Jean-Baptiste Chalon et Jacques-François Lemire; le Présidial par MM. Nicolas Lefebure, s^r des Amourettes, et Pierre-André de Doullens, s^r de Saint-Élier; la Ville par MM. Douville, avocat, échevin, et Bouteiller, conseiller siéger; les juges consuls par MM. Charles Blondin, juge en charge des consuls, et Alexandre Despréaux, consul; les mayeurs de bannières par MM. Charles Dequent et François Sanson. Les députés de l'Élection et du Grenier à sel font défaut.

Cette assemblée ne se met pas en grands frais de discussion. Maistre François Le prevost présente les deux lettres du R. P. de Sainte-Palaye, assistant du très R. P. général de la congrégation de l'Oratoire, datées des 26 septembre et 14 octobre, et l'assemblée adopte simplement, et à peu près dans les mêmes termes, les conclusions de la délibération échevinale de la veille. — *Arch. de la Ville, série GG, n° 89.*

Comme les Jésuites après le traité de 1693, les Oratoriens se montrèrent probablement froids à poursuivre la réalisation du projet de 1716, les ressources du collège étant connues, et je ne vois pas que les délibérations d'octobre aient eu d'autre suite.

L'histoire du collège sous l'administration de J. Girard n'est cependant pour nous qu'une page blanche. J'ai été heureux, pour remplir de deux lignes ce long intervalle de seize ans, de rencontrer dans un catalogue de libraire cette indication :

Arrest du Roy qui fait deffenses à tous religieux mandians, aux Principal et Régens du collège d'Abbeville, aux merciers, porteurs de balles, orfèvres, et tous autres, de vendre et débiter aucuns livres, sous peine de 1,500 livres d'amende. S. l., 1718, pièce in-4. — *Cat. de Chossonnery*, n° 28, 1879.

Le mémoire des archives, *série GG, n° 128*, fait suivre simplement la nomination de Girard de ces mots : « Il fut obligé de quitter cette place en 1728. »

XI

JACQUES RINGOT

Onzième Principal

1728-1729

M° Jacques Ringot, né à Abbeville, maître ès arts, bachelier en théologie de la Faculté de Paris, et curé de Saint-Jacques d'Abbeville, fut élu principal du collège le 16 octobre 1728. Il ne conserva sa charge que peu de mois. — *Mémoire B.* — A peine les mois de classes d'une année scolaire. Ringot n'avait pas quitté sa cure de Saint-Jacques et la préféra après ce court exercice du principalat. — *Arch. de la Ville, série GG, n° 120.*

XII

JEAN-BAPTISTE-PHILIPPE DE LESPY

Douzième Principal

1729-1738

M· Jean-Baptiste-Philippe de Lespy, prêtre du diocèse de Poitiers, maitre ès arts en l'Université d'Angers, fut élu principal du collège d'Abbeville le 25 juillet 1729. — *Mémoire* B. — Sa nomination n'avait pas été sans incidents. Il était l'élu du corps de Ville ; l'élu des chanoines était M. Lemire, régent du collège. M. Le Bel, lieutenant général, départagea les voix. — *Arch. de la Ville, série GG, n° 120.*

La convention ébauchée avec les Oratoriens étant devenue caduque avant l'échange des paroles, les Maire et échevins se tournèrent vers les Jacobins d'Abbeville. De Lespy donna, parait-il, sa démission une première fois pour faciliter l'accord. Par contre, le procureur fiscal de la Ville, alors à Paris (1), écrivit aux Maire et échevins pour les dissuader du projet. En définitive, c'est le roi Louis XV qui s'opposa à la remise

---

(1) Voir un peu plus loin le *Mémoire au sujet des bruits répandus* etc.

du collège aux religieux de Saint-Dominique. Se tromperait-on toujours beaucoup, je le répète, en cherchant, pour une part, dans ces tentatives de la Ville, le désir d'évincer les chanoines de leurs positions acquises en face des siennes ?

Les archives municipales, *série GG*, n° 120, mentionnent la lettre de M. le comte de Saint-Florentin, ministre secrétaire d'État, registrée à la Ville et qui marque « que l'intention du roi est qu'il ne soit introduit aucun régulier dans le collège ; qu'il ne soit rien innové, et que ce collège demeure dans l'état où il est sous la conduite des ecclésiastiques séculiers. » Cette analyse favorablement faite par un ami des chanoines est plus explicite que la lettre, mais le sens n'est pas trop faussé. Les chanoines triomphent. Le Principal qui n'est pas leur élu demeure, mais le maintien du régime ancien laisse subsister leurs droits. La lettre originale de M. de Saint-Florentin (*Arch. municip., série GG*, n° 64) nous donne :

« A Compiègne, le 20 juin 1733.

« Messieurs,

« Le roy étant informé des desseins que vous avez de faire tomber aux Jacobins d'Abbeville le collège de cette ville au moyen de la démission que vous a donné le s' de L'Espy de sa place de Principal, Sa Majesté m'a chargé de vous faire sçavoir que son intention est qu'il ne soit rien innové touchant ce collège, voulant que les choses restent au même état qu'elles étoient et que ce principal demeure en place, sa démission devant être regardée comme non avenue. Vous aurez s'il vous plaît attention de vous conformer à ce que je vous marque en cela des volontés de Sa Majesté.

« Je suis,

« Messieurs,

« Votre très affectionné serviteur

« Saint Florentin (1).

« A MM. les Mayeur et échevins d'Abbeville. »

Malheureux du côté des Oratoriens, battus du côté des Jacobins, les Maire et échevins se retournèrent-ils vers les Jésuites ?. . . . . . . L'Université de Paris s'inquiéta ; le recteur demanda des explications. — Le mémoire que je vais reproduire et analyser quelque peu est une réponse vraisemblablement écrite par un défenseur assez passionné de l'autorité municipale. Sa thèse pourrait servir les chanoines et serait signée par eux, mais il se contente d'invoquer l'intérêt de la Ville, ses droits à conserver. Il professe d'ailleurs contre l'enseignement des Ordres religieux, des maîtres *réguliers*, les opinions séculières du principal Boullenois et du procureur fiscal de la Ville. Les ratures du manuscrit des archives *(série GG, n° 94)* prouvent que nous avons sous les yeux le brouillon ou la minute du mémoire. En tête on lit : « Demandé par le recteur de l'Université de Paris et à lui envoyé le 19 août 1734. »

---

(1) Signature en hautes lettres, très peu lisible.

MÉMOIRE *au sujet des bruits répandus de l'établissement des Jésuites dans le collège de la ville d'Abbeville.*

« Le collège de la ville d'Abbeville, établi depuis plus de deux siècles, a toujours été entre les mains de prêtres séculiers. Il est régi par un principal qui enseigne en même temps la rhétorique et par quatre professeurs pour quatre classes d'humanité, sous l'inspection, direction et administration des doyen, chanoines et Chapitre de l'église collégiale de S. Vulfran de lad. ville et des sieurs Majeur et échevins. »

Suivent des renseignements sur le principal choisi ordinairement parmi les maîtres ès arts de l'Université de Paris, quoique il n'y ait ni titre ni règlement qui porte qu'il doive avoir ces qualités, et sur le traitement de ce principal et des régents « qui sont tous à la nomination du principal. »

Ces traitements sont très faibles, 100 livres de fixe pour les régents, dit le mémoire. « Le reste du revenu de ces professeurs consiste dans les honoraires qu'ils retirent des écoliers qu'ils ont sous eux et dont le nombre montoit cy-devant jusqu'à deux cents et plus.

« Il faut convenir que l'extrême modicité du revenu de ces places et les inconvénients qui suivent naturellement de cette dépendance où sont ces maîtres de l'honoraire de leurs écoliers sont peu capables d'y attirer et d'y fixer des personnes habiles et en état de faire fleurir un collège.

« Si, malgré le zèle et la bonne volonté du principal, ce collège se trouve aujourd'hui, par le malheur des temps, déchu de ce qu'il étoit autrefois dans les études et dans la discipline, on ne peut attribuer cette décadence qu'au défaut de rétribution honnête et suffisante. » — Suit la comparaison d'oiseaux sur la branche, que nous avons déjà rencontrée.

« A cette première raison de la décadence du collège, on doit en ajouter une autre tirée de la mauvaise volonté des maîtres particuliers que l'envie et un esprit d'intérêt porte à retenir dans leurs écoles privées, au mépris des arrêts et réglements, un grand nombre d'écoliers en état d'aller au collège, qui, par ce moyen, s'en trouve frustré. D'où il arrive que les professeurs sont fraudés de ces écoliers et de la rétribution qu'ils en retireroient ; ce qui augmenteroit d'autant leurs revenus.

« Ces considérations firent prendre au corps de la Ville en 1693 la résolution de traiter avec les Jésuites, mais le feu roi, de glorieuse mémoire, ayant refusé au P. de Lachaize même son agrément en ces termes : *Eh ! mon père* (1), *toujours de nouveaux établissements, et dans les principales villes de mon royaume !* ce projet n'a eu, heureusement pour cette ville, aucune exécution, et cette résolution des corps de la ville a été depuis révoquée par une délibération postérieure.

« Depuis ce temps, les Jésuites n'ont plus paru penser à ce collège ; et sa pauvreté avoit semblé les éloigner jusqu'à présent, quoique plus à portée que qui que ce soit d'y faire joindre et réunir d'autres revenus, ainsy qu'ils ont bien sçu le faire dans tous les différents endroits où ils ont quelque établissement. On prétendoit même que M. le duc du Maine étoit opposé à ce nouvel établissement des Jésuites à Abbeville à cause du tort qu'il ne manqueroit pas de faire à son collège de la ville d'Eu . . . , qui est encore entre les mains de ces pères.

(1) Voilà un propos inédit sans doute. Vrai ? Je n'en voudrais pas mettre ma plume au feu.

« Le bruit d'un nouvel établissement des Jésuites dans notre collège s'est néantmoins renouvellé depuis un an, excités qu'ils sont d'ailleurs par les créatures qu'ils ont en cette ville. Voici ce qui leur en a malheureusement fourni l'occasion.

« Au mois de juin 1733, en l'absence et sans la participation du procureur fiscal de la Ville, qui est spécialement chargé par son ministère du bien et de l'intérêt public, trois premières Compagnies de la ville, dans la vue de relever les études dans le collège et de parer un établissement qui ne seroit ni du goust ni de l'avantage de la ville, formèrent le projet de transférer le collège des mains des séculiers en celles des religieux dominicains qui ont un couvent en cette ville.

« Le procureur fiscal de la Ville, opposé par les raisons les plus solides à la translation du collège ès mains de tous réguliers quelconques, sans en excepter aucune congrégation, fit ce qu'il put, sur l'avis qu'il eut de ce projet, pour en détourner l'exécution. Indépendamment de toutes raisons générales, il sentit dès le premier moment combien ce changement pouvoit avoir de suites fâcheuses, devenir préjudiciable à la ville et attirer les Jésuites qui ne manqueroient pas de saisir, comme ils ont fait, l'occasion de la demande des réguliers pour ce collège. C'étoit en effet, sans le vouloir, leur frayer le chemin que de chercher ainsi à changer l'administration du collège. Il écrivit de Paris où d'autres affaires de la ville le retenoient et il représenta entre autres choses :

1° Les avantages de la ville à conserver les choses dans l'état où elles étoient et le danger des innovations. . . . . . . S'il y a des abus, il faut les réformer, etc. . . . . Pourquoi chasser les séculiers ? etc.

2° Par l'établissement des réguliers on ôteroit à la

ville le plus précieux de ses droits, tel que de choisir dans les universités du royaume les sujets les plus propres à remplir les places de principal et de professeurs, etc . . . .

3° Les bonnes études tomberoient infailliblement entre les mains des réguliers et le mal deviendroit éternel et sans ressource. La ville n'est pas assez considérable ; ils n'y enverront que des novices et des sujets peu capables, comme on s'en plaint dans les collèges de province qui sont entre les mains des réguliers.

4° En livrant le collège à des réguliers quelconques, on enlève aux magistrats de la ville la connoissance des études, l'inspection et la police. La conduite des maîtres et l'éducation de leurs propres enfants échappent à leur contrôle. Les réguliers n'étant pas dans la même dépendance que les séculiers amovibles, toutes les plaintes seraient perdues, vaines. « Les réguliers vous tiennent; et jamais vous ne les tenez. »

5° Le grand inconvénient à leur égard est que, de quelques précautions qu'on s'arme contre eux, ils auront toujours recours à une domination étrangère, à un général de nation différente ; et, quand ils ne réussiroient pas dans leurs tentatives, les seules traverses qu'ils feront naître suffiront pour énerver la discipline d'un collège. On a éprouvé ces inconvénients dans plusieurs villes du royaume depuis que les réguliers ont été introduits dans les collèges. Ennemis de la subordination, ils sont souvent moins attentifs aux fonctions dont ils sont chargés qu'à s'élever contre les droits des curés et des magistrats revêtus de l'autorité publique. (Et en marge: V. les plaidoiers de M° Servin ; le Mercure Jésuite ; le mémoire ou factum de M° Dagoumer pour l'Université contre les Jésuites.)

6° Les compagnies, en mettant le collège ez mains des réguliers, perdront absolument leur droit de nomination et de destitution du principal. Ils en retireroient tout au plus, sous le grand nom de consentement ou d'agrément, un petit compliment qui se réduira à une pure cérémonie.

7° On ose le dire ; une communauté de réguliers n'entrera dans le collège que par des vues d'intérêt et du profit de la congrégation. Et que d'inconvénients ne naîtront point de là ! Ils chercheront à enlever à la ville les meilleurs sujets qui leur passeront par les mains, pour les acquérir à leur congrégation. Ils tenteront quelque imposition ou octroi à leur profit sous un pieux prétexte, comme il est arrivé dans plusieurs villes, etc. . . . .

8° Enfin on enlèveroit à l'Université de Paris, qui n'admet aucun régulier dans la faculté des arts, ses propres nourrissons qui succeroient un lait étranger etc. . . . . On scait les différents arrêts, tant du Conseil privé que du Parlement de Paris, rendus en diverses occasions en faveur de l'Université contre les réguliers qui vouloient envahir des collèges. (Exemples tirés de la ville de Pontoise, etc.)

« Tels sont à peu près les motifs généraux qui furent alors proposés par le procureur fiscal de la ville contre le changement projeté, mais le projet tomba tout à coup et fut entièrement dissipé par la lettre suivante écrite de Compiègne par M. le comte de Saint-Florentin au corps du magistrat de la ville d'Abbeville, le 29 juin aud. an 1733 et registrée ès registres de l'hôtel de ville :

« Messieurs,

« Le roy étant informé . . . . . » etc. . . (J'ai donné la lettre plus haut.)

« Il se répandit aussitôst que le collège ne resteroit au même état où il étoit que jusqu'à l'arrivée du nouvel évêque et que les pères jésuites s'arrangeroient pour venir avec luy.

Au moins il est certain que les principaux d'entre eux à Paris disoient à leurs amis, avec une certaine délectation, qu'on les mandoit à Abbeville, et montroient des lettres qu'ils assuroient leur avoir été écrites de cette ville à ce sujet; ce qui ne pouvoit s'entendre et ne venoit effectivement que de quelqu'unes de leurs créatures en ce païs. . . .
. . . . Plusieurs de ces pères sont venus depuis en cette ville successivement, soit à dessein ou autrement, et ne manquoient point de s'enquester sourdement du collège et des revenus. . . . .
. . . . On a ajouté depuis qu'ils viendroient sonder le terrain et tâcher de préparer les esprits en leur faveur par une mission en cette ville au mois de septembre prochain.
. . . .

« Il est vrai que les Jésuites affectent d'écarter ces bruits et de les désavouer même, quand on vient à leur en parler ; ils prétextent le peu de revenus du collège et qu'ils ne veulent point faire déchoir par un nouvel établissement leurs collèges de la ville d'Eu, d'Amiens, de Hesdin etc. Mais qui les en croira sur leur parole? Iront-ils imprudemment lâcher leur secret avant le temps et au premier venu ? Ils sont trop avisés et trop prudents pour le faire. On va jusqu'à prétendre qu'on doit croire tout le contrepied de leurs réponses en ces occasions.

« Deux faits constants et qui méritent attention, c'est 1° qu'il y a déjà plus de cinq mois que le père Catron avoit entre les mains un mémoire présenté au roy il y a plus de 15 mois par le corps du magistrat pour obtenir certains fonds qu'ils indiquoient pour réparer les bâtiments du collège qui sont dans une ruine totale ; mémoire qui n'a jamais vu le jour depuis qu'il a été présenté et qui certainement ne leur a point été communiqué d'ici. C'étoit une ressource que la Ville cherchoit à se ménager pour le rétablissement des bâtiments du collège en le laissant ès mains des séculiers. L'on auroit pu même, dans la suite, avec le secours de gens bien intentionnés, chercher quelques moyens pour augmenter la rétribution des professeurs, et il paroit que les Jésuites, qui savent tout et qui veillent à tout, l'ont bien senti, puisqu'ils ont travaillé à avoir communication de ce mémoire.

2° Ce même père Catron, s'entretenant et s'informant, d'une personne du païs, des revenus du collège, dit à cette personne : Mais vous ne me parlez point de tel revenu. Tant ils sont au fait de l'état des choses par rapport à ce collège.

Il n'en est pas moins certain qu'il y a déjà plus de trois ans qu'une de leurs créatures vint offrir au principal du collège un bénéfice de 1500 livres s'il vouloit consentir à donner sa démission en faveur des Jésuites; ce qui ne fut point accepté.

. . . .

« La disposition des esprits dans la ville consiste assez généralement dans une grande indifférence pour les PP. Jésuites. Excepté une douzaine de personnes, ils n'y ont pas de grands dévots ni créatures. Personne ne les aime ni ne les souhaite. Il n'y a aucun corps de la ville qui les recherche, qui aille au devant d'eux, qui leur ouvre les portes, ni, encore moins, qui leur ait écrit à cet effet; mais, attendu la décadence où se trouve aujourd'hui le collège et les grands efforts que les bons pères scavent employer, il y aura peu de corps qui ait la force de leur résister; surtout s'ils viennent par autorité. Il y aura au plus quelques particuliers dans les corps qui ne prétendent aucune part à leurs faveurs.

« L'essentiel quant à présent paroît être que l'Université prévienne le coup par ses remontrances sur les bruits qui se répandent de cet établissement. Elle doit, ce semble, exposer, combien il est dur pour elle de se voir sans cesse enlever par les réguliers tous les collèges des provinces. On est encore appuyé et on est en droit d'insister fortement sur les volontés connues du Roy, manifestées par la lettre de M. de Saint-Florentin du 29 juin 1733, dont copie cy-dessus : L'intention de Sa Majesté étant qu'il ne soit rien *innové* touchant ce collège, *que les choses restent au même état qu'elles étoient,* c'est à dire ez mains des séculiers et que *le principal demeure en sa place.*

« Le 18 aoust 1734. »

Dix jours après l'affaire occupait les comices — *comitia ordinaria* — de l'Université. — Le même n° 94 des archives de la Ville conserve cet extrait des procès-verbaux universitaires (1).

EXTRACTUM DE COMMENTARIIS UNIVERSITATIS.

Anno Domini millesimo septingentesimo trigesimo quarto, die vigesimâ octavâ augusti, habita sunt in antecessum (2) *comitia ordinaria deputatorum Universitatis apud amplissimum Rectorem in Mazarineo. . . . .* (3).

Quod dixit amplissimus Rector compertum se habere id moliri quosdam in collegium Abbavillæum, viris religiosis, qui dicuntur Jesuitæ, regendum per-

(1) Sur papier à timbre de l'État. — Je copie exactement, un peu dépité contre la langue du secrétaire Piat.
(2) *In antecessum* veut dire par avance, par anticipation. Ici je ne saurais préciser le sens du mot.
(3) *Sic* en blanc.

mittatur, placuit rogari amplissimum Rectorem suam adhibere operam ad eam rem avertendam. Ideoque facta est ei potestas in eo negotio, nomine Universitatis, omni ratione agendi, sive apud primarium regni administrum, sive apud magistratus si necesse fuerit; eique adjunctus est Ex rector (1), *cujus operâ, si res tulerit, utatur. Et ita conclusit amplissimus Rector.*

N. PIAT

Univ. Par. scriba.

On n'entendit plus parler de Jésuites pour le collège d'Abbeville.

Philippe de Lespy abandonna la direction du collège en 1738, son seul désir se bornant alors à occuper une stalle dans l'église de Saint-Vulfran. Il mourut « simplement » chanoine. — *Mémoire* B, et *Arch. de la Ville, série GG, n° 120.*

---

(1) Je ne peux lire que ces mots *ex rector*. *Ex rector* voudrait-il dire recteur du dehors ? ou sous-recteur ? aide-recteur ? Ceux qui sont versés dans l'histoire de l'Université et de son organisation pourront expliquer le mot.

XIII

CLAUDE MOUCHART

Treizième principal

(1738-1743) [?]

Mᵉ Claude Mouchart, prêtre du diocèse d'Évreux et maître ès arts en l'université de Paris, fut élu principal du collège d'Abbeville le 7 août 1738.

Délivrés de la crainte des Jésuites, des Oratoriens, des Jacobins et, de nouveau, des Jésuites, les chanoines reprennent toutes leurs prétentions d'autorité sur le collège et sur le principal. Claude Mouchart a bientôt à se défendre contre leurs exigences. Ils ont voulu l'obliger à instruire gratuitement les porte-eau bénite des paroisses (1). Un procès s'engage à cette occasion. La Ville intervient pour le principal et pour elle-même. L'affaire pendante, Cl. Mouchart écrit, le 25 juillet 1742, à l'évêque d'Amiens (De la Motte d'Orléans). Il implore son secours contre les chanoines.

(1) Les chanoines appuyaient cette prétention sur la qualité d'écolâtres, prise par eux après les bulles de Clément VII et les lettres de Charles VI, et sur les baux passés par eux aux « grands maîtres recteurs des grandes Écoles », baux par lesquels ils avaient obligé ces maîtres à « instruire les petits bénéficiers ou porteurs d'eau bénite sans rien exiger autre chose d'eux que les verges et de balayer les classes, plus d'instruire gratuitement les valets de chacun d'eux et ceux de leurs pères, ce qu'on a vu par les baux des années 1512, 1514, 1516, 1517, 1518 [?], cités

Monseigneur,

Je trahirais ma cause et je manquerais à ce que je dois au chef de la justice, à l'intérest public et aux ordonnances qui établissent l'ordre des juridictions, si je me taisais sur ma situation à l'égard du consentement que les chanoines de Saint-Vulfran d'Abbeville veulent m'extorquer pour faire juger en dernier ressort par trois conseillers du Parlement l'instance pendante en la seconde des Requêtes du Palais, où ces chanoines m'ont traduit et où le corps de ladite ville est intéressé et intervenant pour soutenir mon droit ou pour mieux dire le leur.

Je serois d'autant plus répréhensible, monseigneur, si je gardois le silence que Votre Grandeur a ouvert la route à mes très humbles représentations par la lettre qu'Elle m'a fait adresser par M⁺ l'intendant d'Amiens (1). Je conserve une éternelle reconnoissance de ce que vous aïez été assez bon pour étendre sur moy votre puissante protection et celle des loix en refusant d'accorder sans mon consentement l'évocation et les commissaires recherchés par mes parties adverses. Si, sur l'exposé qu'ils ont fait et qui peut être tourné à leur avantage, Votre Grandeur n'a pas trouvé la matière disposée à l'évocation, j'ai tout lieu de croire qu'après un exposé sincère, Elle me défendra expressément de donner le consentement qu'il me demandent.

dans le mémoire du procès qui a été au Parlement entre le s⁺ Mouchart, chanoine et principal, et MM⁺ˢ les chanoines. — C'est en vertu de cet ancien usage que les chanoines prétendent avoir la possession de faire instruire gratuitement dans le collège les bénéficiers porteurs d'eau bénite des neuf paroisses de la ville dont ils sont les patrons. » — *Mémoire A.*

(1) En marge M⁺ d'Aligre ou Chauvelin.

Je suis pourvu dans Abbeville de la prébende préceptoriale assignée par l'ordonnance d'Orléans à celuy qu'elle charge d'enseigner les enfants de la ville. J'en remplis les charges en enseignant moy seul la rhétorique; les autres classes sont régentées par des personnes qui ne dépendent point du Chapitre et qui ne subsistent que des modiques rétributions que donnent les étudiants, chacun selon son pouvoir. Sans ces rétributions il n'y auroit ni régents ni collège.

Les chanoines de Saint-Vulfran par leurs demandes veulent me contraindre de faire enseigner gratuitement par les régents certaine quantité d'enfans appellés vulgairement les bénéficiers, porte-eau bénite dans les paroisses de leur district dans la ville; en sorte que je serois obligé de payer de mes deniers pour l'instruction de ces enfans, charge si injuste que je ne pourrois plus subsister, puisque la prébende vaut tout au plus cinq ou six cens livres; charge qui ne m'est imposée ni par l'ordonnance d'Orléans ni par l'arrest de 1566 qui a été rendu entre le Chapitre et le premier principal du collège, Marand de Bailleul. J'ay été obligé ensuite de former une demande contre eux pour le payement des rétributions manuelles qu'ils me refusent contre l'expresse disposition du même arrest, et mesme demander mes gros qu'ils me refusent aussi, à moins que je ne m'assujétisse à la condition, jusqu'à présent inouïe, de donner caution bourgeoise. Ils forment plusieurs autres demandes touchant l'inspection qu'ils prétendent sur le collège, mais qui sont déjà décidées contre eux par l'arrest du Parlement de 1617 sous M° Jean de Boulenois, alors principal.

Il n'est pas besoin de vous représenter que ces matières sont de la compétence du tribunal où elles sont, que l'évocation seroit non seulement sans nécessité, mais contraire aux règles, à la saine pratique de la justice et aux ordonnances qui veulent qu'en cela il ne soit délivré aucunes lettres d'évocation, à moins que toutes les parties ne le demandent. Ce sont choses décidées par Votre Grandeur qui n'a voulu qu'aucune évocation fût accordée au Chapitre tant que je ne me joindrai pas avec eux à le demander. Plût à Dieu, monseigneur, que mes adversaires me laissassent jouir de la liberté naturelle dont vous vous déclarez le protecteur avec d'autant plus de magnanimité que je suis plus petit, plus obscur, et plus confiné dans le fond d'une province d'où rien ne parle en ma faveur que la justice et l'équité.

Mais telle est la situation où ils me réduisent que je ne puis donner mon consentement et me rendre coupable envers Dieu et envers les hommes, ni le refuser, sans m'attirer leur inimitié qui m'effraye.

Ce sont eux qui ont porté la cause aux requêtes du Palais; il m'a fallu les y suivre à grands frais en me déplaçant du lieu de mon établissement et en m'arrachant à mes fonctions pour défendre un procès dont la bonté de mon droit fait mon seul appuy et que je n'aurois pas la force de soutenir contre de si puissans adversaires si ma conscience ne m'obligeoit à ne pas abandonner le droit et l'intérest public qu'ils attaquent dans ceux de ma place. Tous les frais sont faits pour l'instruction des avocats plaidants ; et c'est lorsque je touche au moment de la décision que mes parties entreprennent de soustraire aux juges qu'ils ont eux-mêmes choisis et de transplanter notre contestation devant des commissaires pour éviter, disent-ils, des frais qui augmenteront au décuple, puisqu'il faudra instruire par écrit et avec de grande longueur une affaire facile à décider à l'audience et où il s'agit pour moy de pain et d'habit.

De plus, ce qui est encore plus inséparablement la cause dont il s'agit au Parlement et aux juges qui en ressortissent, c'est, monseigneur, que je ne demande que l'exécution des arrêts de 1566 et 1617 rendus entre ce Chapitre et moy ; c'est ce qui me rend encore plus suspects les efforts que font mes parties pour avoir des commissaires qui peut-être ne se croiront pas obligés à suivre les règles établies par ces arrêts.

Mais, monseigneur, si m'attachant à mon devoir, je refuse de concourir à la demande des commissaires, je m'expose à l'inimitié de mes redoutables adversaires. Les prières qu'ils me font d'y consentir sont un commandement parce qu'ils me puniront de n'avoir pas obéi. En combien de manières ne peuvent-ils pas me faire éprouver leur ressentiment par leur sollicitation auprès de personnes de qui dépend ma place pour faire passer mes fonctions en des mains plus souples et plus complaisantes pour leurs prétentions ; combien de voies et de pratiques ne sont pas à craindre ! Dans cet embarras et dans cette extrémité, vous êtes, monseigneur, mon seul protecteur et mon unique appui. Vous pouvez d'un seul mot calmer toutes mes peines et arrêter la vexation qui me fait gémir ; vous avez déjà versé sur moy un grand bienfait, que la justice seule vous a demandé, en refusant l'évocation. Mettez le comble à cette faveur en me défendant expressément de consentir aux trois commissaires ; et, fortifiant par une défense si salutaire, un particulier, trop foible et trop petit pour porter le poids d'un refus qui ne paroissoit venir que de moy, vous empêcherez, monseigneur, que je ne sois écrasé et vous me mettrez en état d'obéir à ce qu'exigent de moy des devoirs que je ne peux violer sans crime. La grâce sera d'autant plus spéciale que c'est un foible particulier qui la demande et qui ose prendre la liberté de se dire, avec le respect le plus profond de Votre Grandeur, Monseigneur, le très obéissant serviteur. *Signé* Mouchart, principal du collège d'Abbeville. 25 juillet

1742. — *Lettre transcrite à la suite du Mémoire B.*

Pendant qu'il soutient cette lutte contre les chanoines, Mouchart est obligé d'en engager une autre, dans l'intérêt du collège, contre les maîtres des écoles particulières. Il assigne ces maîtres pour les forcer à envoyer leurs élèves de latin au collège. En cette revendication il rencontre encore devant lui les chanoines. « Le sieur Mouchart, mon prédécesseur, écrira le principal Tripier, avoit fait assigner quelques maîtres d'école pour être tenus d'envoyer au collège ceux à qui ils enseignent le latin. Le Chapitre a pris le fait et cause de ces maîtres, soutenant toujours qu'il a, lui seul, ce droit comme écolâtre, ce qui a occasionné procès entre lui et le Chapitre. » — *Arch. de la Ville, série GG, n° 79.*

Mouchart dut enfin s'avouer vaincu. Il disparaît en 1742 ou 1743. Le mémoire des archives, série GG, n° 120, dit simplement : « Il fut obligé de perdre sa place en 1742. »

La Révolution seule soustraira le collège aux chanoines, — en supprimant le Chapitre.

Les manuscrits Siffait nous ouvrent en 1742 le collège d'Abbeville et nous apprennent comment on y faisait alors des vers latins.

A la fin de l'année 1741, M. Jacques Toullet de Maison, chantre et chanoine de Saint-Vulfran, fut atteint d'une fausse pleurésie. On le saigna onze fois. Il toucha à la mort. Les rhétoriciens de notre collège fêtèrent sa convalescence dans cette ode :

Quid cessas? Agedum, tibia, dic modos.
Lætis cuncta sonant vocibus : arripe
Tempus ; non aliud se meliùs dabit
    Grato ludere carmine.

Audis? Turba patrum (1), *quos pugiles habet*
Almæ pacis amor, nostraque civitas,
Fundentes miserè quos modo vidimus
    Mæstas cum gemitu preces,

Plaudunt lætitiâ. Quid? Juvenum manus
Quos per duram hyemem templa Academiæ (2)
Fortes ire juvat, te, Deus, optimum,
    Te sanctum, precibus canunt,

Te vitæ celebrant laudibus arbitrum.
Quin Musæ, positâ sollicitudine,
Exultant animis, magniloquâ graves
    Cantus ingeminant tubâ.

Ereptus tumulo nempe Mesonnius,
Nostri deliciæ, præsidium et decus,
Vivit. Candida pax, desine lugubres
    Questus ; vivit amans tui

Cantor. Jam propiùs cernere fas erit
In quo simplicitas nescia splendidis
Honorum titulis alta tumescere ;
    In quo grata benignitas

---

(1) Plus tard un abbé nommé Leducq traduisit ces mots par *Ce Chapitre vénérable.*

(2) Le collège. L'entrée du temple des sciences, traduit l'abbé Leducq.

Insignisque pudor, cernere fas erit ;
Quo nemo melior, nemo potentior
Devincire sibi pectora ! Sat patri
Mortis victima multiplex

Expressit lacrimas (1). Vive parentibus,
Cantor. Vive tuis, charus amoribus ;
Urbi vive tuœ, vive diu ; jacet
Mutus, te sine, Delius.

Offerebant benevoli et grati rhetoricœ candidati in collegio Abbavilleo Anno Dom. 1742, mense januario.

Permis d'imprimer ce 9 janvier.

DE LONGVILLERS (2).

Artous imprimeur (3).

XIV

JEAN TRIPIER

Quatorzième principal

(1743[?]-1761)

Mᵉ Jean Tripier, prêtre, bachelier en théologie de la faculté de Paris et chanoine de la collégiale de Picqui-

---

(1) Le père vivant encore du chanoine chantre, nous ont appris plus haut les Mss. Siffait, avait perdu plusieurs autres fils.

(2) Claude Tillette, écuyer, seigneur de Longvillers, maire en l'année 1741-1742.

(3) Artous était alors l'imprimeur d'Abbeville et il se disait l'imprimeur du collège, nous l'avons vu.

gny, fut élu principal en 1742. — *Arch. de la Ville, série GG*, n° 120, — le 11 février 1743, suivant le *mémoire* B.

Les relations furent toujours tendues et peu amicales entre ce principal et les chanoines. Elles finirent même fort mal, ainsi que nous le verrons.

Les archives de la Ville nous conservent, — *série GG*, n° 79, — un fort long exposé des griefs de Tripier, écrit par lui-même pour sa défense ou pour les besoins de sa cause (1). Ce mémoire remonte pour l'argumentation au commencement même du collège et, par conséquent, à bien des faits déjà notés dans les pages de ce livre. J'analyserai donc le plus brièvement possible les parties qui rappellent ces faits.

Tripier débute par des concessions. Avant les ordonnances d'Orléans et de Blois, accorde-t-il aux chanoines, le Chapitre avait seul, en vertu de son droit d'écolâtrerie, etc. . . . . la surintendance des grandes et petites écoles etc. . . . .

Mais en 1560, le roi, de l'avis des États, a trouvé bon d'établir des collèges dans les principales villes de France et en a donné « le gouvernement et la principalité » à des personnes d'une capacité, etc. . . . . qui seront élues par les archevêques et évêques des lieux, appelés les chanoines, les maire et échevins ou capitouls de la ville etc. . . . .

En conséquence de cette ordonnance a été établi le collège d'Abbeville etc.

(1) Les fautes d'orthographe qui parsèment ce mémoire prouvent qu'une copie seule en a été sauvée par la Ville.

Le sʳ Marand de Bailleul fut alors élu principal, tant par MM. du Chapitre que par les Maire et échevins et confirmé par M. l'évêque. — Le sʳ Quentin, chantre de la chapelle du roi, s'étant présenté pour lui disputer la place, led. de Bailleul en fut mis en possession par arrêt du Parlement du 17 décembre 1565.

Le principal tire de toutes ces circonstances une preuve que, « par l'ordonnance d'Orléans et l'établissement du collège, le droit d'écolâtrerie du Chapitre a cessé et a dû cesser ; que cette ordonnance ne donne au Chapitre seul aucune supériorité ni d'autre droit sur luy que concurremment avec l'évêque et le corps de Ville pour sa nomination et destitution ; que ce n'est donc pas du Chapitre qu'il tient le pouvoir d'enseigner, mais de la puissance souveraine, laquelle, luy donnant une prébende prevostale du Chapitre, a voulu, en l'aggrégeant à ce corps, qu'il jouit des honneurs et profits attachés à ycelle ainsi que les autres membres du Chapitre, chacun de sa prébende. »

Cependant le Chapitre. . . . . « extrêmement jaloux de son prétendu droit d'écolâtrerie, a mis tout en usage pour conserver sur le principal la même supériorité qu'il avoit autrefois sur le maître des Grandes Écoles. . . . . , ce qu'il a grand soin d'exprimer dans les lettres qu'il délivre aux nouveaux principaux, *les nommant principal de* son *collège pour jouir des honneurs, droits et profits, revenus et émolumens y appartenans, tels et semblables qu'en ont joui leurs prédécesseurs, les maîtres des Grandes Écoles,* tels que de pouvoir par eux assister à l'office en habit ecclésiastique, prendre la dernière place dans les hautes chaires à costé gauche, après le dernier chanoine dud. costé, sans pouvoir par eux prétendre une place plus haute, ni aucun plus grand droit dans le chœur, ni aucun rang, place, voix ou droit au Chapitre, et en exigeant d'eux le serment, ce qu'ils font (ce que les principaux font) n'étant pas encore au fait de leurs droits. Comme cette ignorance de leurs droits ne dure pas longtemps, cela occasionne des débats et des procès entre le Chapitre et le principal. La plupart, n'étant pas en état de les soutenir, et leurs occupations ne leur permettant pas de s'absenter, ont été forcés de se soumettre, mais les sujétions que le Chapitre exige déshonorent une place qui mérite au contraire d'être respectée. . . . .

« Cette jalousie de la part du Chapitre a commencé avec le premier principal. »

Et Tripier rappelle le refus que fit le Chapitre de laisser jouir Marand de Bailleul, « outre le gros de sa prébende, des distributions quotidiennes, ordinaires et manuelles établies par sentence du sénéchal de Ponthieu du . . . . » — Le Chapitre, ajoute-t-il, fut alors condamné à exhiber ses registres, comptes et cueilloirs, et faire foi du revenu de la prébende préceptoriale, et, sur l'appel de la part du Chapitre, un arrêt de la Cour du 17 décembre. . . . . (en blanc) ordonna que la prébende et chanoinie demeurat aud. Bailleul. . . . . . Cependant le Chapitre refuse encore au principal sa qualité de chanoine et celle de maître des petites écoles. »

Outre cet arrêt, le principal oppose au Chapitre « le

mausolée du sieur Boulenois décédé principal du collège, qui est dans leur église, où on lit qu'il étoit chanoine préceptorial de l'église collégiale de Dieu et du seigneur saint Vulfran, *maître des écoles de cette ville en l'année ....* Il lui oppose le livre appartenant à la chapelle du collège donné par Robert de la Leuvrieze, principal du collège et *grand maître des écoles de cette ville.* Il lui oppose encore qu'il (le Chapitre) a tellement reconnu que les principaux du collège sont entrés dans les droits d'écolâtrerie *qu'il leur a cédé le droit de percevoir huit deniers par an, qui étoit une somme alors imposée à chaque maître pour chacun de ses écoliers, droit que percevoit d'eux le Chapitre, avant l'établissement des principaux, en reconnaissance de son droit d'inspecteur et surintendant sur les écoles, droit qui a toujours été perçu par les principaux du collège depuis leur création.* »

Tripier oppose encore au Chapitre la sentence du 11 octobre 1627, sur la requête de Boulenois et défendant à deux maîtres d'école d'enseigner le latin réservé au collège.

Il rappelle l'arrêt du Parlement du 16 mars 1617 (rendu entre le sʳ Boulenois, principal, appelant d'une sentence de ce siège (1), les doyen, chanoines de Saint-Vulfran intervenant, et les maire et échevins intimés d'autre). Le différend portait alors sur la nomination aux places vacantes des régents. L'Hôtel de Ville prétendoit y pourvoir, la Ville donnant la rétribution aux

---

(1) Du siège présidial évidemment.

régents. Le principal avait une prétention contraire et le Chapitre intervenant dans la cause, sans prendre la qualité d'écolâtre, adhérait simplement aux conclusions du principal, et par là reconnaissait n'avoir pas droit à la nomination. L'arrêt a ordonné que, « vacation advenant de places de régents, il y sera pourvu par le principal seul. » . . . . .

« Nonobstant, poursuit Tripier, des titres et des preuves si formels, ... le Chapitre fait difficulté de lui donner la qualité de chanoine, lui donne la dernière place dans le chœur, au côté gauche, après les chanoines des petites prébendes! lui refuse l'entrée du Chapitre pour y avoir voix délibérative, la communication des comptes! le droit de nommer aux bourses fondées ainsi qu'aux bénéfices vacants! lui refuse une part dans les droits seigneuriaux! ne lui donne aucune connaissance des procès qu'il entreprend et cependant le comprend dans les frais (de ces procès)! »

Le Chapitre, dit-il, persiste, malgré les ordonnances royales et les arrêts de la Cour, à prétendre sur lui la supériorité ancienne et abolie du Chapitre sur le maître des Grandes Écoles; lui interdit de nommer les régents aux places vacantes sans lui présenter les sujets; lui dénie le droit de forcer les maîtres d'école à envoyer au collège ceux de leurs écoliers qui sont en état d'y être reçus et ne lui reconnaît que celui de les déférer au Chapitre même.

« Le sieur Mouchart, mon prédécesseur, continue Tripier, avoit fait assigner quelques maîtres d'école pour être tenus d'envoyer au collège ceux à qui ils enseignoient le latin. Cette discorde est la principale cause de la chute du collège où il n'y a plus dans chaque classe que cinq, huit, dix écoliers.

« Le principal actuel qui fuit les procès, qui n'a d'ailleurs ni le temps ni les moyens de plaider contre un Chapitre, lui a proposé, et fait proposer nombre de fois, de terminer ces différends à l'amiable et d'en passer par l'avis de Mgr l'évêque d'Amiens, ce qu'il a toujours refusé et le collège dépérit. » Etc. . . . .

Tripier mécontenta aussi quelque peu les régents. Le 20 juillet 1757, les régents adressent une supplique à MM. les Mayeur et échevins. Ils réclament contre le principal Tripier qui, dans un bail récent, s'est fait attribuer, au détriment de leurs droits de co-partageants, la moitié du revenu du grand jardin loué à la veuve Riquier. Le principal répond le 22 juillet en rappelant des baux, des actes, des sentences qui lui donnent raison. — *Arch. de la Ville, série GG, n° 64.*
— Avait-il oublié cependant ses propres paroles :

Quantò quisque sibi plura negaverit
Tantò plura dabit Deus.

Tripier n'était pas en effet un poète latin sans valeur. Il composa les hymnes des premières et secondes vespres du nouvel office de Saint-Vulfran (approuvé par l'évêque d'Amiens le 27 avril 1748).

Son hymne des premières vespres commence ainsi :

Illustrem meritis, Gallia, Præsulem
Vulfrannum memori carmine prædica ;

> *Et vos si qua fides, si pietas manet,*
> *Patrem dicite, Frisii.*

Celle des secondes vespres débute par cette strophe à laquelle j'ai déjà emprunté deux vers :

> *Quam se munificum præbet amantibus,*
> *Qui sensus animi perspicit intimos !*
> *Quantó quisque sibi plura negaverit*
> *Tantó plura dabit Deus.*

Les chanoines et les professeurs du dix-huitième siècle écrivaient parfois mieux en latin qu'en français.

Le 1ᵉʳ août 1744, jour de la distribution des prix évidemment, furent jouées par les élèves du collège deux pièces, un drame et une comédie. M. de Bommy avait sauvé de ses souvenirs de famille quatre pages imprimées, en fort mauvais état (le sujet du drame et les noms des écoliers acteurs). J'ai acheté ces quatre feuillets chez M. Leullier après la vente de la bibliothèque de M. de Bommy. Je les transcris en restituant, comme le sens me l'indique, quelques mots enlevés, ou à demi enlevés, du texte. On retrouvera dans les noms des acteurs ceux de quelques familles notables de l'Abbeville d'alors.

BENJAMIN

Drame héroïque

Tiré du livre de la Genèse, sera représenté par les Écoliers ‖ du collège d'Abbeville le samedy premier août 1744 ‖ à deux heures après-midy.

ARGUMENT

L'esclavage de Joseph indignement vendu par ses Frères; la stérilité de sept Années entières qui affligea toute la Terre par une affreuse famine; le bonheur de l'Égypte qui se vit seule exempte de ce fléau par la sage prévoyance de Joseph; l'élévation de ce Captif; le voyage des enfants de Jacob en Égypte sont trop connus pour qu'on les rappelle ici, et si quelqu'un les ignore, on le regarde comme un profane, indigne qu'on lui présente une lumière à laquelle il a tant de fois fermé les yeux, et ne méritant point qu'on lui fasse connoitre des vérités intéressantes que les Livres Saints et mille autres Livres de piété lui présentent dans un très grand jour.

Ce seroit aussi se défier des Auditeurs et supposer qu'ils ne sont pas instruits que de raconter comment Joseph qui reconnoissoit ses frères, sans toutefois en être reconnu, en fit rester un en Égypte, jusqu'à ce que les autres lui amenassent Benjamin et comment celui-ci, au moyen d'une Coupe enfermée dans son sac et qu'on l'accusoit d'avoir volée, fut arrêté et pris avec ses frères.

C'est à l'époque du prétendu vol de Benjamin, époque qui est à la connoissance des historiens plus détaillés, que commence la pièce. L'on suppose que le Gouverneur n'use de stratagême que pour sonder les dispositions des enfans de Jacob, et connoître si ces cœurs, autrefois inhumains, seront tels à l'égard de Benjamin, qu'ils ont été envers lui. D'abord ils sont d'humeur pour la plupart de laisser leur frère en esclavage : cependant Benjamin voyant qu'on veut accuser ses aînés du vol prétendu se confesse coupable pour les sauver : enfin les fils de Jacob s'adoucissent, ils demandent la liberté de Benjamin, et s'offrent à rester pour lui dans les fers : Joseph alors se donne à connoître, et cette reconnoissance fait le dénouement de la Pièce.

ACTEURS	MESSIEURS
Joseph, Gouverneur d'Égypte..	François Mesnard.
Ramessès, confident de Joseph.	Paul Fr. de Buissy d'Aquet.
Sesambris, Capitaine des Gardes	François Cailly.
Ephraïm, enfant de Joseph....	Pierre Nicolas de Soyecourt
Manassès, enfant de Joseph ...	Jacques Delguorgue.
Benjamin, fils de Jacob.......	Nicolas-Antoine de Rony.
Lévi, fils de Jacob............	Ch. Blaise Duval de Bomy.
Siméon, fils de Jacob........	Jacq. Alexand. Delignières.
Nephtali, fils de Jacob........	Antoine Lennel.
Ruben, fils de Jacob.........	Honoré de Buissy d'Huchen.
Juda, fils de Jacob	Pierre Foulques.

La scène est à Memphis dans la partie du palais de Pharaon qui est l'appartement de Joseph.

LE JOUEUR

Comédie

Sera représentée tout de suite par les mêmes Écoliers.

ACTEURS	MESSIEURS
Pœsophile, Joueur............	Nicolas Antoine de Rony.
Parmenon, valet du Joueur....	François Cailly.
Chrisas, oncle du Joueur......	François Mesnard.
Criton, ami du Joueur........	Paul Fr. de Buissy d'Aquet.
Attichés, gentil-homme ruiné par le jeu................	Alexandre Delignières.
Talasius, fils d'Attichés.......	Vulfran de Buissy d (mot enlevé).
Monsieur Jourdain, créancier..	Jacques Delguorgue.
Gritarion, créancier..........	Pierre Nic. de Soyecourt.
Escroguerdés, usurier........	Ch. Blaise Duval de Bommy.
Megacrisse, Gentil-homme....	Honoré de Buissy d'Huchenneville.
Astragale, Joueur............	Pierre Foulques.
Géta, valet d'Astragale........	Ch. Blaise Duval de Bommy.
Ducroc, escroc	Pierre Nic. de Soyecourt.
Agrion, paysan	Antoine Lennel.

La scène est dans la maison de Pœsophile.

Le principal Tripier n'avait pas vécu en très bons termes avec les chanoines de Saint-Vulfran; il ne mourut pas en meilleurs rapports avec eux.

Je lis dans un recueil de Sangnier d'Abrancourt (1) :

« Le sieur Tripier, principal, étant tombé malade au commencement d'avril 1761, le doyen de Saint-Vulfran vint lui administrer le viatique sans être accompagné d'aucun chanoine. Ce que voyant, le malade ne put s'empêcher de dire : Quoi! ces messieurs ne veulent point me reconnoître pour leur confrère! Étant venu à mourir quelques jours après, on tint chapitre à Saint-Vulfran pour savoir de quelle manière on l'enterreroit. On délibéra si on le devoit enterrer en qualité de chanoine ou en celle de chapelain, et on décida qu'il n'avoit ni l'une ni l'autre qualité. Sur quoi le doyen (2) si on l'enterreroit comme bedeau. Un des chanoines eut la lâcheté (3) de répondre non, mais comme un demi-bedeau. On lui a fait un enterrement qui a scandalisé toute la ville et où aucun chanoine n'a assisté, ce qui a fait voir clairement le manque de charité et l'esprit de haine et de vengeance dont ces orgueilleux chanoines ont l'âme remplie.

« Leur motif étoit que le défunt de son vivant avoit pris le titre de chanoine et que ses parents le lui avoient donné après sa mort dans les billets d'enterrement.

« Ils souhaiteroient avoir pour principal un laïc afin de n'être plus choqués du titre de chanoine que le nouveau pourvu prendroit s'il étoit prêtre.

(1) *Notes, Remarques et Observations sur les biens, dixmes et droits du Chapitre de Saint-Vulfran d'Abbeville ;* — acheté par moi à la vente de la bibliothèque de M. de Bommy.

(2) Un mot ou deux manquent. Le sens suggère : demanda ou fit discuter la question si on l'enterreroit comme bedeau.

(3) Le mot n'est pas choisi, mais je copie.

« La conduite que ces chanoines ont tenue dans leur chapitre au sujet du principal me fait ressouvenir de ce que l'un d'eux m'a dit plusieurs fois : Nous sommes tous honnêtes gens en particulier, mais nous ne valons pas le diable en chapitre. »

Les archives de la Ville confirment sur le service funèbre de Tripier, le recueil de Sangnier . . . .
« MM. les doyen et chanoines de Saint-Vulfran ont affecté de ne faire ses funérailles que comme celles d'un de leurs bedeaux, ce qui leur a fait envoyer une assignation par les frères du défunt, assignation retirée dans la crainte des frais du procès. Le Chapitre, affectant cependant de ne pas regarder le principal comme chanoine, ne devroit pas avoir le droit de le faire transporter et inhumer en Saint-Vulfran. Ce droit appartiendroit au curé de Saint-Gilles, le collège étant dans sa paroisse. » — *Série GG, n° 120.*

Les chanoines avaient cependant admis dans leur office les hymnes de Tripier, mais en lui donnant simplement le titre de principal du collège, qualité que l'on retrouve jointe à son nom dans toutes les éditions successives de cet office jusqu'à l'adoption du bréviaire romain au temps de Pie IX.

Jean Tripier était mort dans le collège même, le 6 avril 1761, âgé de cinquante-trois ans.

Les archives de la Ville nous donnent sous la date assez postérieure du 26 mars 1763 : « Inventaire et état des titres et papiers qui se sont trouvés après le décéds de M⁰ Tripier principal du collège. » — Trois pages. — *Série GG, n° 77.*

XV

PIERRE LOUCHART

Quinzième principal

1761-1778 [?]

M' Pierre Louchart, natif d'Abbeville, bachelier en théologie (1) de la faculté de Paris et chapelain de l'église de Paris, fut nommé par le corps de Ville principal du collège le 27 mai 1761. Le Chapitre avait nommé, de sa part, le s' Morgan, d'Amiens (2), et, dans ce partage, M. de Buissy, lieutenant-général, s'était décidé pour M. Louchart. — *Arch. de la Ville, série GG, n° 120* (3).

Le recueil de Sangnier d'Abrancourt, — *Biens, dixmes et droits du Chapitre de Saint-Vulfran*, — peut nous renseigner sur les incidents de l'élection et sur les difficultés qui, pour la prise de possession, persistèrent pendant quelque temps entre l'évêque d'Amiens et le principal nommé.

« Parmi les personnes qui se présentèrent pour occuper la place de principal, trois seulement restèrent sur les rangs, savoir le sieur Louchart, licencié en théolo-

---

(1) Sangnier d'Abrancourt dit licencié.

(2) Ex-jésuite, dit le mémoire A.

(3) Le procès-verbal de la nomination de M. Louchart est conservé dans les Archives de la Ville, *série GG, n° 64* :

« L'an 1761, le mercredi 27 mai, six heures de relevée, nous,

gie, natif d'Abbeville; le sieur Morgan, ex-jésuite, fils du sire Morgan, avocat à Amiens; et le sieur Petit, curé de Saint-Mard en Vimeu.

« Le 25 mai 1761, jour indiqué pour l'élection du principal, le Chapitre, assemblé après vêpres, nomma, en conséquence d'une lettre de Mʳ l'évêque d'Amiens, le sieur Morgan pour principal, et envoya deux députés au Corps de Ville assemblé en la chambre de l'hôtel commun à la manière ordinaire, M. de Buissy, premier président du Présidial, présidant comme lieutenant général. Les députés y dirent que le Chapitre avoit nommé pour principal le sieur Morgan. En conséquence le Corps de Ville nomma le sieur Louchard (1).

« Comme les deux nominations se trouvèrent différentes, M. le lieutenant-général, qui en cette occasion a le droit de départir en vertu de l'arrêt du Conseil du 4 décembre 1671, nomma le sieur Louchard, ce qui fit pencher l'élection en faveur de ce dernier.

François-Joseph de Buissy, chevalier, seigneur d'Yvren, le Maisnil et autres lieux, conseiller du Roy, premier président au présidial d'Abbeville et lieutenant-général en la sénéchaussée de Ponthieu, nous sommes transportés dans la grand salle de l'hôtel commun de cette ville, etc..... » C'est solennel.

(1) Sangnier d'Abrancourt dit le 25 mai; les mémoires déjà cités des archives (nᵒˢ 120 et 64) et qui me dispensent de recourir au reg. des délib. disent le 27. — Il y a sans doute confusion entre le jour de certaines opérations préliminaires des chanoines et le jour de l'élection à l'Hôtel de Ville. Voici quelle était la *forme* de l'élection : « Le Chapitre fait informer le Corps de Ville par deux chanoines qu'il députe à l'audience, du jour et de l'heure où il procédera à la nomination d'un principal en priant le Corps de Ville de procéder de son côté à la nomination. Le jour convenu, les chefs des deux corps le font connaître à M. le lieutenant-

« Vers la fin de juin, le sieur Louchard, en revenant de Paris, passa par Amiens et fut trouver l'évêque pour avoir son visa, mais le prélat, prévenu en faveur du sieur Morgan, le refusa, sous prétexte que sa nomination étoit nulle, le droit de départir en cette occasion n'appartenant pas en vertu de l'édit d'Orléans au lieutenant-général, mais à lui comme évêque diocésain, ce qui ouvre la porte à un procès entre ledit sieur évêque et le sieur de Buissy, lieutenant-général, que l'évêque perdra certainement s'il le soutient (1), le sieur de Buissy étant bien fondé sur l'arrêt rendu le quatre décembre 1671 en pareil cas et confirmé par un arrêt du .... 1697 et par un autre arrêt rendu ces années dernières en faveur du lieutenant-général de Saint-Quentin pour l'élection du principal de cette ville qui roule comme à Abbeville entre le Chapitre royal de la collégiale de Saint-Quentin et le corps de l'Hôtel de Ville dudit Saint-Quentin (2).

général pour qu'il puisse se trouver prêt à départager s'il est besoin. La nomination du Chapitre étant faite, ses deux bedeaux viennent en la Ville savoir si le Corps de Ville a fait la sienne et si les deux députés du Chapitre peuvent se rendre à la Ville. » Réponse faite, les deux députés se rendent à l'Hôtel Commun « où ils présentent l'acte de la nomination du Chapitre, et, si celle de la Ville est différente, le greffier de la Ville est envoyé à M. le lieutenant-général le prier de se rendre à la Ville pour départager. » — *Arch. de la Ville, série GG, n° 120.*

(1) L'évêque d'Amiens ayant fait consulter par les avocats du clergé à Paris, il lui a été assuré, en réponse, qu'il succomberoit ; pourquoi il en est demeuré à son mécontentement et le Louchart à sa place. — *Arch. de la Ville, série GG, n° 120.*

(2) Le droit de départage était d'autant plus certain pour M. le lieutenant-général d'Abbeville que le même droit, en cas abso-

« Depuis ce temps-là le sieur Louchard est retourné à Amiens trouver l'évêque avec divers arrêts qui détruisent les prétentions du prélat, et, en cas d'un second refus, il doit se présenter au palais épiscopal avec deux notaires pour verbaliser, et se retirera ensuite vers l'archevêque de Rheims, métropolitain d'Amiens....... Le seigneur évêque d'Amiens s'est rétracté et a accordé le visa.

« Le s^r Louchard a pris possession de la principalité le 6 juillet 1761. » — Suivant un mémoire des archives, P. Louchart a bien été installé le 6 juillet 1761 « par les deux députés de la Ville et deux du Chapitre, » mais « sans visa. » — *Série GG, n° 120.*

Le bureau d'administration, constitué en vertu de l'édit du mois de février 1763, paraît l'année suivante (1).

---

lument semblable, « avoit été nouvellement attribué au lieutenant-général de Saint-Quentin. » — *Arch. de la Ville, série GG, n° 120.*

L'arrêt du Parlement pour le différend de Saint-Quentin est du 3 septembre 1742. Il ordonne « que le principal sera nommé par le doyen et six chanoines de la collégiale de Saint-Quentin, ainsi que par le mayeur et six échevins, en présence du lieutenant-général, pour, en cas de partage de voix, être par lui départagé. » — *Sangnier d'Abrancourt, Biens, dixmes,* etc.

L'arrêt avait été rendu « sur le vû des titres de cet usage communiqués par le Corps de la ville d'Abbeville aux maire et échevins de Saint-Quentin, qui ont envoyé copie de leur propre mémoire et de l'arrêt obtenu par eux, avec remerciement à M. Douville de Belleval, échevin en 1712. » — *Id., ibid.*

(1) Le bureau d'administration du collège a laissé peu de trace dans nos archives. Un édit de février 1763 avait créé les bureaux de ce genre; un arrêt du 29 janvier 1765 en devait régler les

Le 5 juillet 1764, MM. les administrateurs récemment établis délibèrent ; ils cherchent les moyens d'augmenter un peu leurs ressources.

Le Parlement s'occupe en cette année même d'un plan d'étude et d'éducation qui doit grandement profiter à l'instruction et aux collèges pauvres. Il est question de retirer aux collèges jouissant de fortunes considérables une portion de leurs revenus en faveur de ceux qui ont besoin d'aide. Récemment on a distrait du collège d'Amiens cinq mille livres de revenu au profit de ceux de Laon et de Beauvais « qui attendent de jour en jour des lettres patentes. » Le Bureau désire une faveur semblable pour le collège d'Abbeville. Il écrira en conséquence à M. le premier président, à M. le procureur général et à MM. les commissaires du Parlement chargés de rendre compte des collèges qui sont dans le ressort de la Cour. Le Bureau des administrateurs a déjà fait différentes démarches et employé des personnes amies pour procurer au collège d'Abbeville une existence légale en vertu des lettres patentes et une augmentation de revenu permettant, s'il est possible, l'instruction gratuite. Il est à souhaiter que ses sollicitations soient appuyées par MM. les Maieur et échevins. — Et, en effet, la délibération du Bureau est expédiée à la Ville. — *Arch. municip., série GG, n° 64.*

conditions, la composition ; un autre arrêt du 2 mars 1785 précisera encore plus tard : les notables et adjoints aux bureaux d'administration des collèges seront choisis parmi les nobles, les avocats et les chefs de famille âgés de trente ans, domiciliés dans la ville, et les deux premiers officiers municipaux seront membres du bureau. — *Recueil des anciennes lois françaises.*

Abbeville n'obtint pour son collège aucune part des revenus pris à d'autres plus riches (1). Elle ne vit se réaliser les vœux des administrateurs ni sur ce point, ni pour l'existence légale, ni pour l'instruction gratuite, mais un secours lui vint d'un autre côté.

Un arrêt du Conseil d'État a supprimé récemment l'abbaye de Forêtmontiers. Les administrateurs du collège font, en 1767, rédiger, ou du moins signer par M⁰ Huart, avocat, un mémoire ayant pour objet d'obtenir du roi la réunion au collège de la mense conventuelle de l'abbaye condamnée.

On ne peut, disent-ils, « rassembler d'excellens maitres, » qu'en leur faisant « un sort capable de les attirer et de les fixer, et en leur procurant un état convenable et décent. » — Il n'en est malheureusement pas ainsi à Abbeville. Le collège en est réduit à regretter les « anciens temps » et son « éclat » passé. — Existence légale de ce collège établie par les lettres patentes en forme d'édit du mois d'avril 1594, les arrêts du Conseil des 4 décembre 1571 et 8 septembre 1692, et ceux du Parlement de Paris des 17 décembre 1566, 11 janvier 1569 et 19 janvier 1588. — Nécessité de le maintenir. — « Cependant il ne s'est soutenu jusqu'ici que par le zèle des habitans d'Abbeville, par l'économie et le désintéressement de ceux qui l'ont administré. L'on n'accordoit à ses Régens que quelques modiques sommes par forme de gratifications. Cela se réduisoit à quelques

(1) Quelles suites reçurent, d'ailleurs, les intentions du Parlement ? Les répartitions proposées furent-elles même faites ou toujours faites ?

cens et surcens montant à 392 livres que la Ville leur abandonnoit, et à une somme de 300 livres qu'elle leur délivroit en outre. En y joignant la location du jardin, qui est son unique fonds, et qui ne rapporte que 100 livres et la prébende préceptoriale de 500 livres affectée au Principal seul, le tout formoit une somme de 1292 livres pour l'entretien d'un Principal, de cinq Régens et d'un portier, somme bien insuffisante aujourd'hui. »

Impossibilité de songer avec ces faibles ressources « à l'entretien des bâtimens. » — Les officiers municipaux, chargés de l'administration du collège avant l'édit de février 1763, n'accordaient qu'à l'extrême nécessité les réparations indispensables. — « État de caducité et de ruine très prochaine. »

« Tel étoit l'état déplorable du collège lorsque les administrateurs actuels en ont pris la régie. » — Leur zèle. — Mais que peuvent-ils faire avec des revenus aussi modiques ? « Ils se voient même à la veille d'être privés des gratifications annuelles du Corps de Ville, dont les revenus patrimoniaux sont diminués et les charges augmentées. Ils n'ont d'espérance que dans les bontés du Roi. »

Une ressource disponible se présente, qui, sans charger l'État, peut rétablir le collège. « Ce seroit de lui réunir la manse conventuelle des Religieux non Congrégés de l'Abbaye de Foresmontier qui vient d'être supprimée par Arrêt du Conseil. » — « Quoique cette manse ne soit pas considérable et qu'elle ne produise qu'environ 4,000 livres par an, les Administrateurs espèrent, par leur économie et par leur arrangement, y trouver une ressource suffisante. »......

« Si cet établissement est maintenu, si ses bâtimens ruinés se relèvent, si l'on peut y attacher de bons maîtres, et par le secours de l'instruction gratuite en ouvrir l'entrée à des enfans souvent pleins de talens que l'indigence de leurs parents en a éloignés jusqu'ici, quelle pépinière d'hommes pour la province de Ponthieu, et par conséquent pour tout le Royaume où ils reflueront ensuite! »...... — *Mémoire pour les Administrateurs du collège de la ville d'Abbeville*, sept pages, *de l'imprimerie de Didot, rue Pavée,* 1767. — A la bibliothèque de la Ville.

Deux ans après, le 10 janvier 1769, le principal Louchart déclarait encore, dans une déposition produite, « tant en son nom que pour et au nom des autres administrateurs (1), » que les revenus du collège consistaient alors, etc. — Suit une déclaration semblable à celle de 1767.

Les quatre sommes rappelées ne formaient ainsi qu'un total de douze cent quatre-vingt-douze livres ou environ, revenu deux fois insuffisant, disait Louchart au nom de ses collègues. Cette somme ne pouvait fournir des honoraires convenables au principal et aux régents, encore moins subvenir à la restauration des bâtiments, « qui sont dans un état de caducité si constante qu'ils ne sçauroient être raccommodés et qu'il faut nécessairement les faire rétablir entièrement à

---

(1) Ces administrateurs étaient alors Buquet, de Buissy, Le Sueur, Michault et le principal Louchart.

neuf. » — « Quant aux titres (1), déclaraient les administrateurs, il n'y en a aucuns au collège, sinon quelques cueilloirs qui sont entre les mains du sieur (*sic* simplement), l'un des régents, qui fait faire la perception, lesquels sont anciens et en assez mauvais ordre. » — *Arch. nationales, registre des ordonnances X¹ᵃ 8,789.*

Cette situation engage le roi et l'évêque d'Amiens à répondre favorablement aux sollicitations et à unir enfin au collège la manse conventuelle de Forêtmontiers. — 1769.

Il y a nombre d'années déjà, préoccupé de l'idée de construire cette histoire, j'ai copié aux Archives nationales, — *Reg. des Ordonnances X¹ᵃ 8,789, folio 388*, le *Décret de M. l'évêque d'Amiens pour l'union de la manse conventuelle de l'abbaye de Forestmontiers au collège d'Abbeville, et,* — *ibid., folio 409,* — les *Lettres patentes confirmatives d'un décret du sieur évêque d'Amiens portant union à la manse conventuelle de l'abbaye de Forestmontiers au collège d'Abbeville.*

Une analyse de ces actes, qui comprennent des rapports d'enquêtes, m'entraînerait ici trop loin. Je renvoie donc ma copie, ou l'examen de ma copie, au chapitre des *Pièces justificatives* et ne vais ici qu'aux conclusions.

« Tout considéré », etc., dit l'évêque, (M. de la Motte.)

« Premièrement, nous avons éteint », etc..... la manse conventuelle de Notre-Dame de Forestmontiers,» etc... .

---

(1) Ce détail importe peu ici. Je le laisse pour ne pas le séparer de sa date.

« Secondement, nous avons uni », etc. . . . . . au collège d'Abbeville les biens, droits, revenus, fruits, profits et émolumens en dépendans » — dépendant de l'abbaye. — Etc. . . . . .

« Treizièmement, nous ordonnons qu'après lesdites charges perpétuelles acquittées, et à fur et mesure que les pensions viagères des religieux viendront à s'éteindre . . . . . ., il sera prélevé annuellement, et à perpétuité, sur les revenus de ladite manse unie, jusqu'à concurrence de la somme de deux mille quatre cent livres exempte de toutes charges et impositions, laquelle nous avons affectée et affectons au payement des honoraires du principal et des professeurs et à l'entretien des bâtimens, chapelles et corps du collège d'Abbeville, le tout et ainsi qu'il sera réglé en conséquence des délibérations qui seront prises à cet effet par les administrateurs dud. collège.

« Quatorzièmement, à l'égard du surplus des revenus de lad. manse, à quelque somme qu'ils puissent monter, ordonnons qu'il sera employé en bourses de la valeur de cent cinquante livres, chacune, lesquelles seront et demeureront affectées à des sujets nés dans l'étendue de ladite paroisse de Forestmontier, privativement à tous autres de notre diocèse, s'il s'en trouve dans ladite paroisse, et, à défaut d'iceux, à tous autres sujets du diocèse, et notamment de la ville d'Abbeville, pour par eux en jouir durant le cours de leurs études dans le pensionnat du collège d'Abbeville tant et si longtemps qu'il aura lieu, et, à défaut d'iceluy, dans le pensionnat du collège d'Amiens; et ce sur la nomination qui en sera faite par nous et nos successeurs. . . . . . .

« Donné à Amiens, etc. . . . . . , le sept avril mil sept cent soixante-neuf. » *Signé* « L. F. G., évêque d'Amiens.

Après le décret épiscopal, la lettre du roi.

« Louis », etc. — Le roi rappelle d'abord la demande des administrateurs du collège, les religieux de Forest-montier, « hors d'état, par leur petit nombre, de remplir avec décence le service divin, » le brevet par lequel il a, le 21 septembre 1768, « permis qu'il fût procédé suivant les règles canoniques et juridiques à la suppression de la manse conventuelle et réunion d'icelle au collège d'Abbeville, » les procédures suivies en conséquence. Puis, après avoir reproduit les articles du décret de l'évêque en les resserrant à peine, il termine ainsi :

« A CES CAUSES, de l'avis de notre Conseil, » etc. . . . — approbation du décret.—. . . . « ordonnons en outre que, par les administrateurs du collège d'Abbeville, il sera pris incessamment telles délibérations qu'ils aviseront pour la répartition et distribution des deux mille quatre cent livres affectées par ledit décret au payement des honoraires des principal et professeurs et entretien des bâtimens, chapelle et corps du collège, nous réservant, sur le compte qui nous en sera rendu, ensemble des mémoires qui pourront nous être remis par les administrateurs à cet effet, de statuer et régler par nos lettres patentes à ce nécessaires tout ce qu'il appartiendra; voulons que les deniers qui proviendront des coupes de bois autorisées par l'arrêt de notre Conseil du cinq may mil sept cent cinquante, et sous les réserves portées audit décret, soyent employés aux réparations actuelles et urgentes et à la reconstruction des bâtimens du collège, de la manière et ainsy qu'il sera statué par lesd. administrateurs en conséquence des délibérations cy-dessus ordonnées; voulons, en outre, que, dans lesdites délibérations, il soit proposé tels moyens qu'il appartiendra, soit pour la conservation, soit pour la vente des lieux et édifices réguliers de Forestmontier ou démolition d'iceux, et généralement tout ce qu'ils croiront le plus avantageux au collège d'Abbeville.....

« Donné à Versailles au mois d'avril l'an de grâce mil sept cent soixante-neuf et de notre règne le cinquante-quatrième. » — *Signé* Louis, etc. — Registrées, etc... en Parlement, ce six septembre mil sept cent soixante-neuf (1).

Il faut rendre justice au gouvernement de Louis XV aux environs de la date où nous sommes. Ce gouvernement porta intérêt à l'instruction publique et fit signer au roi des édits, des lettres patentes portant réglement pour les collèges, édit de février 1763, lettres patentes du 30 mars 1764.

Je possède une brochure de soixante-quatre pages imprimée chez Devérité, en 1776, et portant à la fin : *Permis d'imprimer à Abbeville, le 7 novembre 1776,*

(1) Cette ordonnance occupe dans le registre X^ts les pages comprises entre le folio 409 et le folio 415. Le tome est le soixante-seizième des Ordonnances du roi Louis XV commençant le 8 aoust 1769 et finissant le 3 octobre audit an. — Il existe de cette ordonnance une belle copie sur papier aux archives de la Ville, *série GG, n° 104.*

Griffon d'Offroy (le maire de cette date). Cette brochure a pour titre : Édit et arrêt du Parlement concernant les colléges qui ne dépendent pas des universtés. Elle contient l'édit du roi de février 1763, l'arrêt de la cour de Parlement du 29 janvier 1765 portant règlement pour les colléges visés dans l'édit du roi et, ce qui est plus intéressant pour nous, un règlement du collège d'Abbeville arrêté le 3 octobre 1776 par Messieurs les Administrateurs assemblés extraordinairement en la manière ordinaire et accoutumée.

DÉLIBÉRATION
et
RÉGLEMENT.

« Il a été exposé par un de Messieurs :

« 1° Que l'état des revenus de Collège rend possible l'établissement du nouveau régime fixé par les Lettres-Patentes du mois d'Avril 1769, registrées le 6 Septembre de la même année (1), et de la Délibération du 1ᵉʳ Août 1775, homologuée au Parlement le 2 Septembre suivant; qu'on ne doit pas différer de procurer au Public les avantages qui doivent en résulter pour lui; qu'à la vérité les biens de l'ancienne dotation, jointe aux biens réunis de l'Abbaye de Forest-Montier, ne produisent pas assez pour établir l'instruction tout à fait gratuite; mais qu'en exigeant de chaque Écolier externe une somme de douze livres par année, au lieu de vingt-

---

(1) Les lettres patentes rappelées plus haut, p. 292.

quatre qu'on a payée jusqu'aujourd'hui, la recette pourra suffire à la dépense. On pourra décharger M. le Principal de la tenue de la classe de Rhéthorique, nommer pour cette classe un Professeur particulier, faire jouir les cinq Professeurs des honoraires fixés par la Délibération et Arrêt d'homologation des premier Août et 2 Septembre 1775 ; et, par ce moyen, exiger d'eux une assiduité exacte, que les fonctions de Vicaire, Diacre, Soudiacre et autres qu'ils ont acceptées jusqu'ici dans les Paroisses et Couvens de la Ville, rendoient impossible.

« 2° Qu'il seroit nécessaire, en établissant ce nouveau régime dans le Collège, de fixer la durée de l'année scholastique, les tems des vacances, les jours de classe et de congé, et autres objets de discipline intérieure, conformément à l'Édit de Février 1763, art. XIX, et de l'Arrêt du 29 Janvier 1765, art. LIII.

ARTICLE PREMIER

« A commencer du 1er Octobre 1776, M. le Principal sera dispensé de tenir la classe de Rhétorique, l'enseignement sera établi dans le Collège sur le pied fixé par les Lettres-Patentes du mois d'Avril 1769, registrées le 6 Septembre suivant, et de la Délibération du 1er Août 1775, homologuée au Parlement le 2 Septembre suivant ; en conséquence, il sera procédé dans la quinzaine à la nomination ou d'un Professeur de Rhétorique ou d'un Professeur d'Humanités, si le bureau juge à propos de donner la Chaire de Rhétorique à l'un des Professeurs actuels.

II

« A commencer du 1er octobre 1776, les Professeurs ne pourront rien recevoir directement ou indirectement des Écoliers ou de leurs parents, conformément à l'article XXXVIII de l'Arrêt du 29 Janvier 1765. Mais comme les charges, dont sont actuellement revés les revenus du Collège ne permettent point d'établir l'instruction tout-à-fait gratuite, il sera payé par chaque Écolier, audit jour premier Octobre, entre les mains de M. le Principal, qui en tiendra registre divisé par classes, une somme de douze livres seulement, ce qui sera continué les années suivantes, jusqu'à ce qu'il ait été autrement statué par le Bureau.

III

« Au moyen de l'augmentation d'honoraires accordés aux Professeurs par la Délibération et Arrêt d'homologation du 1er Octobre 1776, ils seront tenus d'abandonner toutes fonctions spirituelles dans les Paroisses et Couvens de la Ville. Ils ne pourront pareillement se livrer à aucune occupation temporelle qui pourroit les distraire de leurs classes et de l'étude, toujours nécessaire pour perfectionner soit leurs connoissances, soit les moyens de les transmettre à leurs Élèves.

IV

« L'année scholastique commencera le jour de Saint Remi, et finira la veille de l'Assomption pour les Rhétoriciens, le 28 Août pour les secondes, le 29 Août pour les troisièmes, le 30 pour les quatrièmes, et le 31 Août pour les cinquièmes.

V

« Le jour de Saint Remi, l'ouverture des classes se fera ainsi qu'il est prescrit par l'art. XLI de l'Arrêt du 29 Janvier 1765. Le discours latin ou françois, dont est fait mention en cet Arrêt, continuera d'être prononcé l'après-midi, suivant l'usage.

VI

« Il y aura deux congés ordinaires par semaine : savoir, le Mercredi après-midi, et le Samedi aussi après-midi.

VII

« Quand il y aura une Fête ou congé extraordinaire dans la semaine, il n'y aura qu'un congé ordinaire, et il sera placé de façon que l'on ne tienne jamais les classes six fois de suite.

VIII

« La veille de la Toussaint point de classe, non plus que le jour des Morts le matin; mais on rentrera en classe ledit jour après-midi.

IX

« La veille de Noël point de classe : on y rentrera le jour des Saints Innocents.

X

« Le Jeudi qui précède le Mercredi des Cendres, point de classe.

XI

« Le Lundi et le Mardi qui précèdent immédiatement le jour des Cendres, point de classe.

XII

« Le Mercredi des Cendres point de classe le matin ; on y rentrera l'après-midi.

XIII

« Le jour de la mi-Carême point de classe.

XIV

« Les congés de Pâques commenceront le Mercredi Saint après-midi, et l'on rentrera en classe le lendemain des Fêtes.

XV

« Le jour de Saint Grégoire, Patron des Écoliers, point de classe le matin ; il sera célébré une Grand'-Messe ; l'après-midi Vêpres et Salut.

XVI

« La veille de Pentecôte point de classe.

XVII

« Le 23 Août, jour de la naissance du Roi (1), point de classe; ce jour sera solemnisé ainsi qu'il est prescrit par l'art. XXXIV de l'Arrêt du 29 Janvier 1765.

XVIII

« Comme il n'est pas possible de fixer irrévocablement le jour de la distribution des Prix ordonnée par les art. XLVII, XLVIII, XLIX, de l'Arrêt du 29 Janvier 1765, le Bureau indiquera chaque année, aux approches des vacances, le jour qu'il jugera le plus convenable à cet effet.

XIX

« La veille de l'Assomption point de classe; les Professeurs présenteront le matin leurs Écoliers à M. le Principal, conformément à l'art. XXX de l'Arrêt du 29 Janvier 1765. M. le Principal nommera classe par classe les Écoliers qui, par l'examen subi au désir de l'art. LI dudit Arrêt, auront été jugés capables de monter dans une classe supérieure, ou seront demeurés douteux; il fera ensuite aux uns et aux autres une courte exhortation relative à la manière dont ils auront employé leur tems; après quoi il sera célébré une Messe d'actions de grâces.

XX

« La porte du Collège sera ouverte aux Écoliers

---

(1) Alors Louis XVI.

externes le matin à huit heures, l'après-midi à deux heures.

XXI

« Quand ils seront entrés dans le Collège, aucun d'eux ne pourra en sortir, sous quelque prétexte que ce soit, avant les autres, sans permission de M. le Principal; à cet effet, la grille sera fermée à la grosse clef, qui demeurera toujours entre les mains de M. le Principal, conformément à l'art. L de l'Arrêt du 29 Janvier 1765; et il sera défendu au Portier de laisser ouverte la porte qui communique de l'allée du collège au Bureau et à l'escalier, comme aussi de s'absenter de sa Loge pour le service des Professeurs, ou sous tel autre prétexte : le tout à peine d'être renvoyé.

XXII

« Les Écoliers entreront en classe le matin à huit heures un quart : ils en sortiront à dix heures et demie; l'après-midi ils entreront en classe à deux heures un quart; ils en sortiront à quatre heures et demie.

XXIII

« Les Écoliers ne pourront entrer dans la classe avant leurs Professeurs, ni rester quand les Professeurs en sortiront, conformément à l'art. XLII de l'Arrêt du 29 Janvier 1765.

XXIV

« En sortant de la classe du matin, à dix heures et demie, tous les Professeurs conduiront leurs Écoliers à la Chapelle pour assister à la Messe. Quand tous les Écoliers seront entrés dans la Chapelle, ceux des Professeurs qui seront obligés de s'absenter, se retireront ; mais il en restera toujours deux pour veiller sur les Écoliers durant la Messe, lesquels seront nommés chaque semaine par M. le Principal, au désir de l'art. XLIII de l'arrêt du 29 janvier 1765.

XXV

« Le Samedi ou jour précédent, quand il sera Fête ou congé extraordinaire, tous les Professeurs seront tenus d'assister à la Messe, et ensuite au Catéchisme général que M. le Principal fera après la Messe, afin de contenir leurs Écoliers et maintenir l'ordre et le silence.

XXVI

« Indépendamment du Catéchisme que fera M. le Principal le dernier jour scholastique de chaque semaine après la Messe, chaque Professeur fera le Mercredi ou le jour précédent de chaque semaine, si le Mercredi était Fête ou congé extraordinaire, un Catéchisme particulier dans sa classe, et prendra ledit jour sur la durée de la classe un tems convenable pour expliquer à ses Écoliers les vérités et les principes de la Religion, conformément à ce qui est prescrit par l'art. XXX de l'arrêt du 29 janvier 1765.

XXVII

« En conséquence de l'art. XX de l'Édit de Février 1763, et de l'art. VIII de l'Arrêt du 29 janvier 1765, la Compagnie a unanimement nommé M. Clémenceau, lieutenant-général, pour veiller au maintien de la police intérieure du collège.

XXVIII

« Enfin il a été arrêté qu'au premier Bureau il sera fait lecture à MM. les Professeurs de la présente délibération, laquelle sera imprimée avec l'Edit de Février 1763, et l'Arrêt de Réglement du 29 janvier 1765, pour être du tout donné exemplaire à chacun d'eux, afin qu'ils aient à s'y conformer ; et a la compagnie signé. *Ainsi signé*, CLÉMENCEAU, HECQUET DE ROCQUEMONT, HERMANT DE MORVILLE, BUTEAUX, MICHAULT, FRANÇOIS MICHAULT, LOUCHART, Principal, et FLAMAN, avec paraphe. »

Ce bureau est en grande partie laïque.

Le manuscrit de Sangnier d'Abrancourt, — *Biens, droits, etc., du Chapitre de Saint-Vulfran*, — constate ainsi, sans date précise malheureusement mais au temps du principal Louchart, la sorte de révolution causée dans le gouvernement du collège par les édit, lettres patentes, arrêt rapportés plus haut :

ADMINISTRATION DU COLLÈGE.

« Les chanoines de Saint-Vulfran qui, en vertu de leur droit d'écolâtre, avoient l'inspection du collège se trouvent aujourd'hui privés de ce droit au moyen de la nouvelle administration de tous les collèges du royaume fixée par les lettres patentes de S. M. du. . . . .

« Cette nouvelle administration est composée d'un bureau où l'évêque diocésain, et, en son absence, un prêtre par lui préposé, doit présider, de deux officiers municipaux et de deux notables, avec le principal, etc.

« Mr l'Évêque d'Amiens n'a pas voulu accepter la présidence du bureau du collège d'Abbeville ni nommer aucun prêtre pour le remplacer. Les autres administrateurs sont MM.

« Delignières, notaire, échevin.

« Gallet, avocat, procureur fiscal de la Ville.

« Michault, greffier de la maîtrise.

« Michault père, marchand de toile.

« Louchard, principal.

« Il y a eu des difficultés au sujet de M. Gallet, parce qu'il prend le titre de procureur du roy de la Ville qui lui est contesté par Me . . . . Hecquet, procureur du roy en la sénéchaussée de Ponthieu et siège présidial d'Abbeville, et sur ce qu'il n'est pas officier municipal.

« En effet, la charge de procureur du roi des villes a été supprimée et réunie à celle des bailliages et sénéchaussées, et il n'y a que les mayeur et échevins qui soient officiers municipaux parce qu'ils ont le commandement ; les officiers perpétuels, tels que le siéger, le procureur fiscal, le substitut de ce procureur, l'argentier et le greffier de l'hôtel commun, n'ayant aucun commandement en l'absence des mayeur et échevins, ne sont pas regardés comme officiers municipaux, mais seulement comme officiers de ville, faisant corps avec les officiers municipaux. »

Au temps du principal Louchart ou dans les premières

années du principalat de P.-J. Bertin, fut reconstruit, en grande partie du moins, le collège.

On lit dans l'*Almanach de Picardie* de 1783, — article *Embellissements procurés à la ville d'Abbeville depuis 1773.* — :

« Le collège qui n'offroit plus que les débris d'un ancien hôtel, connu autrefois sous le nom d'hôtel de Neuilly, a été reconstruit à neuf et forme un bâtiment en marteau de deux cent quarante pieds de long en briques et pierres de taille qui ne dépareroit pas la capitale même du royaume. »

C'est ce bâtiment « en marteau » qui occupe encore aujourd'hui l'angle des rues Millevoye et Dumont.

L'auteur du mémoire B finissait d'écrire peu de temps après l'entrée en charge de Louchart. « Me Pierre Louchart, dit-il, régit actuellement le collège en cette année 1763, avec l'approbation de la Ville. »

J'ignore comment et quand Louchart quitta le collège. L'inconnu nous amène jusqu'en 1778.

XVI

PIERRE-JOSEPH BERTIN

Seizième principal

Du 9 novembre 1778 au 7 mars 1791

L'abbé Bertin était né à Amiens. Il fut reçu principal du collège d'Abbeville le 9 novembre 1778, — *Mss.*

Siffait, — et le dirigea pendant douze ans. Il vit pendant l'exercice de sa charge commencer la révolution et émigra. J'ai eu à le nommer quelquefois dans *Quatre années de la Révolution*. M. E. Morgand, — *Mém. de la soc. d'Emul.* 1838-1840, — vante son érudition, la finesse de son esprit, ses sermons et les discours académiques qu'il prononça quelquefois.

Dès son entrée en fonctions, M. Bertin publia ce prospectus-règlement, imprimé sans date à Amiens :

PENSION
ÉTABLIE AU COLLÈGE D'ABBEVILLE
Par M. BERTIN, principal de ce collège

M. Bertin commence par exposer ses intentions, son plan d'éducation, les méthodes qui régleront son enseignement, les principes qui le guideront dans la direction des études et le maintien de la discipline.

Je laisse toute cette partie de côté avec quelque regret, M. Bertin ayant été le meilleur directeur du collège depuis Boullenois et, de tous les principaux anciens, le seul peut-être qui ait su écrire en français. M. Bertin se permet même des initiatives, ne ferme pas toutes ses portes aux idées du temps (1). — Il renonce aux anciens moyens de correction : « Qu'il nous suffise de prévenir, dit-il, que, quand nous aurons à punir, nous nous

(1) « M. le principal, est-il dit dans une note (p. 4), se propose, dès qu'il sera hors des embarras d'un premier établissement, d'ouvrir au collège un cours public et gratuit d'histoire et de géographie; et tous les ans on soutiendra, dans sa Pension, des exercices publics sur ces deux sciences. »

interdirons jusqu'au scrupule ces moyens violens, plutôt faits pour révolter que pour corriger les jeunes gens, dans lesquels il est si difficile de ne pas s'échapper au-delà des bornes de la décence. Ce n'est pas en se dégradant aux yeux de ses élèves, qu'on les [leur] apprend à se respecter. »

Cette partie de la circulaire a pour conclusion ces mots et cette note bons à sauver pour la biographie de M. Bertin : « Puisse-t-elle (cette marche) répondre à nos espérances et au désir que nous avons d'être utiles à une Ville qui est pour nous une seconde patrie. Si seize années d'expérience et d'étude nous ont donné quelques lumières sur l'éducation (1), nous serons trop heureux de les employer à lui témoigner notre reconnaissance. »

J'en arrive à la partie sèche, au simple règlement.

§ III

ORDRE DES EXERCICES DE LA JOURNÉE

A six heures le lever. On sera totalement habillé à six heures un quart, et personne après la prière ne pourra plus retourner dans le dortoir.

A six heures un quart la Prière, suivie d'une lecture de piété. Elle se fera dans la salle.

---

(1) « M. Bertin a passé quinze ans dans la Pension de M. l'Abbé Houbron. Ses travaux pendant tout ce temps sont connus; ils lui ont valu l'estime des personnes les plus distinguées de la Province, et la confiance qui l'a élevé à la place qu'il remplit aujourd'hui. Il ne rappelle cette circonstance que pour s'engager plus solennellement à y répondre par tous les moyens qui pourront le rendre utile. »

A six heures et demie, étude. Cette étude sera d'abord employée à apprendre et à réciter les Versets de l'Écriture Sainte. C'est aussi pendant ce temps que Messieurs les Pensionnaires seront peignés.

A sept heures trois quarts, le déjeûner et récréation dans les salles.

A huit heures un quart, on descend pour aller en classe.

A dix heures et demie, la Messe. Après la Messe, étude et répétition jusqu'au dîner.

A midi, le dîner, et ensuite récréation. Un de MM. les Pensionnaires lira pendant le repas l'Histoire de France.

A une heure et demie, étude jusqu'à la classe.

A deux heures un quart, la Classe.

A quatre heures et demie, goûter et récréation dans les salles.

A cinq heures, étude et répétition jusqu'au souper.

A sept heures et un quart, le souper, et ensuite récréation.

A huit heures trois quarts, la Prière, suivie de la lecture de piété.

A neuf heures, on passera dans les dortoirs. Pendant le déshabiller, on fera la lecture de la vie du Saint dont la Fête se fait le lendemain.

A neuf heures et un quart tous seront couchés. On ne pourra sortir du dortoir pendant la nuit. Mais les Domestiques seront tellement disposés qu'ils puissent y porter tous les secours dont on y auroit besoin.

JOURS DE CONGÉ.

S'il n'est congé que l'après-dîner, les exercices de la matinée seront les mêmes que les jours de classe, excepté ce qui suit :

A dix heures, la Messe; après la Messe, le Catéchisme jusqu'à onze heures. Depuis la Troisième jusqu'aux dernières classes, les Élèves seront obligés de rapporter le résultat du Catéchisme; il y en aura un particulier pour les Enfans.

A onze heures, étude jusqu'au dîner.

S'il y a congé tout le jour :

A sept heures, le lever.

A sept heures un quart, la Prière et la lecture de piété.

A sept heures et demie, discours sur quelque sujet propre aux Enfans, ou conférences de piété.

A huit heures, la Messe.

Après la Messe, le déjeûner dans les salles, et ensuite récréation dans la cour, si le temps le permet.

A neuf heures et demie, étude et répétition.

A onze heures et demie, récréation jusqu'au dîner.

A midi, le dîner.

En hiver :

Immédiatement après le dîner, préparation et départ pour la promenade.

A cinq heures, goûter et récréation dans les salles.

A cinq heures et demie, étude jusqu'au souper.

En été :

Récréation après le dîner.

A une heure et demie, étude.

A trois heures et demie, on distribuera le goûter, et ensuite départ pour la promenade.

Si le temps ne permet pas d'aller en promenade :

A deux heures et demie, étude.

A quatre heures, goûter et récréation.

A cinq heures et demie, étude.

Le souper et le reste de la journée, comme les jours de classe.

Nota. — Les samedis et les veilles de grandes Fêtes, la promenade pourra être remplacée par la confession, ce qui se fera, pour chaque Élève, au moins une fois tous les mois.

DIMANCHES ET FÊTES.

A sept heures, lever, etc.

A sept heures et demie, les *Dimanches*, étude jusqu'à la Messe. Cette étude sera employée à repasser les Versets de l'Écriture Sainte, appris pendant la semaine.

Les jours de Fêtes :

Discours ou conférence comme les jours de congé.

A huit heures, la Messe. Il y aura tous les Dimanches explication de l'Évangile, excepté au temps des vacances.

Après la Messe, déjeûner dans les salles, et ensuite récréation.

A dix heures, étude jusqu'au dîner.

A midi, le dîner, et ensuite récréation.

A une heure trois quarts, on montera dans les salles pour apprendre ou repasser le Catéchisme et prendre les livres nécessaires pour Vêpres.

A deux heures, Vêpres et Complies.

Les dimanches :

Après Vêpres, Catéchisme jusqu'à trois heures et demie, et ensuite récréation jusqu'à quatre et demie ; le Catéchisme sera une répétition de ceux qui auront été faits dans la semaine.

Les jours de Fêtes :

Après Vêpres, promenade jusqu'au goûter.

A quatre heures et demie, goûter dans les salles.

A cinq heures, étude jusqu'au souper.

Le reste de la journée, comme les jours de classe.

Nota. Les Enfans qui n'iront point en Classe, et à qui la foiblesse de l'âge ne permettroit point de suivre ces exercices, auront leur Maître particulier, et ne communiqueront que pour les repas avec le reste des Pensionnaires.

CONDITIONS DE LA PENSION.

Le prix de la Pension sera de 360 liv. Le quartier se payera d'avance. Il ne sera fait aucune diminution pour le temps des vacances pendant lequel les Parens seront libres de laisser leurs Enfants au Collège.

Les vacances commenceront au 25 Août et se termineront au premier Octobre.

Tout quartier commencé sera dû à moitié quand les Parens auront négligé d'avertir, avant le commencement du quartier, qu'ils doivent retirer leurs Enfans. Il se payera en entier, s'ils ne l'ont point fait avant les six dernières semaines.

Le prix de la demi-pension sera de 190 livres, les

conditions ci-dessus énoncées demeurant les mêmes.

Chaque Pensionnaire payera en entrant, et une fois seulement, 3 livres au Portier et six livres aux Domestiques. Chaque demi-pensionnaire 1 liv. 10 s. et 3 liv.

Les Parens se chargeront de fournir un lit complet, un couvert d'argent marqué de leurs armes ou de leurs chiffres, une douzaine de serviettes marquées, etc.

Le Perruquier et tous les Maîtres étrangers, si les Parens veulent en donner à leurs Enfans, seront aussi à leur compte. En voici les prix :

Le Perruquier (le prix dépend des arrangements que l'on fera avec lui). Les Maîtres de Danse, de Dessin, de Mathématiques, 4 liv. Ceux d'Ecriture et de Musique, 3 liv.

Pour douze francs par an, M. le Principal fournira ou fera fournir aux Enfans, plumes, encre, papier, livres d'Eglises, Catéchismes, etc.

Il fera aussi, relativement aux livres classiques et autres objets, les avances que demanderont Messieurs les Parens, pourvu qu'elles soient payées avec le quartier suivant.

Le blanchissage sera aux frais des Parens, ou M. le Principal s'en chargera, moyennant 18 liv. par chaque année.

Les Enfants ne sortiront du Collège, pour se rendre chez eux ou chez les amis qui les inviteront, qu'autant qu'on enverra un Domestique les prendre. Ils ne sortiront que les jours de congé, et ce ne sera que pour des raisons graves, et par exception au Règlement, que M. le Principal se déterminera à le permettre les Dimanches ou les Fêtes.

Il y aura dans le Collège une infirmerie pour les Enfants malades. Mais, à l'exception de la chandelle et du bois, tous les frais en cas de maladie, seront à la charge des Parens. On espère, à cet égard, que la position avantageuse du Collège, la salubrité de l'air, le soin qu'on aura d'entretenir la propreté dans les chambres, et l'attention à écarter tout ce qui pourroit nuire aux Enfans, en épargneront beaucoup.

Avec permission.

A Amiens, de l'imprimerie de Jean-Baptiste CARON fils, Imprimeur du Roi.

Le 31 juillet de l'année scolaire où il prit la direction du collège M. Bertin prononça un discours français lors de la distribution des prix ainsi que nous l'apprend l'avis suivant dont je possède un exemplaire. Je le reproduis parce qu'il peut donner une idée des exercices des élèves de 1779.

CUM DEO
ad solemnem
PREMIORUM DISTRIBUTIONEM

Inspectantibus Reverendissimo et Illustrissimo D. D. LUDOVICO-CAROLO DE MACHAULT, *Ambianensi Præsule, Senatu augustissimo Civiliumque Magistratuum Cœtu vigilantissimo,*

Nicolaus-Franciscus BAZIN, Clericus, Abbavillæus, Andreas-Josephus BOMY, Abbavillæus (1),

---

(1) L'exemplaire que je possède porte ce nom, d'une écriture fine : Jacobus-Andreas-Josephus Delignières de Bommy.

Joannes-Carolus Bry, Abbavillæus,

Franciscus-Georgius Delétoile, clericus, Abbavillæus,

Petrus-Jacobus Riquier, Abbavillæus,

IN RHETORICA AUDITORES,

Artis oratoriæ præcepta exponent, exemplisque è probatissimis scriptoribus illustrabunt;

M. Tullii Ciceronis quintam in Verrem de suppliciis Orationem è Latino in Gallicum vertent;

P. Virgilii Maronis Æneidos Libros IX, X et XI,

Titi Livii primæ Decadis Libros VIII, IX et X,

Tum Horatii de Arte poetica Librum, Persii et Juvenalis Satyras sic interpretabuntur, ut eas in locis difficilibus explicent;

Parati insuper ea quæ ex Latinis imitatus est Poeta Gallicus, reddere memoriter.

Exercitationi præludet lectissimus Condiscipulus, Franciscus-Georgius DELÉTOILE, *clericus Ambianensis, Abbavillæus.*

Orationem Sermone Gallico habebit Petrus-Josephus BERTIN,

Presbyter, nec non Collegii Abbavillensis Primarius.

Die Sabbati trigesimâ primâ Julii, anno Domini 1779, a tertiâ ad vesperam.

Præside Magistro Nic. Macquet, Presbytero, et Eloquentiæ Professore.

IN COLLEGIO ABBAVILLENSI.

La troisième et la quatrième pages de ce programme

sont occupées par un formulaire interrogatif, toute la rhétorique à la torture. Je néglige celles des questions qui portent sur la définition, les parties de la technique oratoire, l'invention, la disposition, l'élocution. Je ne résiste pas à la tentation mauvaise de montrer quel était encore le vide pédantisme d'une partie de l'enseignement. Les malheureux lauréats étaient obligés de s'expliquer dans la séance solennelle sur quarante figures de rhétorique avec production d'exemples.

« Qu'entend-on par Figures de Rhétorique ? Combien de sortes de figures ? Qu'est-ce que le Trope ? Qu'est-ce que la Métaphore ? Qu'est-ce que la Métonymie ? Qu'est-ce que l'Antonomasie ? Qu'est-ce que la Synecdoche ? Qu'est-ce que l'Ironie ? Qu'est-ce que la Répétition ? Qu'est-ce que la Conversion ? Qu'est-ce que la Gradation ? Qu'est-ce que la Paranomasie ? Qu'est-ce que la Catachrèse ? Qu'est-ce que l'Onomatopée ? Qu'est-ce que la Réticence ? Quelle différence y a-t-il entre Tropes et Figures de Pensées ? Qu'est-ce que la Prolepse ? Qu'est-ce que la Prémunition ? Qu'est-ce que la Précaution ? Qu'est-ce que la Subjection ? Qu'est-ce que la Sustentation ? Qu'est-ce que la Communication ? Qu'est-ce que la Correction ? Qu'est-ce que l'Antithèse ? Qu'est-ce que l'Interprétation ? Qu'est-ce que la Concession ? Qu'est-ce que la Prétermission ? Qu'est-ce que la Conglobation ? Qu'est-ce que la Description ? Qu'est-ce que la Prosographie ? Qu'est-ce que l'Épopée ? Qu'est-ce que la Topographie ? Qu'est-ce que l'Hypotypose ? Qu'est-ce que la Sermonication ? Qu'est-ce que l'Apostrophe ? Qu'est-ce que l'Exclamation ? Qu'est-ce que l'Épiphonème ? Qu'est-ce que l'Optation ? Qu'est-ce que l'Imprécation ? Qu'est-ce que la Dubitation ? Qu'est-ce que l'Exposition ? Qu'est-ce que la Licence ? Qu'est-ce que l'Interrogation ? Qu'est-ce que l'Hyperbole ? »

Et qu'est-ce que M. de Mirabeau lui-même, alors âgé de trente ans, eût pu apprendre alors à de si savants élèves devant le Sénat très auguste des magistrats d'Abbeville, *Senatu augustissimo ?...*

M. Bertin paraît avoir, sinon inauguré, au moins très multiplié, y prenant plaisir et aimant à parler, les exercices publics dans son collège. La date, l'heure, les sujets de ces exercices étaient annoncés dans des avis imprimés à Amiens chez Caron l'aîné. Je possède plusieurs de ces programmes.

Ainsi celui de 1781, huit grandes pages :

PREMIER

EXERCICE

sur

LA CHRONOLOGIE

L'HISTOIRE

ET LA GÉOGRAPHIE ANCIENNE,

Qui se soutiendra par les Élèves du Collège d'Abbeville, || le lundi 13 août 1781, dans la Salle des Exercices || Publics dudit Collège. On a ajouté à la main : à quatre heures.)

Au bas : A AMIENS, le nom de l'imprimeur, etc., puis sur le revers de la page :

DIEU AIDANT
RÉPONDRONT

MESSIEURS

Coste, pensionnaire, de Calais,
Plantard, pensionnaire, d'Abbeville,
Delgorgue, pensionnaire, d'Abbeville,
Le Moine, pensionnaire, d'Abbeville.

L'Exercice sera précédé d'un Discours prononcé par M. Bertin, prêtre et Principal du Collège, et suivi de la Distribution solennelle des Prix.

Suit (en six pages d'impression) l'exposé ou le résumé de l'Exercice.

Puis :

Permis d'imprimer et distribuer à Abbeville.

Blondin de Bazonville (le maire d'alors).

L'avis de 1782 :

EXERCICE
LITTÉRAIRE
sur
LE POEME
DES GÉORGIQUES

Qui se soutiendra (1) par les Elèves de Rhétorique du Collège d'Abbeville, le Lundi 12 Août 1782, à deux heures après midi, dans la Salle des Exercices publics.

(1) Cette forme de langage fut critiquée ainsi nous l'apprendra un *nota* de l'année suivante.

A Amiens

De l'Imprimerie de J.-B. Caron, fils ainé, Imprimeur du Roi, rue Saint-Martin, près le Marché aux Herbes, M.DCC.LXXXII.

Le revers de cette page porte :

Dieu aidant
Répondront
Messieurs

P. L. Coste, *de Calais*, pensionnaire,
J. C. Plantard, *d'Abbeville*, pensionnaire,
J. A. Delegorgue, *d'Abbeville*,
C. A. Delignières de S. Amand, *d'Abbeville*,
P. Le Moine, *d'Abbeville*.

L'Exercice sera précédé d'un Discours prononcé par M. P. J. Bertin, Principal du Collège, et suivi de la distribution solennelle des Prix.

Suit (deux pages d'impression) le canevas de l'exercice littéraire sur le poëme des Géorgiques.

Après l'éloge de Virgile, et particulièrement du poème des *Géorgiques*, l'auteur du sommaire, P.-J. Bertin sans doute lui-même, écrit :

« Les Géorgiques sont trop connues pour que nous en donnions l'analyse. La Traduction de M. Delille en a fait les délices de ceux qui ont le goût de la Poésie. En l'associant à Virgile dans cet exercice, nous n'avons fait que suivre la voix publique qui l'a nommé, depuis longtemps, le Virgile françois. Rarement au dessous, quelquefois au dessus de son Auteur, il a rendu, autant que sa langue a pu le permettre, toutes les beautés du Latin, et lui en a prêté qu'il n'a dû qu'à son génie. Dans nos observations nous ne séparerons pas le Traducteur du Poëte. »

Puis :

« Permis d'imprimer et distribuer à Abbeville, ce 4 août 1782. DE PIOGER, Lieutenant Général de Police, Maieur-Commandant. »

L'avis de 1783 dit :

EXERCICE
sur
LA RHÉTORIQUE

Qui sera soutenu* par les Elèves du Collège d'Abbeville, dans la Salle des Exercices dudit Collège, le 12 Août 1783.

* NOTA. Nous espérons que le savant Auteur de l'Almanach du Ponthieu nous saura quelque gré de notre docilité, et que, nous voyant si disposés à suivre ses avis, il voudra bien rassurer le Public sur le sort des Elèves qu'il nous confie.

A AMIENS

De l'Imprimerie de J. B. CARON l'aîné, Imprimeur du Roi et du Collège.

M.DCC.LXXXIII.

Sur le revers de cette page:

DIEU AIDANT
RÉPONDRONT

MESSIEURS

H. M. Morel de Campennelle, d'Abbeville,
P. A. Gatte, d'Abbeville,
Ch. A. François, d'Abbeville,
Arthemius Danzel, d'Abbeville,
P. N. F. Boucher, de Bretel,
Ch. A. G. Lelong, d'Abbeville.

L'Exercice sera précédé d'un Discours prononcé par M. P. J. BERTIN, Chanoine de la Collégiale et Principal du Collège, et suivi de la distribution solemnelle des Prix.

Suit (cinq pages d'impression) le canevas DE L'EXERCICE SUR LA RHÉTORIQUE;

Puis :

Permis d'imprimer et distribuer, à Abbeville, ce 11 juillet 1783.

DE PIOGER, Maieur-Commandant.

Thèses de philosophie en 1784.

Les 20 et 22 juillet furent soutenues publiquement, dans la salle des exercices du Collège, des thèses de philosophie *ex pneumatologia, ex psychologia, ex logica, ex ethica, ex theodicea.* Je possède les données de ces thèses imprimées en grand placard chez J.-B. Caron, à Amiens. Je ne reproduirai que l'en-tête avec les noms des soutenants.

Au-dessous d'un dessin sur bois représentant la Vierge tenant l'Enfant Jésus dans ses bras :

VIRGINI DEI-PARÆ.
THESES PHILOSOPHICÆ.

Au-dessous des positions latines :

Has theses, Deo duce, et auspice Dei-para virgine, tueri conabuntur, ab hora post meridiem tertia ad vesperam,

die 20ª julii 1784
Felix Martin, *clericus*, Ambianensis,

Petrus Franciscus Bridoux, *clericus*, Abbavillensis.

die jovis 22ª ejusdem mensis,
Petrus-Ludovicus-Urbanus Coste, Genevensis,

Petrus-Nicolaus-Franciscus Boucher, Abbavillensis.

Exercitationibus præludent selectissimimi condiscipuli,

Jacobus-Antonius-Amatus François, *clericus*, Abbavillæus.

Petrus-Joannes Lecadieu, *clericus*, Abbavillæus.

Arbiter erit PETRUS FRANCISCUS GABRIEL SENECHAL, Presbiter Ambianensis, et in Collegio Abbavillensi Philosophiæ Professor.

IN AULA COLLEGII ABBAVILLENSIS
PRO ACTU PUBLICO.

Les thèses et les exercices de 1785 :

Thèses de mathématiques (12 pages).

Divisions : de l'arithmétique. — De l'algèbre. — Des raisons, proportions et progressions. — De la géométrie. — Des surfaces. — Des lignes proportionnelles. —

Des solides. — De la trigonométrie. — De la parabole. — De l'ellipse et de l'hyperbole.

« Ces thèses seront soutenues dans la Salle des exercices publics du Collège d'Abbeville, le vendredi 6 mai 1785, depuis trois heures d'après-midi jusqu'au soir, par MM.

PIERRE NICOLAS-FRANÇOIS BOUCHER, de Brétel,
MARIE-MATT. MOREL DE CAMPENNELLE, d'Abbeville,
CHARLES-ANTOINE-GEORGES LE LONG, d'Abbeville.,

La séance sera ouverte par M. PIERRE-JOSEPH DE LA FOSSE, d'Abbeville,

Et présidée par M. PIERRE-FRANÇOIS-GABRIEL SENÉCHAL, *Prêtre et Professeur de Philosophie audit Collège.*

A Amiens, de l'imprimerie J.-B. CARON, etc.

EXERCICE
de
PHYSIQUE
EXPÉRIMENTALE.

Physique générale. — Physique particulière. — Des corps élémentaires : de l'eau ; de l'air ; de la terre ; du feu ; de la lumière ; de la chaleur ; de la raréfaction ; de l'électricité ; — de l'aimant ; —

Les expériences seront exécutées et expliquées le Jeudi 28 juillet 1785, et le Vendredi suivant, dans la Salle des Exercices publics du Collège d'Abbeville, depuis trois heures d'après midi jusqu'à six, par MM.

PIERRE-FRANÇOIS-NICOLAS BOUCHER, *de Brétel,*
PIERRE-JOSEPH DE LA FOSSE, *d'Abbeville,*

Marie-Matth. Morel de Campennelle, *d'Abbeville*,
Pierre-Louis Tourne, *de Neuilly-le-Dien*,

D'après les Leçons de M. l'Abbé Senéchal, Professeur de Philosophie audit Collège.

Jeudi, MM. Boucher et Delafosse exécuteront et expliqueront les Expériences relatives à la *Physique générale* et à la *Théorie de l'Air.*

Vendredi, MM. Morel de Campennelle et Tourne exécuteront et expliqueront celles qui sont relatives au *Feu*, à la *Lumière*, à l'*Électricité* et à l'*Aimant*.

A Amiens, etc.

Quelques jours après :

EXERCICE

sur

LA MILONIENNE

DE CICERON

Qui sera soutenu par les Élèves de Rhétorique, dans la Salle des Exercices publics du Collège d'Abbeville, le Vendredi 12 août 1785, à trois heures.

A AMIENS

De l'imprimerie de J.-B. Caron l'aîné, imprimeur du Roi, place de Périgord.

M. DCC. LXXXV.

Sur le verso de cette page :

DIEU AIDANT

RÉPONDRONT

Messieurs
Louis Mathurin Lebel, d'Abbeville,
P. L. Xavier de Francheville, de Cressy,

Médard Sénéchal, du Hamel,
Ant. Wulfran Lennel, d'Abbeville,
Ant. Modeste Brailly, clerc, de Domqueur.

L'Exercice sera précédé d'un Discours prononcé par M. P. J. Bertin, Chanoine de la Collégiale de S. Vulfran, et Principal du Collège; et suivi de la Distribution Solemnel *(sic)* des Prix.

Suit (en cinq pages d'impression) l'exposé ou le résumé d'un exercice sur la milonienne de Cicéron, qui est aussi, je pense, l'œuvre du chanoine Bertin. —

Enfin : « Vu par nous et permis d'imprimer à Abbeville, ce 23 juillet 1785.

Le Febvre Desfontaines. »

En 1787 :

EXERCICE
de
PHYSIQUE
EXPÉRIMENTALE

Physique générale. — Physique particulière. — Des corps élémentaires, etc. à peu près comme l'année précédente.

Les Expériences seront exécutées et expliquées le Jeudi 26 Juillet 1787, dans la Salle des Exercices publics du collège d'Abbeville, depuis trois heures d'après-midi jusqu'à six, par MM.

Médard-Alexandre Sénéchal, *du Hamel-lès-Corbie*,
Jacques-Joseph Morgand, *d'Abbeville*,
Aimable-Christophe, *d'Abbeville*,

D'après les leçons de M. SÉNÉCHAL, professeur de Philosophie audit Collège.

L'ouverture des classes après les vacances se faisait alors avec un certain apparat. Je possède un avis imprimé de l'année 1785 :

CUM DEO.
JOANNES-BAPTISTA GUY
IN COLLEGIO ABBAVILLENSI
PROFESSOR
ORATIONE PUBLICA
SCHOLAS APERIET
IN SACELLO EJUSDEM COLLEGII
die sabbati primâ Octobris anno Domini 1785,
horâ tertiâ promeridianâ.
AMBIANI
typis Joannis-Baptistæ CARON majoris
Regis et Collegii typographi.
M. DCC. LXXXV.

La date où nous sommes nous ramène au bureau d'administration du collège, à l'édit du mois de février 1763, et à un arrêt de mars 1785.

Le 28 février 1785, le maire, M. de Pioger, représente en l'hôtel de ville « qu'aux termes de l'édit du mois de février 1763 portant règlement pour les collèges qui ne dépendent pas des universités, le Bureau d'administration doit être composé, entre autres, de deux officiers municipaux ; qu'aux termes des lettres patentes et réglements portant établissement en cette ville d'un hôpital général, il doit être choisi et nommé un de Messieurs les échevins pour directeur dudit hôpital ; enfin qu'il est aussi d'usage de nommer un de Messieurs pour député de la Ville au bureau de la bibliothèque publique de cette ville. »

La compagnie « choisit unanimement et nomme MM. de Roussen, second échevin, et Poultier de Cuvière, second assesseur, pour administrateurs du collège ; M. Froissart, échevin, pour directeur aud. hôpital, et mondit sieur Poultier de Cuvière pour député au bureau de la bibliothèque. » — *Reg. aux délib. de la Ville.*

L'année suivante (1786), se produit une difficulté sur l'interprétation de l'arrêt de mars 1785.

Le principal conteste au lieutenant particulier du roi au Présidial, lieutenant de maire, le droit de siéger dans le bureau d'administration du collège. Le principal rédige sur le point discuté un mémoire dont il donne lecture à M. Dequeux lui-même, la première fois que ce lieutenant se présente pour prendre séance. Le mémoire est fort courtois. M. Dequeux répond, et sa réponse n'est pas moins courtoise.

Mémoire du principal (1) sur cette question :

Le lieutenant particulier d'un siège présidial d'une ville peut-il être administrateur du collège de la même ville en qualité d'officier municipal ?

P.-J. Bertin se prononce pour la négative.

---

(1) Ce mémoire a huit grandes pages bien remplies et d'une écriture fort lisible. Quoiqu'il ne soit pas suivi d'une signature, il est bien de l'abbé Bertin et bien fait.

Il dit d'abord :

Suivant l'article VI de l'arrêt du 29 janvier 1765 les officiers municipaux, qui, aux termes de l'édit de 1763, doivent être membres du bureau, seront nommés dans une assemblée ordinaire des officiers municipaux (1).

. . . .

Ainsi a-t-on constamment procédé jusqu'en 1785, date où est intervenu, sur le rapport de M. Lefebvre d'Amecourt, et à la requête de M. le procureur général, un arrêt modifiant les dispositions de celui du 29 janvier 1765. Par ce nouvel arrêt, et, conformément à l'article V de l'édit de réglement de 1763, les deux premiers échevins municipaux résidents dans les villes seront membres du bureau d'administration.

. . . .

La question n'est donc pas de savoir si le lieutenant de maire a le droit d'assister au bureau d'administration du collège, mais s'il peut user de ce droit lorsqu'il est en même temps revêtu et en exercice de la charge de lieutenant particulier au siège présidial de la même ville.

. . . .

L'intention du prince et du Parlement a été, semble-t-il bien, de composer ces administrations de manière que chacun des ordres de la société y eut part. Elles sont en conséquence formées de deux ecclésiastiques, l'évêque ou son représentant et le principal ; de deux officiers de la justice royale ; de deux officiers munici-

---

(1) Voir plus haut notre note de la page. 285.

paux et de deux notables. . . . .
. . . . Cet ordre ne se détruit-il pas, si, sous des dénominations différentes, un corps multiplie ses membres dans cette administration ?

. . . .

Il y a plus, M. Dequeux, ayant la qualité de lieutenant particulier, tient de la loi même un droit constant, quoique éventuel, dans les séances du bureau du collège. Selon l'art. V de l'arrêt du 29 janvier 1765, il doit, dans l'absence des deux officiers de justice, remplir toutes les fonctions attribuées auxd. officiers, et, en conséquence, présider en l'absence de l'évêque ; or, je le demande à M. Dequeux lui-même, ce droit qu'il peut avoir à exercer à chaque instant dans l'administration n'exclut-il point celui qu'il pretend comme lieutenant de maire ?...

P.-J. Bertin finit ainsi : « Je ne parle pas de plusieurs inconvénients qui suivraient nécessairement de la présence d'un officier quelconque de la justice royale au bureau du collège s'il y assistait en qualité d'officier municipal, tels que d'y perdre une préséance que les règlements lui attribuent, d'être présidé par ceux qu'il auroit le droit de présider. »

Bertin a donné plus haut des raisons plus solides.

A cette argumentation, le lieutenant particulier, lieutenant du maire, répond (1) :

« M. Dequeux, en sa qualité de lieutenant de maire, s'est présenté le 2 avril au bureau d'administration du

(1) Observations et réponse au mémoire de M. le principal du collège par M. Dequeux. — *Archives de la Ville GG*, n° 111.

collège pour y prendre séance. M. le principal s'est opposé à son admission, attendu sa double qualité de lieutenant particulier au Présidial et de lieutenant de maire. Il a fait lecture d'un assez long mémoire pour justifier cette opposition, mais le droit de M. Dequeux étoit établi par une disposition trop précise de la loi pour y être contesté. Aussi le bureau d'administration s'est-il empressé de le reconnaitre et d'arrêter que M. Dequeux auroit séance jusqu'à ce que l'on se soit pourvu en interprétation de l'arrêt du 18 mars 1785 (1). »

Je retrouve l'affaire à la Ville vers la fin de la même année (1786).

« Du vendredy quinze décembre mil sept cent quatre-vingt-six quatre heures après midy. Par devant nous Pierre-Jean-François Douville, chevalier seigneur de Douville-lez-Ailliel, Maillefeu et Villeroy, Lieutenant général juge de police et Maire commandant pour le Roy en la ville d'Abbeville, le Corps de ville étant assemblé en la chambre du conseil de l'hôtel de ville ; d'après la remise indiquée par la délibération du onze du présent mois; en laquelle assemblée étoient présents MM. Dequeux, lieutenant de maire, De Roussen, Michault et Froissart, échevins, Poultier de Cuvières, J.-A. Poultier assesseurs, Duval de Grandpré, procureur du Roy, Coulombel, greffier en chef, Hecquet, trésorier receveur, et Devismes, controlleur.

« Il a été par nous représenté que dans la dernière assemblée, après avoir procédé à la nomination des

---

(1) J'ai du 2 mars dans le *Recueil des anciennes lois françaises*.

différentes commissaireries de cet hôtel de ville, nous aurions exposé qu'il ne pouvoit y avoir lieu à nommer aux places de commissaires au collège remplies jusqu'à ce moment par MM. De Roussen et Poultier de Cuvières, notre intention et celle du sieur lieutenant de maire étant d'exécuter l'arrêt de règlement de la Cour du huit mars mil sept cent quatre-vingt-cinq ; et en conséquence nous aurions alors requis, sur la demande expresse de l'un de Messieurs, qu'il fut pris une délibération à l'effet d'arrêter que, conformément aux dispositions dudit arrêt, nous et ledit sieur Dequeux, en nos qualités de maire et lieutenant de maire, nous irions prendre séance au Bureau d'administration de cette ville ; sur quoi MM. De Roussen et Poultier de Cuvières ont fait, par ladite délibération du quinze de ce mois, les observations, réserves et protestations y exprimées, ce qui a engagé la compagnie à remettre à délibérer cejourd'huy sur cet objet.

« A cet égard il a été par nous représenté que nous regrettions infiniment d'être nécessités de priver le Bureau d'administration du collège des lumières de jurisconsultes qui l'ont éclairé depuis si longtemps avec autant d'utilité pour le bien public, mais que des magistrats chargés par état de faire régner les lois doivent toujours l'exemple de l'obéissance à la loy, qu'en continuant à laisser sans activité l'arrêt de la Cour, nous craindrions nous exposer à une injonction, de la part de nos Seigneurs de Parlement, de nous y conformer ; et devenir responsable des inconvénients de son inexécution ;

« Qu'on ne peut en effet se dissimuler que la nomination de commissaires au collège faite en exécution de l'arrêt du mois de février 1763 a été nécessairement anéantie par les dispositions précises de l'arrêt de 1785 ; qu'il est également sensible que, depuis l'enregistrement de cet arrêt et la notification qui en a été faite au Bureau du collège, il auroit été fondé à n'admettre à ses assemblées que les deux premiers officiers de cet hôtel-de-ville ; que peut-être même pourroit-on contester un jour avec quelque apparence de raison la validité des délibérations souscrites des signatures de tous autres ; que tous ces motifs nous ont paru et nous paraissent d'autant mieux faits pour nous déterminer à réclamer l'exécution de l'arrêt de réglement du mois de mars 1785, que nous ne pouvons et ne devons pas craindre de compromettre la dignité et les prérogatives des places qui nous sont confiées, puisque l'enregistrement de cet arrêt a été ordonné par les conclusions de M. le Procureur du Roy et d'après l'avis de tout le Corps municipal ; qu'en ce qui concerne personnellement le sieur Dequeux il est de principe que toute personne capable de posséder un office quelconque a qualité pour prétendre à tous les honneurs et prérogatives attachés à cet office lorsqu'aucune loy positive ne l'en exclut nommément ; qu'il est évident que le lieutenant particulier du Présidial a pu être régulièrement nommé lieutenant de Maire, que de là il résulte la conséquence nécessaire qu'il a droit de jouir de tous les honneurs et prérogatives annexés à cette place ; que d'ailleurs, l'arrêt qui appelle les deux premiers officiers de l'hôtel-de-ville au Bureau du collège prononçant expressément qu'ils ne pourront être remplacés que par absence de la ville, maladies ou décès, on ne peut arbitrairement multiplier les exceptions; d'où il suit qu'il ne peut y avoir matière à délibérer, nous et le sieur Dequeux déclarant que nous entendons exécuter l'arrêt de règlement de la Cour de 1785 dument registré au greffe de cet hôtel-de-ville, jusqu'à ce que l'on se soit pourvu au Parlement yceluy par les voyes de droit.

« Et avons signé avec M. Dequeux, sous toutes réserves de droit.

(Signé : Douville, Dequeux.)

« A l'instant MM. Douville, Dequeux, De Roussen et Poultier de Cuvières s'étant retirés et la compagnie délibérant sur les observations cy dessus et considérant que, d'un côté, la démarche de MM. Douville et Dequeux ne peut être déterminée que par l'amour de l'ordre et l'exécution d'une loy précise, et que, d'un autre côté, les représentations de MM. De Roussen et Poultier de Cuvières paroissent puisées dans l'esprit de cette même loi, la difficulté à laquelle ces observations et représentations donnent lieu ne peut être décidée ailleurs qu'en la Cour de Parlement, il a été arrêté que la compagnie se borneroit à donner, comme de fait elle donne par ces présentes, acte à MM. Douville, Dequeux, De Roussen et Poultier de Cuvières de leurs déclarations, observations et représentations et de les réserver respectivement en leurs droits.

« Et a la compagnie signé sous la réserve faite par M. Michault qui se trouve président, attendu l'empêchement de MM. qui le précèdent, que sa signature ne pourra en rien empêcher la protestation qu'il entend faire ensuite des présentes contre l'énoncé de la délibération du onze du présent mois. »

(Suivent les signatures.) — *Reg. aux délib. de la ville.*

Je ne saurais dire quelle suite reçut l'affaire.

Le collège est agrandi en 1786, par l'acquisition d'une maison voisine. La Ville consent à l'enregistrement et à l'exécution des lettres patentes obtenues à cet effet par le Bureau d'administration.

Cette maison « joignant » le collège appartenait « aux veuve et héritiers du sieur Pottier. » — Le collège aliène pour l'acquérir cinq cents livres, ou environ, de censives. — *Reg. aux délib. de la ville.* — Voir Chap. *Justifications.*

En 1788, un certain Guilluy, maître de pension, aidé d'un certain Cornette, tente de faire, à renfort de réclames, au moins, concurrence au collège. La bibliothèque de la Ville possède ce prospectus :

PROSPECTUS
concernant un établissement
à Abbeville
en faveur de l'éducation de la jeunesse
[avec cette épigraphe :]

Ea viatica paranda sunt quæ cum naufragio enatent.

Ce prospectus est fort emphatique et niais. Huit

pages in-4°. — A la fin : Permis d'imprimer ce 14 octobre 1788, Dequeux-de-Beauval,

A Abbeville, de l'imprimerie de L.-A. Devérité, imprimeur du Roi.

Je n'essaie pas d'analyser ce spécimen de prétention pédante. Je ne prends que ce qui regarde les entrepreneurs.

« . . . . (1) le Public, dis-je, regrettant de n'avoir aucune maison où le cœur et l'esprit de leurs enfants fussent formés à la Religion et aux Sciences, le sieur Guilluy et le sieur Cornette, le premier Maitre de Pension à Abbeville depuis dix ans, qui, par une conduite constamment conforme aux principes de la probité et aux devoirs du citoyen, croit avoir quelques droits à la confiance publique; le second, Maître-ès-Arts, et instituteur depuis environ douze ans, connu par le goût avec lequel il cultive la Littérature; oserais-je dire par différens Opuscules accueillis, sinon avec justice, au moins avec cette bienveillance qui encourage le talent en lui persuadant qu'on le pressent déjà; Auteur d'un *Prospectus* répandu à Abbeville, concernant l'éducation des jeunes Demoiselles en faveur desquelles il s'étoit déjà décidé à s'y fixer; se sont unis pour offrir à leurs Concitoyens, leurs soins et leurs talents. Heureux! si en remplissant avec zèle la plu pénible des tâches, mais la plus douce au cœur des l'homme qui ne connoit rien de placé que ce qui est utile à ses semblables, ils pouvoient se flatter de méri-

(1) Ces points représentent déjà un long commencement de phrase.

ter la confiance et l'estime justement accordée à leurs prédécesseurs. »

. . . .

Ainsi de suite le long de huit pages in-4° avec des citations latines plus ou moins bien ajustées.

Suivant le prospectus, la maison des associés est située rue Saint-Gilles ; elle peut contenir trente pensionnaires. Une cour « très vaste » en dépend, « où sous les yeux des maîtres, les écoliers prendront leur récréation en été. » Une salle spacieuse les recevra dans l'hiver lorsque le mauvais temps ne permettra de sortir.

« Le Pensionnat sera formé : 1° des Pensionnaires de la maison ; 2° des demi-Pensionnaires ; 3° des Externes, soit pour l'instruction totale, soit, au sortir du collège, à titre de répétition. »

Suit un programme d'étude : Latin, Langues française et italienne ; Histoire, — Chronologie. — Règles de la poésie française. — Mythologie. — Géographie. — Mathématiques. — Connaissance de la sphère. — Éléments de physique. — Dessin, — danse, — armes, — blason. — Musique vocale et instrumentale.

« La pension sera comme toutes les autres, de quatre cents livres ; la demi-pension de deux cents livres.

« La pension est maintenant ouverte. On prendra des Répétitionnaires, depuis la Sixième jusqu'à la Philosophie inclusivement. »

M. Bertin ne proteste pas contre l'ouverture de cette pension. Nous sommes loin du temps où le principal, successeur et héritier du Maître des Grandes Ecoles, avait la prétention d'empêcher les petits maîtres particuliers d'enseigner le latin.

Les archives de la Ville, *série GG*, *n°* 110, nous conservent deux comptes de l'abbé Bertin, ceux de 1784 et de 1785, simples comptes de recettes et de dépenses.— Rien de très curieux. On voit seulement dans ces comptes que les honoraires des professeurs montaient alors à 4,100 livres, y compris les 500 livres de gratification accordées au principal.

Dans ces mêmes comptes est un article de dépense intitulé *Des exercices et thèses*. Je le transcris dans le compte de 1784, où il se trouve le mieux détaillé.

1° Fait dépense le rendant de la somme de deux cent quarante-trois livres six sols, par lui employée à l'achat de livres distribués en prix en la fin de l'année classique; sur laquelle somme, ayant reçu cinquante livres par forme de gratification de l'hôtel de Ville, le rendant ne portera en dépense réelle que cent quatre-vingt-treize livres dix sols, cy. . . . 193 liv. 10 s.

2° Fait dépense le rendant de la somme de vingt-deux livres, scavoir : quinze livres pour l'impression de cent cinquante listes de noms de ceux qui ont remporté les prix, et sept livres pour l'impression des placards, cy. . . . . 22 liv.

3° Fait dépense le rendant de la somme de soixante-et-onze livres douze sols pour la dépense des thèses de l'année 1784, cy. . . . . 71 liv. 12 s.

4° Fait dépense le rendant de la somme de neuf livres pour l'impression d'un programme des discours de rentrée de l'année 1784, cy. . . . . 9 liv.

5° Fait dépense le rendant de la somme de vingt-trois livres quatre sols, par lui payée, tant pour les chaises employées aux thèses, exercices et discours, que pour la musique, la trompette, etc., cy. . 23 liv. 4 s.

6° Enfin fait dépense le rendant de la somme de six livres pour l'impression des tableaux ou feuilles de congé, cy. . . . . 6 liv.

Au temps du principal Bertin évidemment, fut donné au collège le portrait de l'archevêque de Sens, de Loménie de Brienne, prédécesseur de Necker dans les ministères de Louis XVI. Cause inconnue du don. — Ce portrait orne aujourd'hui le cabinet du principal.— Il signifie peu au collège. La Ville pourrait lui donner place au musée du Ponthieu dans une salle de portraits.

J'en ai fini ici avec l'histoire, grosse ou menue, de notre vieux collège. La Révolution arrive. Nous assisterons à une fin, à des recommencements, à des développements, à une vie nouvelle, à un enseignement qui, peu à peu, avec des arrêts, mais sans recul, avancera, s'élargira littérairement et scientifiquement jusqu'à nos jours.

Le 7 mars 1791 le Conseil général de la commune s'assemble pour pourvoir au remplacement du principal et d'autres professeurs du collège réfractaires aux lois par leur refus du serment requis des fonctionnaires. M. Bertin, non soumis, avait obtenu la permission de venir faire en personne quelques observations. Il vint accompagné d'un de ses professeurs, M. Coulon. Les procès-verbaux ne gardent pas mention des raisons qu'il fit valoir, mais sa conclusion caressait l'espoir d'un sursis du Conseil aux nominations nouvelles. Il maintenait d'ailleurs le refus de serment. Le Conseil ne voulut, en conséquence, tenir compte des observations et procéda par un scrutin aux choix nouveaux (1). M. Delétoile, prêtre, professeur de philosophie au collège même, remplaça ainsi M. Bertin, à la charge de conserver et de remplir sa chaire de philosophie. M. Fuzelier, diacre d'ordres, demeurant au village de Vron, remplaça M. Cailly ; M. Bachelier, prêtre, vicaire de la Tri-

(1) L'abbé Bertin quitta la France le 20 septembre 1792. Le 30 juillet 1802, il signa à Oxford, où il enseignait la langue française, la promesse d'être fidèle au gouvernement établi par la constitution de la République française; etc. Je lis dans les registres aux délib. de la Ville :

« Le quatrième jour complémentaire an dix — 21 septembre 1802, — par devant nous maire d'Abbeville, est comparu au secrétariat de la mairie le citoyen Jean-Baptiste Mellier, ex-doyen de la collégiale de cette ville, y demeurant rue l'Abbesse, lequel a déposé sur le bureau la déclaration faite à Oxford, le trente juillet dix huit-cent deux, par M. Pierre-Joseph Bertin, ci-devant principal du collège de cette ville, vue et enregistrée dans les bureaux de la légation française à Londres le 19 thermidor an dix, signé le ministre plénipotentiaire de la République Otto, scellé du sceau de la République française, dont il a requis l'enregistrement.

« Suit la teneur de la dite déclaration ainsi que de la lettre écrite par ledit sieur Bertin qui l'accompagnoit.

« Pierre-Joseph Bertin prêtre du diocèse d'Amiens, ci-devant principal du collège et chanoine de la collégiale d'Abbeville, département de la Somme, âgé de cinquante-quatre ans, quitta la France le vingt septembre mil sept cent quatre-vingt douze pour obéir au décret de déportation et vint en Angleterre. Depuis ce temps il a vécu constamment à Oxford, où sous la protection et les auspices de l'université, il s'est occupé à donner des leçons de langue française. Il désire et se propose de retourner dans sa patrie qu'il n'a point cessé d'aimer et de

nité à la ville d'Eu, remplaça M. Coulon. M. Vimeux, qui avait prêté serment, mais hors du délai fixé par la loi, fut maintenu dans ses fonctions par une délibération expresse (1). L'installation de ces professeurs fut faite, le 18 mars, dans la chapelle du collège par le Conseil général de la commune. La messe du Saint-Esprit entendue, le serment fut prêté par les professeurs nouveaux entre plusieurs discours. — *Quatre années de la Révolution 1790-1793, pp. 65-66.*

regretter, mais des raisons d'intérêt qu'il ne sauroit négliger sans nuire essentiellement à ses moyens d'existence et des engagements pris dans le lieu où il réside, antérieurement au décret de l'amnistie, nécessitent pour quelques temps de plus son séjour en Angleterre.

« Dans ces circonstances et voulant autant qu'il est en lui obéir au sénatus-consulte du six floréal an dix de la République, l'exposant promet et jure d'être fidèle au gouvernement établi par la constitution de la République française; s'engage à n'entretenir, ni directement ni indirectement, aucune liaison ou correspondance avec les ennemis de l'état et déclare, en plus, qu'il ne tient ni place ni pension ni titre quelconque des puissances étrangères.

« Oxford, 30 juillet 1802, collationné, » etc.

Signé
Pierre-Joseph BERTIN.

Pour la suite de la vie de l'abbé Bertin, voir la notice en tête de ses Œuvres et les *Hommes utiles de l'arrondissement d'Abbeville*, p. 16. — Je dois dire ici qu'après son retour à Abbeville, sous la Restauration, l'abbé Bertin accepta les fonctions d'administrateur du collège et de président du comité d'instruction primaire.

(1) Dans le courant du même mois, M. Bellart, professeur de quatrième au collège même, remplaça M. Bachelier, démissionnaire, qui prétendait ne pouvoir quitter le service de sa paroisse, et M. Guilly remplaça M. Bellart. — *Quatre années de la Révolution 1790-1793, p. 66.*

XVII

FRANÇOIS-GEORGES DELÉTOILE

Dix-septième Principal

Du 7 mars 1791 à ....

Nous avons vu le jeune Delétoile présider en 1779, *lectissimus condiscipulus*, aux exercices de ses camarades. Il était sous l'administration de M. Bertin, le professeur de philosophie du collège.

Il en fut le dernier principal avant la Révolution.

En 1791 la distribution des prix était encore annoncée à peu près dans les anciennes formules, solennisée avec les exercices oraux.

SÉANCE PUBLIQUE
de la
DISTRIBUTION GÉNÉRALE
DES PRIX
DU COLLÈGE D'ABBEVILLE

Le jeudi onze août, quatre heures après-midi.

La distribution sera précédée d'un Exercice sur les parties du Discours, présidé par M. GUY, professeur de Rhétorique.

[Au-dessous un large fleuron composé d'une houlette, d'une cornemuse, de flûtes.]

A Abbeville

De l'Imprimerie de Louis Alexandre Devérité, Imprimeur du Roi.

M.DCC.LXXXXI.

Sur le revers de la page.:

DIEU AIDANT
RÉPONDRONT
MESSIEURS

PIERRE-NICOLAS DECORMONT d'Abbeville,
CHARLES-FLORENT FORMENTIN }
PIERRE-NICOLAS LELOIR } d'Abbeville,
JEAN-JACQUES FROIDURE de Bertancourt.

Suit (en cinq pages) le canevas, le programme de l'exercice.

Je ne puis donner l'annonce de la distribution des prix de 1792 ; je transcris celle de 1793.

SÉANCE PUBLIQUE
DSTRIBUTION GÉNÉRALE
DES PRIX
DU COLLÈGE D'ABBEVILLE

le jeudi 8 août mil sept cent quatre vingt treize, l'an second de la République française.

La distribution sera précédée d'un exercice sur le Poëme Epique, présidée par le Citoyen Fuzellier, professeur de seconde.

[Au-dessous, dans un cercle en forme de collier, un bonnet de la Liberté entouré de douze petites fleurs de lys disposées trois par trois.]

A ABBEVILLE
De l'imprimerie de Louis-Alexandre Devérité, imprimeur du Collège.

1793.

Le verso porte :
Dieu aidant
Répondront les jeunes Citoyens

Saint-Hilaire Dufour,
Jacques-Jules Cordier,
Louis Roi, } d'Abbeville,
Nicolas François Coulombel,
François Sueur,

Louis-François Delattre, de Tilloy-Floriville.

Et la troisième page adresse aux habitants cette invitation :

« CITOYEN,

« Les instituteurs et leurs élèves vous prient de les honorer de votre présence.

« On commencera à trois heures précises. »

Quand les difficultés du temps rendirent-elles enfin les classes du collège désertes ? Je ne saurais le dire aujourd'hui, mais la distribution de 1793 fut probablement la dernière du vieux collège de Marand de Bailleul. Je retrouve cependant encore dans les délibérations de la Ville, au 6 brumaire an III (27 octobre 1794), le nom de François-Georges Delétoille avec le titre de principal du collège.

Après la fermeture du collège, Delétoille ouvrit, dès qu'il le put, un pensionnat important qui suppléa un peu, grâce à son activité, l'établissement abandonné plutôt que condamné. Il trouva le moyen d'enseigner à la fois les lettres et les mathématiques. Un de ses élèves, M. F.-C. Louandre, lui a consacré une notice reconnaissante. L'abbé Delétoille composa depuis la Révolution un certain nombre de traités ou de mémoires sur des sujets très divers (1). — A consulter sur ses œuvres F.-C. Louandre, *Biographie d'Abbeville ;* C. Dufour, *Essai bibliographique sur la Picardie ;* E. Prarond, *les Hommes utiles de l'arrondissement d'Abbeville.*

(1) Le conseil de la commune arrête, le 29 septembre 1794, que l'ouvrage du citoyen Delétoille sur les poids et mesures sera imprimé aux frais de la ville, mais aussi vendu au profit de la caisse municipale.

CHAPITRE TROISIÈME

Justifications, Notes, Rectifications

POUR LES DEUX CHAPITRES PRÉCÉDENTS

PAGE 18

Note première. — « Toujours, on le voit, les Grandes Écoles primitivement dans la rue qui a gardé leur nom. ». — Cette note est mal rattachée certainement et égarée à cette place. Rien dans l'extrait reproduit ne l'autorise.

MÊME PAGE

Note deuxième. — « Ce mémoire, c'est-à-dire le mémoire B, est identique, » etc. Cette note eût dû être rattachée huit lignes plus haut aux mots : « Le mémoire B favorable aux chanoines..... »

P. 49 et PP. 57-58

GAGES DU PRINCIPAL ET DES RÉGENTS

L'histoire de ces gages, c'est-à-dire leur premier établissement et leur accroissement pénible, a été très bien résumée par l'auteur du mémoire B, à qui je ne puis mieux faire que d'emprunter, avec reconnaissance et textuellement, ses constatations de 1587 à 1740.

GAGES AFFECTÉS TANT AU PRINCIPAL QU'AUX RÉGENTS DU COLLÈGE

« Par délibération de l'assemblée générale tenue dans le Grand Echevinage de la ville le 14 novembre 1587, immédiatement après la nomination de M° Jean Macquet en la charge de principal au lieu de feu M° Marand de Bailleul, il fut résolu que, outre la préceptoriale qui est dans la collégiale de Saint-Vulfran, la ville fourniroit audit Macquet, pour les pensions et gages des trois régents de son temps, la somme de cent cinquante écus dont 400 livres devoient se prendre sur le revenu de la maison du Val et les cinquante livres de reste sur la fondation de D^{lle} Marie Le Blónd, à la charge que ledit principal seroit tenu des deux messes par semaine ; et les 50 livres de rente léguées par défunt Louis Le Bel, à prendre sur le Bureau des pauvres, sont dès lors demeurés affectés au premier régent, ce qui se peut voir plus clairement à l'article de la réception de Jean Macquet.

« Par une autre délibération faite en une autre assemblée générale le 22 septembre 1595, il appert que, sur ce que, par les grandes misères du temps et pour les ruines de la maison du Val, MM. les Majeur et échevins en charge avoient retranché la moitié des gages, c'est à dire des 400 livres cy-dessus, ce qui occasionnoit à M. Antoine Clugnet, principal et successeur dudit sieur Macquet, de vouloir quitter et abandonner ledit collège, il fut résolu et arrêté, par advis de ladite assemblée, que, pour le retenir et obliger à bien faire, l'on prendroit ladite somme de 400 livres pour chacun an sur les plus clairs deniers de la ville par forme d'emprunt jusqu'à ce qu'elle pourroit plus aisément le prendre sur le revenu de ladite maison du Val ; et, par la même délibération, il se voit encore qu'outre la somme ordinaire de cent livres par an il y avoit encore 25 livres d'assigné particulièrement au régent de la seconde classe (ce qui doit être entendu de la fondation des prédécesseurs de feu M° François Tillette, escuier, S' d'Achery, à son décès maistre particulier des eaux et forêts de Picardie et ancien majeur de la ville, dont ledit La Levrieze fut prié de faire l'oraison funèbre le 10 novembre 1653 ; lesquels prédécesseurs ont donné 25 livres de rente à la charge d'un obit solemnel qui se doit chanter en la chapelle dudit collège par ledit second régent qui a toujours reçu jusqu'à présent ladite rente dudit feu sieur d'Achery).

« En suite d'une requête présentée par le quatrième régent dont le nom n'est point exprimé (ce pouvoit être selon les remarques précédentes touchant lesdits régents du collège, M° Antoine Duval, ou M° Simon Bonnart) par acte délibéré en l'Échevinage en date du 15° octobre 1643, durant la magistrature du sieur Maupin, il fut ordonné qu'outre les gages ordinaires ledit quatrième régent auroit encore 25 livres à prendre par chacun an sur ladite maison du Val.

« En outre, par autre délibération de l'Échevinage en date du 17 février 1612, sur ce que, pour le peu de gages qu'il y avoit, quoique l'on eût affiché que la place de quatrième régent étoit vacante, il ne se présentoit néanmoins personne pour la remplir, (enfin Me Eloy Cauchon s'étant offert de la prendre pourvu qu'on lui donnât quelque augmentation de gages,) il fut conclu et ordonné que l'on donneroit encore la somme de 25 livres audit quatrième régent outre ses gages ordinaires ; laquelle somme se prendroit sur ladite maison du Val outre les 400 livres qui s'y prenoient tant pour le principal que les autres régents du collège.

« Enfin, pour toutes les connoissances que l'on peut donner par induction touchant lesdits gages, il est constant que depuis le renouvellement du collège à la Saint Remy 1628 où il se trouvoit quatre régents avec Me Boullenois, celui-ci en qualité de principal a reçu par chacun an pour ses gages la somme de 100 livres, comme, encore de présent, ledit de La Levrièze, son successeur en la même qualité, prenoit du receveur de la maison du Val, outre le revenu de la prébende préceptoriale. Le premier régent prenoit aussi pareille somme de 100 livres sur le même receveur du Val, et une autre somme de 50 livres sur le Bureau des pauvres, de la fondation de feu M. Le Bel, prédécesseur de MM. Le Bel d'Huchenneville, et en deux termes de paiement, sçavoir aux 1er avril et octobre suivant. Le régent de la seconde classe prenoit par an la somme de 100 livres à quatre quartiers sur ladite maison du Val et autre somme de 25 livres de rente qui se prend sur M. d'Achery ou ses ayant-cause, à la charge d'une messe solennelle qu'il doit acquitter par lui-même ou commis de sa part dans ladite chapelle à l'intention des fidèles trépassés. — Le troisième régent ne recevoit que la somme de 100 livres sur ladite maison du Val. — Le quatrième régent ne recevoit aussi que la même somme de 100 livres sur le même Val, aussi en quatre quartiers.

« Le cinquième et dernier régent ne recevoit que la somme de 50 livres par an sur ladite maison du Val et une autre somme de 25 livres en deux termes sur le Bureau des pauvres, qui font en tout soixante et quinze livres.

« Voilà ce qui s'est payé depuis ladite année 1628 jusqu'en l'année 1646, mais depuis que ledit de La Levrièse a été reçu en la charge de principal, après plusieurs remontrances verbales faites par icelui, exposant comment, à raison de la modicité des gages du collège, on ne pouvoit que très difficilement retenir ou attirer d'honnêtes gens pour la régence des classes, vu que les moindres offices des paroisses de la ville donnoient aux prêtres plus de moyens de subsister et plus de liberté, Me Jacques Lefebvre sieur des Amourettes, en qualité de majeur, ayant mis l'affaire en délibération, il fut conclu et arrêté qu'outre les gages ordonnés les cinq régents auroient encore par chacun an, à chacun d'eux, la somme de 25 livres à prendre sur ladite maison du Val ; ce qui fut passé en la dite délibération le 28 septembre 1646. — Registres de l'hôtel de ville.

« Tellement qu'en suite de la susdite délibération, le premier régent doit recevoir, par chacun an, 175 livres ; — le second 150 livres ; — le troisième 125 livres ; —

le quatrième pareille somme de 125 livres [ce qui], y compris les 100 livres du principal à prendre sur le Val et les 25 livres sur les héritiers de M. Tillette d'Achery, fait en tout la somme de 775 livres de gages affectés pour tous tant principal que régents par chacun an. » — J'avoue ne pas bien comprendre ce résumé ou du moins ce total du mémoire B.

P. 62.

« Vingt-cinq livres de rente légués par demoiselle Marie Le Comte. »

Ainsi que je l'ai déjà dit, les donations faites au collèges n'étaient pas désintéressées. Elles consistaient en fondations de messes ou d'obits au profit des donateurs. L'état en a été dressé. Je l'emprunte encore au mémoire B.

DONATIONS ET FONDATIONS
faites au profit du collège

I

« Donation de 25 livres de rente au denier douze, par testament de défunte demoiselle Marie Le Comte, veuve de feu M⁰ Jean Le Prevost, greffier en la sénéchaussée de Ponthieu, du 4 febvrier 1588, décrété le 19 de septembre 1589, sans aucune charge. » — Si je comprends bien ces mots sans aucune charge, cette donation est la seule qui fasse exception à la règle.

II

La fondation qui suit contient une condition louable.
« Donation de 15 livres de rente, par testament de

défunte demoiselle Jeanne Cordier, veuve de feu honorable homme Pierre Gaudemont, bourgeois marchand d'Abbeville, en date du 17 may 1589, à la charge de donner sur icelle la somme de douze livres au plus pauvre écolier étudiant audit collège, tel que voudroient nommer les parents de ladite testatrice, et de chanter à l'intention d'icelle testatrice et de ses parents et amis, par chacun an, à perpétuité, la veille du Saint-Sacrement, en la chapelle dudit collège, le *Salve* et l'oraison convenable au temps, avec celle des Trépassés.

« Or, il est à noter que pendant neuf ou dix années jusqu'à la mort dudit Boulenois, principal, qui, du consentement des parents, avoit changé lesdits *Salve* et oraisons en obit solennel qui se chante encore annuellement la veille du Saint-Sacrement, ledit principal n'avoit encore rien touché de ladite somme de 15 livres, quoique le service se fût toujours acquitté, de façon que ledit sieur de La Levrièse, se voyant en charge de principal, et ayant à ce sujet conféré avec ledit Gaudemont, ancien juge des marchands de cette ville, comme héritier de ladite donatrice, il commença d'entrer en paiement l'an 1647 de trois livres seulement au lieu de 15 livres qui étoient dues, et, touchant les arrérages échus jusqu'audit temps, il pria qu'on les lui relâchât à cause des incommodités de la guerre qui l'empêchoient de donner contentement, et, pour ce qui regarde les 12 livres de renvoi au plus pauvre écolier du collège (au lieu que du vivant dudit Boullenois cette somme s'étoit donnée quelque temps auparavant au portier du collège pour lors y étudiant, selon l'aveu que ledit

Boullenois en a fait audit de La Levrièse) ledit Gaudemont, héritier, qui disoit être à lui de nommer ledit pauvre écolier, s'en est chargé lui-même et ses héritiers; si bien que ledit Gaudemont étant venu lui-même à décéder, honorable homme... Crignon, bourgeois marchand de cette ville et linger de profession, comme mari et bail de demoiselle..... Gaudemant, fille et héritière dudit défunt Gaudemont, paya pour ladite messe 3 livres par chacune des années 1650, 1652, 1653, et la copie dudit testament a été levée par ledit La Levrièse en l'étude de M° Nicolas Lefebvre, gardien des minutes de Herbet.

III

« Fondation de deux messes, savoir tous les lundis et samedis de chacune semaine à perpétuité, qui doivent être dites dans la chapelle dudit collège, par testament de défunte demoiselle Françoise Belle, veuve de feu noble homme M° Gabriel Briet, vivant sieur de Neuvillette, conseiller du roy en l'élection de Ponthieu et ancien majeur de cette ville, fondatrice de ladite chapelle ; pour laquelle fondation elle a donné 500 livres, avec cette clause qu'au cas avenant que la fondation audit collège ne soit suffisante pour l'entretien d'icelle, son légataire universel sera tenu de suppléer ce qu'il convient pour l'obmission [?] de ladite fondation, afin qu'elle soit bien et duement entretenue. Le testament est olographe et daté du 3 septembre 1636 et reconnu par devant M°⁵ Richard Vasseur et Josse Gallet, notaires royaux, le 2 décembre suivant; et pour icelles deux messes par chacune semaine, M. de Buissy, conseiller du roy, lieutenant en l'élection de Ponthieu, ancien majeur d'Abbeville, neveu et légataire universel de ladite demoiselle Françoise Belle, donne, par chacun an, une somme de trente-deux livres.

IV

« Donation de 25 livres au denier douze faite au collège par demoiselle Genneviève Le Blond, veuve de feu M⁰ Jean Delcourt, vivant notaire royal en la sénéchaussée de Ponthieu, substitut du procureur de la ville, par son testament (dont ne s'est pas encore trouvé copie), en date du 7 mars 1611, à la charge de célébrer annuellement une messe solemnelle de l'office du Saint-Esprit, le 19 mars en la veille de saint Vulfran audit mois, où les parents doivent être invités d'assister ; et ladite somme de 25 livres, qui se payoit par feu Mᵉ Jean Vincent, conseiller du roy au Présidial de cette ville, ancien majeur d'icelle, et demoiselle Anne Alliamet sa femme, comme petite fille et donataire particulière de ladite Le Blond, se distribue de telle sorte que le principal, en vertu dudit testament, en a la moitié à l'encontre de l'autre moitié qui se partage également entre les autres régents.

« Or est à noter ici, touchant cette partie, que pour certaines raisons que l'on pourra voir dans les papiers dudit collège, en l'année 1636, et le 1ᵉʳ jour d'octobre, ledit Mᵉ Jean Vincent, ayant remboursé ladite rente au denier douze à raison du denier dix-huit, cela a fait que ladite somme de 25 livres de rente a été réduite à la somme de 16 livres 13 sols 4 deniers qui se payent annuellement par le recepveur de la maison du Val, suivant le mandement de MM. les Majeur et échevins en charge, qu'on leur présente à signer avec le dernier mandement de l'année pour le dernier quartier qui échoit le 1er juillet de l'année courante ; laquelle somme de 16 livres 13 sols 4 deniers se perçoit de la même manière que cy-dessus dite.

V

« Donation de 50 livres de rente en deux parties de 25 livres l'une, à prendre sur les héritiers et ayant cause de demoiselle Françoise Billet, veuve de feu Pierre Daullé, bourgeois marchand, et de Jean Apeau et Marie Daullé, sa femme, par le contrat passé et reconnu par devant Me Robert Calyppe, le 19 novembre 1635, et l'autre partie sur Me Nicolas Rohault, greffier de MM. les prévost et maréchaux de France, par contrat de constitution passé par devant ledit Calyppe, 10 may 1636 ; icelle rente laissée par testament de feu Me Jean Boullenois, 7 may 1643, reconnu par ledit Calyppe, 4 febvrier 1644, pour deux prêtres au choix du principal en charge, qui viendront tous les mois entendre les confessions des étudians dudit collège en la chapelle d'icelui ; qui est à raison de 25 livres chacun pour chacun an. »

NOMS DES CONFESSEURS DU COLLÈGE DEPUIS CETTE FONDATION JUSQU'EN 1666, *sous M⁰ de La Levrièze.*

Premier

« M⁰ Louis de Ribeaucourt, ancien régent et doyen des chapelains du grand autel de Saint-Vulfran, lequel avoit été admis à régenter avec le sieur Gignon par M⁰ de Boullenois. Il sortit pour être curé d'Arrest; et fut choisi en sa place, par ledit de La Levrièze,

« *Second*

« M⁰ Pierre Buteux, lequel ayant remercié quelque temps après, fut admis

« *Troisième*

« M⁰ Nicolas Fossé, qui depuis a été régent; et fut mis en sa place

« *Quatrième*

« M⁰ Adrien Le Moine, ancien régent, lequel, ayant quitté pour être doyen du chapitre de Noyelles-sur-Mer, fut mis en place

« *Cinquième*

« M⁰ Jean Pinart, chapelain de l'extrême-onction; auquel a succédé

« *Sixième*

« M⁰ Louis de Ribeaucourt pour la seconde fois, lequel avoit quitté sa cure; après la mort duquel fut mis en sa place

« *Septième*

« M⁰ Nicolas de Moyenneville ; après le décès duquel ledit de La Levrièze mit

« *Huitième*

« M⁰ François Manessier, chapelain du grand autel ; de sorte qu'en ce jour, 23 juillet 1666, lesdits Pinart et Manessier faisoient ensemble les fonctions de confesseurs des écoliers audit collège. »

VI

« Fondation d'une messe par chacun jour de l'année à perpétuité dans l'église paroissiale de Saint-George de cette ville, laquelle doit être célébrée en ladite église après la première messe que l'on appelle la messe du jour, par l'un desdits régents dudit collège au choix et à la volonté de MM. les curé, recepveur et marguilliers en charge d'icelle paroisse, qui pour ce sujet seront tenus et obligés de fournir tous les ans audit régent célébrant une somme de 120 livres et ensemble les ornements, cire, pain et vin, et toutes choses nécessaires à la célébration de ladite messe suivant l'intention de demoiselle Françoise Onfroy, à présent étant dans le couvent des religieuses Ursulines, comme il apert par le contrat de donation pour ladite fondation, passé par devant M⁰ Lefébure, notaire royal en Ponthieu, le 3ᵉ jour de febvrier 1651, et par l'acte de délibération et acceptation desdits curé et anciens recepveurs et marguilliers de Saint-George, en date du 8 janvier 1652 ; ensuite de quoi, le sieur régent qui a commencé de célébrer ladite messe à voix basse à la présentation de ladite Onfroy fut Jean d'Olandre qui régentoit alors la seconde classe dans ledit collège, le 14 novembre 1653. »

VII

Cette fondation est antérieure même, et de beaucoup, à l'édit d'Orléans. Elle impliquait une charge acceptée, avec le revenu, par le collège en prenant possession de l'hôpital Jean Le Sellier.

« Fondation de 31 livres 4 sols de rente à prendre sur la maison du Val au denier... par deux demi-année échéant aux 1ᵉʳ octobre et avril, à la charge de deux messes basses par chacune semaine, savoir les mardis et mercredis, à l'intention de feu Mᵉ Jean Le Sellier, en mémoire de la fondation faite par ledit Sellier au lieu appelé l'hôpital de Jean Le Sellier occupé par les filles pénitentes ou repenties où étoit ci-devant le collège, laquelle a été transférée, avec le collège en 1606, au lieu où il est maintenant. »

VIII

Il s'agit de la fondation d'une messe hebdomadaire, faite par le principal Robert de La Levrièse, à l'intention de tous les bienfaiteurs du collège; fondation rappelée par nous plus haut, page 171.

IX

« Fondation de 50 livres de rente au denier 12 par chacune année, échéante au 1ᵉʳ octobre, à la charge de de deux messes basses toutes les semaines, scavoir les dimanches et jeudis suivant l'intention de Marie Le Blond, veuve de feu...

X

« Fondation de 25 livres de rente au denier..., au profit du régent de la seconde classe, à la charge de dire, au mois d'octobre, une messe ou obit solemnel dans la chapelle dudit collège, à l'assistance du principal et des autres régents, à l'intention de feu...

XI

« Fondation de 50 livres de rente au profit du premier régent et sans aucune charge par... Louis Lebel, qui a fait une fondation de 150 livres sur le Bureau des pauvres de cette ville, à la charge de payer, tous les ans, 50 livres aux prédicateurs des Avent et Caresme de Saint-Georges ; et autres 50 livres audit régent du collège, par demi-année, aux 1ᵉʳ d'avril et octobre, suivant le contrat passé par... »

XII

Il s'agit de la fondation de demoiselle Barbe David, fondation rappelée par nous plus haut (pp. 172-173), d'après les registres de la Ville, — don d'une maison près de la porte Comtesse. — Le mémoire B nous apprend que le testament de Barbe David fut passé pardevant Mᵉˢ Louis Dacheu et Louis Regnault, notaires, le 24 octobre 1656, et qu'il fut accepté par le principal La Levrièze et les sieurs Pierre Levasseur, Jean Lescot, Jean Boucher et Jean Gignon, tous régents du collège, « pour jouir à leur profit des louages et loyer d'icelle maison suivant le bail qui en sera fait et qui en a été fait par M. Louis Retart, notaire royal, le 1er avril audit an. » — Suivant les conventions faites entre le principal, les régents et la donatrice, « il se doit prendre par préciput sur la dite somme des loyers celle de 50 livres pour celui, principal ou régent, qui dira les deux messes par semaine, sous condition de fournir par icelui pain, vin, cire, et généralement toutes choses nécessaires audit sacrifice et vêpres. » — Le surplus du prix des loyers « sera distribué en six parts égales, scavoir une pour le principal et les cinq autres pour les régents des 1re, 2e, 3e, 4e et 5e classes. » — En cas de réparations grosses ou menues de la maison, les régents y devront contribuer au prorata de ce qu'il toucheront, c'est-à-dire également, en respectant toujours les 50 livres affectées aux messes et vêpres « attendu le fournissement des choses nécessaires pour ledit office. » Quand un des régents s'absentera « par congé ou autrement » il pourra, après en avoir averti le principal, se faire suppléer par d'autres, afin que « lesdits services » ne souffrent pas d'interruption. — Ces conventions reçurent, le 2 novembre 1657, les signatures de La Levrièze et de ses régents, qui étaient alors Adrien Lemoine, Jean Pinart, Nicolas Dufossé, prêtres, et Jean Lescot.

Cet accord du 2 novembre 1657 nous donne la fin des résistances opposées quatre mois auparavant par Jean Pinart et quelques autres des régents à l'exécution des volontés de Barbe David. — V. p. 173.

Plus tard, en l'an 1712, vers l'expiration du principalat de François Lefebvre, le principal et les régents ne tirant plus que cinq livres au plus chacun de la maison, louée seulement 120 livres et ruineuse par l'exigence de grosses réparations, cette maison fut donnée à surcens moyennant 150 livres de rente annuelle, « et l'on s'employa vers MM. de ville pour exempter celui qui l'occupoit de logement de gens de guerre, attendu le fort loyer et les censives ordinaires d'icelle et pour le bien et l'advantage du bien public. »

Je ne rencontre dans cette revue de donations aucune analyse de la générosité recommandable faite par Alexandre Mallery. — Voyez plus haut, pp. 169-170.

Comme conséquence de ces diverses fondations, le mémoire B nous a conservé l'état des messes et obits à la charge du principal et des régents.

« EN SUIVENT les messes quotidiennes et perpétuelles (ou obits) qui doivent être célébrées dans le collège.

« TOUS LES

« DIMANCHES de l'année, le principal doit la messe à l'intention de défunte demoiselle Marie Le Blond veuve de feu M. . . . . Mère grande de M. Le Boucher, écuyer, seigneur d'Ailly-le-Haut-Clocher, conseiller trésorier de France en la ville et généralité d'Amiens, qui, pour l'acquit de la fondation faite audit collège de deux messes par semaine, (scavoir les dimanches et jeudis par contrat passé par devant. . . . .) paye tous les ans à la Saint Remy 50 livres de rente constituée au denier 12.

« Lundis de chaque semaine, messes de fondation de demoiselle Françoise Belle, veuve de feu M. Gabriel Briet, eslu et ancien majeur de la ville et tous les samedis.

« Mardis, messes à l'intention de Me Jean Le Sellier, ainsi que celle du mercredi, à même intention, transférées dudit hôpital dudit Sellier audit collège; pour lesquelles ledit principal reçoit du receveur du Val, par chacune demi-année, scavoir à la Saint Remy et au 1er avril, 15 livres 12 sols, qui font par chacune année 31 livres 4 sols.

« Mercredis, messe à l'intention de Jean Le Sellier, comme dit est.

« Jeudis, à l'intention de ladite demoiselle Le Blond, comme dit est.

« Vendredis, messe pour les bienfaiteurs dudit collège, pour laquelle se perçoit par an vingt livres seize sols.

« Samedis, à l'intention de demoiselle Françoise Belle, fondatrice de la chapelle du collège. Le sieur Boullenois, principal, a commencé à y chanter la messe susdite le premier lundi d'avril 1642.

« Outre lesdites messes quotidiennes, sont encore à la charge desdits principal et régents plusieurs messes et obits qui ensuivent, scavoir tous les ans :

« Le 3 février, obit solemnel à l'intention de feu Me Gabriel Briet, en reconnaissance de la chapelle du collège.

« Le 4 mars, messe ou obit solemnel, à l'intention de défunte demoiselle Françoise Belle, veuve dudit sieur Briet fondateur de ladite chapelle.

« Le 19 mars, messe solemnelle du Saint Esprit, à l'intention de défunte demoiselle Geneviève Le Blond, veuve du feu sieur Delcourt, procureur, pour laquelle elle avoit laissé une rente de 25 livres au denier 12, réduite au denier 18 par le rembours à 16 livres 8 sols 4 deniers ; dont en appartient la moitié au principal, à l'encontre de l'autre moitié à partager également entre les régents.

« Le 2 mai, le principal et les régents, étant invités par les parents, doivent se rendre avec leurs écoliers en l'église des Minimes pour assister à un obit solemnel qui doit être dit à l'intention de feu. . . . . sieur Demery ; pour lequel obit il a laissé cent sols de rente, sur lesquels les Minimes doivent rendre au principal 6 sols et aux premiers régents 2 sols, par contrat passé par devant. . . . . . .

« Environ le mois de juin, et toujours la veille du Saint-Sacrement, une messe ou obit solemnel, à l'intention de défunte demoiselle Jeanne Le Cordier, veuve de feu M. N. Gaudemont, au lieu d'un *Salve* et *De profundis* qu'elle avoit fondé ; pour quoi se perçoit 3 livres par an, scavoir un tiers au principal qui dit la messe et aux autres régents chacun dix sols.

« Au mois d'octobre, n'importe en quel jour, le régent de seconde doit un obit solemnel à l'intention de feu M. d'Acheu et ses prédécesseurs pour lequel ledit régent perçoit seul 25 livres.

« Le vendredi des Quatre-Temps de l'Avent, le principal et les régents doivent un obit solemnel à l'intention, et suivant la fondation de feu M. Alexandre Mallery, fils et héritier de feu M. Antoine Mallery, greffier de la justice consulaire, et de demoiselle Mallet, tant pour lui que pour ses père et mère et autres prédécesseurs; pour l'effet de laquelle fondation, ledit Alexandre Mallery avoit appliqué la rente de 200 livres à partager également entre les cinq régents, à l'exclusion du principal quand il ne régente pas, selon la clause portée audit contrat passé par devant Jean Pappin et confirmé par son testament passé aussi par devant ledit Pappin, le 16 d...... »

P. 106.

Le comte de Saint-Pol fit-il donc à ses frais présent à la Ville de l'hôtel de Neuilly afin que MM. de l'Echevinage le pussent échanger contre l'hôpital Jean Le Sellier au profit du collège ?

PP. 113-116.

ARRÊT DU 16 MARS 1617.

Cet arrêt est très bien analysé dans le mémoire du principal Tripier et dans notre mémoire A ou n° 5 de la série GG. des archives de la Ville.

Il concerne les formalités à suivre pour la nomination des régents — en 1617. — La copie que je transcris est, en papier, dans les archives de la Ville, GG, n° 72. Il s'en trouve une autre expédition en parchemin dans les mêmes archives, même série GG, n° 64.

La contestation entre le principal J. de Boullenois et les Maieur et échevins pour la nomination des régents était la querelle réveillée du principal Macquet. Les prétentions du principal sont cette fois — au pis aller — soutenues par l'avocat du Chapitre.

« Louis par la grâce de Dieu etc.................... (1) entre Jean Boullenois etc., principal du collège d'Abbeville, appelant de la sentence du sénéchal de Ponthieu ou son lieutenant aud. Abbeville, le 30 juillet dernier 1616, et intimé, les doyen, chanoines et Chapitre de St Vulfran intervenant et joint d'autre part ; et les Majeur et échevins dud. Abbeville et Mᵉ Étienne Descaules prétendu régent de la quatrième classe dud. collège, intimés et défendeurs, et encore lesd. Majeur et échevins appellans de ladite sentence d'autre part.

« Boullenois a dit qu'en l'année dernière 1616, le 8 juillet, lesd. Majeur et échevins, par leur ordonnance, auroient admis et institué led. Descaules pour faire la quatrième classe. Led. Boullenois en ayant interjeté appel, lesd. Majeur et échevins l'auroient pris pour trouble et formé leurs complaintes contre led. Boullenois et les intervenus etc...... etc..... La longueur de l'arrêt m'oblige à supprimer, à abréger. Il est question de la Clémentine première *De Magistris*. La querelle porte toujours sur le droit de nomination des régents, soit par les chanoines, soit par la Ville. L'arrêt rappelle les dires des avocats. L'avocat Rimbaucour [?] a dit pour les Maire et échevins « qu'il avoit été mal jugé, d'autant qu'ils doivent être maintenus en leur possession de placer les régents aud. collège, tant à

---

(1) L'orthographe que je reproduis est un peu plus jeune que celle de 1617, parce que je transcris, non l'expédition en parchemin mais la copie en papier.

cause qu'ils en étoient les fondateurs, dotateurs et conservateurs, et ayant en l'année 1584 donné gages libéralement (1) à trois régents (depuis ce temps-là jusqu'à maintenant) et conservé led. collège au mieux qu'il leur a été possible, qu'à cause que depuis ladite fondation et établissement, ils sont en possession de toujours choisir et placer les régents comme il a justifié par plusieurs actes, l'un de l'année 1587, l'autre de l'année 1593, l'autre de l'année 1612, auquel usage il n'y avoit sujet quelconque de rien innover, vû que les Principaux dud. collège, prédécesseurs dud. Boullenois, ni lui pareillement depuis son élection, ni les doyen et chanoines de St Vulfran, ni le lieutenant général, ni les gens du Roy au siège présidial de Ponthieu, n'y avoient jamais rien prétendu et qu'il ne se trouvoit point qu'ils eussent manqué à y placer des hommes capables, de mérite, au nombre desquels étoit led. Boullenois placé en 1593 en la place de régent de seconde classe par l'assemblée générale de lad. ville, et non par M⁰ Antoine Clugnet pour lors principal dud. collège; joint que tant s'en faut que lesdits doyens et chanoines eussent en rien contribué aud. collège, qu'ils en avoient empêché l'établissement comme il appert par l'arrêt de l'an 1588 qui justifie que la maison des Grandes Écoles ne leur appartenoit point et n'y avoient que neuf livres de rente ; si bien qu'il n'étoit point raisonnable de leur attribuer aucun droit en l'élection des régents, ni audit lieutenant général, ni [aux] gens

(1) C'est-à-dire volontairement, de leur propre mouvement.

du roy, aucun d'eux n'ayant contribué à l'installation desd. régents, ains (mais) les Maire et échevins seuls ; pour raison de quoi eux seuls, avec le siéger conseiller de ville, en présence du procureur fiscal, ont, depuis ledit temps, reçu, examiné et fait installer tous les régents aud. collège, sans contredit, en laquelle possession, en émendant la sentence dont est appel, ils demandent à être tenus et gardés avec dépens.

« Servin, pour le procureur du roy, dit que le Chapitre est fondé en droit d'écolâtre et les écoles à leur direction ; qu'ils y ont pourvu jusqu'en quinze cent quatre-vingt-quatre. . . . .

. . . . Le principal prétend seul choisir les régents ; mais afin de ce faire avec plus d'autorité et de choix il fait ouverture que l'élection soit faite en une assemblée où soient le Chapitre, le lieutenant général, le substitut, le maire, ou un échevin, avec le principal.

« Notre dite Cour a mis les appellations respectivement interjetées et ce dont est appel au néant ; émendant, ordonne que, vacation advenant de place de régent au collège d'Abbeville, y sera pourvu de personnes de vie, mœurs, suffisance requise par le principal seul ; sans préjudice de l'institution de principal, vacation advenant, à laquelle sera pourvu par les intimés et intervenans suivant la coutume et sans dépens. Si mandons mettre le présent arrest à exécution. Donné en Parlement le 16 mars 1617 et de notre règne le septième. — *Arch. de la ville, série GG, n° 72.*

PAGE 158

Ce « troisième et dernier » arrêt du 27 mars 1646

entend que les parties fassent diligence de faire juger l'instance pendante en lad. cour de Parlement dans l'espace d'un mois et accorde, par manière de provision, en attendant, la direction du collège à La Levrièze. Puis nous voyons La Levrièze jouir tranquillement de la place de principal ; mais nous ne voyons pas du tout (nous ne trouvons rien) quand (ou si) fut jugée — dans l'espace d'un mois — l'instance pendante en la cour de Parlement. Ne pourrait-on croire que, de guerre lasse, les différents corps ne poursuivirent pas l'affaire et acceptèrent comme nomination définitive la provision de La Lavrièze ?

PAGE 174.

La Lévrièze mourut évidemment en 1669, mais je ne l'ai pas dit.

PP. 176-177.

L'élection n'en fut pas moins faite selon la coutume à l'Hôtel de Ville. Un compte de Louis Lecat, concierge de l'echevinage pendant la mairie de Nicolas Le Bel, (1669-1670) le prouverait s'il en était besoin : « .... mesdits sieurs étant dans l'Hôtel de Ville pour faire la nomination du principal, à eux fourni huit pots de vin françois de 18 sols le pot, somme sept livres quatre sols. » — *Les Convivialités de l'Echevinage*, p. 77. — Les bonnes traditions n'étaient pas encore perdues.

P. 220.

« Entre les délibérations du 1er et du 2. » — Mois oublié. — probablement juillet.

pp. 274 et 280.

« Le Chapitre fait difficulté de donner à Tripier la qualité de chanoine. » Et : « On délibéra si on l'enterreroit en qualité de chanoine ou en celle de chapelain. » — Tripier, lui, prenait sans hésitation la qualité contestée. Ainsi dans ce certificat : » Le principal du collège d'Abbeville, chanoine de l'église roiale de S¹ Wulfran, certifie à messieurs les Majeur et échevins de cette ville que M. Le Vasseur, prêtre, a entendu la confession des écoliers de ce collège pendant deux années révolues, à compter depuis la Saint-Remi 1758 jusqu'à la Saint Remi 1760, à Abbeville, ce 3 décembre 1760. TRIPIER — *archives de la Ville, série* GG, n° 64.

p. 290.

La production ou même la simple analyse de ces actes prendrait trop de place dans ces pages déjà nombreuses. Je renvoie les justifications annoncées à un appendice de *l'Histoire de Cinq villes, canton de Nouvion.*

p. 322.

« Du mardi vingt de mars mil sept cent quatre vingt six, cinq heures de relevée.

« Par devant nous Pierre-Jean-François Douville, écuier, seigneur de Maillefeu et autres lieux, premier échevin et actuellement lieutenant général juge de police et commandant pour le roy en la ville d'Abbeville, le corps de Ville étant assemblé, en la chambre du conseil de l'Hôtel-de-Ville où étoient présents MM. de

Roussen et Froissart, échevins, Lefebvre du Grosriez, Poultier de Cuvières et Poultier, assesseurs, Duval de Grandpré, procureur du roy, Coulombel, greffier en chef.

« M. le procureur du roy a mis sur le bureau les lettres patentes obtenues par le Bureau d'administration du collège de cette ville au mois d'octobre dernier, les délibérations dud. Bureau d'administration annexées sous le contre-scel desd. lettres patentes en date des vingt janvier et quatre juin mil sept cent quatre-vingt cinq, ensemble l'arrest de Messeigneurs de la cour de Parlement en date du 21 février dernier, lesquels objets lui ont été remis par MM. du Bureau d'administration du collège à l'effet, en exécution dud. arrêt, d'être communiqués à la compagnie pour, par elle, déclarer si elle entend donner son consentement à l'enregistrement et exécution desdites lettres patentes qui autorisent led. Bureau d'administration du collège à acquérir la maison scize en cette ville joignant le collège et appartenante aux veuve et héritiers du sieur Pottier et à vendre et aliéner par contrats volontaires cinq cents livres ou environ de censives appartenantes aud. collège ; pourquoy il prioit la compagnie de délibérer.

« La matière mise en délibération, lecture prise desd. lettres patentes, délibérations et arrêt, la compagnie, considérant que l'acquisition projetée par le collège et l'aliénation qu'il demande de ces cens, le tout [?] autorisé par les lettres patentes, ne présentent qu'un très grand avantage pour le collège et par suite pour le public, a déclaré et déclare consentir à l'enregistrement de l'exécution desd. lettres patentes, sous la réserve néanmoins de la directe appartenante à cet Hôtel de ville sur les cens et surcens en cette ville et banlieue qui se trouvent dans l'étendue de sa haute justice et seigneurie. — *Reg aux délibérations du 10 décembre 1784 au... Octobre 1787, folio 47 verso et 48 recto.*

CHAPITRE QUATRIÈME

Le Collège depuis la Révolution.

Le collège étant formé, l'instruction publique se fragmenta en quelque sorte, fut donnée à titre particulier en divers lieux de la ville par plusieurs instituteurs dont quelques-uns avaient professé au collège même. Je trouve dans les registres municipaux parmi les « notables » de 1794 quatre instituteurs publics, Delétoille, Gui, Grandhomme et Guillui.

La Ville, elle, au milieu de ses mille soucis ou enthousiasmes de chaque heure, s'occupait maternellement des succès scolaires de ses enfants. Le 28 prairial (16 juin 1794) le citoyen Grandhomme, instituteur public et notable, présente au Conseil de la commune une députation de ses élèves, et le citoyen Médard Leblond, âgé de huit ans, prenant la parole, engage, au nom de ses camarades, le Conseil général de la commune à assister par députation, le décadi prochain, au temple de la Raison, à l'exercice public qui rendra les parents témoins des progrès de leurs enfants. Le Conseil promet de satisfaire au vœu des jeunes citoyens et leur accorde *les honneurs de la séance*. — Reg. aux délib.

Que devenait pendant ce temps le collège dans lequel s'avançaient autrefois les régents *veste talari et pilo cornuto?* Le collège, transformé en maison d'arrêt, entendait les propos, probablement lestes, et les plaintes de prisonnières exotiques. Deux Anglaises y étaient détenues. Elles se permirent, disent les registres de la ville, de boire avec deux carabiniers auxquels elles avaient donné rendez-vous. Le Conseil de la commune, instruit de cette conduite légère par le concierge de la maison d'arrêt, manda les coupables devant lui et les condamna « à garder prison pendant deux jours. » C'est-à-dire sans doute à une réclusion plus étroite.

Le régime des maisons d'arrêt d'Abbeville était d'ailleurs fort doux alors. Le concierge de celle dite Selincourt (place d'Armes) laissait les détenus se promener sur la place. Il en est quitte le 11 messidor (29 juillet) pour une vigoureuse semonce du Conseil de la commune.

Si je ne craignais de m'écarter un peu ici de mon sujet spécial, le collège, je dirais que l'intérêt de l'instruction primaire préoccupait déjà les pouvoirs politiques. A la fin de l'année 1794, les administrateurs du Directoire révolutionnaire du District réclament des officiers municipaux, pour répondre à une demande du Comité de salut public, les éléments d'un état des écoles primaires à établir et de celles déjà établies. — *Reg. aux délib. de la ville.*

L'administration d'Abbeville sollicitait le 12 brumaire an IV (3 novembre 1795), l'établissement à Abbeville de l'école dite Centrale (1) dans le langage des nouvelles institutions. Elle priait à cette date ses députés, MM. de Crécy et Devérité, d'appuyer leur demande. Elle écrivait en termes pressants au président du comité d'instruction publique.

Elle sollicitait encore, dans le même désir et le même espoir, le 28 ventôse an IV, auprès du C. Grégoire, membre du Conseil des Anciens, président du comité d'Instruction publique, et des présidents des Conseils des Anciens et des Cinq Cents. — Et plus tard encore.

Dans les institutions nouvelles les écoles centrales ou écoles du second degré représentaient les anciens collèges. L'organisation de ces écoles avait été décrétée, sur un rapport de Daunou, le 5 février 1795.

Laissant tomber, plutôt que fermant (2), de vieilles maisons insuffisantes (3) et hostiles aux réformes, la

---

(1) L'enseignement des sciences naturelles et d'utilité pratique occupait beaucoup l'esprit des hommes de ce temps. Déjà, dans la séance municipale du 6 nivôse an III (24 février), Devérité annonçait que son collègue Florent Guiot venait d'obtenir mille livres pour les frais d'un jardin de botanique au collège, mais alors les bâtiments du collège étaient fermés à l'instruction des enfants de la ville. On ne voulait fonder avec le jardin projeté qu'un établissement d'utilité, horticole et agricole.

(2) D'après plusieurs cas rappelés par M. Eug. Despois, il semble qu'en général les collèges ont été, non pas fermés mais abandonnés provisoirement à eux-mêmes. — *Le Vandalisme révolutionnaire*, p. 43. — Le cas est tel pour le collège d'Abbeville. Les professeurs même eussent pu y demeurer en se soumettant aux lois comme l'abbé Delétoille.

(3) En 1789, à l'exception du latin dont l'enseignement était à améliorer, tout était à créer. » — *Ibid*, p. 47.

Révolution, dès son origine, songea à une large distribution de l'enseignement (1). La Convention, surtout, eut à cœur ce grand intérêt. — A peine réunie, elle en témoigne dans une discussion du 12 décembre 1792. Sur les rapports d'un comité spécial, elle vote le 12 septembre 1793, l'instruction obligatoire ; puis, le 19 du même mois, la loi de l'enseignement primaire qu'elle corrige le 17 novembre 1794 sur une rédaction de Lakanal. Dans l'intervalle, sur un rapport de Grégoire, elle a, le 28 janvier (1794), mis au concours la composition de livres élémentaires pour les écoles nationales ; elle a décrété, le 11 mars, l'établissement d'une école Centrale des Travaux publics, c'est-à-dire de l'école Polytechnique; le 28 septembre, la création de l'école Normale. Elle décrète le 25 février 1795, comme

(1) Discours de Mirabeau, écrits à la veille de sa mort et publiés par Cabanis ; — Rapport de Talleyrand à l'Assemblée nationale, septembre 1791; — Rapport de Condorcet à la même Assemblée, avril, 1792 ; — Rapport de Lanthénas, à la Convention sur l'organisation des écoles primaires, 18 décembre 1792 ; — Rapports de Romme sur l'ensemble de l'instruction publique, 1er décembre 1792 et 20 octobre 1793 ; — Plan d'éducation nationale trouvé dans les papiers de Michel Le Peletier de Saint-Fargeau et présenté à la Convention le 13 juillet 1793 ; — Discours de Fourcroy, 30 juillet 1793 ; les rapports de Lakanal, organisation des écoles normales, 2 brumaire an III ; — Projet de décret sur les écoles centrales, 16 décembre 1794 ; — Aperçu des dépenses d'instruction publique, floréal an III ; — Rapport de Fourcroy, 4 vendémiaire an IV, sur les mesures prises pour l'établissement de l'école centrale des travaux publics (école Polytechnique) précédemment décrété le 21 ventôse an III ; — Rapport de Daunou sur l'organisation de l'instruction publique 27 vendémiaire an IV ; — Loi du 3 brumaire an IV.

nous l'avons dit, la loi des écoles Centrales. Le 13 juillet 1795, elle assure par des traitements l'existence du collège de France. Vers le même temps, elle fonde l'école des Langues orientales. Elle coordonne enfin et organise par sa loi du 25 octobre 1795 l'ensemble de l'instruction publique. L'Institut national lui même, a pu être entrevu dans l'article 3 d'un décret élaboré par le comité d'Instruction en sa séance du 8 août 1793. Cette institution devient, dans le grand rapport lu par Daunou le 29 octobre 1795, la digne fin proposée aux travaux de l'Assemblée pour le développement et l'honneur intellectuel de la nation. La première séance publique de l'Institut créé a lieu le 4 avril 1796, et, remarquons-le, dix-huit mois seulement après, notre société d'Émulation se constitue à son imitation, avec une seule différence, les trois classes réduites à deux, classe des Sciences et classe des Lettres. Deux de ses membres, les CC. J.-A.-G. Boucher et L.-J. Traullé, devaient très tôt être associés à l'Institut même, comme correspondants. — Voir pour l'activité créatrice et ordonnatrice de la Convention nationale en toutes les questions d'instruction publique et d'art, Eug. Despois, *le Vandalisme révolutionnaire*, 1868, et C. Hippeau, *l'Instruction publique en France pendant la Révolution*, 1881.

Abbeville ne demeurait pas indifférente aux hautes transformations. Elle n'obtint pas l'école Centrale. Les écoles particulières, dites complaisamment chez elle de degré secondaire, suppléèrent au desideratum jusqu'en 1802. Les administrateurs de la ville en favorisaient et en suivaient avec intérêt les bonnes volontés.

Le 1er vendémiaire an VII (22 septembre 1798) un élève de douze ans du C. Grandhomme sollicite la parole dans la fête de la Fondation de la République. « Après un discours plein d'un saint respect pour les lois républicaines, quatre de ses camarades engagent un dialogue puisé dans la Constitution de l'an III. Ils méritent d'universels applaudissements et les administrateurs les encouragent par leurs embrassements paternels. » — *Reg. aux délib.*

En décembre 1799 (le 20 frimaire an VIII), c'est pour éviter aux jeunes élèves des instituteurs et des institutrices la rigueur de la saison que les réunions décadaires, est-il décidé, auront lieu dans la grande chambre de la Maison commune, ces enfants souffrant trop du froid dans le temple. Pour eux on plaça un poêle dans le nouveau local des réunions décadaires. — *Reg. aux délib.*

En 1798 et 1799, les instituteurs, les institutrices et leurs élèves assistent aux fêtes et lectures décadaires, d'abord à l'Hôtel-de-Ville, puis au « Temple » de Saint-Vulfran ou du Saint-Sépulcre (1), où les réunions sont transférées.

Les instituteurs et leurs élèves avaient d'ailleurs toujours leurs places marquées dans toutes les fêtes, dans toutes les marches. Ils entouraient au Champ de Mars l'autel de la Patrie. Quand le canon se taisait, la voix des élèves s'élevait, soutenue par la musique :

(1) L'architecte de la Commune ayant jugé les voûtes de Saint-Vulfran peu solides.

Allons, enfants de la Patrie... De retour à l'Hôtel-de-Ville, les instituteurs s'engageaient « à haute voix, en présence des corps constitués, à n'inspirer à leurs élèves que des sentiments républicains, du respect pour les vertus, les talents, le courage, et de la reconnaissance pour les fondateurs de la République. » — Fête du 10 août an VI. — *Reg. aux délib. de la Ville* (1).

Les élèves étaient récompensés au Temple décadaire à l'occasion de la FÊTE DE LA JEUNESSE (années 1797, 1798, 1799). Les détails me manquent sur ce qui se passa en 1797 et en 1798, en 1799, mais je vois la fête elle-même se réduire à peu près à une simple distribution de prix, avec solennité, il est vrai, au son des cloches, aux batteries des tambours, et en présence de tous les fonc-

---

(1) Il y a danger, cependant, à trop mêler les enfants aux manifestations publiques, par respect d'abord pour les sentiments privés, si louables que puissent être souvent les manifestations, puis les événements qui commandent ces manifestations changeant terriblement. Après le 18 brumaire an VIII, le C. Delétoille écrit aux administrateurs de la ville :

« Citoyens administrateurs, j'apprends que vous devez annoncer avec pompe à nos concitoyens les événements heureux qui ont eu lieu ces jours derniers. Voudriez-vous permettre à mes écoliers de vous accompagner dans une cérémonie qui remplit de joie tous les citoyens et qui présage des jours heureux à la France dont nous serons en partie redevables à un héros qui, après avoir été celui de la guerre, sera encore celui de la paix.

« Votre concitoyen Delétoille. »

La demande est accueillie, et, le 24 brumaire (15 novembre), les administrateurs sortent de l'Hôtel-de-Ville, précédés des élèves du citoyen Delétoille, pour se rendre au temple décadaire où les avantages promis par la journée du 18 brumaire sont annoncés aux assistants — et du temple décadaire dans les divers quartiers de la ville.

tionnaires publics et de la force armée rangée dans les bas-côtés de l'édifice. Un discours du président Goret précède la distribution. Les élèves couronnés sont ramenés en triomphe à l'Hôtel-de-Ville au milieu des défenseurs de la patrie « qui leur enviaient cette récompense littéraire. » — *Reg. aux délib.*

On lit dans les procès-verbaux de la Société d'Emulation, séance du 5 avril 1799 (16 germinal an VII):

« L'administration municipale avait invité la Société à assister à la fête de la jeunesse qui s'est célébrée le 10 germinal. Ses membres se sont empressés de s'y rendre et trois d'entre eux les CC. Gatte, Pioger et Cochet, ont eu la satisfaction de couronner quelques-uns des jeunes élèves que la Municipalité a récompensés. »

En décembre 1798, le Département a adressé à la municipalité d'Abbeville quelques questions relatives aux écoles primaires et centrales. La Ville répond le 2 nivôse an VII (22 décembre):

« L'administration, délibérant et considérant qu'en applaudissant au zèle du Département pour la restauration des sciences et arts et la propagation des principes républicains, elle devait donner aux autorités supérieures tous les renseignements propres à fertiliser leurs efforts, le commissaire du Directoire exécutif entendu, a arrêté et arrête qu'il lui sera présenté, dans le courant de cette décade, un travail en forme de réponse à la série de questions proposées. Elle charge de l'exécution du présent son secrétaire en chef. »

Je regrette beaucoup de n'avoir pu retrouver cette réponse.

Enfin le Collège fut rendu à sa destination en 1802.

Je lis dans le registre aux délibérations de la Ville à la date du 14 thermidor an dix, (2 août 1802) :

« Le 14 thermidor an dix etc. Le maire a donné connoissance aux membres du Conseil d'une lettre à lui adressée le 11 de ce mois par le sous-préfet de cet arrondissement et accompagnée de la copie d'une lettre du préfet portant autorisation de réunir le Conseil municipal à l'effet de délibérer sur la réunion des maisons d'instruction dans le local du ci-devant collège et d'affecter une somme suffisante pour l'entretien des professeurs.

« Le maire a donné lecture au Conseil du procès-verbal dressé le 3 de ce mois par le sous-préfet, des visites faites par ledit sous-préfet et les membres du jury d'instruction de cet arrondissement chez les principaux instituteurs publics de cette ville, et de la lettre écrite par ledit sous-préfet, le 7 courant, au préfet de ce département pour lui faire part que cinq écoles de cette ville méritent d'obtenir le titre d'écoles secondaires (1).

« Le maire a déclaré au Conseil qu'il existeroit sur le produit de l'octroi de l'an onze un excédant d'environ trois mille francs, que sa première intention avoit été de proposer au Conseil d'affecter cette somme à l'achat de réverbères dont les habitants désiroient l'établissement depuis longtemps, mais que, de concert avec le sous-préfet, il avoit cru devoir ajourner cette dépense

(1) Simple rapprochement. Les Grandes Écoles avaient précédé le premier collège. Les écoles primaires, s'élevant péniblement au titre d'écoles secondaires, précèdent le second collège.

pour employer ladite somme de trois mille francs au rétablissement de l'instruction publique dans le ci-devant collège. Il a ajouté que, depuis longtemps, tous les bons citoyens et les pères de famille sollicitoient cet établissement ; que les membres du jury d'instruction publique de cet arrondissement n'avoient cessé de réclamer auprès des administrations précédentes pour faire cesser l'état d'abandon dans lequel on laissoit l'instruction de la jeunesse. Voici de quelle manière ils s'exprimoient le 23 floréal an six :

« Nous ne pouvons qu'insister sur la nécessité de
« venir au secours des instituteurs publics qui ne
« peuvent rester dans l'abandon où ils sont sans que
« l'éducation de la jeunesse ne soit compromise et
« même perdue sans ressource. Sans doute nous n'au-
« rons pas fait en vain d'aussi importantes réclama-
« tions auprès d'une administration municipale com-
« posée de citoyens recommandables par leur zèle et
« leur patriotisme, et, du moins, nous aurons la conso-
« lation d'avoir fait notre devoir et d'avoir sonné
« l'alarme encore à temps sur des maux trop réels. »

« Les administrateurs qui m'ont précédé, a ajouté le maire, n'ont point cessé de réclamer auprès du Gouvernement le rétablissement de l'instruction publique, mais les circonstances critiques dans lesquelles il s'est trouvé ne lui ont pas permis de s'occuper de cet objet important. Il étoit réservé au Gouvernement actuel de la régénérer et la paix dont nous jouissons lui a paru très favorable pour parvenir à ce but.

« Le maire a invité le Conseil à délibérer sur le montant de la somme dont il pourroit disposer en faveur de l'établissement du collège. Il a ajouté qu'il étoit très intéressant de s'occuper de la réunion des maisons d'instruction dans le local ancien.

« La matière mise en délibération, le Conseil, considérant que la réunion dans un seul local des maisons d'instruction isolées dans cette ville opéreroit de très grands avantages en ce qu'il y auroit beaucoup plus d'émulation parmi les élèves ; que les citoyens de cette ville ayant manifesté depuis longtemps le désir de voir rétablir le collège, et l'octroi municipal donnant un excédent de *trois mille trois cents francs*, les circonstances actuelles étoient favorables pour accéder au vœu des habitans et procéder au rétablissement de l'instruction publique ;

« Considérant qu'il ne pourroit faire un emploi plus utile de l'excédent de la somme provenante de l'octroi municipal et de bienfaisance que de la consacrer entièrement à l'enseignement public ;

« A arrêté unanimement que la somme de trois mille trois cents francs formant l'excédant des sommes disponibles sur le produit dudit octroi municipal doit être consacrée entièrement à l'établissement des écoles secondaires dans le local du ci-devant collège, et, attendu que cette somme sera insuffisante pour le traitement des professeurs qui y seront attachés, le Conseil est d'avis que chaque élève payera une rétribution de trente six francs, payable par trimestre, pour servir de supplément au traitement qui lui sera fixé par le jury d'instruction, de concert avec les autorités supérieures. »

La séance du Conseil municipal du 21 fructidor an dix (8 septembre 1802) me donne :

« Le président (du Conseil) a dit que le Conseil avoit arrêté, dans sa délibération du 14 thermidor dernier, une somme de trois mille trois cents francs pour procéder au rétablissement de l'instruction publique. Il a proposé d'ajouter à cette somme jugée insuffisante celle de onze cents francs, à reprendre savoir : pour la réduction du traitement du directeur de l'octroi municipal huit cents francs, sur quoi, déduisant trois cents francs pour l'augmentation des traitemens des CC. Héronard et Mourot employés de la mairie, restera à disposer celle de cinq cents francs ; plus la somme de six cents francs, à prendre sur le produit annuel de l'octroi porté à trois mille cent francs par erreur, au au lieu de tro's mille sept cents francs, montant de l'adjudication qui en a été faite au citoyen Frennelet fils, le vingt prairial dernier, ci 600 francs.

« Le Conseil, délibérant sur la proposition du président et considérant que la somme de onze cents francs, jointe à celle de trois mille trois cent francs alloués par le Conseil dans sa séance du 14 thermidor dernier, forme un capital de quatre mille quatre cents francs qu'il est indispensable d'affecter au rétablissement du collège de cette commune afin de procurer aux jeunes gens de cette ville une éducation que le peu de fortune de leurs parents ne permettrait pas de leur procurer dans les lycées qui vont être établis ;

« Arrête qu'il sera affecté sur les revenus de l'an onze la somme de quatre mille quatre cents francs, au lieu de trois mille trois cents, pour le rétablissement du collège de cette ville. »

Le 20 floréal an onze (10 mai 1803), le maire a fait lecture au Conseil de la pétition « présentée le 5 de ce mois par le citoyen Bellart, instituteur de cette ville, pour demander la concession des bâtiments, cour, jardin et dépendances de l'ancien collège, à titre d'école secondaire, aux clauses et conditions prescrites par l'arrêté du 13 frimaire dernier, offrant de faire à ses frais les dépenses de premier établissement, d'entretien et d'instruction, et de recevoir à un prix convenu tous les élèves externes qui se présenteront.

« Le maire a invité les membres présents à statuer sur la demande dudit citoyen Bellart. Il a ajouté que le tribunal civil alloit bientôt abandonner le bâtiment du collège; que le Conseil ne pouvoit en faire un usage plus utile et plus avantageux à ses concitoyens qu'en le rendant à sa première destination, (l'instruction publique). Il a démontré l'impossibilité où étoit cette ville de faire, quant à présent, les avances nécessaires pour rendre gratuite l'instruction publique. Le Conseil, en concédant audit Bellart les bâtiments, cour et jardin du collège, pourroit réserver la partie qui renferme les livres composant la bibliothèque publique et la maison acquise de la dame veuve Pottier pour y loger le bibliothécaire qui ne jouit d'aucune autre indemnité que le logement. Il pourroit imposer audit Bellart l'obligation d'admettre à titre d'externes, un certain nombre d'écoliers, en fixant la rétribution de ceux qui seroient en état de payer.

« A ces conditions les offres faites par le pétitionnaire paroissoient assez avantageuses aux habitants de cette ville puisqu'il se proposoit d'ouvrir un pensionnat assez vaste pour contenir soixante pensionnaires et cent externes qui recevroient les mêmes principes d'éducation. » Le maire a ensuite invité les membres présents à délibérer sur le contenu de la pétition dudit citoyen Bellart.

« Le Conseil, considérant que la suppression du collège avoit été extrêmement préjudiciable aux habitants et qu'il étoit de son devoir de prendre les mesures les plus convenables pour mettre en activité un établissement qui doit procurer à cette ville en particulier les plus grands avantages en facilitant aux pères de famille les moyens de faire instruire à peu de frais leurs enfants, puisqu'il leur procureroit dans leur domicile une éducation qu'ils étoient obligés de chercher au dehors à grands frais ;

« A arrêté et arrête d'appuyer la demande du citoyen Jacques-Adrien Bellart, instituteur de cette ville, auprès du préfet du département, pour le mettre en possession des bâtiments, de la cour et du jardin dépendant du ci-devant collège d'Abbeville, aussitôt que le local sera évacué par le tribunal civil de cet arrondissement, pour faciliter audit citoyen Bellart les moyens d'y établir un pensionnat et une école secondaire dans laquelle toutes les sciences prescrites auxdites écoles seroient enseignées. » La délibération excepte néanmoins de cette concession le « bâtiment situé au-dessus des classes, lequel est spécialement réservé pour la bibliothèque publique et la partie acquise de la dame veuve Pottier, entièrement séparée de la cour dudit collège, laquelle servira de logement au bibliothécaire, pour en jouir tant qu'il ne recevra point de traitement et encore sous la condition d'abandonner les bâtiments qui seront mis à sa disposition, dès l'instant que les revenus communaux permettront de rétablir le collège pour y rendre l'instruction *gratuite*. (1) » La délibération stipule que le citoyen Bellart ne pourra exiger des écoliers externes plus de soixante francs par an.

Cette délibération arrête en outre « qu'il sera fait, avant la remise desdits bâtiments audit citoyen Bellart, en présence du maire, un état estimatif des réparations à faire et de l'état des lieux, et ledit citoyen Bellart s'engagera à laisser subsister toutes les améliorations et distributions qu'il sera dans le cas de faire pendant la durée de sa jouissance des bâtiments et à les abandonner telles qu'elles se trouveront au moment de la remise qu'il en fera. »

Le citoyen Bellart s'engagera enfin « à admettre gratuitement à l'instruction qu'il donnera une douzaine d'écoliers externes pris parmi les indigents de cette ville, lesquels seront choisis par le Maire et porteurs d'un certificat délivré par lui pour faciliter leur admission. »

Le citoyen Bellart, pourvu en ces conditions, lança avant la rentrée de 1803 la circulaire suivante (sorte de prospectus imprimé, sans date, 4 pages in-4°, à la bibliothèque de la ville):

(1) Gratuite est souligné dans le registre.

ÉCOLE SECONDAIRE
COMMUNALE
AU COLLÉGE D'ABBEVILLE

Sous la direction du cit. Bellart.

« Le Gouvernement vient de donner aux habitans de cette ville une nouvelle preuve de sa bienveillance par son arrêté du 9 thermidor dernier (1) qui authorise la Commune d'Abbeville à établir une école secondaire dans l'ancien Collège. Le citoyen Bellart, chargé par l'arrêté du Conseil général, en floréal dernier, de la direction de cet établissement, s'empresse de le mettre en activité et de faire jouir au plus tôt les pères de famille des bienfaits d'une éducation publique depuis si longtemps regrettée.

« Il est donc important de faire connoître les conditions principales, imposées par l'Administration municipale, au citoyen Bellart.

« 1° D'établir dans le Collège un pensionnat et d'enseigner toutes les sciences prescrites aux écoles secondaires.

« 2° De recevoir des externes, sans pouvoir exiger plus de 60 francs par an, pour chacun d'eux.

« 3° D'admettre gratuitement à l'instruction qu'il donnera douze externes pris parmi les indigens de cette ville, lesquels seront choisis par le Maire, et pré-

---

(1) Dans la délibération de la Ville du 17.

senteront un certificat délivré par lui, pour leur admission.

« Comme il est très intéressant que le cours des études commence avec l'année, l'ouverture des classes se fera lundi dix vendémiaire an douze (1). Le citoyen Bellart ne transférera son pensionnat au collège que lorsqu'il sera entièrement libre et convenablement disposé.

« Le nombre des professeurs sera proportionné à celui des élèves, de manière que douze d'une même force formeront une classe et auront un professeur particulier : au dessous de ce nombre il n'y aura qu'un professeur par deux classes.

« Le citoyen Bellart s'est associé quatre professeurs et un maître d'études, propres à inspirer la confiance.

« Les classes commenceront le matin à huit heures jusqu'à dix et demie : le soir à deux heures jusqu'à quatre et demie. Les élèves auront un quart-d'heure pour s'assembler : ce temps passé, la grille sera fermée.....

« Le prix fixé pour les externes à 60 francs sera payable par quartier et d'avance. Les externes qui voudront profiter de la répétition établie pour les pensionnaires feront un arrangement particulier avec le directeur.

« Le prix de la pension continue d'être de 450 francs et celui de la demi-pension 225 francs.

(1) 3 octobre 1803.

« On se réserve de donner un règlement détaillé etc... Ce règlement s'accordera, autant qu'il sera possible, avec celui des Lycées et sera soumis à l'approbation du corps municipal, avant sa publication.

LIVRES DES CLASSES POUR LA PRÉSENTE ANNÉE.

COURS DE MATHÉMATIQUES.

L'algèbre de Bezout, revue par Peyraud.

Pour la troisième.

Cicéron de oratore, liv. I.
Salluste.
Virgile et Horace.
Gradus ad Parnassum.
Élements de poésie latine.
Vita Caii Marii de Plutarque, en grec.
Homère.

Pour la quatrième.

Quinte-Curce,
De amicitiâ.
Virgile.
Elémens de poésie latine.
Grammaire grecque.
Racines grecques.

Pour la cinquième.

Selectæ è profanis etc.
Phèdre.
Epitres de Cicéron.
Mythologie.

Pour la sixième.

Selectæ è veteri etc.

Appendix.

Les figures de la Bible, par Royaumont.

Pour la septième.

Epitome.

Rudiment de l'Homond.

Il y aura une classe pour les commençants.

Le cit. Bellart continuera son cours de langue anglaise.

L'histoire, la géographie, les principes du calcul seront enseignés dans toutes les classes.

A Abbeville.

De l'imprimerie de L.-A. Devérité, rue Saint-Gilles, n° 351.

L'école secondaire dut ainsi s'ouvrir le 3 octobre 1803. Le Conseil municipal eut encore bien à discuter cependant.

Ainsi le dix-sept vendémiaire an douze, (10 octobre 1803).

« L'adjoint à la mairie, président le Conseil municipal en l'absence du Maire, a fait lecture de l'arrêté pris par le Gouvernement le 29 thermidor dernier, portant que la commune d'Abbeville est autorisée à établir une école secondaire dans les bâtimens de l'ancien collège de cette ville, à la charge par ladite commune de remplir les conditions prescrites par l'arrêté des Consuls du trente frimaire dernier relatif à l'instruction publique.

« Il a pareillement donné lecture au Conseil de l'arrêté précité et de la lettre du sous-préfet du six courant, portant envoi de l'arrêté du 29 thermidor an onze et des détails relatifs à ce nouvel établissement; tels que la jouissance des bâtimens concédés à la Commune est limitée au temps pendant lequel l'établissement de l'école secondaire méritera d'être maintenu ; que les frais de réparations, ainsi que ceux de premier établissement, sont à la charge de la Commune ; que ceux d'instruction seront prélevés sur le prix des pensions et rétributions des élèves pensionnaires et externes et qu'en cas de déficit il devra y être pourvu par une souscription volontaire ou par un fonds pris sur les revenus communaux.

« Il observe que le Maire est chargé de la surveillance de cette école; qu'il doit veiller à ce que l'on comprenne dans l'enseignement les langues *latine* et *française*, les *principes de la géographie*, de *l'histoire* et des *mathématiques ;* à ce qu'il n'y ait jamais moins de trois professeurs y compris le directeur et à ce que le mode d'enseignement et le règlement de discipline s'accordent avec ceux des lycées.

« Il observe aussi que, d'après l'article 7 dudit arrêté, les recettes et dépenses doivent être administrées comme celle de la Commune et qu'enfin les règlements et la nomination du chef et des professeurs devront être soumis à l'approbation du ministre de l'intérieur.

« Le sous-préfet ajoute qu'au moyen de la décision du Gouvernement, le conseiller d'état regarde l'arrêté du

Conseil municipal) qui met à la disposition du citoyen Bellart le cy-devant collège) comme se trouvant sans effet et qu'il est nécessaire de faire réunir le Conseil de nouveau pour délibérer sur les moyens de pourvoir le plus tôt possible à l'établissement de l'école secondaire autorisée; ayant soin toutefois de faire une délibération particulière pour le réglement de discipline intérieure et pour la nomination des chefs et professeurs de ladite école, attendu que ces deux objets doivent être soumis à l'approbation du ministre.

« Le président a ensuite dit au Conseil que, depuis longtemps, cette commune avoit demandé la concession de ce local pour y établir une école secondaire; qu'il étoit intéressant de former cet établissement que le Gouvernement venoit d'autoriser, qu'il donneroit de l'importance à cette ville et y feroit fructifier l'éducation si négligée depuis la suppression du collège; que, non seulement cette ville jouiroit des avantages de la formation de cette école, mais encore toutes les communes voisines; pourquoi il l'engageoit à délibérer sur cet objet en suivant l'ordre cy-après indiqué dans la lettre du sous-préfet.

« Fixer :

« 1° Les ouvrages et réparations à faire pour mettre lesdits bâtimens à l'usage d'une école secondaire ;

« 2° Les frais de premier établissement;

« 3° Le taux de la pension qui sera payée par les élèves pensionnaires ;

« 4° La rétribution à exiger des élèves externes;

« 5° Examiner si le produit de ces derniers objets

sera assez important pour couvrir les dépenses, et, dans le cas contraire, aviser au moyen d'en combler le déficit ;

« 6° Fixer le traitement du chef et des professeurs.

« Un membre a ensuite pris la parole et a dit au Conseil que, l'objet de la présente délibération étant d'un intérêt majeur, il ne pouvoit être mûrement réfléchi dans le cours d'une séance ; qu'il seroit beaucoup plus convenable de nommer une commission composée de trois membres pris dans le sein du Conseil, laquelle seroit chargée de faire un rapport circonstancié sur l'établissement projeté et dont elle présentera le résultat à la première séance.

« Cette proposition ayant été fortement appuyée par la grande majorité des membres, le Conseil a nommé par voie de scrutin les citoyens :

« Morel, fils aîné, adjoint à la mairie,

« Nau, père,

« Garbe, l'aîné,

« Et Boucher pour former ladite commission, lesquels ont déclaré accepter.

« Ladite commission demeure autorisée à s'adjoindre, pour connaître l'importance des réparations à faire, l'architecte de la Commune et tous autres qu'elle croira nécessaire. »

Le vingt-huit vendémiaire (21 octobre 1803) le Conseil entend le rapport de la commission rédigé par le C. Boucher et que la délibération nous livre.

Rapport.

« Un arrêté du gouvernement du 29 thermidor an XI a concédé à la commune d'Abbeville les bâtiments de l'ancien collège en l'autorisant à y établir une école secondaire. Le conseil municipal assemblé le 17 de ce mois pour donner ses vues sur ce projet nous a chargé de lui faire un rapport préalable.

« Nous allons lui présenter nos observations en examinant d'abord ce qui a rapport au plan et aux dépenses de l'établissement, ensuite quels sont les moyens d'y subvenir.

« PLAN DE L'ÉTABLISSEMENT.

« Il est prouvé que l'enseignement peut être dirigé dans une école secondaire par un administrateur et un petit nombre de maîtres et de professeurs. Voici ceux que nous proposons et la fixation de leur traitement :

« Chef d'étude.......................		1,500
« professeurs		
« philosophie { mathémathiques et hydrographie		1,200
{ logique, physique et chimie....		1,200
« Rhétorique		1,200
« Seconde et troisième................		1,000
« Quatrième et cinquième.............		1,000
« Sixième		1,000
« Dessin		1,000
		9,250

DÉPENSES ANNUELLES.

« Entretien des bâtiments......................	500 fr.
« Impositions	90
« Prix d'encouragement..................	360
« Entretien des collections, des cabinets de « physique, de chimie et du jardin de « botanique........................	400
	1,360
« Total général......	10,600 fr.

« Nous remarquons dans ce plan que nous avons abrégé le cours d'étude en réunissant la seconde à la troisième et la quatrième à la cinquième. Nous avons d'autant moins balancé à prendre ce parti qu'il en résulte une économie de 2,000 francs sur le traitement des professeurs. On propose d'établir un cours de mathématiques et d'hydrographie. Cette dernière science, indispensable pour former des marins, n'offre aucun moyen d'instruction dans le département depuis qu'on a cessé de payer un professeur à Saint-Valery. Le cours de mathématiques aura principalement pour objet les sciences mécaniques et l'application du calcul et de la géométrie aux arts les plus généralement exercés.

« Abbeville ayant donné naissance à beaucoup de graveurs célèbres, nous présumons que le Conseil ne négligera pas l'occasion d'entretenir les dispositions naturelles de ses habitans pour le dessin ; indépendamment du traitement réservé au professeur, on lui ménagera, s'il est possible, un appartement dans le collège ainsi qu'à celui de mathématiques. Nous croyons que la partie du dessin qui concerne l'architecture, le lavis des plans et l'ornement, doit être spécialement enseigné dans cette école. L'étude de l'ornement est indispensable à ceux qui se destinent aux arts et aux jeunes gens qui sont appelés aux professions de serrurier, menuisier, sculpteur en bois etc. On réserveroit un nombre de places gratuites pour les enfants des citoyens peu aisés, tant dans cette école que dans celle de mathématiques.

« Le jardin sera réservé pour un établissement de botanique (1).

« Le chef d'études aura la faculté d'établir un pensionnat. Les répétiteurs seront à ses frais. Il suppléera ou fera suppléer les professeurs absents ou malades. Chaque pensionnaire lui payera 450 francs, jusqu'à douze ans accomplis, et 500 francs passé cet âge; mais il rendra à la masse 40 francs par an pour chaque élève.

Ressources.

« Le plan d'organisation qui vient de vous êtes présenté n'étoit pas la partie la plus difficile du travail de vos commissaires. Leur embarras a été de trouver les ressources nécessaires pour subvenir à la dépense.

---

(1) Le rapporteur aimait la botanique. Il publiait cette année même (1803) une *Flore d'Abbeville*. Peut-être se souvenait-on aussi des encouragements donnés par la Convention à l'histoire naturelle, de l'agrandissement du Jardin des Plantes, décret du 10 juin 1793, — des chaires créées au *Muséum*, — vote du 11 décembre 1704.

« Les revenus de la Commune, sur le budget de l'an onze, montant à .... 70,914 fr. 35
« la dépense à 70,841   43
« Restent pour les dépenses imprévues.   72   88

« Il est donc impossible dans l'état actuel de compter sur les revenus communaux.

« On vous a donné l'idée d'ouvrir une souscription volontaire, mais quelque portés que soient les citoyens d'Abbeville à faire des sacrifices pour le bien public, il est assez probable que les tentatives que l'on feroit à cet égard n'auroient qu'un faible succès.

« On pourroit recourir à un supplément de droits d'octroi, soit en étendant la perception à certains objets non tarifés, soit en augmentant proportionnellement ceux qui sont déjà imposés. Par exemple, sept centimes et demi additionnels sur un produit brut de 64,000 fr., donneroient 4,800 francs. Cette recette est sans doute facile et n'occasionneroit pas de nouveaux frais; mais elle auroit l'inconvénient de charger d'un quinzième un impôt déjà onéreux et de donner un nouvel appât à la contrebande. D'ailleurs, on pourroit craindre que l'augmentation qui en résulteroit sur le prix des boissons et des comestibles ne devînt préjudiciable au commerce et à l'industrie des habitans.

« Nous avons pensé aux biens qui appartenoient à l'ancien collége et qui restent invendus. Les informations prises à ce sujet ne laissent aucun espoir d'en obtenir la concession.

« Il a donc fallu recourir à d'autres expédients. Celui qui s'offre naturellement est d'exiger une rétribution de chaque élève externe ou pensionnaire en la fixant à 40 francs par an. Elle s'élèveroit pour cent quarante à 3,600 francs.

« Pour compléter la somme de 10,000 francs on vous propose d'imposer un...... (1) droit sur chaque sac de grain présenté au marché d'Abbeville en entrant en ville. Les mercuriales déposées au secrétariat de la mairie apprennent que la quantité moyenne des grains de toute espèce mise en vente chaque année est de 50,000 sacs. Qu'on perçoive seulement dix centimes par sac, on aura une recette de 5,000 francs d'autant plus facile à recouvrer qu'elle pourra se faire par les mesureurs. Elle remplit le déficit de dépense indiquée. Quoiqu'il répugne au premier aperçu d'imposer une denrée qui fait la principale subsistance du pauvre, vous remarquerez que la taxe de dix centimes par sac est si modérée qu'elle n'est pas dans le cas d'influer sur le prix courant; car, en évaluant le septier de grain ancien contenant treize décalitres trois litres vingt-huit centilitres à 10 fr., elle n'est que d'un centime. Cette retenue n'est rien en comparaison du droit de palette existant autrefois dans beaucoup de villes. Nous pouvons d'ailleurs vous citer celle de Beauvais qui a trouvé moyen de faire face à ses dépenses en taxant les sacs de blé et en louant les places qu'occupent les vendeurs sur les marchés.

« Il reste à vous parler des frais de premier établissement. Ils consistent en réparations estimées par l'ar-

---

(1) Ainsi en blanc avec des points.

chitecte de la Commune... 738 fr. 50 } 1,812 fr. 50
en dispositions locales.... 1,074 »

« Comme il n'est pas présumable que les cours puissent s'ouvrir avant le 1er vendémiaire an treize et qu'il est essentiel de se procurer d'avance les fonds nécessaires pour accélérer les travaux, l'avis de la commission est de mettre en recouvrement la taxe de 10 centimes par sac de grain aussitôt que le plan que vous arrêterez aura obtenu la sanction du gouvernement. En admettant que la perception ne commence qu'au 1er germinal, elle rendra encore pendant le dernier semestre de cette année, 2,500 francs. Nous terminerons ce rapport en exposant au Conseil que, si nous avions moins consulté la foiblesse de nos ressources communales que l'exemple de plusieurs villes qui ont obtenu des écoles secondaires, nous aurions porté beaucoup plus haut les frais de l'établissement; car nous savons que la ville de Dieppe, en rentrant en possession de l'Oratoire pour y rétablir son collège, y a dépensé 12 à 15,000 francs et que le traitement des professeurs y est porté beaucoup plus haut que celui que nous vous avons proposé.

« Telles sont les idées que nous présentons au Conseil et sur lesquelles nous l'invitons à délibérer.

« A Abbeville, le 28 vendémiaire an 12e.

Signé : « GARBE, BOUCHER, M.-M. MOREL et NAU.

« Le Conseil, après avoir entendu la lecture du plan organique présenté par la commission et l'avoir examiné dans tous ses détails :

« Considérant que les deux moyens proposés pour acquitter les dépenses de ce nouvel établissement ne présentent aucun arbitraire; que la rentrée des fonds qui en proviendront sera facile et se fera à peu de frais puisque le premier objet de recette, consistant dans le prix de la rétribution exigée des élèves pensionnaires et externes, sera perçu par le chef de cet établissement, et le second pourra l'être par les mesureurs jurés de cette ville ;

« Considérant également que le plan d'instruction tracé dans ce projet a été mûrement réfléchi et doit produire d'heureux résultats dans son exécution ;

« Arrête en conséquence d'approuver ledit plan dans tout son contenu.

« Le conseil a ensuite engagé la commission à s'occuper du projet de réglement pour la discipline intérieure et la nomination du chef et des professeurs de ladite école; attendu que cet objet doit faire partie d'une délibération particulière soumise à l'approbation du ministre. »

La commission accepte ce travail.

Le cinq brumaire (28 octobre 1803) le Conseil entend le rapport du C. Boucher qui dit :

PROJET DE RÉGLEMENT pour la discipline intérieure de l'école secondaire qui doit être établie en cette ville.

« Votre commission s'étoit occupée du travail dont vous l'aviez chargée le 28 vendémiaire dernier lorsqu'elle a eu connoissance d'un arrêté du gouvernement du 19 du même mois qui concerne les écoles secondaires. Nous avons remarqué que l'organisation de ces sortes d'établissements y est attribuée à un bureau d'administration. Ainsi les mesures que vous aviez provisoirement adoptées pour le rétablissement du collège d'Abbeville ne peuvent plus avoir leur effet.

« Vous aurez cependant à concourir à la formation du bureau par la nomination de deux d'entre vous qui en seront membres aussitôt que l'arrêté vous aura été notifié.

« Nous allons provisoirement fixer votre attention sur ses principales dispositions.

« Article 1er. — Le bureau sera composé du sous-préfet, du maire, du commissaire du gouvernement près le tribunal, de deux membres du Conseil municipal, du juge de paix de l'arrondissement et du directeur.

« L'article IV attribue au bureau la présentation de deux sujets pour chaque place de directeur ou de professeur. Le préfet et le sous-préfet donnent leur avis et le ministre de l'intérieur nomme.

« D'après l'article 9, le pensionnat est au compte du directeur. Le prix des pensions, ainsi que la rétribution des externes, sont fixés par le bureau.

« Articles 11, 12, 13. — On accorde une place gratuite pour 25 pensionnaires. Elle est aux frais du directeur; le Gouvernement y nomme.

« Article 24. — L'instruction a pour objet les langues latine et française, la géographie, l'histoire et les mathématiques.

« Article 25. — L'enseignement des langues latine et française, de la géographie et de l'histoire, se divise en six classes. Il en est de même des mathématiques.

« Article 26. — Les élèves font deux classes par an.

« Article 27. — Le directeur peut être en même temps professeur.

« Article 28. — Chaque professeur tient la classe deux fois par jour, le matin et l'après-midi.

« L'article 29 est relatif à la division des études. Il détermine le mode d'instruction dans les cas où les professeurs seront depuis trois jusqu'à huit. Chaque commune en fixe le nombre dans son école à raison de ses facultés et de sa population.

« Tout professeur, soit des langues, soit des mathématiques, fait deux classes ; savoir l'un la 5° et la 6° ; l'autre la 4° et la 3°, et le dernier la seconde et la première classe.

« Lorsque le nombre des professeurs est porté à six on établit une chaire de belles lettres latines et françaises, et ce cours dure deux ans.

« Il résulte de cet exposé qu'une commune qui veut établir dans ses murs une école secondaire doit, avant tout, examiner quels sont ses moyens.

« Le premier travail de votre commission vous a donné un aperçu de vos ressources. Vous jugerez peut-être convenable de le mettre sous les yeux du bureau qui sera chargé de l'établissement.

« On peut calculer sur une recette de onze à douze mille francs.

« Savoir :

« 150 élèves à 3 fr. par mois donnent....	5,400 fr.
« la taxe sur le grain est évaluée........	7,000
« Total......	12,400

« Avec cette recette il est possible d'établir en se conformant à la loi :

« un directeur........................		1,800 fr.
Professeurs		
« Études { 6ᵉ et 5............................		1,200
4ᵉ et 3ᵉ...........................		1,200
2ᵉ et 1ʳᵉ..........................		1,400
Belles lettres..................		1,600
« Mathématiques { 6ᵉ et 5ᵉ................		1,400
4ᵉ et 3ᵉ................		1,600
Total........		10,200
« Entretien des bâtiments.........	500	
« Impositions	90	
« Prix d'encouragement...........	310	1,400
« Cabinets, collections, jardin de botanique....................	500	
« Concierge.......................	200	400
« Jardinier........................	200	
« Total.....		12,000

« L'article 31 laisse la faculté d'avoir des maîtres de langues étrangères, de dessin et d'arts d'agrément, mais nous croyons qu'ils doivent être aux frais des élèves. Cependant il seroit possible d'astreindre l'un des professeurs de mathématiques à enseigner gratuitement les éléments des parties du dessin qui ont le plus de rapport à cette science et aux arts mécaniques.

« Il est présumable au surplus que, dans le nombre des élèves qui se présenteront à l'ouverture de l'école, il ne s'en trouvera pas d'assez forts pour composer les classes supérieures comme celle de littérature et la

2° de mathématiques. Si on se déterminoit à laisser ces chaires vacantes pendant la première année et en faire occuper une des autres par le Directeur on obtiendroit une économie de plus de 4,000 francs qui tourneroit au profit de l'école et sera probablement nécessaire pour couvrir le déficit des premières recettes. »

Aucun des membres du Conseil ne prend la parole après la lecture de ce rapport.

Alors :

« Le Conseil, considérant que la commission offre dans son rapport des vues intéressantes et utiles sur lesquelles il ne peut délibérer présentement puisque tous les articles qui composent ledit règlement sont de la compétence du bureau d'administration qui doit être établi en exécution de l'arrêté que le gouvernement vient de prendre le 19 vendémiaire dernier concernant les écoles secondaires ;

« Arrête que le susdit rapport sera transcrit en entier sur le registre aux délibérations du Conseil municipal pour y avoir recours au besoin, et que copies des délibérations du 28 vendémiaire dernier et 5 brumaire présent mois seront délivrées audit bureau d'administration comme moyen organique (1) aussitôt qu'il sera en activité.

L'année va finir, le Conseil municipal se réunit le 7 nivôse an douze (29 décembre 1803) sous la présidence du C. Morel adjoint, le maire étant absent. Une lettre du préfet, en date du 1ᵉʳ frimaire et transmise en

(1) Organique ??

copie dans une autre du Sous-Préfet en date du 13 (frimaire), a autorisé (1) le Conseil à se réunir « pour procéder à la nomination de deux de ses membres qui devront faire partie du bureau d'administration de l'école secondaire qui doit être établie en cette ville. »

Tous les membres présents votent par bulletins.

« Dépouillement fait, les citoyens Jean-Joseph Nau et Morel, fils aîné, adjoint à la mairie, ont réuni la majorité absolue des suffrages.

« Lesdits citoyens Nau et Morel ont déclaré accepter.

Mais le préfet n'est pas content. Bien que l'on semble avoir voté avec le silence dû au nouveau régime, il y a eu une irrégularité.

Le vingt nivôse an douze (11 janvier 1804), le Conseil se réunit sous la présidence du maire, le C. Lefebure.

Le maire communique au Conseil la lettre que le sous-préfet lui a adressée le 11 de ce mois, portant que le préfet, en lui accusant réception de la délibération du 7, lui marque, quant aux choix des membres du bureau à constituer, « qu'il ne doutoit nullement de la
« bonté de ces choix, mais qu'il croyoit devoir obser-
« ver au maire que les opérations du Conseil sont irré-
« gulières, au moins pour ce qui concerne le C. Morel,
« attendu que, comme adjoint à la mairie, il ne fait
« point partie du Conseil municipal et que, par suite,
« il n'a point qualité pour exercer les fonctions de
« membre du bureau d'administration de l'école secon-

---

(1) Nous sommes loin des anciennes franchises. Et cette lettre du préfet transmise en copie par le Sous-Préfet. La filière administrative est établie.

« daire. » Le préfet invite en conséquence le sous-préfet
« à faire réunir de nouveau le Conseil municipal pour
« s'occuper de la nomination d'un second conseiller
« municipal, pour, avec le C. Nau, faire partie dudit
« bureau d'administration. »

Le maire invite alors le Conseil à procéder par la voie du scrutin secret au remplacement du C. Morel.

Plusieurs membres font observer que les adjoints doivent faire partie du Conseil municipal, puisqu'ils ont été nominativement repris dans la liste des citoyens composant ce conseil, liste arrêtée par le préfet lui-même le 25 brumaire dernier, pour les nominations à faire par les assemblées de canton ; ils citent à l'appui de leur réclamation l'article XIII du sénatus-consulte du 16 thermidor an X ainsi conçu : ..... *Le premier consul choisit les maire et adjoints dans les conseils municipaux. Ils sont cinq ans en place*, etc. Les mêmes membres ajoutent que l'article précité établit clairement que les adjoints font réellement partie du conseil municipal. Ils citent également à l'appui de leur avis la circulaire du préfet du 30 thermidor an dix portant que, dans le cas où quelques membres du Conseil municipal ne se présenteroient pas, les maires n'en procéderoient pas moins aux opérations prescrites *assistés de leurs adjoints* et des membres présents. Ils demandent enfin au président de consulter le Conseil sur la question de savoir ..... *si, avant de procéder à une nouvelle désignation d'un deuxième conseiller municipal au bureau d'administration de l'école secondaire de cette ville, il ne seroit pas instant d'inviter le préfet de ce département à approuver la délibération du sept de ce mois, qui nomme le C. Morel fils, l'un des adjoints, à cette place et faire décider par le ministre de l'intérieur l'importante question de savoir si les adjoints ne peuvent en aucun cas faire partie des conseils municipaux et être appelés à remplir les places auxquelles les membres desdits conseils peuvent être désignés pour les intérêts de leurs communes* (1).

Le Maire consulte le Conseil. La proposition des réclamants réunit la presque unanimité des voix. La délibération sera sur le champ envoyée au préfet « afin de lui faire connaître le vœu et l'inviter à provoquer une décision du ministre de l'intérieur qui détermine d'une manière certaine les qualités et droits attribués aux adjoints des maires dans la formation et composition des conseils municipaux. En attendant il sera sursis à la nomination d'un second membre du bureau d'administration de l'école secondaire qui doit être établie dans cette ville.

Les conseillers d'Abbeville n'entendaient rien aux intentions du premier consul.

Le 22 nivôse (13 janvier 1804) le maire donne lecture au Conseil d'une lettre du préfet datée du 18 nivôse. Il a reçu cette lettre l'avant-veille, le jour même de la dernière séance du Conseil, le 20 courant au soir. Le préfet a répondu en quelque sorte par avance aux questions posées dans cette séance. Tous les doutes

---

(1) Souligné, si je me le rappelle bien, dans le registre comme je le représente ici par des italiques.

sont levés sur les qualités « que conservent les adjoints à la mairie dans la composition des conseils municipaux. » Le maire invite en conséquence le Conseil « à procéder de suite, par la voie du scrutin, à la nomination d'un second conseiller municipal près le bureau d'administration de l'école secondaire » et à rapporter sa délibération du vingt qui n'a plus d'objet.

Le Conseil défère aux paroles de son président, mais « saisit ce moment pour faire connoître au C. Morel le regret qu'il éprouve de n'avoir pu le conserver dans une place où ses connoissances l'appeloient particulièrement. » Il charge le maire de lui exprimer ces sentiments.

Dix-huit membres sont présents. Il est procédé au scrutin qui donne onze voix au C. Garbe, six au C. Boucher et une au C. Devos. « Le C. Garbe ayant réuni la majorité des suffrages a été proclamé par le président conseiller municipal près le bureau d'administration de l'école secondaire de cette ville et le Conseil a arrêté qu'extrait de la présente délibération sera adressé de suite au sous-préfet avec invitation de la faire passer au préfet. »

Le C. Garbe remercie ses collègues et accepte la fonction dévolue.

Le zèle du C. Morel pour l'instruction publique ne se refroidit pas et bientôt une délégation officielle le rattacha comme représentant du maire lui-même au bureau dont il ne pouvait être simple membre.

« Le 12 thermidor an douze (1ᵉʳ août 1804.)

« Le maire de la ville d'Abbeville,

« Considérant que les affaires multipliées de la mairie ne lui permettent pas d'assister régulièrement aux séances de bureau d'administration des écoles secondaires de cette ville ;

« Que M. Morel (on a renoncé depuis peu à l'appellation de citoyen), l'un de ses adjoints, avoit été chargé, sous l'administration municipale, de faire, de concert avec le jury d'instruction publique, les visites voulues par l'arrêté du Directoire exécutif du 17 pluviôse an VI, dans les diverses maisons d'éducation de cette ville ;

« Arrête en conséquence que ledit sieur Morel demeure chargé de le remplacer dans les fonctions qu'il doit exercer près le bureau de l'école secondaire de cette ville. Pourquoi copie du présent lui sera délivrée pour lui servir de titre délégatoire.

« Lefebure. »

L'intérêt que M. Morel portait au collège se manifesta jusque vers la fin de sa vie. Membre du bureau d'administration bien après 1830 encore, il venait dans nos classes, nous interrogeait, et, au milieu de ses collègues sur leurs gardes, ouvrait un livre, nous faisait subir l'examen.

Un arrêté de l'an douze nous apprend que l'ancienne chapelle dut alors recevoir des forges. Il s'agissait de travaux pour la marine, pour la flottille de Boulogne probablement. Cet arrêté nous donne incidemment l'état de la chapelle en 1804.

« Du 25 nivôse an douze (16 janvier 1804.)

« Vu la demande faite par le C. Dubus, serrurier en cette ville, tendant à obtenir l'autorisation d'établir neuf forges dans l'ancienne chapelle du ci-devant collège pour y confectionner, dans le courant d'un mois à partir de ce jour, divers objets en fer destinés pour le service de la marine ;

« Le maire d'Abbeville, considérant que les travaux dont est question sont de la plus grande urgence ; qu'il est de son devoir de protéger par tous les moyens qui sont en son pouvoir les entreprises du gouvernement avec lequel le C. Dubus a traité ; que d'ailleurs le local demandé n'est point employé et qu'il seroit difficile de s'en procurer un plus convenable ;

« Considérant également que le C. Dubus s'engage à le remettre dans l'état où il se trouve maintenant ;

« Arrête qu'il est autorisé à former son atelier dans ladite chapelle et à y établir le nombre de foyers qui y est nécessaire, à la charge par lui de remettre les lieux dans l'état repris au rapport qui en a été fait par l'architecte de la commune dont suit la teneur :

« L'architecte de la ville d'Abbeville qui s'est trans-
« porté dans l'ancienne chapelle du cy-devant collège
« pour constater l'état des lieux déclare :

« 1° Que, pour que le pavé soit en bon état, il fau-
« drait en faire douze mètres carrés seulement ;

« 2° Qu'il faudrait faire deux mètres à neuf à la
« voûte, en bois, de ladite chapelle ;

« 3° Que les murs sont bons et propres et devront
« être remis de même ;

« 4° Qu'il existe quatre croisées sans vitraux ; deux
« sont garnies de barres de fer et d'un treillage aussi
« en fil de fer ; les deux autres sont garnies de barres
« de fer seulement.

« 5° Il se trouve dans ladite chapelle : 1° La grille
« d'entrée en fer et un montant appartenant à cette
« grille de trois mètres environ de longueur ; un bar-
« reau seulement y manque ; 2° Dix mille cinq cents
« tuiles rangées dans le fond de la dite chapelle que
« ledit C. Dubus s'engage à représenter lors de la red-
« dition de ce local. Fait à Abbeville le 25 nivôse
« an 12, *signé*, Plisson.

« Arrête en outre que copie sera remise audit C. Dubus
qui en consentira l'exécution en signant sur le présent
registre. »

Nous avons vu plus haut que la bibliothèque publique
trouva refuge pendant quelque temps dans les bâtiments du collège, que le bibliothécaire même dut y être
logé. Je lis dans le projet de budget pour l'exercice de
l'an treize présenté par le maire au conseil municipal
dans la séance du 30 pluviôse an douze (19 février
1804) : « Le C. Delcourt a présenté pétition à l'effet
d'obtenir une indemnité pour le travail par lui fait lors
du placement de la bibliothèque au ci-devant collège.
Cette indemnité peut être portée à soixante francs. »

Pour le séjour de la bibliothèque au collège, voyez la
Notice historique sur la bibliothèque d'Abbeville (en
tête du *Catalogue analytique des manuscrits*) par

M. Alcius Ledieu, p. xxxi et lv, et pour le logement du bibliothécaire, *ibid* p. lxix.

En 1805 encore l'état des bâtiments, l'installation des classes, les ressources de toutes natures laissent beaucoup à désirer. C'est ce qui est très bien exposé dans la séance du Conseil municipal du 24 pluviôse an XIII et surtout dans un très complet rapport du conseiller Nau.

Le 24 pluviôse an treize (13 février 1805), le maire informe le Conseil que le bureau d'administration de l'école secondaire communale demande une augmentation de fonds qui lui paraît indispensable « tant pour faire exécuter les réparations urgentes que pour augmenter le nombre des professeurs. » — Il est à propos de statuer sur cette demande, ajoute le maire, avant de fixer les dépenses de l'an quatorze. M. Nau, membre du bureau d'administration de l'école, ayant alors reçu la parole, dit :

RAPPORT.

« L'établissement d'une école secondaire communale accordée sur votre demande par le gouvernement dans les bâtiments de l'ancien collège a comblé vos vœux et ceux de tous les citoyens qui sentent combien il est essentiel pour l'intérêt de la société de relever sur des fondements solides l'édifice de l'instruction publique renversé presque entièrement par les malheurs de la révolution.

« Appelés par votre choix, M. Garbe et moi, à faire partie des membres du bureau d'administration que le gouvernement a institué dans chaque école secondaire communale par son arrêté en forme de réglement du 19 vendémiaire an 12, nous avons à vous rendre compte, au nom de ce bureau, de ce qu'il a fait pour imprimer à cet établissement le mouvement dont il avoit besoin, de l'état où il est dans le premier moment de son existence, des accroissements que l'on peut en espérer et des demandes que le bureau a à vous faire pour y parvenir.

« L'arrêt dont nous venons de vous parler a, comme vous pouvez vous le rappeler, déterminé le nombre de professeurs dont chaque école pouvoit être composée et le genre des études aux quelles on s'y appliqueroit. Ce nombre ne peut être moindre que de trois, mais il peut aller jusqu'à huit. Alors une école secondaire est placée sur la ligne des lycées. Quoique nos vœux doivent tendre à voir porter à ce complément l'école secondaire d'Abbeville, ce n'est pas sur le champ que l'on peut se flatter qu'ils soient réalisés. Au moins est-il à désirer que le nombre puisse, sans attendre beaucoup, s'élever jusqu'à six professeurs dont trois seroient pour les humanités et l'étude de l'histoire et de la géographie, un pour les belles-lettres latines et françaises et deux pour les mathématiques. Il a fallu se borner, quant à présent, à quatre dont trois sont pour les humanités, l'histoire et la géographie, et un pour les mathématiques. Le défaut de fonds et la crainte qu'il ne se présentât pas un nombre suffisant d'écoliers assez avancés pour profiter des leçons du second professeur de mathématiques et de celui des belles-lettres a fait suspendre la nomination de ces deux professeurs, mais le bien de l'établissement exige que ces deux places soient remplies le plus tôt possible et c'est ce qu'attendent avec impatience les parents dont les enfants sont actuellement dans les classes inférieures et qui désirent leur voir parcourir jusqu'au bout cette carrière d'instruction.

« Quant aux choix du directeur et des professeurs fait par le ministre de l'intérieur sur la présentation du bureau d'administration conformément à l'arrêté ci-dessus, nous n'avons point à les justifier : ils ont déjà été applaudis. Les personnes sur lesquelles ils sont tombés s'étoient dès auparavant consacrées avec succès à l'instruction publique. Nous avons à regretter seulement que M. Herbette, nommé second professeur pour les humanités, ait, dans la crainte que les occupations de sa place ne pussent se concilier avec celles de la pension qu'il dirige, donné sa démission. Le zèle de M. Bardou, professeur de mathématiques a rendu cette retraite moins sensible. Sa classe étant encore peu nombreuse, il lui a été permis jusqu'à présent de partager ses soins entre ses écoliers et ceux de la classe pour laquelle M. Herbette avoit été désigné, mais un pareil arrangement ne peut être que momentané. Ce zèle est commun aux deux autres professeurs et il est encore animé par celui de M. Crusel, directeur, qui, dans la pension qu'il avoit élevée à Abbeville il y a quelques années, et qui forme actuellement celle de l'école secondaire, s'étoit attiré la confiance bien méritée d'un grand nombre de pères de famille.

« L'esprit qui anime ce directeur et les professeurs pour la prospérité de cette école, l'union qui règne entre eux et leurs talents sont d'heureux présages pour un établissement qui deviendra si précieux à l'arrondissement d'Abbeville. Le nombre actuel des écoliers, tant de ceux qui suivent les classes que de ceux qui sont dans la pension attachée à l'école, s'élève à quatre-vingts, et ce nombre ne peut qu'augmenter tous les ans lorsque les progrès des enfants, fruit attendu des efforts du directeur et des professeurs, mettra dans tout son jour l'utilité d'un pareil établissement. C'est à vous, messieurs, à seconder ces heureux commencements en mettant le bureau d'administration à portée de procurer à cet établissement tous les avantages possibles.

« Les fonds qui y sont actuellement affectés sont insuffisants. Ils consistent dans le fermage du droit d'un décime par sac de grains vendu sur le marché qui monte à cinq mille cent vingt-cinq francs et dans la rétribution payée annuellement par les externes qui sont admis dans les classes. Ce dernier produit n'est point constant puisqu'il dépend du nombre des écoliers externes.

« Les dépenses pour ce qui regarde seulement les honoraires du directeur et des quatre professeurs et les gages du portier se montent à cinq mille six cent cinquante francs, dont pour les honoraires du directeur quinze cents francs, pour ceux de chaque professeur mille francs et pour les gages du portier cent cinquante francs. Reste à pourvoir aux réparations annuelles des bâtiments, aux contributions qu'il supportent et aux frais de dépenses relatifs à cet établissement. Il est évident qu'en ne le conservant même que tel qu'il est, les recettes actuelles peuvent à peine en couvrir les dépenses. Mais si l'on considère qu'il ne remplira pas le but que l'on s'est proposé tant qu'il y manquera le second professeur de mathématiques et celui de belles-lettres ; que les honoraires des professeurs ont été dans les commencements calculés avec la plus grande économie ; que, vu le prix de toutes les choses nécessaires à la vie et aux entretiens, il y auroit peut-être de la justice à leur accorder au moins quelque légère augmentation ; que le moyen de conserver et d'attirer les professeurs dont la capacité réponde à l'importance de l'établissement est d'élever, autant qu'il est possible, le prix de leurs talents ; qu'une pareille dépense se trouveroit bien récompensée par l'affluence des écoliers qui viendroient en profiter, on verra alors que, pour que les sacrifices faits jusqu'à présent ne soient pas vains, il en faut encore quelques-uns.

« Le bureau d'administration estime que, pour donner à cet établissement le degré d'utilité dont il a besoin, une somme de deux mille quatre cents francs devoit être ajoutée annuellement à celles qui lui sont déjà assignées et il nous a chargés de vous en faire la demande à commencer de l'an 14. Cette somme jointe à celle provenant du fermage du droit sur les sacs de grains est encore bien au dessous de celle que vous avez fixée pour le même objet dans vos séances précédentes. Il vous est même plus facile de l'accorder, puisque la décharge des dépenses des enfants abandonnés procure sur vos revenus de grandes ressources dont on ne peut faire un usage qui doive être plus agréé par tous les citoyens. Le bureau a donc tout lieu de se flatter que sa demande ne manquera pas d'être accueillie.

« Nous ne vous avons pas parlé des premières dépenses qui ont été faites dans les bâtiments de l'école et qui étoient nécessaires pour qu'elle y fût établie. Elle se monte à environ trois mille francs et il y a eu un devis à ce sujet. Cette somme doit être payée en partie sur le produit du fermage du droit sur les sacs de grains depuis le premier germinal an douze jusqu'au premier vendémiaire an treize que doivent commencer les dépenses annuelles de cette école.

« Ces dépenses n'ont été que celles absolument indispensables ; il en reste encore à faire, mais, comme elles ne sont point aussi urgentes, on a cru qu'on pouvoit les remettre à un temps plus favorable.

« Il ne nous reste plus qu'à vous faire, au nom du bureau d'administration, une proposition à laquelle nous ne doutons pas que vous ne donniez votre agrément puisqu'elle tend à seconder les efforts des citoyens peu aisés qui comptent pour rien leurs plus grandes privations auprès des avantages que l'instruction peut procurer à leurs enfants : c'est d'arrêter qu'il sera accordé à vingt enfants de ces parents estimables, dont le choix serait fait par M. le Maire et ses adjoints, la faculté de suivre comme externes le cours des classes sans payer aucune rétribution.

« L'arrêté du 19 vendémiaire an XII a bien attaché aux pensions des écoles secondaires communales une place gratuite par vingt-cinq élèves ; mais il n'a rien dit par rapport à l'exemption de la rétribution que doivent payer les externes. Vous pouvez, messieurs, réparer cette omission et donner par là une nouvelle preuve que votre but, en demandant l'établissement d'une école secondaire communale, a été de mettre, autant qu'il étoit en vous, l'instruction que l'on devoit y recevoir à la portée de tous les citoyens qui pouvoient en profiter.

« Qu'il nous soit permis en finissant, messieurs, de former avec vous de nouveau des vœux pour que cet établissement, dont il doit résulter de si grands avantages, surmonte enfin tous les obstacles que l'intérêt particulier, la diversité d'opinions et des préjugés encore trop puissants, pourroient lui opposer ; que tous les pères de famille soient convaincus que ce n'est que de cette manière que l'instruction publique peut se rétablir sur des bases solides et durables ; qu'ils doivent entourer cet établissement de leur vigilance et de leur approbation et que le bien qui doit résulter de l'intérêt qu'ils y prendront tous sera ressenti par leur postérité la plus reculée. »

Ce rapport entendu la discussion s'ouvre.

Plusieurs membres font observer que la situation des finances de cette commune ne permet pas d'assurer pour l'an XIV les traitements de deux professeurs de mathématiques et d'un professeur d'éloquence ; que le nombre d'écoliers n'est pas assez considérable pour multiplier celui des professeurs ; qu'en cas d'insuffisance M. le directeur pourroit faire une classe pendant une partie de l'année.

D'autres membres objectent qu'il est dangereux de rendre incomplet le cours des études parce que les écoliers qui doivent monter l'année prochaine seroient contraints d'abandonner l'école s'il n'existoit point de professeur d'éloquence.

Enfin :

« Le Conseil, considérant que, parmi les augmentations de dépenses proposées par le bureau d'administration de l'école secondaire communale de cette ville, il en est plusieurs qui peuvent être ajournées sans inconvénients et qu'un seul professeur de mathématiques peut suffire pendant l'an quatorze ;

« Arrête qu'il sera alloué pour l'année prochaine une somme de deux mille quatre cents francs, laquelle sera ajoutée à celle de cinq mille cent vingt-cinq francs dans le budget de l'an XIV, pour mettre le bureau d'administration dans le cas de subvenir aux dépenses urgentes et indispensables à faire aux bâtiments de l'école secondaire communale de cette ville et à l'augmentation des professeurs. »

Le Conseil manifeste également le vœu que les pensionnaires profitant des mêmes classes que les externes acquittent la même rétribution qu'eux.

Les ressources de l'école secondaire — ou du collège — à la date où nous sommes se composent donc d'un droit perçu au Marché sur les sacs de grain, d'une rétribution payée par les élèves externes, du produit des bâtiments et du jardin de l'ancien collège, mis en location dans l'intervalle compris entre la restitution des lieux par l'État à la Ville et l'installation des professeurs ; enfin, mais seulement pour l'an quatorze, de la somme votée le 24 pluviôse an treize.

La délibération municipale du 4 février 1806 nous livre, dans un compte du Maire, ces *détails* sur les revenus et les dépenses.

INSTRUCTION PUBLIQUE
ÉCOLE SECONDAIRE COMMUNALE.

« La somme allouée au budget de l'an 13 et provenant du droit d'un décime perçu par chaque sac de grains vendu sur les marchés d'Abbeville est de......
.... 5125 fr. 00 c.
La dépense pour l'an 13 s'élève à. 8624   02
Déficit en apparence.......... 3559   02

« Ce déficit se trouve presque comblé par les articles de recette ci-après détaillés lesquels se trouvent portés au 2ᵉ chapitre des recettes du compte présenté par le préposé aux recettes municipales, savoir :

« 1° Une somme de deux mille cinq cent soixante deux francs cinquante centimes montant du droit d'un décime perçu sur chaque sac de grains pendant les six mois qui ont précédé l'établissement de l'école secondaire communale................ 2562 fr. 50 c.

« 2° Une somme de six cent quatre-vingt dix-sept francs cinquante centimes, montant de la rétribution payée par les élèves externes pendant le cours de l'an treize...................... 697 fr. 50 c.

« 3° Cent trente-cinq francs provenant des loyers payés par des locataires de bâtiments et jardin de l'ancien collège pendant le temps qui s'est écoulé entre l'époque où le gouvernement a rendu cet établissement à la ville et celle à laquelle il a été occupé par MM. les professeurs de l'école secondaire, ci.   135 fr. 00 c.

     Total........   3395 fr. 00 c.

« Le déficit étant de 3559 fr. 02 c. non compris les recettes ci-dessus établies 3395, il en résulte que le déficit réel n'est que de 164 fr. 02 c.

« LOGEMENT DES INSTITUTEURS

« Somme allouée au budget............ 600 fr.
« Dépenses acquittées 30
« Économie réelle.................... 570

« Cette économie provient de ce que la majeure partie des maisons d'instituteurs primaires ont été remises aux fabriques en exécution de la loi du 7 thermidor an onze comme invendues et leur ayant appartenu avant qu'elles fussent désignées par le gouvernement pour l'usage de ces instituteurs.

« DISTRIBUTION DES PRIX.

« Allocation au budget........... 100 fr. 00 c.
« Dépense faite 136 50
  « Déficit.......... 36 50

« Ce surcroît de dépense a été occasionné par l'établissement de l'école secondaire communale en l'an 13. Il sera nécessaire d'allouer dans la suite une somme plus importante, attendu que cette année on n'a pu faire la même distribution ainsi qu'il est d'usage dans les pensionnats particuliers de cette ville, quoique cette mesure eût été très avantageuse à l'instruction publique si négligée dans le cours de la Révolution et et ayant dès lors le plus grand besoin d'encouragement. »

Dans la séance du 3 mars mil huit cent six, M. Nau, au nom du bureau d'administration de l'école secondaire communale, lit un nouveau rapport sur l'état et les besoins de cet établissement :

RAPPORT

« Messieurs,

« Lors de votre session du mois de pluviôse de l'an treize, nous vous avons rendu compte, M. Garbe et moi, de la mise en activité de l'école secondaire communale de cette ville, du nombre des écoliers qui en suivoient les leçons et de celui des professeurs qui y étoient attachés.

« Vous seriez surpris sans doute si nous laissions passer cette année sans vous entretenir de cet établissement auquel il n'est aucun de vous qui ne prenne le plus grand intérêt. Si nous ne pouvons encore vous l'offrir comme étant parvenu au degré de prospérité auquel on peut se flatter de le voir atteindre, au moins pouvons-nous vous annoncer qu'il se maintient tel que nous vous l'avons présenté l'année dernière. Vous savez qu'il n'est pas d'établissement, quelque en soit reconnue l'utilité, dont les commencements ne soient faibles, surtout lorsque l'envie, l'intérêt particulier, la prévention peuvent le contrarier. Ne doutez pas cependant que celui-ci ne surmonte tous les obstacles qu'on pourroit lui opposer. Le zèle du directeur et des professeurs en est garant, mais le zèle a encore besoin d'être secondé par l'accord de tous les citoyens.

« Les dépenses considérables qu'ont nécessitées les réparations trop longtemps négligées des bâtiments de l'école et les arrangements convenables à l'usage auquel ils ont été rendus ont été acquittées sur les fonds affectés à l'école pendant l'an 13. Le reste le sera sur les fonds de cette année. Après quoi les dépenses se réduiront à celle d'entretien et permettront de complémenter toutes les parties relatives à l'instruction publique qui doivent donner à cette école toute l'importance dont elle est susceptible.

« Vous avez exprimé, lors de votre session de l'année dernière, le désir de voir le directeur de l'école astreint à payer pour les pensionnaires de cette école qui seroient admis dans les classes la même somme qui avoit été fixée pour les externes. Tout en respectant ce vœu, les administrateurs n'ont pas cru devoir prendre là-dessus aucun parti sans soumettre de nouveau cette question à votre examen et vous rappeler les motifs qui les avoient déterminés et dont nous vous avons déjà fait part, M. Garbe et moi, lors de cette session. L'arrêté du gouvernement contenant règlement pour les écoles secondaires communales du 19 vendémiaire an douze, distingue, article 10, la rétribution à payer par les externes qui fréquentent les classes et les arrangements à prendre avec le directeur au sujet de la fixation du prix de la pension des élèves pour lesquels il n'est question d'aucune rétribution. Le bureau d'administration de l'école s'est conformé à la disposition de cet article. Il a arrêté la rétribution que payoient les externes et quant au prix de la pension des élèves il l'a fixée de manière à ce qu'il fût inférieur au prix commun des autres pensions particulières en raison de l'exemption de la rétribution qui était imposée aux externes ; en sorte que, bien loin que le directeur ait à gagner à cet arrangement ainsi qu'on l'a avancé, il éprouve, sur la pension des élèves qui ne sont pas encore en état d'être admis dans les classes, le même retranchement que sur la pension de ceux qui y sont reçus. Il est vrai que les revenus de l'école n'en sont pas augmentés et qu'il n'y a d'avantage que pour les parents des élèves, mais le bureau d'administration a pensé que l'école en profitoit assez si l'on pouvoit par là y attirer un plus grand nombre d'écoliers; que, s'il y avoit un établissement d'instruction à favoriser, c'étoit celui qui avoit été élevé et qui étoit entretenu aux frais de la Commune et à la prospérité du quel aucun père de famille ne pouvoit être indifférent. Gardez-vous cependant de croire, messieurs, qu'il ait jamais été dans l'intention du bureau de sacrifier à cette école communale les écoles particulières élevées dans cette ville. Les membres qui le composent sentent trop bien de quelle utilité elles peuvent être pour entretenir l'émulation des écoliers et même de ceux qui les enseignent. J'entends cette émulation des talents et de la vertu qui est un ressort si puissant et pour l'esprit et pour le cœur et non cette rivalité odieuse qui étouffe tous les germes généreux et croit ne pouvoir s'élever que par l'abaissement de tout ce qui lui fait ombrage.

« Il vous est facile, messieurs, de donner un nouvel essor à cette émulation si vous voulez envisager l'école communale comme devant être le centre de tout ce qui tient à l'instruction publique et faire tout ce qui dépend de vous pour que les écoles particulières, qui ne doivent être regardées que comme les auxiliaires, ne soient jamais dans le cas de devenir ses ennemies ; c'est en demandant au Gouvernement par l'intermédiaire des autorités compétentes que les maîtres des pensions particulières soient astreints à envoyer à l'école communale leurs élèves lorsqu'ils seront en état d'être admis dans les classes. Je ne parle pas de l'augmentation que produiroit dans les revenus de l'école la rétribution que payeroient les externes. Ce motif est le moindre qui doive vous diriger. Les avantages qui en résulteroient pour l'instruction des enfants sont d'une bien autre considération. Par là il s'établiroit une lutte honorable entre les maîtres de l'école communale et ceux des écoles particulières et entre leurs écoliers. Les soins et les talents des uns, les dispositions des autres seroient mieux appréciés. Les parents jugeroient plus sûrement du résultat de l'instruction qui seroit donnée à leurs enfants. Les succès de ces derniers, s'ils étoient achetés par plus d'efforts seroient plus glorieux. Les distributions annuelles des prix, dont seroient honorés les enfants qui en auroient été jugés les plus dignes, auroient aussi quelque chose de plus solennel et de plus touchant puisqu'elles se feroient sous les yeux de tous les citoyens et entre les élèves de toutes les écoles réunies à l'Ecole secondaire et ne formant en quelque sorte entre eux qu'une seule famille que j'oserois appeler une famille communale. Enfin l'intérêt même des maîtres de pensions particulières serviroit l'intérêt géréral, puisque leur réputation et par suite le nombre de leurs élèves dépendroient des triomphes que ces derniers auroient obtenus ; et l'éclat dont doit briller l'école communale ne souffriroit pas de la préférence que ces pensions particulières obtiendroient. Tous les vœux se réuniroient pour la prospérité de cette école dont l'établissement a été si longtemps désiré et qu'il seroit honteux de ne pas maintenir de tous ses efforts. Nous sommes donc chargés par le bureau d'administration de vous proposer cette mesure comme nécessaire et capable de produire les plus heureux effets. Ce n'est point une idée nouvelle. Cette mesure avoit été adoptée en faveur des collèges de l'Université de Paris et n'avoit pas peu contribué à les faire fleurir. Vous l'accueillerez aussi sans doute, messieurs, convaincus que si une instruction solide est le bien le plus précieux que l'on puisse procurer à ses enfants, on ne peut mieux mériter d'eux qu'en leur en assurant le bienfait. »

« Le Conseil, considérant qu'il résulte des détails contenus au présent mémoire qu'il seroit avantageux, tant à l'instruction qu'à l'établissement de l'Ecole secondaire de cette ville, que les maîtres de pensions particulières fussent astreints à envoyer dans cet établissement leurs élèves lorsqu'ils sont susceptibles d'être admis dans les classes, arrête en conséquence de solliciter l'exécution de cette mesure auprès du Gouvernement par l'intermédiaire de monsieur le préfet qui sera prié de vouloir bien appuyer cette demande. »

Dans la séance du 1er mai 1806, le budget des recettes et dépenses de 1807 est soumis au Conseil. Je lis au chapitre des dépenses :

INSTRUCTION PUBLIQUE

	SOMMES PROPOSÉES	
	par le Maire	par le Conseil
Collège. — Il y a un droit sur le blé pour le collège..........	5125	5125
Logements des instituteurs (1).	600	400
Distribution annuelle des prix.	100	100
Entretien de la bibliothèque publique et achat de livres (2).	300	100

Les usages classiques font retour ; ainsi l'emploi du latin dans les cérémonies d'apparat. Les distributions de prix ont reparu dès l'ouverture de l'école secondaire presque immédiatement appelée collège.

Je possède le seul exemplaire encore existant sans doute du *palmarès* de 1807. — 4 pages in-folio. — L'Université est revenue au latin de Louis XVI. — Deux seuls mots français seulement en tête : *Empire Français*, et entre eux les armes impériales. Au dessous :

---

(1) Je vois dans une séance du 13 octobre 1806 qu'il s'agit ici des instituteurs primaires.

(2) La bibliothèque était bien logée dans les bâtiments du collège, mais distincte cependant de l'établissement scolaire.

Ad maximam Dei et Patriæ gloriam.

NAPOLEONE IMPERANTE

Quod Patriæ felix, faustum fortunatumque sit!

DISTRIBUTIO
SOLEMNIS PRÆMIORUM

Quæ, exeunte anno scholastico, sub auspiciis ornatissimorum civium, rem scholæ secundariæ ex voto magistratuum institutæ administrantium, facta fuit die decimá septimá augusti, anno 1807, præsentibus tum civilibus, tum militaribus ordinibus, frequentissimo omnium civium conventu, postquam scholæ alumni de victoriá sæpius contenderunt, et ad interrogata responderunt :

IN QUARTO ORDINE

Præmio, ex eo quod primas sæpius tenuerit, donatur Ludovicus-Josephus-Armandus FROMENT *Abbavillæus.*

Primum orationis gallicæ præmium meritus ac consecutus est id. Lud.-Jos.-Arm. FROMENT.

Secundum, Natalis-Carolus-Augustus ALLIAMET, *Abbav.*

Proximè accesserunt, Nicolaus DELF, *Sulpicius* HOPIN, *et Ferdinandus* MOLES, *Abbavillæi.*

Primum orationis latinæ in gallicam conversæ præ-

mium meritus ac consecutus est id. Nic, DELF.

Secundum, id. Lud.-Jos.-Arm. FROMENT.

Proximè accesserunt, iid. Sulp. HOPIN, Nat.-Car.-Aug. Alliamet et Ferd. MOLES.

Primum orationis strictæ præmium meritus ac consecutus est id. Nat.-Car.-Aug. ALLIAMET.

Secundum ex æquo Edwardus D'HARDIVILLIERS, Abbavillensis, et id. Sulp. Hopin.

Proximè accesserunt iid. Lud.-Jos.-Arm. FROMENT, Ferd. MOLES et Nicolaüs DELF.

Memoriæ præmium meritus ac consecutus est id. Sulp; HOPIN.

Sapientiæ præmium meritus ac consecutus est id. Lud.-Jos.-Arm. FROMENT.

IN QUINTO ORDINE

Præmio, ex eo quod primas sæpius tenuerit, donatur Petrus Benjaminus PICARD, Abbavillensis.

Primum orationis gallicæ in latinam conversæ præmium ex æquo meriti ac consecuti sunt Nicolaüs-Franciscus-Bertinus DELAHAYE-PENEL, Abbavillensis, et RAYMOND, Abbavillæus.

Secundum, Theophilus CHIVOT, Abbavillensis.

Proximè accesserunt Stephanus-Franciscus OGER, Abbavillensis; Augustus DELAHAYE, Ambianus; et id. Benj. PICARD.

Primum orationis latinæ in gallicam conversæ præmium meritus ac consecutus est Carolus-Camillus FROMENT, *Abbavillæus.*

Secundum id. Benj. PICARD.

Proximè accesserunt Petrus MAZURE, *Abbavillæus;* iid. Nic.-Franc.-Bert. DELAHAYE-PENEL, *et* RAYMOND.

—

Memoriæ præmium meritus ac consecutus est id. Car.-Cam. FROMENT.

—

Sapientiæ præmium meritus ac consecutus est Isidorus TIRMARCHE, *Abbavillæus.*

—

IN SEXTO ORDINE.

—

Præmio ex eo quod primas sæpius tenuerit, donatur Erastus-Philopator SOMBRET, *Abbavillæus.*

Primum orationis gallicæ in latinam conversæ præmium meritus ac consecutus est id Erast. SOMBRET.

Secundum, ex æquo, Carolus-Emmanuel LEBLOND, *Abbavillensis; et* Theodorus-Nicolaüs POISSANT, *Abbavillensis.*

Proxime accesserunt Octavius SOMBRET, Vitalis TIRMARCHE, *et* Julius DOUVILLE, *Abbavillæi.*

—

Primum orationis latinæ in gallicam conversæ præmium meritus ac consecutus est id. Erast. SOMBRET.

Secundum id. Octavius SOMBRET.

Proximè accesserunt id, Theod.-Nicol. POISSANT, Jacobus-Nicolaüs-Gasto SAVARY, *Abbavillæus; et id.*

Car.-Emman. LEBLOND.

—

Memoriæ præmium meritus ac consecutus est id.
Theod.- Nicol. POISSANT.

—

Sapientiæ præmium meritus ac consecutus est id.
Theod.-Nicol. POISSANT.

—

Ex typis Boulanger-Vion.

—

On remarque que les sciences ne paraissent tenir aucune place dans l'enseignement du collège à cette date et que probablement les études classiques n'étaient pas poussées au delà de la quatrième.

CHAPITRE CINQUIÈME

De 1808 à 1887.

Les notes qui suivent ont été relevées dans les différents journaux d'Abbeville (*Affiches d'Abbeville, Journal d'Abbeville, Mémorial d'Abbeville*, etc.) et dans les palmarès.

Les palmarès, on n'en connait que des exemplaires isolés, pas une collection complète. Je les ai poursuivis partout ; j'ai été souvent tenté, dans mes recherches, d'invectiver l'insouci de la ville, l'insouci du collège, l'insouci des familles. Rien de plus philosophique et parfois de plus attristant, c'est-à-dire devant plus attacher aussi, que ces nécropoles volantes que défend mal une ombre imaginaire de petits lauriers desséchés. Moins que des cimetières. Des noms disparus de la ville, ou morts, ou qui ne nous disent plus rien, n'ayant jamais beaucoup dit lorsqu'ils vivaient. Mais aussi, de temps en temps, une vue de jeunes cheveux bondissant vers l'estrade aux couronnes ; cheveux blonds du nord, blanchis depuis honorablement ou glorieusement sous la toque du magistrat ou sous les plumes du général. De loin en loin, en feuilletant ces listes funèbres des jeunes triomphes, j'ai recueilli des noms qui doivent laisser quelque souvenir dans la ville.

I

CRUSEL

Premier directeur ou principal

Depuis 1805.

Le rapport de M. Nau (13 février 1805) a loué le zèle de ce directeur ou principal. — V. plus haut, p. 411. Avant M. Crusel nous avons vu cependant en 1803 M. Bellart ; — V. plus haut p. 384 ; mais la nomination de M. Bellart fut annulée.

1808-1812. — Les renseignements me font défaut jusqu'à présent.

1812-1813. — Dans les *Affiches* du 14 novembre 1812 et du 2 janvier 1813, M. Sevrette, régent, annonce d'abord qu'il désire donner, puis qu'il donne des répétitions.

II

BELLART

Second principal depuis la Révolution.

1813-1817.

1813-1814. — M. Bellart, nommé à la place de principal (1), assure ses concitoyens qu'il ne négligera rien pour mériter la confiance dont il a été précédemment honoré. — *Affiches du 16 octobre* 1813.

Il confie aux mêmes *Affiches* le 4 décembre le Prospectus suivant :

Académie d'Amiens

Etc....

« Avec l'autorisation provisoire de M. le Recteur de l'Académie d'Amiens, l'enseignement des mathématiques aura lieu dans le collège d'Abbeville, etc., etc.

« Approuvé en Conseil Académique le 1er décembre 1813. — Le Recteur, etc... pour copie conforme, le principal du collège : Bellart. »

1814-1815. — La rentrée des classes aura lieu le lundi 3 octobre. La messe du Saint-Esprit sera célébrée à Saint-Gilles. Elle sera suivie du discours d'ouverture que prononcera M. Mondelot, régent de la classe de première année de Grammaire. MM. les externes sont invités à se procurer des cartes d'entrée. Elles seront délivrées pour six mois. Le bureau de M. le principal sera ouvert à cet effet dès le samedi 1er octobre. — *Affiches du 1er octobre* 1814.

Nous rencontrons pour la première fois dans cette annonce le nom de M. Mondelot. Assez singulière figure celle de ce professeur qui a écrit un peu d'histoire et un

---

(1) M. Bellart avait résidé pendant huit ans en Angleterre et savait parfaitement l'anglais. — Annonce du cours de langue anglaise dans les *Affiches* du 22 octobre 1814.

grand nombre de poésies dénotant peu d'équilibre mental. J'ai pu l'entrevoir mais ayant déjà pris sa retraite. Il est mort, je pense, à Paris, il n'y a pas de longues années. Je pourrai dire un jour quelques mots de ses publications.

Un cours de langue anglaise appelle en cette même année le *public* au collège: « Il est confié à M. Bellart, principal, qui a fait une étude particulière de cette langue. » Le cours ouvrira le 24 octobre et sera continué jusqu'aux vacances. « Les leçons auront lieu tous les jours depuis six heures du soir jusqu'à sept heures, les jours de congé exceptés. Outre les élèves qui fréquentent le collège, on admettra à ce cours toutes les personnes du dehors qui voudront en profiter. Elles seront tenues de prendre, chez M. le principal, des cartes d'entrée qui seront renouvelées au premier avril. Elles auront à payer annuellement, en deux termes, vingt francs pour la rétribution du collège. — Approuvé : Le Recteur de l'Académie d'Amiens : L. MAUSSION. » — *Affiches* du 22 octobre.

1815-1816. — Le collège ne fut doté d'une chaire de Rhétorique qu'en cette année.

« Cet établissement, dit le principal lui-même, vient de recevoir une nouvelle preuve de la bienveillance et de l'intérêt que lui porte le Conseil général de la Commune (1), par l'érection d'une chaire de Rhétorique, qui offre maintenant à la jeunesse de cette ville l'avan-

---

(1) Le Conseil général de la Commune, cette expression ne semble-t-elle pas un souvenir d'un temps plus reculé ?

tage précieux de compléter son instruction sans déplacement...

« L'examen public des Elèves qui doit avoir lieu dans la salle ordinaire des exercices, lundi prochain 8 avril 1816 et les deux jours suivans, ne peut manquer d'attirer l'attention des parens, etc.... Ce 4 avril 1816, le Principal du Collége, BELLART. » — *Affiches* du 6 avril.

Les instituteurs primaires durent subir en 1816 des examens et obtenir des brevets de capacité. Ceux de l'arrondissement d'Abbeville firent leurs preuves devant le principal. « Ils doivent, après s'être conformés aux ordres qui leur ont été donnés par M. le curé de leur canton, se présenter au Collège dans les délais prescrits par le présent tableau, etc..., à Amiens, le 26 juin 1816 (pour la moitié des cantons; autre arrêté le 10 septembre pour l'autre moitié). Le Recteur de l'Académie d'Amiens: LESPIN. — *Affiches* du 29 juin et du 14 septembre.

1816-1817.......

III

SEVRETTE
Troisième principal.
1817-1822

1817-1818. — A M. Bellart a succédé comme principal M. Sevrette.

« Le samedi 8, lundi 10 août 1818, les élèves du collège soutiendront différens exercices sur les langues française, latine et grecque, la Géographie, l'Histoire et les Mathématiques.

« Les séances du matin s'ouvriront à 9 heures et finiront à midi ; celles de l'après-midi à 3 heures et se termineront à 7 heures.

« Ces exercices seront suivis de la distribution solennelle des prix qui aura lieu le mercredi 12 août à 3 heures, en présence de MM. les Président et Membres du Bureau d'Administration.

« Les exercices auront lieu au Collège ; mais la distribution des prix aura lieu à l'Hôtel-de-Ville dans la salle du Conseil général. — Le principal, SEVRETTE. »
— *Affiches* du 6 août.

La chapelle du collége a été rouverte. L'ancien principal M. Bertin est venu revoir sa maison.

Les *Affiches* du 24 septembre nous donnent :

« La rentrée des Classes aura lieu jeudi prochain 1er octobre 1818. La messe du Saint-Esprit sera célébrée dans la Chapelle du Collège, à 9 heures précises, par M. l'abbé Bertin, ancien principal.

« Cette cérémonie religieuse sera suivie du discours d'ouverture que prononcera M. Maillart, régent de la quatrième. Les élèves trouveront affiché, dans leurs classes respectives, l'ordre des classes et de l'enseignement, ainsi que la liste des livres qu'ils devront se procurer pour les cours de la présente année scolaire, 1818 et 1819.

« Il y aura des salles de répétitions et d'étude, ouvertes au Collège pour les externes qui voudront en profiter, suivant les conditions qui seront réglées avec leurs parents. — *Le Principal*, SEVRETTE. »

1818-1819. — Deux distributions de prix sont faites en cette année, l'une en avril 1819, l'autre en août.

« Le 7 avril, la distribution des prix, pour la demi-année classique, a eu lieu dans la chapelle du Collège, après la messe qui a été célébrée par M. l'abbé Berlin, ancien Principal et l'un des Administrateurs du Collège. — Cette Solennité a été honorée de la présence de M. le Sous-Préfet, de M. le Maire, de MM. les Adjoints, de M. de Senermont, chevalier de Saint-Louis, Maréchal de camp, de MM. les vicaires de Saint-Wulfran... » Suit la liste des prix. — *Affiches* du 15 avril.

« Le mercredi 11 août, les différents exercices des élèves sur les Langues française, latine et grecque, sur la géographie, l'histoire sacrée et profane, et sur les mathématiques, auront lieu dans la grande salle du Collège. — La séance du matin s'ouvrira à neuf heures et finira à midi; celle de l'après-midi commencera à trois heures et se terminera à six heures. — Le vendredi 13 se fera la distribution des prix. » etc... *Le Principal*, SEVRETTE. — *Affiches* du 5 août. »

Et en effet, le 13, en la grande salle de l'Hôtel-de-Ville, « sous les auspices » de MM. les président et membres du Bureau d'Administration, en présence des autorités ecclésiastiques, civiles et militaires, des parents etc.., a lieu la distribution des prix « dûs à la bienveillance de l'honorable Corps municipal. » Suit la liste des prix. — *Affiches* du 19 août.

Les professeurs ou régents (1) étaient alors :

(1) On disait les deux : professeur est écrit en avril, régent en août.

Principal, M. Sevrette, professant les Mathématiques élémentaires. — Rhétorique, professeur ou régent, M. Cherest; — seconde, M. Morgand; — troisième, M. Leconte; — quatrième, M. Maillard; — cinquième, M. Moitrel (1); — sixième, M. Desgranges; — septième, maître d'études, M. Loisel; — huitième,...? Le même peut-être. — Écriture, M. Pignon.

La bibliothèque d'Abbeville possède le palmarès de cette distribution du 13 août :

D. O. M.

INSTRUCTION PUBLIQUE

etc.

Le début a la gravité de ce qui doit être dit sous la robe :

« Vu le rapport de M. le Principal et de MM. les Régens, et d'après le mûr examen qu'ils ont fait des compositions,

« Les Administrateurs du Collège, considérant que rien n'est plus propre à exciter l'émulation et ne contribue plus efficacement au progrès des sciences et des arts que les récompenses données solennellement aux jeunes gens qui se sont distingués dans le cours de l'année par leur application,

« Ont arrêté etc... »

Les prix donnés alors paraissent sous ces désignations :

En rhétorique : Excellence, Discours latin, Discours français, Vers latins, Version grecque, Histoire et

---

(1) Le palmarès donnera Cambier. M. Cambier était en août 1819 régent par interim.

Géographie. — La plupart de ces prix sont remportés par Charles Damiens.

En seconde : Excellence, Version latine, Thème, Vers latins, Version grecque, Histoire et Géographie.

En troisième : Excellence, Version latine, Thème, Vers latins, Version grecque, Histoire et Géographie.

En quatrième : Excellence, Version latine, Thème, Vers latins, Version grecque, Histoire et Mythologie.

En cinquième : Excellence, Version latine, Thème, Histoire sainte, Analyse française. — En cette classe paraissent, avec un accessit d'histoire sainte, Achille Prisse, d'Avesnes (Nord), et, avec un accessit d'analyse française, Ernest Boissonnet, de Sezane (Marne).

Prisse publiera plus tard de beaux volumes sur l'art égyptien ; Boissonnet deviendra général.

En sixième : Excellence, Version latine, Thème, Histoire sainte, Analyse française.

En classe élémentaire, deuxième année : Version latine, Thème, Orthographe.

En classe élémentaire, première année : Thème, Orthographe.

En Mathématiques élémentaires : Géométrie, Arithmétique.

En Écriture : un prix et des accessits, pour chacune des trois divisions.

En dessin, pas de maître indiqué, mais pas de prix non plus, le concours n'ayant pu avoir lieu entre un trop petit nombre d'élèves qui ont peu fréquenté cette classe.

Langues étrangères pas de prix, mais cette simple

mention : « On pourrait aussi, à la rentrée, ouvrir des cours de langues Anglaise et Italienne, pourvu qu'il y eût dans chacun de ces cours au moins six étudians, et que ces leçons ne nuisissent pas aux études communes. »

Pendant les vacances de 1819, une classe fut ouverte tous les jours, de neuf heures du matin à midi, pour les pensionnaires et les externes. — *Affiches*, même date.

Dans un article sur les exercices publics du collège, médiocrement écrit d'ailleurs et adressé au Rédacteur *de la feuille*, on voit poindre l'idée du minimat : « J'ai ouï dire que l'on se propose de composer une petite classe d'enfans d'environ sept ou huit ans. J'applaudis de tout mon cœur à cette heureuse idée. Cette classe pourrait devenir pour le collège une pépinière d'excellents sujets. » — *Affiches*, même date.

« La rentrée des classes aura lieu le lundi 4 octobre et sera précédée d'une messe du Saint-Esprit, célébrée dans la chapelle par l'Aumônier du Collège.

« Il y aura des salles de répétitions et d'étude, ouvertes pour les externes qui voudront en profiter, suivant les conditions qui seront réglées avec leurs parens. — Le Principal, SÉVRETTE. » — *Affiches* du 19 août et du 30 septembre.

1819-1820. — La distribution des prix eut lieu le 11 août 1820, à quatre heures dans la grande salle de l'Hôtel de ville, en présence de MM. les président et membres du Bureau d'Administration. Le discours fut prononcé par M. Morgin I, régent de seconde.

Les régents des premières classes sont les mêmes que l'année précédente. En cinquième, M. Coquerel a remplacé M. Moitrel. En sixième, M. Berton a remplacé M. Desgranges. La septième ne figure plus que sous le titre de classe élémentaire. Elle a pour régent M. Loroy. Une classe « de Commençants » a pour maître M. Loisel. La classe d'Ecriture, M. Boinet.

Les prix sont :

En Rhétorique : deux seulement, Excellence, Discours français.

Dans la classe de Mathématiques : deux prix (première et seconde année).

En seconde : les mêmes, moins celui d'Histoire et de Géographie.

En troisième : les mêmes, moins celui d'Histoire et de Géographie.

En quatrième : les mêmes, moins celui d'Histoire et de Mythologie. — Je remarque dans cette classe Pierre-Denis-Ernest Boissonnet, de Sézane (Marne).

En cinquième : mêmes prix qu'en 1819.

En sixième : mêmes prix, sauf que l'Analyse française a reçu le titre de Grammaire française et qu'au prix d'Histoire sainte s'en est joint un d'Instruction religieuse. — Je rencontre pour la première fois dans cette classe, Louis-Charles Lefebvre de Villers (de Villers-sur-Mareuil) avec un premier accessit de Version latine, un prix d'Histoire sainte et le prix d'Instruction religieuse.

Dans la classe élémentaire : Excellence, Thème, Version latine et d'Histoire sainte réunies, Grammaire française.

La première année de la classe Élémentaire est devenue la classe des Commençants. Elle s'est partagée, sous son ancien maître, en deux divisions, ayant, la première, des prix d'Excellence, de Thème et de Grammaire française ; la seconde, un prix de Thème, un prix d'Instruction religieuse et un prix de Sagesse à l'intérieur.

Écriture : mêmes prix qu'en 1819.

A la rentrée, les élèves, pour monter dans une classe supérieure, devront : 1° avoir remis à MM. les Régens le devoir donné pour le temps des vacances ; 2° avoir composé deux fois dans leur classe avant la distribution des prix. — Pendant les vacances, classe ouverte tous les jours, de neuf heures du matin à midi, pour les pensionnaires et les externes. — La rentrée fixée au lundi 2 octobre. — *Palmarès* et *Journal d'Abbeville* des 10 et 24 août.

La messe du Saint-Esprit, célébrée dans la chapelle par l'aumônier du collège, sera suivie d'un discours d'ouverture que prononcera M. Caquerel, régent de cinquième. — *Journal d'Abbeville* des 21 et 28 septembre.

1820-1821. Palmarès à la bibliothèque de la Ville, même en-tête, même imprimeur (Boulanger-Vion). — Distribution non datée, mais probablement faite le 12 août.

Les professeurs de Rhétorique, de seconde, de troisième, de quatrième, sont demeurés les mêmes. La cinquième a été régentée par M. Caquerel ; — La sixième a conservé M. Berton ; — la septième a reçu

M. Blangy ; — la classe dite des Commençants a disparu. — Reste la classe Élémentaire avec ses deux divisions et son maître M. Loisel. — L'Ecriture a conservé son maître.

La disposition du palmarès est un peu changée. En tête paraît le prix de Sagesse ; puis viennent deux prix d'Instruction religieuse (deux divisions). Le premier prix de la première de ces divisions donné à Louis-Charles Lefebvre de Villers ; le troisième accessit de la même division à Pierre-Denis-Ernest Boissonnet.

En Rhétorique les anciens prix sont rétablis : Excellence, Discours latin, Discours français, Vers latins, Version grecque.

En Mathématiques : prix de seconde année et de première année.

En seconde : Excellence, Version latine, Thème.

En troisième, mêmes prix qu'en 1820.

En quatrième, de même.

En cinquième, de même, moins le prix d'Histoire sainte supprimé.

En sixième, quatre prix seulement : Excellence, Version latine, Thème, Grammaire française.

En septième : mêmes prix qu'en 1820.

Dans la première division de la classe des Commençants : les prix de 1820 ; dans la seconde : un de Thème et un de Grammaire.

Écriture : prix de 1820.

Classe pendant les vacances. — Mêmes conditions à la rentrée pour le passage aux classes. — Rentrée fixée au lundi premier octobre après la messe du Saint-

Esprit dite dans la chapelle par l'aumônier du collège.

1821-1822. — Palmarès à la bibliothèque de la ville. — Distribution le 13 août.

Le corps des professeurs se compose alors ainsi : — Principal, M. Sevrette. — Rhétorique, néant; (le professeur des années précédentes occupe la quatrième, évidemment par intérim). — Seconde, M. Morgand. — Mathématiques, M. Sevrette. — Troisième, M. Cadet (nouveau). — Quatrième, M. Cherest; — la Rhétorique manquant d'élèves sans doute, le titulaire de cette classe doit être employé en la place de M. Maillart parti. — Cinquième, M. Caquerel. — Sixième, M. Berton. — Septième, M. Blangy. — Classe des Commençants, M. Blangy; cette classe n'est donc qu'une annexe de la septième. — Plus de classe élémentaire. — Écriture, M. Boinet.

Disposition du palmarès :

D'abord un prix de Sagesse pour les internes.

Puis Instruction religieuse, un prix et deux accessits.

La Rhétorique a disparu comme nous l'avons dit. Vient seulement, sous le titre LANGUES ANCIENNES, la seconde avec les prix de l'année précédente.

Mathématiques, mêmes prix ; — Troisième, mêmes prix ; — Quatrième, mêmes prix. — Cinquième : Excellence, Version latine, Thème ; en plus un prix de Version grecque ; en moins un prix d'Analyses françaises ; — Sixième, les prix de 1821 ; — Septième, mêmes prix; ceux de Version latine et d'Histoire sainte distincts cependant; — Écriture, trois divisions et trois prix.

Classes ouvertes pendant les vacances ; conditions ordinaires pour monter dans les classes à la rentrée qui est fixée au mardi 1ᵉʳ octobre après la messe du Saint-Esprit.

IV

L'ABBÉ OZOUF
Quatrième principal.
1822-1827

1822-1823. — L'abbé Ozouf succéda dans le courant de cette année à M. Sevrette. Il signera dans tous les cas le palmarès du 13 août 1823.

Avec le changement du principal, un mouvement s'est fait parmi les professeurs. M. Cherest a repris la classe de Rhétorique ; — M. l'abbé Ozouf occupe celle de seconde ; — M. Morgand, précédemment régent de seconde, professe les Mathématiques ; — M. Cadet a conservé la troisième ; — M. Berton est monté de sixième en quatrième ; — M. Leroux (nouveau) a remplacé M. Caquerel dans la cinquième ; — M. Blangy est monté en sixième, laissant la septième à M. Maillot (nouveau) ; une classe élémentaire a pour maître M. Mouret, (nouveau) ; — l'écriture, M. Boinet.

Le palmarès sort toujours de l'imprimerie de Boulanger-Vion, éditeur du *Mémorial*. Il porte en tête les armes et la devise d'Abbeville. Le titre modifié, n'est plus que :

UNIVERSITÉ DE FRANCE
Académie d'Amiens.

COLLÈGE D'ABBEVILLE
DISTRIBUTION.

Et :.

Les prix dans l'ordre admis en 1821.

D'abord le prix de Sagesse : « Ce prix est décerné par les suffrages des Élèves, à celui qui s'est le plus distingué par sa piété, la douceur de ses mœurs et l'observation de la règle. » — Le prix de la première division est donné à Louis-Charles Lefebvre de Villers, le second accessit de la seconde division est donné à Marie-François-Aloph de Louvencourt.

Puis Instruction religieuse, deux divisions ; — Rhétorique, prix comme en 1821, plus un prix de Version latine et je ne sais pourquoi on a intitulé le prix de Vers latins prix de Poésie latine. Ernest Boissonnet qui n'a que le troisième accessit de Version latine a le prix de Poésie latine. — Seconde, les mêmes prix qu'en 1822 ; les Vers latins paraissent aussi sous le nom de Poésie latine. — Troisième, mêmes prix. — Quatrième, mêmes prix. — Cinquième, mêmes prix. Dans cette classe paraît pour quelques accessits Estève-Laurent Boissonnet, de Paris, qui deviendra général comme son frère. — Sixième, mêmes prix. — Septième, mêmes prix, sauf le prix d'Histoire sainte supprimé. — Classe Élémentaire, deux divisions ; dans la première, Thème, Version latine, Grammaire française ; dans la seconde,

Thème, Grammaire française. — Écriture, trois divisions, trois prix.

Classe ouverte pendant les vacances. Rentrée fixée au 1ᵉʳ octobre, avec messe dans la chapelle et discours d'ouverture, par M. Leroux, professeur de cinquième.

1823-1824. — Pendant les vacances de 1823, l'abbé Ozouf ne semble pas à la tête du collège de bien ancienne date si on en juge par quelques mots du *Journal d'Abbeville* :

« M. l'abbé Ozouf, le nouveau principal, vient de donner au public, avant la rentrée des classes, le *Prospectus* détaillé de sa pension, qui s'annonce devoir être tenue sur un bon pied. On y remarque avec plaisir que M. le principal ne se propose pas, à l'exemple des RR. FF. d'ailleurs très chrétiens, d'exercer un monopole sur la vente des livres, du papier, de l'encre et des plumes ; qu'il ne fournira tous ces objets à ses pensionnaires qu'autant qu'ils les voudront bien prendre. » — *Journal d'Abbeville* du 13 septembre 1823.

Mêmes professeurs titulaires des mêmes classes que l'année précédente, sauf une exception. M. Maillot est monté de septième en sixième, laissant la septième à un professeur désigné seulement par le titre de sous-principal, mais qui doit être, M. Leudière. — M. Blangy disparaît.

Prix : Sagesse, pensionnaires, externes; deux divisions pour ces derniers. — Instruction religieuse, trois divisions. Le prix de la première donné à Louis-Charles Lefebvre de Villers. — Rhétorique, mêmes prix. - Seconde, le prix de Version grecque a disparu. — Mathématiques, mêmes prix. — Troisième, mêmes prix. Dans cette classe apparaissent pour la première fois : avec le prix d'Excellence, Marie-Joseph-Eugène Couche (de Paris) (1), et, avec celui des Vers, Charles-Léopold Louandre. Ils se partagent d'ailleurs les meilleures nominations. Couche le prix d'Excellence, le prix de Thème, le prix de Version ; Louandre le premier accessit d'Excellence, le second accessit de Thème, le second prix de Version, le prix de Vers. En grec seulement ils ne brillent pas. Le jeune Couche, fils d'un colonel du Génie, venait de pensions étrangères à la ville ; Louandre sortait des mains de M. André Depoilly. — Quatrième, mêmes prix. — Laurent-Estève Boissonnet remporte le prix d'Excellence, de Version, de Vers, de Grec. — Cinquième, mêmes prix. — Dans cette classe paraît pour quelques accessits Charles-Henri-François Couche, frère d'Eugène et devant comme lui sortir ingénieur de l'école Polytechnique (voir le *bulletin* de l'Association amicale des anciens élèves, 1876). — Sixième, le prix de Grammaire a été remplacé par un prix de Géographie. — Septième, mêmes prix ; la Grammaire française y a pris le nom d'Analyse grammaticale. — Dans cette classe paraissent avec quelques prix ou accessits Louis de Belleval et Louis-François Warnier de Wailly. Louis de Belleval doit un jour fonder la *Revue Contemporaine*, Louis de Wailly mourir avec un très haut grade dans la marine. — Classe Élémentaire, quatre divisions ; pas de nom de maître ; des prix de Thème, d'Orthographe, d'Analyse,

(1) Dans le palmarès de 1826, né à Saint-Cyr (Seine-et-Oise).

même un prix de Langue latine. — Ecriture comme de coutume.

1824-1825. — En cette année l'abbé Ozouf est secondé par un sous-principal nommé M. Leudière (1).

Professeurs, les mêmes dans les mêmes classes que l'année précédente. Prix les mêmes.

Le palmarès de 1825 me donne parmi les lauréats : en Rhétorique, Louis-Charles Lefebvre de Villers, aujourd'hui président du Comice Agricole et de la Société d'Emulation d'Abbeville, vice-président de la Commission des musées ; en troisième, Eugène Couche et Charles Louandre ; en quatrième, Estève Boissonnet ; en cinquième, Aloph-Clément-Charles Hecquet de Roquemont, aujourd'hui conseiller honoraire de la Cour d'Amiens, le second Couche et Honoré-Amable Lefranc que je retrouverai mon professeur en quatrième ; en septième, Louis de Belleval et Louis-François Warnier de Wailly. Dans la classe élémentaire Paul-Maximilien-Boullon, notre futur collègue de la société d'Emulation, le traducteur de la *Vie d'Agricola* (Tacite) et de *Manfred* (Byron).

La distribution des prix devait être faite le 9 août, dans la cour du collège, « sous les auspices de MM. les Président et Membres du Bureau d'Administration. » — *Mémorial d'Abb.* du 30 juillet. — La pluie menaçant,

---

(1) *Grammaire française de Lhomond*, nouvelle édition corrigée et augmentée par M. Leudière, sous-principal du collège d'Abbeville. Se vend chez Grare, libraire à Abbeville. — La préface de M. Leudière est reproduite dans le *Mémorial d'Abbeville* du 11 juin 1825 où elle occupe quatre pages.

elle eut lieu dans la salle des audiences du Tribunal civil. — *Mémorial* du 13 août. — Le discours — sujet *le Travail* — fut prononcé par M. Cadet, régent de troisième. Un « exercice littéraire » devait être soutenu (1) par quelques élèves. Il ne le fut pas. Le collège « tombé, il y a quelques années, se relève. » — *Mémorial* du 13 août. — Les prix de grec ne furent pas donnés en seconde. Le professeur savait-il le grec ? Les mots ci-après d'un compte-rendu sont énigmatiques : « Dans la classe de seconde, professée par M. Ozouf, il n'y a point eu de prix de grec. Je ne sais comment m'expliquer cette lacune. Il faudrait, pour savoir quelque chose, interroger M. le professeur de seconde ou les élèves. Comme je ne saurais à qui m'adresser, je ne ferai de question à personne. » — *Journal d'Abb.* du 20 août.

1825-1826. — La rentrée eut lieu le 3 octobre ; elle fut, suivant l'usage, précédée d'une messe du Saint-Esprit dans la chapelle. — Le discours d'ouverture fut prononcé par M. Leudière, sous-principal. — *Avis du palmarès de 1825 reproduit dans le Mémorial du 1ᵉʳ octobre.*

Professeurs, les mêmes dans les mêmes classes. Les classes Élémentaires ont deux maîtres pour trois divisions, MM. Bouju et Franc.

Les prix de Sagesse sont toujours décernés par les

(1) *Soutenu* est un peu ambitieux. Le *Journal d'Abbeville* du 20 août approuve très fort la suppression. Cet *exercice* « n'est autre chose que la récitation de quelques morceaux de prose ou de vers en dialogue ou autrement, débités par de jeunes élèves qui les ont appris par cœur. Cette espèce de comédie, qui n'en est pas une, ne prouve rien pour le mérite, » etc...

suffrages des élèves, un pour les pensionnaires avec des accessits, un pour les externes avec des accessits. — Instruction religieuse, trois divisions. — Rhétorique, mêmes prix. En seconde le prix de Version grecque manque encore. — Mathématiques, mêmes prix. — En troisième la liste des prix s'allonge un peu. En 1825 les exercices de grec n'étaient rappelés que par un prix et sous un seul mot « Grec ». En 1826 nous avons un prix de Version grecque et un prix de Thème grec ; en outre un prix d'Histoire de France. M. Cadet, je me rappelle la tradition longtemps vive à Abbeville, était un professeur remarquable qui, je crois, plus tard à Paris, et sous le nom de M. Le Prévost, se fit une sorte de nom dans l'Université. Il avait élargi probablement l'enseignement dans sa classe. Laurent-Estève Boissonnet y enlève les principales nominations en 1826. — En quatrième aussi augmentation du nombre des prix. Le « Grec » de 1825 se partage en Version grecque et en Thème grec et aux anciens prix s'ajoute encore un prix d'Histoire romaine. — En cinquième même mouvement. L'augmentation profite surtout au grec. Il semble qu'en ce temps il y ait une recrudescence d'amour pour le grec. La guerre de l'indépendance hellénique et quelques-unes des *Messéniennes* sont-elles pour quelque chose dans ce bon mouvement ? En cette classe peu haute de cinquième déjà, l'unique prix donné en 1825 sous cette simple désignation « Grec » s'est quintuplé ; il est devenu prix de Thème grec, prix de Version grecque, et même prix d'Histoire grecque ; deux prix et quatre accessits pour le thème ; deux prix et quatre accessits pour la Version ; un prix et quatre accessit pour l'histoire.

> Ami, dit l'enfant grec, dit l'enfant aux yeux bleus,
> Je veux de la poudre et des balles.

En sixième, mêmes prix. En septième, mêmes aussi. L'orthographe a seulement pris ce développement : « Langue française, Orthographe et Analyse grammaticale. » Dans cette classe paraît, pour un second prix de Thème et un accessit de Version, Porphyre-Charles Labitte, né à Château-Thierry (Aisne). — Classes Elémentaires, trois divisions. — Ecriture, trois divisions.

Les dix jours qui précédèrent la distribution des prix de 1826 furent employés en examens publics des élèves, ainsi qu'en témoigne cet avis :

« Il sera procédé, dans le collège, en présence de MM. les Président et Membres du Bureau d'Administration, à un examen public, sur les langues française, latine et grecque ; sur la géographie, l'histoire et les mathématiques : lundi 7 août, pour les classes de rhétorique et seconde ; mardi 8, pour les classes de troisième et quatrième ; jeudi 10, pour les classes de cinquième et sixième ; vendredi 11, pour les classes de septième et huitième... — Le Principal du Collège, officier d. l'Université, l'Abbé Ozouf ». — *Mémorial* du 5 août.

La distribution des prix eut lieu le 16 août, dans le cour du collège, à trois heures ; le discours fut prononcé par M. Leroux, régent de cinquième. — *Palmarès* et *Mémorial*.

1826-1827. — Rentrée le 2 octobre. — Messe du Saint-Esprit. — Discours d'ouverture par le principal. — « Le cours de Mathématiques, jusqu'ici spécial aux classes de Rhéthorique et seconde, sera désormais ouvert à tous les élèves. On pourra même ne suivre que ce seul cours. Il aura lieu tous les jours à 10 heures 1/2 pour l'arithmétique et à 5 heures pour l'algèbre et la géométrie. ». — *Mémorial* du 30 septembre avant-veille de la rentrée.

Professeurs, les mêmes dans les mêmes classes ; sauf que M. Bouju fait la septième en remplacement de M. Leudière et que les classes élémentaires ont pris pour titre classe de huitième (deux divisions) en conservant pour maître M. Franc.

Mêmes prix ou à peu près : de Sagesse décernés pour les élèves ; d'Instruction religieuse (conférences sur la religion par le principal); de Rhétorique (prix partagés par Eugène Couche et Charles Louandre) ; de seconde (prix pour un grand nombre mérités par le futur général Boissonnet) ; — les Mathématiques ne figurent plus à part avec leur régent Morgand ; je vois seulement, à la suite des nominations de la seconde, un prix de Mathématique et deux accessits sans nom particulier de professeur ; — de troisième; de quatrième ; de cinquième ; de sixième; de septième. — La huitième reçoit, sous des dénominations à peu près semblables, les prix des classes Élémentaires. — Les trois divisions de l'Écriture sont récompensées comme d'ordinaire.

Distribution des prix le 10 août, toujours sous la présidence du Bureau d'Administration, dans la cour du collège, à trois heures. — Discours prononcé par M. Cherest, régent de rhétorique ; sujet : *les Charmes de l'étude.* — « Parmi les élèves qui se sont le plus distingués, on a surtout remarqué le jeune Couche, en rhétorique, et le jeune Boissonnet, en seconde. Le collège s'accroît chaque année ; avec les éléments qui le composent, il ne peut que prospérer de plus en plus. » — *Mémorial* des 4 et 11 août.

Une classe demeure ouverte pendant les vacances.

En cette année, une bien mauvaise charge est imposée à des membres de l'Université dans la Somme. Par un arrêté du 13 août, le préfet nomme censeurs des journaux et écrits périodiques publiées dans le département : pour Amiens, MM. de Finance, inspecteur de l'Académie d'Amiens, et Guinand, ancien professeur de Rhétorique au collège d'Abbeville (1) ; pour Abbeville, M. Cherest, régent de Rhétorique au collège de cette ville ; pour Montdidier, M. Clouet, ancien professeur de Rhétorique au collège de Boulogne ; pour Péronne et Doullens, des fonctionnaires des sous-préfectures. — *Mémorial* du 1er septembre.

Le collège change de principal pendant les vacances de 1827. L'abbé Ozouf devient principal du collège royal d'Amiens. Il est remplacé à Abbeville par l'abbé Bruyer. — M. Bruyer faisait alors partie du clergé d'Amiens. — *Mémorial* du 22 septembre.

---

(1) Je n'ai jamais rencontré le nom de ce professeur, qui dut certainement demeurer peu à Abbeville.

V

L'ABBÉ BRUYER
Cinquième principal.
1827-1833.

M. Bruyer fut d'abord chargé « provisoirement » de la direction du collège.

1827-1828. — M. Bruyer se présente lui-même aux parents. Il fait précéder d'une lettre circulaire le prospectus qu'il leur adresse. Il ne s'écartera en rien « de la ligne tracée » par son prédécesseur. Rien à prendre. Style de chef d'institution : « Cet établissement offre un local vaste et avantageusement situé dans le quartier le plus élevé et tout à la fois le plus isolé de la ville. Une cour quarrée, spacieuse, ombragée d'arbres, rend les Classes agréables et fournit aux élèves un espace commode pour les récréations. » — *Mémorial* du 8 septembre. — Comme ses prédécesseurs et ses successeurs jusqu'en 1877, l'abbé Bruyer était *marchand de soupe*.

Rentrée des classes le 1ᵉʳ octobre. — Messe du Saint-Esprit. — Discours du principal.

Quelques changements et mouvement dans les professeurs. M. Cherest a conservé la Rhétorique ; M. Cadet est monté de troisième en seconde ; M. Leroux, de cinquième en troisième ; M. Berton a gardé la quatrième ; M. Maillot est monté de sixième en cinquième ;

un nouveau, M. Ducastel, occupe la sixième ; un nouveau, M. Poulet, la septième ; la huitième a pour maître de sa première division M. Leclère ; de la seconde, M. Feugueur. — Les Mathématiques n'ont pas dans le palmarès de professeur titulaire. — La Géographie, bien que comprenant six divisions (1) n'a pas non plus de professeur spécial. — Les deux cours de Langue française, pas davantage. — L'Écriture conserve M. Boinet.

Prix : Instruction religieuse, conférences sur la religion par le Principal, aumônier, trois divisions, trois prix accompagnés d'accessits ; Catéchisme développé, quatre divisions, huit prix accompagnés d'accessits ; Catéchisme élémentaire, un prix et des accessits.

Rhétorique : un prix d'Excellence avant Pâques ; un prix d'Excellence après Pâques ; prix de Discours latin, de Discours français, de Version latine, de Vers latins, de Version grecque.

Seconde : prix d'Excellence avant Pâques, un autre après Pâques ; prix de Narration latine, de Narration française, de Version latine, de Vers latins, de Version grecque.

Troisième : prix d'Excellence avant Pâques et après Pâques ; prix de Thème latin, Version latine, Vers latins, Version grecque, Thème grec, Histoire de France.

Quatrième : prix d'Excellence avant et après Pâques ;

---

(1) Géographie, Cosmographie, Géographie Physique et Mathématique, trois divisions ; géographie Politique, Matérielle et Historique, trois divisions.

prix de Thème latin, Version latine, Vers latins, Version grecque, Thème grec, Histoire romaine.

Cinquième : prix d'Excellence avant et après Pâques ; prix de Thème latin, Version latine, Version grecque, Thème grec, Grammaire française, Histoire grecque.

Sixième : prix d'Excellence avant et après Pâques ; prix de Thème, Version latine, Grammaire française, Histoire sainte.

Septième : prix d'Excellence avant et après Pâques ; prix de Thème, Version latine, Grammaire française.

Huitième, dans les deux premières divisions : prix d'Excellence avant et après Pâques ; prix de Thème, Orthographe, Analyse grammaticale ; dans la troisième un prix d'orthographe.

Mathématiques, Géométrie : un prix d'Excellence et un prix de Composition ; Arithmétique un prix d'Excellence et un prix de Composition ; Arithmétique élémentaire un prix.

Géographie, Cosmographie, Géographie physique et mathématique : trois divisions, trois prix, des accessits ; Géographie Politique, Matérielle et Historique : trois divisions, trois prix, des accessits.

Langue française : deux cours ; le premier un prix ; le second deux prix ; accessits.

Ecriture, trois divisions, trois prix, accessits.

La distribution des prix a lieu, sous la présidence de MM. les Membres du Bureau d'Administration, le 11 août, à trois heures, dans la cour du collège. — Discours par le principal. « M. l'abbé Bruyer, déployant toute l'indépendance du caractère dont il est revêtu, a fait ressortir avec force la nécessité de l'instruction. Nous ne sommes plus, a-t-il dit, dans les temps où l'éclat d'un grand nom dispensait du savoir et était en quelque sorte le cachet de l'ignorance.... Les prix de la cinquième étaient à peine distribués qu'une pluie d'orage interrompit subitement la cérémonie. Les autorités voulurent d'abord persister, mais l'eau qui tombait par torrent les força de suivre enfin l'impulsion donnée par le grand nombre. La distribution fut achevée dans la chapelle du collège. » — *Mémorial* des 2 et 16 août.

Classe pendant les vacances, du 18 août au 27 septembre. — *Palmarès*.

Le *Mémorial* du 30 août publie un nouveau prospectus. Une chaire de Philosophie vient d'être créée : « Les classes jusqu'ici n'allaient pas au-delà de la Rhétorique. Un arrêté de Son Excellence le Ministre de l'Instruction publique, en date du 5 de ce mois, a autorisé l'établissement d'une chaire de Philosophie dans le collège d'Abbeville, et M. le Recteur de l'Académie d'Amiens vient de proposer au Grand Maître la nomination de M. Williot, qui s'est déjà distingué dans le même enseignement au collège de Soissons... »

« Il est bien entendu, ajoute Son Excellence, que les élèves qui feront partie du cours de Philosophie suivront en même temps ceux de Mathématiques (1).

« L'enseignement sera donc complet, et les élèves, aux termes de la lettre de M. le recteur, sous la date du

(1) Le collège n'avait pas encore de professeur spécial de Mathématiques, mais le journal complète le prospectus par ces

25 juin dernier, pourront dorénavant, sans fréquenter d'autres écoles, être admis à l'examen pour le Baccalauréat, etc. »

1828-1829. — Rentrée des classes le 1er octobre. — Messe du Saint-Esprit dans la chapelle du collège. — Discours d'usage prononcé par M. Maillot, régent de cinquième. — *Palmarès*. — La rentrée fut quelque peu retardée. Le *Mémorial* du 4 octobre l'annonce pour le 6.

« On lit dans *le Lycée*, journal de l'instruction publique : M. Bruyer, chargé provisoirement de la direction du collège d'Abbeville, vient d'être nommé titulaire de cette place. » — *Mémorial* du 14 février 1829.

Professeurs. — Le palmarès nous montre M. Williot régent de la classe de Philosophie nouvellement créée. Trois prix sont donnés dans cette classe, un prix d'Excellence, un prix de Dissertation latine, un prix de Dissertation française.

Une nouvelle classe paraît aussi sous le nom de Physique et Mathématiques, régent M. Thiénot, chevalier de la Légion d'Honneur et de Saint-Louis. — Quatre prix.

Quelques changements à noter parmi les autres professeurs. La troisième est occupée par M. de Finance, remplaçant M. Leroux. — En sixième, M. Ducastel est remplacé par M. Delacourt. — Dans la seconde division de la huitième, M. Deveze a remplacé M. Feugueur.

mots : « l'autorité a étendu plus loin sa sollicitude..........Appréciant le besoin des sciences mathématiques, elle s'occupe en ce moment du choix d'un professeur tiré de l'*École préparatoire*....»

Prix : — Le prix de Sagesse a disparu. — L'Instruction religieuse a conservé ses prix. — La classe de Philosophie en reçoit trois : un prix d'Excellence, un prix de Dissertation latine, un prix de Dissertation française. — La classe dite de Physique et Mathématiques en reçoit quatre, ainsi : Physique et Mathématiques, (première division, géométrie et algèbre) un prix ; (seconde division arithmétique et algèbre) un prix d'Excellence et un prix de Composition. — En Rhétorique un prix d'Histoire s'ajoute aux prix anciens. — En seconde, en troisième, des prix d'Histoire s'ajoutent également aux anciens prix. — En quatrième, un prix de Grammaire générale a été créé et le prix d'Histoire romaine est qualifié seulement prix d'Histoire. — En cinquième le prix d'Histoire grecque n'est plus aussi que prix d'Histoire. — En sixième un prix de Géographie remplace celui d'Histoire sainte. — En septième, en huitième, mêmes prix.

Le cours de Géographie est maintenant distribué ainsi : Géographie ancienne, trois divisions ; Géographie moderne quatre divisions. Pas plus de nom de régent que par le passé. Il est probable que ce cours était professé divisément dans les classes mêmes par les différents titulaires des classes et que les divisions correspondent aux différentes classes. Sept prix et des accessits sont répartis dans ces divisions.

Le cours de Langue française (nous l'avons déjà rencontré l'année dernière) porte, suivant les prix donnés, sur l'Orthographe, l'Histoire et la Mythologie, l'Aritmétique. C'est un premier pas vers l'enseignement Spécial.

La distribution des prix est contrariée le 10 août par le mauvais temps. « Forcé d'abandonner à la hâte les préparatifs commencés dans la cour du collège, M. le principal n'a pu mieux faire que de convoquer les Autorités et les Parens à l'église de Saint-Gilles, où, de suite, s'est portée, malgré la pluie, une réunion aussi brillante que nombreuse... » Discours de M. Williot, régent de Philosophie. Texte : *Les Avantages de la philosophie.* — *Mémorial* du 15 août.

Une classe demeure ouverte pendant les vacances.

1829-1830. — La rentrée, le lundi 5 octobre, est précédée de la messe du Saint-Esprit et d'un discours prononcé par M. Delacourt, régent de sixième.

Tous les professeurs sont ceux de l'année dernière, sauf dans les petites classes. M. Leclère remplace, en septième, M. Poulet parti, M. Devèze le remplace dans la première division de la huitième, M. Manassès étant chargé de la seconde. — Le cours de Langue française a reçu un maître titulaire, M. Ternisien.

Les prix seront ceux de l'année précédente. Seulement, à partir de la troisième, en descendant, ils seront dédoublés en premiers et seconds prix. — Le cours de Langue française a pris encore du développement. Divisé, il aura pour la première de ses divisions des prix de Narration française, d'Orthographe, d'Histoire et de Mythologie, d'Arithmétique, et, pour la seconde, des prix d'Orthographe, d'Analyse, d'Arithmétique.

Un acte du principal reçoit quelques mots d'approbation dans le *Mémorial* du 15 janvier. M. Bruyer a appris que les élèves se proposent de lui faire un cadeau de fête. Il a manifesté le désir de toucher en argent la valeur des mises, 200 francs ; et la somme, « du consentement et aux cris de joie des élèves et des professeurs, a été envoyée, en parts égales, aux quatre paroisses de la ville, pour être distribuée aux pauvres. »

La révolution changera peu d'abord au régime du collège. M. Bruyer demeurera principal plusieurs années encore. La messe du Saint-Esprit seulement, au lieu d'être dite dans la chapelle de la maison, le sera dans celle de l'Hôpital (1830), ensuite dans l'église paroissiale du collège même, Saint-Gilles. L'assistance n'y est pas ou plus obligatoire, du moins pour les externes. Le discours d'ouverture est supprimé au grand profit des professeurs dispensés de perdre beaucoup de temps à rajeunir mal des banalités. Serait-il sans avantage pour leurs successeurs que l'on convînt de restreindre les discours dit « de Distribution des prix » aux limites d'un toast ? En toute solennité on peut dire bien en dix lignes ce que l'on gâte en deux ou trois cents. Et le temps est mesuré à tous pour apprendre, pour travailler.

L'esprit même de l'enseignement varia peu après les triomphes politiques et libéraux de juillet. Jusqu'en 1834 et en 1835, l'Histoire en sixième et en cinquième, et sous un nouveau principal, était apprise dans les petits livres du Père Loriquet. J'ai gardé, avec presque tous mes livres d'études, l'*Histoire ancienne des Egyptiens, des Assyriens, des Mèdes et des Perses, des Carthaginois*. Les invectives du Père contre Sardanapale m'ont donné, dès la cinquième, un faible pour ce roi, et, dès que, jeune encore, j'eus entre les mains un Byron, je courus à son *Sardanapale*. Voilà pourquoi encore, quand je vais à Londres, je me pose longuement devant les bas-reliefs qui représentent les actes d'Ashurbanipal. Les parents, fort heureusement pour le monde, n'ont pas trop à espérer ou à craindre des opinions que l'on tente de suggérer à leurs enfants dans les établissements scolaires de l'antagonisme le plus déclaré.

La distribution des prix eut lieu le 16 août à trois heures, dans la cour du collège, sous la présidence du Bureau d'Administration. Le discours fut prononcé par M. Thiénot, capitaine en retraite, régent de Mathématiques, chevalier de Saint-Louis et de la Légion d'Honneur. Ce discours fut imprimé et vendu au profit des victimes du 27, 28 et 29 juillet, chez Madame Boulanger-Vion et chez tous les libraires. — *Mémorial* des 8 et 21 août. — Je n'ai pu me procurer ce discours.

Classe ouverte pendant les vacances du 23 août au 9 octobre.

1830-1831. — Rentrée des classes le 18 octobre. — Messe du Saint-Esprit dans la chapelle de l'Hôpital. Court programme des études : « Outre l'enseignement des langues latine et grecque, et des hautes sciences, telles que la philosophie, la physique et les mathématiques, on s'occupera cette année plus que jamais des connaissances nécessaires aux élèves, qui, sans vouloir suivre les cours ordinaires de latinité, désirent se livrer à l'étude des langues vivantes, et apprendre tout ce qui constitue la science du commerce. — Le Principal du Collège, l'abbé Bruyer. » — *Mémorial* et *Journal d'Abbeville* du 16 octobre.

La chapelle reçoit ou va recevoir quelques instruments de physique et devient salle de cours.

Les professeurs sont les mêmes, sauf dans les petites classes. M. Leclère est monté de la septième dans la sixième où il restera désormais. Il est remplacé par M. Darviller (nouveau). — Un maître nouveau, M. Renault, occupe la huitième, et un nouveau aussi, M. Carlet, est chargé des deux divisions de Langue française.

Les prix d'instruction religieuse ont disparu (1). En Philosophie deux prix seulement, un prix d'Excellence et le prix de Dissertation française. — En rhétorique même prix, moins celui d'Excellence. — La classe de Physique et de Mathématiques a pris le nom de Mathématiques préparatoires; deux divisions avec chacune deux prix. — En seconde mêmes prix, moins celui d'Excellence; un prix d'Histoire a été ajouté. — En troisième le prix de Narration française a été supprimé; le prix d'Excellence est donné, mais donné après tous les autres; Dans cette classe Charles Labitte a le prix de Version latine, le prix de Vers latins, le prix d'His-

(1) L'instruction religieuse continua à être donnée par le principal d'abord et un peu après par un vicaire des paroisses de la ville; longtemps sous M. Cherest, par M. Poiré, vicaire de Saint-Vulfran; depuis par les curés ou les vicaires de Saint-Gilles. Le régime différait peu de celui de maintenant. L'assistance aux conférences n'était obligatoire que pour les internes, excepté pour les jeunes protestants qui étaient rares, et le plus souvent anglais, ou sauf avis contraire des parents, ce qui ne se produisait pas.

toire et le prix d'Excellence. — En quatrième le prix de Grammaire générale a disparu. Comme dans les autres classes le prix d'Excellence est donné le dernier. — En cinquième le prix de Grammaire française est supprimé. Dans cette classe paraît, avec cinq prix, Pierre-Alphonse Marchandise, de Paris, qui, dans une des années qui suivront, doit mourir, emporté par la Somme, et, si je ne me trompe, être déposé au cimetière de la porte du Bois sous quatre vers de Charles Labitte. — Dans les classes au-dessous, mêmes prix. — Dans le Cours spécial de Géographie, sept divisions en deux cours, sept prix. — Le cours de Langue française conserve ses divisions et ses prix.

La distribution a lieu le 10 août.

Classe pendant les vacances.

1831-1832. — Rentrée le lundi 3 octobre après la messe du Saint-Esprit.

Le principal annonce en octobre qu'une salle de répétition est offerte aux élèves externes des classes Elémentaires jusqu'à la cinquième. Ces élèves travailleront sous la surveillance et la direction de M. Leclère, régent de sixième. Prix de la répétition 80 francs par an, y compris le temps des vacances. — *Journal d'Abbeville* du 15 octobre.

Mouvement des professeurs. — M. Choffel (nouveau) remplace M. Thiénot pour l'enseignement des Mathématiques. — M. Cadet est parti ; M. de Finance le remplace dans la seconde. — M. Berton monte en troisième. — M. Maillot monte en quatrième. — M. Hocquet (nouveau) occupe la cinquième. — M. Hecquet (aussi nouveau) la septième. — M. Darviller, descendu, remplace M. Renoult dans la huitième dont la seconde division a pour maître M. Duneugermain. — Pas de professeur indiqué pour le Cours spécial de Géographie. — Le nom du successeur de M. Carlet pour le cours Langue française ne paraît pas non plus.

Prix. — Le prix d'Excellence est rétabli pour la Philosophie. Il sera obtenu, ainsi que les deux prix de Disssertation, par Constant Thuillier (d'Oisemont) le futur fonctionnaire important de l'Empire. — Le cours de Mathématiques, divisé en trois années, reçoit trois prix (1). — En rhétorique, prix d'Excellence rétabli. — En seconde mêmes prix que par le passé, plus un prix de Thème latin (qui semble bien faire un peu double emploi avec celui de Narration latine). — Troisième et quatrième, mêmes prix. — Cinquième, les mêmes, plus un prix de Grammaire française. — Sixième, septième, et huitième, mêmes prix. — Le Cours spécial de Géographie divisé en deux, le premier cours s'adressant aux élèves de Rhétorique, de seconde et de troisième, et le second cours aux élèves de quatrième, de cinquième, de sixième et à ceux du Cours de Français ; un prix par classe, soit sept. — Langue Française, mêmes prix. — Ecriture de même.

La distribution eut lieu le 13 août, à trois heures, dans la cour du collège, sous la présidence du Bureau d'Administration. Le discours fut prononcé par M. Maillot, régent de quatrième. — *Mémorial* du 4 août.

(1) Je n'ai jamais mentionné et ne mentionne pas les accessits qui accompagnent toujours les prix.

1832-1833. — Rentrée le 8 octobre. — Messe du Saint-Esprit sans lieu indiqué. — Les élèves passeront les huit premiers jours de l'année scolaire dans la classe à laquelle ils ont appartenu et n'entreront dans le cours supérieur qu'après avoir subi les examens nécessaires pour prouver qu'ils peuvent y être admis (1). — *Palmarès* et *Mémorial* du 6 octobre.

Mouvement parmi les professeurs. — M. Berton est monté de troisième en seconde où il remplace M. de Finance qui a quitté le collège. — M. David (nouveau) occupe la classe de troisième. — M. Renoult, de retour, fait la septième en remplacement de M. Hecquet parti. — La seconde division de la huitième a pour maître M. Comble. — Le cours de Langue Française est professé par M. Gaillard (nouveau).

Prix. — Philosophie, les mêmes. — Le cours de Mathématiques, Physique et Histoire naturelle est maintenant divisé en trois années, savoir : pour les Mathématiques un prix d'Excellence et un prix de Composition pour chaque année ; pour la Physique, étudiée en deux années seulement, un prix de Composition pour chaque année ; pour l'Histoire naturelle un seul prix. — Rhétorique, les mêmes, plus un prix d'Histoire. — Seconde, les mêmes, plus un prix de Thème latin et un prix d'Histoire. — Troisième, quatrième et cinquième, mêmes prix. — En sixième le prix d'Histoire a disparu. — Septième, huitième, à peu près les mêmes prix. — Cours spécial de Géographie, divisions et prix de l'année

(1) Cette remarque est faite pour la première fois. La pratique est probablement plus vieille.

précédente. — Cours de Langue Française, deux divisions ; dans la première, prix de Narration française, Grammaire française, Histoire et Mythologie, Histoire naturelle ; dans la seconde, prix d'Orthographe, d'Analyse grammaticale, d'Arithmétique élémentaire, d'Histoire et Mythologie. — Ecriture comme toujours.

Par arrêté ministériel du 15 février 1833, le principal l'abbé Bruyer, licencié-ès-lettres, est nommé officier de l'Université. — *Journal d'Abb.* du 23 février.

La distribution des prix a lieu le ... août. — Charles Labitte a en rhétorique les prix de Discours latin, de Discours français et de Version grecque.

Classe ouverte pendant les vacances du 19 août au 1er octobre.

1833-1834. — Rentrée le 7 octobre. Messe du Saint-Esprit. — Les élèves passent huit jours dans leurs anciennes classes et subissent un examen avant de monter dans les classes supérieures.

Mouvement des professeurs. — Philosophie, M. Maurial (1) a remplacé M. Williot. — Mathématiques et Physique, M. Charbonnier a remplacé M. Choffel. — M. Maillot est monté de quatrième en troisième, rem-

---

(1) Je ne sais si ce professeur de philosophie M. Maurial est le philosophe qui publia en 1856 et 1857 les ouvrages suivants dont le premier est évidemment une thèse :

Origenis de libertate arbitrii doctrina, Monspelii, 1856, 1 vol. in-8° ;

Le Scepticisme combattu dans ses principes, analyse et discussion des principes du Scepticisme de Kant avec supplément, Paris, 1857, 2 vol. in-8°.

Le premier volume de ce dernier ouvrage avait paru la même année, si je ne me trompe, chez Durand.

plaçant M. David. — M. Lefranc occupe la quatrième en remplacement de M. Maillot (1). — M. Rousselle la cinquième en remplacement de M. Hocquet (2). — M. Dequen la septième en remplacement de M. Renoult. — La huitième a pour maître M. Bucaille. — Au-dessous de la huitième se trouve maintenant une classe élémentaire dont le maître est M Larivière, et un cours de Langue anglaise a été créé dont le maître est M. Morgand.

Les prix sont à peu près les mêmes. Je ne les relèverai plus désormais que par périodes décennales.

Le principal, M. l'abbé Bruyer, disparut tout à coup du collège. Il avait été attaqué dans sa vie privée par « une pluie de lettres anonymes, » de placards, d'inscriptions murales. Sa défense contre des accusations insaisissables fut vigoureusement présentée dans deux articles du *Journal d'Abbeville* du 14 et du 21 décembre (1833) ; mais il avait déjà donné sa démission et déjà elle était acceptée. Les articles dont les auteurs sont différents, paraît-il, dénoncent l'envie et des inimitiés, des haines, des machinations contre M. Bruyer. « A cette catastrophe épouvantable (les lettres anonymes, etc), lit-on dans le second article, M. Bruyer s'émeut,

---

(1) M. Lefranc occupa cette classe après un M. Thomas : « Par arrêté ministériel du 22 septembre, lit-on dans le *Journal d'Abbeville* du 5 octobre, sont nommés provisoirement régent de quatrième au collège d'Abbeville M. Thomas, suppléant de sixième au collège royal d'Amiens et régent de cinquième M. Roussel, régent de la même classe à Péronne. »

(2) Les élèves ne manquèrent pas la plaisanterie facile : Nous avons perdu le Père Hocquet, mais nous avons Cadet Rousselle.

à demi consterné; il s'ébranle, et, au lieu de tenir tête à l'orage et d'attendre l'honneur d'une destitution telle quelle, faisant le plus beau jeu à ses cruels ennemis, il va lui-même proposer sa démission, qui, on voudrait pouvoir se dispenser de l'exprimer, est trop légèrement acceptée, puisqu'elle est admise sans vérification des faits; même sans simple enquête. » — L'auteur a rappelé plus haut tout ce que M. Bruyer a fait pour le collège redevenu prospère sous son administration. — *Journal du 21 décembre.*

VI

M. PIERRE-OMER-JEAN CHEREST

Sixième principal.

1833-1850.

M. Cherest, ancien élève de l'Ecole Normale, licencié en droit, licencié ès lettres, professeur de rhétorique au collège depuis 1818, officier de l'Université depuis deux ans, succède à l'abbé Bruyer dans la direction du collège.

La distribution des prix eut lieu le 12 août.

Une classe ouverte pendant les vacances du 19 août au 1er octobre.

1834-1825. — Rentrée le 6 octobre.

Mouvement parmi les professeurs. — M. Marchand succède à M. Charbonnier dans la classe de Mathématiques et de Physique, — M. Fauvelle succède à M. Dequen dans la classe de septième. Un cours créé de

Dessin a pour maître M. Leroy. — Plus de cours d'Anglais.

La distribution des prix a lieu le 10 août.

Classe des vacances du 18 août au 1er octobre.

1835-1836. — Rentrée le lundi 5 octobre. — Messe du Saint-Esprit. — Les élèves passent les huit premiers jours dans leur classe ancienne et ne montent dans la classe supérieur qu'après un examen.

Mouvement des professeurs : M. Dequen, de retour, remplace M. Rousselle dans la cinquième. — M. Mestre remplace M. Fauvelle dans la septième qui a deux divisions, la huitième n'existant plus. — La première division du Cours de Français a pour professeurs MM. Cherest, Marchand et Bailly ; la seconde division pour maître M. Bailly. — Le cours d'Anglais rétabli a pour professeur M. Berton. — Une classe élémentaire a pour maître M. Hautbout.

Il faut noter la bonne impulsion donnée aux sciences par M. Marchand. Les cours sont ainsi divisés : Algèbre et Géométrie ; Physique, Histoire naturelle et Cosmographie ; Histoire naturelle et Physique ; Arithmétique et Dessin linéaire.

Distribution des prix le 13 août.

Classe des vacances du 22 août au 26 septembre.

1836-1837. — Rentrée le 3 octobre. — Conditions ordinaires pour monter dans les classes.

Mouvement des professeurs. — Dans la classe de Mathématiques, etc., M. Brion remplace M. Marchand. — Dans la classe de septième M. Schmeltz remplace M. Mestre. — La classe de huitième est rétablie avec

M. Hautbout pour maître. — Le Cours de Français est professé par MM. Cherest, Hérelle et Brion. — La classe élémentaire a pour maître M. Hérelle.

« Le 16 août, dit le *palmarès* qui reprend en la modifiant une vieille formule, en présence des Autorités constituées, de Messieurs les Président et Membres du Bureau d'Administration du Collège, les Prix et Accessits ont été décernés aux Élèves dans l'ordre suivant, » etc.

Classe ouverte pendant les vacances du 22 août au 25 septembre.

1837-1838. — Rentrée le 2 octobre. — Messe, etc.

Mouvement des professeurs. — M. Vion remplace M. Maurial dans la classe de Philosophie. — Le Cours de Français est professé par MM. Cherest, Dufresne et Brion.

La distribution des prix a lieu le 20 août, sous la présidence de M. le Recteur, en présence des Autorités, etc.

Classe pendant les vacances du 3 septembre au 1er octobre.

1838-1839. — Rentrée le 8 octobre après messe etc.

Par ordre du ministre de l'Instruction publique les examens destinés à constater la force des élèves ont été subis par eux avant la clôture des classes. Ceux qui ont été reconnus capables de monter entrent le 8 dans les cours supérieurs et composent dès le lendemain pour le prix d'Excellence.

Mouvement des professeurs. — M. Dequen remplace dans la troisième M. Maillot qui quitte le collège. — Il est lui-même remplacé dans la cinquième par M. Levasseur. — La huitième a pour maître M. Bréhon. — Le Cours de Français est professé par MM. Cherest, Brion et Croutelle. — Le cours de Dessin a pour maître M. Masquelier. — Le cours d'Anglais a disparu.

Le cours spécial de Géographie, toujours sans professeur indiqué (1), est divisé en quatre séries : I Rhétorique et Seconde ; II Troisième et Quatrième ; III Cinquième et Sixième ; IV Cours de Français.

La distribution des prix a lieu le 19 août.

Classe des vacances du 26 août au 30 septembre.

1839-1840. — Rentrée le 7 octobre. Les élèves montent comme l'année précédente en raison des examens passés avant la distribution des prix.

Pas de changement parmi les professeurs. Le Cours d'Anglais reparait avec M. Berton. — Dans les très petites classes la huitième a reçu pour maître M. Gelhausen ; la classe élémentaire M. Séqueval.

La distribution des prix a lieu le 17 août.

L'enseignement des Mathématiques et de la Physique est alors ainsi réparti :

Aux élèves de Philosophie : la Physique, la Chimie, la Cosmographie ;

Aux élèves de Rhétorique : la Physique, la Chimie ;

Aux élèves de Philosophie et de Rhétorique : la Géométrie ;

Aux élèves de Seconde : l'Algèbre ;

Aux élèves de Rhétorique formant une première

(1) Ce professeur était le principal, M. Cherest.

division, et aux élèves de troisième et du premier Cours de Français formant ensemble une seconde division : l'Arithmétique, le Dessin linéaire et la Tenue des livres.

Le Cours de Dessin artistique ou d'imitation, sous la remarquable direction de M. Masquelier est divisé en deux sections : Têtes ; Paysages.

Dans la classe de cinquième paraît Anatole Courbet, le futur amiral, avec le premier prix de Thème latin, le second prix de Version latine et le second prix de Version grecque.

Classe ouverte pendant les vacances.

1840-1841. — Rentrée le 5 octobre, messe, etc. (1).

Changement dans les professeurs. — M. de Malbec (que l'*Almanach d'Abbeville* nomme M. Laveyssière de Malbec) occupe la cinquième. — M. Porion la septième. — M. Delahaye la huitième. — La classe élémentaire est faite par M. Puille.

La distribution a lieu le 19 août, en présence des Autorités, etc.

Anatole Courbet a le prix d'excellence en quatrième avec cette note : « L'élève Courbet est monté de quatrième en troisième à Pâques. » Il eut encore en troisième le prix de Version Latine et trois premiers accessits, de Thème latin, de Vers latins et de Version grecque.

Les lettres n'appauvrissent aucune qualité. Les vers latins de 1841 n'ont pas nui à la prise de Son-Tay et le travail de la version grecque a facilité celui de la rivière

---

(1) Je ne ferai plus mention de cette messe de règle.

Min. Le collège d'Abbeville réclame autant de part que l'École Polytechnique dans la valeur de l'amiral. Le grand Condé lui-même était plus fort en prosodie latine qu'en formules mathématiques. Il n'eut qu'un seul jour et une seule parole de vraie insolence : « Où donc Corneille a-t-il appris l'art de la guerre ? » Rien de plus faux historiquement que ces vers dont le ton me ravissait au collège, sans me pousser aux polynômes :

> A genoux, à genoux, au milieu de la classe
>   L'enfant mutin
> Dont le cœur est de feu pour l'algèbre, et de glace
>   Pour le latin !

Le général Bonaparte n'eut sans doute pu traduire Virgile, mais son génie tenait bien autant de l'ode de Pindare que du carré de Pythagore.

Frédéric II était plus lettré que géomètre ; etc.

Classe des vacances du 30 août au 27 septembre.

1841-1842. — Rentrée le 4 octobre. Changement parmi les professeurs. — M. Croutelle remplace dans la septième M. Porion. — M. Brehon remplace M. Delahaye dans la huitième. — La classe élémentaire a pour maître M. Guérard. — La classe de Français a pour professeurs MM. Cherest, Brion et Cailleret.

Les divisions et surtout les qualifications de ce cours ont un peu changé. Le Palmarès me donne : Classe de Français : RHÉTORIQUE FRANÇAISE. Narration. — Histoire. — *Premier Cours* : Grammaire française, Analyse logique, Style, Mythologie. — *Second Cours:*

Grammaire française, Analyse grammaticale, Histoire et Mythologie, Arithmétique.

La distribution des prix a lieu le 16 août.

Anatole Courbet reçoit en seconde le premier accessit d'Excellence, le prix de Thème latin, le premier accessit de Version grecque, le premier accessit de Vers latins. Il n'est pas même nommé dans les cours de sciences mathématiques et physiques.

Classe pendant les vacances.

1842-1843. — Rentrée le lundi 3 octobre.

Mouvement des professeurs. — La Rhétorique est professée par M. Maurice. — M. Delahaye remplace M. Cailleret dans la classe de Français.

J'essaierai, ai-je dit, de faire tous les dix ans, le relevé des prix donnés parce que ces prix indiquent la distribution des études. Je trouve en 1843 :

Philosophie : Excellence, Dissertation française, Dissertation latine.

Sciences mathématiques et Physiques. — Pour les élèves de Philosophie : Excellence, prix de Compositions, Géométrie, Cosmographie, Arithmétique, Algèbre. — Pour les élèves de Rhétorique et de Seconde : Conférences de géométrie, Conférence d'arithmétique. — Pour les élèves de Troisième et de Réthorique française : prix de Compositions. — Pour les élèves de quatrième et du premier cours de Français, un prix.

Rhétorique : Excellence. Discours latin, Discours français, Version latine, Version grecque, Vers latins, Histoire, Récitation.

Seconde : Excellence, Thème latin, Version latine,

Version grecque, Vers latins, Histoire, Récitation.

Troisième : Excellence, Thème latin, Version latine, Vers latins, Version grecque, Histoire, Récitation.

Quatrième : Excellence, Thème latin, Version latine, Vers latins, Version grecque, Histoire, Récitation.

Cinquième : Excellence, Thème latin, Version latine, Version grecque, Grammaire française, Histoire, Récitation.

Sixième : Excellence, Thème latin, Version latine, Grammaire française, Histoire, Récitation.

Septième : Excellence, Thème latin, Version latine, Grammaire française et anglaise, Histoire et Géographie, Arithmétique.

Huitième : Excellence, Thème et Version, Orthographe, Analyse, Arithmétique, Géographie.

Classes de Français : Rhétorique française : Narration, Histoire. — Premier cours : Excellence, Grammaire française, Analyse logique, Style, Histoire et Mythologie. — Second cours : Excellence, Grammaire française, Analyse grammaticale, Histoire et Mythologie, Arithmétique.

Cours spécial de Géographie : Rhétorique et seconde : un prix ; — troisième et quatrième : un prix ; — cinquième et sixième : un prix.

Cours d'Anglais, prix.

Cours de Dessin, Figures, Paysages.

Cours d'Ecriture, trois divisions.

Classe élémentaire : Excellence, Progrès en lecture et en écriture, Orthographe et Analyse, Arithmétique, Géographie.

La distribution des prix a lieu le 16 août.

Anatole Courbet est alors en Rhétorique. Il y est nommé pour plusieurs accessits, mais nullement dans les classes de sciences. Les défenseurs des études classiques seront heureux de ces constatations, estimant que c'est par les lettres qu'on fait les vrais philosophes, les vrais hommes d'État, les vrais soldats, les vrais conquérants, les vrais fondateurs.

Pas de classe pendant les vacances.

1843-1844. — Rentrée le lundi 2 octobre.

Mouvement des professeurs. — L'aumônier instructeur est alors M. de Raismes, curé de Saint-Gilles. — En Rhétorique M. Bonamy a succédé à M. Maurice. — En troisième M. de Malbec succède à M. Dequen. — En quatrième M. Duprez succède à M. Lefranc. — En cinquième M. Hérelle (1) succède à M. de Malbec. — M. Dumesnil (nouveau) occupe la huitième. — Dans les classes de Français MM. Cherest, Brion, Hérelle, Delahaye.

La distribution des prix a lieu le 13 août.

Le futur amiral Courbet est en philosophie. Il paraît s'être retourné tout à coup vers les sciences. Il n'obtient qu'un accessit de Dissertation latine, mais il a mérité dans le cours des Sciences mathématiques et physiques un prix et trois accessits.

Classe pendant les vacances.

---

(1) Je n'ose trop avancer que ce professeur M. Hérelle, qui ne demeura qu'un an à Abbeville, soit l'auteur d'une *Histoire du collège de Vitry-le-François*, 1567-1850, augmentée de *Documents inédits*, 1877.

1844-1845. — Rentrée le jeudi 3 octobre.

Mouvement des professeurs. — Philosophie, M. Carbon succède à M. Vion. — Sciences mathématiques et physiques, M. Bécart succède à M. Brion. — En cinquième M. Dobremer (nouveau) succède à M. Hérelle. — En huitième M. Delahaye succède à M. Dumesnil. — Les classes de Français ont maintenant pour professeurs MM. Cherest, Bécart, et Vergelet. — La classe élémentaire a pour maître M. Doyen.

Le cours spécial n'est plus divisé qu'en deux sections; la première composée des élèves de rhétorique, de seconde et du cours de Français ; la seconde des élèves de troisième, quatrième, cinquième et sixième.

La distribution des prix a lieu le 13 août.

Il n'est plus question de classe pendant les vacances.

1845-1846. — Rentrée le lundi 6 octobre.

Mouvement des professeurs. — M. Dobremer remplace M. de Malbec dans la troisième. — M. Leconte occupe la cinquième. — Dans les classes de Français M. Goubet remplace M. Vergelet. — La classe élémentaire a pour maître M. Ricard.

Distribution des prix le 13 août.

La classe des vacances paraît définitivement supprimée.

1846-1847. — Rentrée le lundi 5 octobre.

Les élèves qui ont déjà fait leurs preuves par leurs succès ou par leur application montent immédiatement ; les autres doivent subir un nouvel examen.

Changements peu importants parmi les professeurs. — M. Ricard remplace M. Goubet dans les classes de

Français. — La classe élémentaire a deux maîtres MM. Delahaye et Dutilloy. — Le cours de Dessin a perdu comme professeur l'excellent graveur M. Masquelier qui s'est retiré à Paris, mais va recevoir l'excellent enseignement d'un peintre de sens suggestif et critique très expérimenté, M. Jules Caudron, dont les œuvres figureront souvent dans les expositions d'art au temps des jurys sévères.

La distribution des prix a lieu le 12 août.

1847-1848. — Rentrée le 4 octobre.

Mouvement des professeurs. — Dans la classe des Sciences mathématiques et physiques, M. Decharmes succède à M. Bécart. — M. Leconte monte de cinquième en quatrième, remplaçant M. Duprez. — M. Cruel (nouveau) le remplace en cinquième. — M. Decharmes remplace M. Bécart dans les classes de Français. — La classe élémentaire a deux nouveaux maîtres, MM. Gilles et Sannier.

La distribution des prix a lieu le 10 août.

En tête du palmarès :

RÉPUBLIQUE FRANÇAISE

Le reste comme le passé.

1848-1849. — Rentrée le 2 octobre et réouverture des classes le lendemain immédiatement après la messe du Saint-Esprit.

Mouvement des professeurs. — Rhétorique, M. Macron, remplaçant M. Bonamy. — Septième, M Gilles, remplaçant M. Sannier. — Classe élémentaire, M. André, remplaçant M. Sannier.

La distribution a lieu le 13 août.

1849-1850. — Rentrée le lundi 8 octobre ; Réouverture des classes le lendemain après la messe du Saint-Esprit.

Mouvement des professeurs. — Rhétorique, M. Deschamps, suppléant M. Macron. — Huitième, M. Cappronnier, remplaçant M. Gilles. — Classes de Français, M. Boucher, remplaçant M. Ricard. — Classe élémentaire, M. Delaporte.

La distribution des prix a lieu le 12 août.

VII

M. FAROCHON
Septième principal.
1850-1852.

1850-1851. — Rentrée le lundi 7 octobre ; réouverture des classes le 8.

M. Farochon, licencié ès lettres, officier de l'Université, a succédé comme principal à M. Cherest.

Mouvement des professeurs. — Le régent de Rhétorique est maintenant M. Payelle. — Le maître de Huitième, M. Bonvoisin. — Les classes de Français sont confiées à M. Lefebvre, breveté du degré supérieur (1). — M. Lefebvre a succédé à M. Boinet dans le cours d'Écriture (2).

---

(1) Il est probable que les autres professeurs sont MM. Farochon et Decharmes.
(2) Je n'ai pu rencontrer un palmarès de cette année ; je tire ces renseignements d'un *Almanach d'Abbeville*.

La distribution des prix a lieu le .. août.

1851-1852. — Rentrée le .. octobre.

Mouvement des professeurs. — M. Berton ayant pris sa retraite, M. Dobremer devient régent de seconde. — M. Leconte devient régent de troisième. — M. Cruel devient régent de quatrième. — M. Croutelle devient régent de cinquième. — M. Lemeilleur (nouveau) a été nommé régent de septième. — M. Cordier, breveté du degré supérieur, remplace M. Lefebvre dans les classes de Français. — Le même M. Cordier est commis au cours d'Ecriture. — Les classes de Français divisées en trois cours comptent ainsi pour régents MM. Farochon, Decharmes, Payelle et Cordier, et le palmarès donne encore comme maître du troisième cours M. Riboullot. — Le cours d'Anglais est fait par M. Cruel.

La distribution des prix a lieu le 11 août.

VIII

M. GALTIER

Huitième principal.

1852-1869.

1852-1853. — Rentrée le lundi 4 octobre; réouverture des classes le lendemain, immédiatement après la messe du Saint-Esprit dite à huit heures du matin dans la chapelle du collège qui a été rendue au culte.

M. Galtier a succédé comme principal à M. Farochon. Il était ancien professeur de rhétorique au lycée de

Saint-Louis, officier de l'Académie de Paris, officier de l'Université.

Mouvement des professeurs. — Instruction religieuse. Le nom de l'aumônier n'est pas donné. L'aumônier instructeur était l'année précédente M. de Raismes, curé de Saint-Gilles. — Logique, M. Galtier. Logique est devenue le nom de la Philosophie sous l'Empire. — Mathématiques, M. Sueur, succédant à M. Decharmes. — Sixième, M. Lemeilleur, succédant à M. Leclère. — Septième, M. Bazot, succédant à M. Lemeilleur. — Huitième, M. Delaporte monté de la classe élémentaire. — La classe élémentaire a disparu. — La classe de Français a pour unique régent M. Paris. — Le cours d'Ecriture, qui existe cependant, n'a pas de titulaire.

Prix. — Instruction religieuse, deux cours dont chacun a deux prix. — Logique : Excellence, Dissertation française, Dissertation latine. — Mathématiques : Excellence, Physique et Chimie, Géométrie et Algèbre, trois prix en tout. — Rhétorique : Excellence, Discours latin, Discours français, Version latine, Version grecque, Vers latins, Histoire et Géographie, Récitation, Géométrie et Algèbre. — Seconde, Excellence, Thème latin, Version latine, Version grecque, Thème grec, Narration, Récitation, Géométrie et Algèbre. — Troisième : Excellence, Thème latin, Narration française, Version latine, Version grecque, Thème grec, Vers latins, Histoire et Géographie, Récitation, Géométrie et Algèbre. — Quatrième : Excellence, Thème latin, Version latine, Version grecque, Vers latins, Grammaire française et Analyse, Histoire et Géographie, Récitation, Arithmétique. — Cinquième : Excellence, Thème latin, Version latine, Version grecque, Grammaire française et Analyse, Histoire et Géographie, Récitation, Arithmétique. — Sixième : Excellence, Thème latin, Version latine, Grammaire française et Analyse, Histoire et Géographie, Récitation, Arithmétique. — Septième, deux divisions recevant chacune les mêmes prix sous les dénominations suivantes : Excellence, Thème latin, Version latine, Grammaire française, Histoire et Géographie, Récitation, Arithmétique. — Huitième : Excellence, Grammaire française et Analyse, Histoire et Géographie, Catéchisme et Récitation, Arithmétique. — Classe élémentaire : Excellence, Notions élémentaires, Écriture, Lecture, Récitation. — Classe de Français, un seul cours : Excellence, Narration française, Orthographe et Analyse, Histoire et Géographie, Arithmétique, Géométrie (arpentage, levée des plans), Physique et Chimie, Écriture et Tenue des livres. — Cours d'Anglais, premier cours, deuxième cours, troisième cours, trois prix. — Cours de Dessin. — Cours d'Écriture, deux divisions, deux prix.

La distribution des prix a lieu le 10 août sous la présidence de M. le Sous-Préfet, en présence des Autorités, etc.

1853-1854. — Rentrée le 3 octobre, réouverture des classes le lendemain après la messe du Saint-Esprit dite dans la chapelle du collège.

Mouvement des professeurs. — Logique et Mathématiques, MM. Galtier et Sueur. Ces régents sont ceux de l'année précédente, mais pourquoi a-t-on réuni ainsi sous le même titre les deux anciennes classes distinctes ? Les prix de Dissertation française et de Dissertation latine ont d'ailleurs disparu. Les élèves de Logique étaient-ils trop peu nombreux ? Ce serait la meilleure explication (1). — Quatrième, M. Sergent remplaçant M. Cruel. — Septième, M. Louvel remplaçant M. Bazot. — Huitième, M. Guilbert remplaçant M. Delaporte. — Classe de Français, M. Tabary remplaçant M. Paris. Cette classe, réduite, comme l'année précédente, à un seul régent, est aussi, comme l'année précédente, réduite à un seul cours. — Cours d'Anglais, M. Verdun remplaçant M. Cruel. — Un cours d'Allemand (nouveau) a pour professeur M. Sergent, régent de Quatrième. — La classe élémentaire a reparu avec M. Guilbert régent de huitième.

La distribution des prix a lieu le 10 août, sous la présidence de M. le Sous-Préfet, en présence des Autorités, etc.

1854-1855. — Rentrée le 2 octobre, messe du Saint-Esprit le 3 dans la chapelle du collège.

Changements parmi les professeurs. — L'aumônier instructeur est maintenant M. Langevin, curé de Saint-Gilles. — Les classes de Logique et de Mathématiques redeviendront distinctes dans le palmarès. M. Galtier régente la première ; les mathématiques sont enseignées par deux régents MM. Sueur et Lemoigne. — Dans la troisième M. Duflos remplace M. Leconte. — Dans la

(1) Les récompenses pour les deux cours confondus en quelque sorte sont réduites à deux prix : *Excellence, Physique et Chimie.*

classe de Français M. Héruy remplace M. Tabary. — Dans le cours d'Anglais M. Miller remplace M. Verdun.

Distribution des prix le 9 août, toujours sous la présidence de M. le Sous-Préfet, etc.

1855-1856. — Rentrée le 8 octobre ; réouverture des cours le 9 après la messe du Saint-Esprit dite dans la chapelle du collège.

Changements parmi les professeurs. — La classe des Sciences a été dédoublée. M. Sueur professera les Mathématiques ; M. Girot, la Chimie, la Physique, l'Histoire naturelle. — M. Leconte remplace en rhétorique M. Payelle. — M. Sigrist est venu occuper la seconde et M. Varin remplace en troisième M. Duflos. — M. Louvel remplace en sixième M. Lemeilleur et M. Lefebvre le remplace en septième. — M. Sabras remplace en huitième M. Guilbert qui conserve la classe Elémentaire. — Un cours de Gymnastique a pour maître M. Dansage. Cet enseignement paraît pour la première fois.

La distribution des prix a lieu le 11 août sous la présidence de M. le Sous-Préfet, etc.

1856-1857. — Rentrée le 6 octobre ; réouverture des classes le lendemain, etc.

Mouvement des professeurs. — En septième M. Dissaux a remplacé M. Lefebvre. — En huitième M. Carette a remplacé M. Sabras. — Le cours d'écriture, depuis longtemps sans titulaire dans le palmarès, a reçu M. Sabras pour professeur.

La distribution des prix a lieu le 11 août, sous la présidence de M. le Sous-Préfet, etc.

Le prix de vers latins a été supprimé cette année dans la classe de seconde.

A compter de cette distribution, des médailles d'honneur sont données aux élèves qui ont été reçus bacheliers dans les sciences ou dans les lettres à la fin de l'année scolaire. La remise de ces médailles précède la distribution ordinaire.

1857-1858. — Rentrée le lundi 5 octobre et réouverture des classes le 6, etc.

Mouvement des professeurs. — Aumônier faisant les conférences religieuses, M. Caron, vicaire de Saint-Gilles. — M. Lemeilleur, de retour, a repris la sixième et professe l'Anglais. — M. Ott est régent de septième. — M. Périn réunit dans son enseignement la huitième, la classe Élémentaire et le cours d'Écriture depuis quelque temps sans titulaire dans les palmarès. — La classe de Français a pris le nom de classe primaire supérieure sous le même titulaire M. Héruy.

La distribution des prix a lieu le 11 août, sous la présidence de M. le Maire, en présence, etc.

1858-1859. — Rentrée le 4 octobre ; réouverture le 5, etc.

Mouvement des professeurs. — En seconde M. Clément remplace M. Sigrist. — En huitième M. Maquaire remplace M. Périn. — M. Henri remplace le même dans la classe Élémentaire. — Le cours de dessin artistique ou d'imitation ne figure pas dans le palmarès.

La distribution des prix a lieu le 11 août, sous la présidence de M. le Sous-Préfet, etc.

1859-1860. — Rentrée le 10 octobre ; réouverture le 11, etc.

Professeurs. — Je n'ai pu rencontrer le palmarès de 1860. — A la date où l'*Almanach d'Abbeville* était imprimé la chaire de rhétorique n'avait pas de titulaire. — M. Obry était régent de huitième.

La distribution des prix eut lieu le...

1860-1861. — Rentrée le...

Mouvement des professeurs. — En Rhétorique M. Théliez remplace M. Leconte. — En seconde M. Braconnier remplace M. Clément. — En troisième M. Vermont, suppléant, remplace M. Varin. — MM. Boulanger et Obry occupent chacun une classe primaire élémentaire distincte, en remplacement de MM. Maquaire et Henri, le nom de huitième étant supprimé.

La distribution des prix a lieu le 12 août, sous la présidence de M. le Sous-Préfet, etc.

1861-1862. — Rentrée le 7 octobre ; réouverture le 8, etc.

Je n'ai pu rencontrer le palmarès de 1862. L'*Almanach* d'Abbeville me donne comme changement en huitième : maître, M. Dufestel.

1862-1863. — Rentrée le...

Mouvement des professeurs. — M. Braconnier est monté de seconde en rhétorique. — La seconde est professé par M. Harlaux. — La troisième par M. Varin. — La classe primaire élémentaire par M. Roussel. — La seconde classe primaire élémentaire n'existe plus.

Prix. — Conférences religieuses, Cours supérieur et Doctrine chrétienne, cinq divisions. — Logique : Excellence, Dissertation française, Dissertation latine, Mathématiques, Chimie et Histoire naturelle. — Rhétorique : Excellence, Discours latin, Discours français, Version latine, Version grecque, Vers latins, Histoire et Géographie, Récitation, Mathématiques. — Physique, classes réunies. — Seconde : Excellence, Thème latin, Version latine, Version grecque, Thème grec, Vers latins, Narration française, Narration latine, Histoire et Géographie, Récitation, Mathématiques. — Troisième : Excellence, Thème latin, Version latine, Version grecque, Thème grec, Vers latins, Histoire et Géographie, Récitation, Arithmétique et Géométrie. — Quatrième : Excellence, Thème latin, Version latine, Version grecque, Vers latins, Grammaire française, Histoire et Géographie, Récitation, Mathématiques. — Cinquième : Excellence, Thème latin, Version latine, Version grecque, Orthographe et Analyse, Histoire et Géographie, Récitation, Arithmétique. — Sixième : Excellence, Thème latin, Version latine, Exercices grecs, Grammaire française et Analyse, Histoire et Géographie, Récitation, Arithmétique. — Septième : Excellence, Thème latin, trois divisions ; Version latine, trois divisions ; Arithmétique, trois divisions ; Orthographe et Analyse, Récitation. — Classe primaire élémentaire : Excellence, puis deux divisions ayant chacune : Orthographe et Analyse, Arithmétique, Histoire et Géographie, Récitation. — Classe primaire supérieure : Excellence, puis deux divisions, la première ayant : Narration française, Orthographe et Analyse, Arithmétique, Notions de Droit commercial et Tenue des livres, Géométrie pratique, Histoire et Géographie ; la deuxième : Narration française, Orthographe et Analyse, Arithmétique, Écriture et Tenue des livres, Histoire et Géographie; Récitation, divisions réunies. — Dessin linéaire, deux divisions. — Cours d'Anglais, deux divisions.

Distribution des prix le 12 août, sous la présidence du sous-préfet.

1863-1864. — Rentrée le 5 octobre; réouverture le 6.

Mouvement dans les professeurs. — M. Sergent, montant de quatrième en seconde, remplace M. Harlaux. — M. Croutelle a reçu la quatrième. — M. Lemeilleur est monté de sixième en cinquième. — La sixième est professée par M. Eynard. — La classe élémentaire par M. Lesigne.

Le nom de Philosophie a été rendu à la classe de Logique.

La distribution des prix a lieu le 11 août sous la présidence du sous-préfet.

1864-1865. — Rentrée le 6 octobre; réouverture des classes le 7.

Mouvement parmi les professeurs. — Nul. — Seulement une classe de huitième a été rétablie avec M. Dufourny pour professeur.

La distribution des prix a lieu le 7 août sous la présidence du sous-préfet.

1865-1866. — Rentrée le 2 octobre; réouverture des classes le 3.

Changements dans les professeurs. — M. Louis professe la Philosophie. — M. Bornat a succédé à M. Girot dans l'enseignement des Mathématiques et Sciences physiques, M. Sueur conservant toujours la chaire supérieure des Mathématiques. — *Almanach*. — Je n'ai pas pu me procurer le palmarès.

1866-1867. — Rentrée le ...

Mouvement des professeurs. — M. Pavy, vicaire de Saint-Gilles, a remplacé M. Caron pour les Conférences religieuses. — M. Ridoux a remplacé M. Sergent dans la classe de seconde. — M. Berlemont a remplacé M. Varin dans la troisième. — En huitième M. Noiseux a remplacé M. Dufourny. — M. Ducatel a remplacé M. Lesigne dans la classe primaire.

La distribution des prix a lieu le 7 août sous la présidence du maire.

1867-1868. — Rentrée le 7 octobre; réouverture des cours le 8.

Mouvement des professeurs. — M. Francatel remplace en quatrième M. Croutelle atteint de la maladie qui doit l'emporter. — M. Dufourny, de retour, remplace en huitième M. Noiseux mis à la tête d'une nouvelle classe élémentaire. — M. Ducatel a reçu la classe primaire élémentaire.

La distribution des prix a lieu le 10 août sous la présidence du sous-préfet.

1868-1869. — Rentrée le 5 octobre; réouverture des cours le 6.

Mouvement des professeurs. — Presque nul. M. Beuvry a remplacé M. Dufourny en huitième. — M. Wargnier a remplacé M. Noiseux dans la classe primaire.

La distribution des prix a lieu le 10 août sous la présidence de M. D. Bertrand, inspecteur d'académie.

IX

M. WICQUOT
Neuvième principal.
1869-1870.

1869-1870. — Rentrée le 7 octobre ; réouverture des cours le 8.

M. A. Wiquot, licencié-ès-lettres, ancien professeur de philosophie, officier d'Académie, a remplacé M. Galtier dans la direction du collège.

Mouvement des professeurs. — Pour la seconde l'*Almanach*, publié en janvier, me donne toujours M. Ridoux, mais le palmarès, publié en août, me donne M. Pottier. — M. Bourbier a remplacé en troisième M. Berlemont. — M. Lemeilleur est monté de cinquième en quatrième, remplaçant M. Francatel. — M. Blanchet a reçu la cinquième occupée dans la première partie de l'année scolaire par M. Pottier. — La classe primaire supérieure a pris le nom d'Enseignement secondaire spécial ; elle conserve pour professeur M. Héruy. — Le cours dit *Année préparatoire* est professé par M. Dufestel. — La huitième a pour professeur M. Picquet. — La classe primaire, M. Vignolle. — Je remarque de nouvelles divisions. Les Travaux graphiques ont pour professeur M. Béthouart ; le Dessin d'ornement M. Michelot ; la musique vocale et instrumentale M. Francis Crépin. — M. Tarlé a succédé à

M. Dansage pour la Gymnastique. — *Almanach* et *Palmarès*.

La distribution des prix a lieu le 6 août sous la présidence du sous-préfet.

A la fin du palmarès cet avis accompagne la date donnée pour la rentrée :

« La messe du Saint-Esprit sera dite le jeudi 13, en l'église de Saint-Gilles, paroisse du collège. »

La chapelle du collège venait d'être retirée au culte pour devenir le réfectoire des pensionnaires.

1870-1871. — Rentrée le 3 octobre ; réouverture des cours le 4 ; messe du Saint-Esprit le 13 en l'église de Saint-Gilles.

Mouvement des professeurs. — Je n'ai pu me procurer le palmarès de cette année, non plus que ceux de quelques-unes des années qui suivent. L'*Almanach d'Abbeville* n'indique aucun changement des professeurs en cette année 1870-1871. La guerre d'ailleurs dut suspendre dans les bureaux du ministère tout travail portant sur le personnel de l'Université.

1871-1872. — Rentrée le ... octobre.

Mouvement des professeurs. — M. Guy remplace M. Sueur dans l'enseignement des Mathématiques ; M. Marix succède à M. Bornat dans l'enseignement des Sciences mathématiques et physiques. — M. O. Postel, licencié ès lettres, succède en rhétorique à M. Braconnier qui a atteint l'âge de la retraite (1). — M. Picquet

---

(1) J'ai été heureux de lire à la Société d'Émulation d'Abbeville, dans sa séance du 15 juillet 1874, l'excellent sonnet de M. Postel *Au chêne de La Fontaine,* remarqué et récompensé par

réunit à la huitième la septième en remplacement de M. Ott, retraité, mais qui demeure parmi nous, ne pouvant se décider à revoir son pays, l'Alsace, détaché de la France.

1872-1873. — Rentrée le ...

Mouvement des professeurs. — Je consulte, de préférence, le palmarès imprimé au mois d'août, 1873, à l'*Almanach* imprimé à la fin de 1872 et un peu en désaccord avec le livret des prix. — MM. Marix et Elie, tous les deux licenciés ès sciences physiques et mathématiques, professent les mathématiques élémentaires et les sciences physiques. M. Guy n'a occupé qu'une année une des deux chaires. — M. Petit, licencié ès lettres, professe la philosophie en remplacement de M. Louis. — M. Blanchet est monté en seconde en remplacement de M. Pottier. — M. Sommé, licencié ès lettres, occupe la cinquième quittée par M. Blanchet. — M. Lundy succède en sixième à M. Eynard. — M. Léquebin à M. Dufestel dans le cours de l'Année préparatoire de l'enseignement secondaire spécial. — La huitième, détachée de la septième, a reçu pour professeur M. Didier. — Un cours, créé, de Langue allemande a pour professeur le même M. Didier.

La distribution des prix a lieu le 9 août sous la présidence de M. Fleury, recteur de l'Académie de Douai.

1873-1874. — Rentrée le 6 octobre; réouverture des

---

l'Académie des Jeux floraux. Ce sonnet est reproduit dans *les Mémoires de la Société d'Émulation* 1873-1876, p. 516. — M. Postel a publié depuis, en 1882, un volume de poésie, *les Mois républicains*, illustré et imprimé par M. E. Caudron.

cours le 7. — La messe du Saint-Esprit est dite le 16 dans l'église de Saint-Gilles.

Mouvement des professeurs. — M. Troufleau remplace en cinquième M. Sommé. — Un cours, créé, d'Histoire et de Géographie a reçu pour professeur titulaire M. Sommé. — Dans la seconde M. Blanchet, demeuré titulaire de la chaire, a pour suppléant M. Sallé. — M. Villemant remplace M. Léquebin dans le cours de l'année préparatoire à l'enseignement secondaire spécial. — M. Hénon remplace M. Didier dans la huitième. — M. Dupont remplace M. Vignolle dans la classe primaire. — M. Marix a succédé à M. Didier pour l'enseignement de la Langue allemande.

Les seize premières pages du palmarès de cette année sont occupées par les résultats du Concours Académique (de Douai) 1874.

A ce concours prirent part les lycées d'Amiens, de Douai, de Lille, de Saint-Omer, de Saint-Quentin, et les collèges communaux d'Abbeville, d'Armentières, d'Arras, d'Avesnes, de Bailleul, de Boulogne-sur-Mer, de Cambrai, de Charleville, de Dunkerque, de Laon, de Maubeuge, du Quesnoy, de Sedan, de Soissons, de Tourcoing et de Valenciennes.

Je vois que dans ce concours un élève de rhétorique, Brunel (Georges-Édouard-Auguste,) né à Abbeville (1855), externe au collège d'Abbeville (nouveau, c'est-à-dire non vétéran), a obtenu le septième accessit de Discours latin ; qu'un élève de l'Enseignement secondaire spécial, Coulombel (Alphonse-Louis), né à Abbeville (1858), externe au collège d'Abbeville, a obtenu

28

le cinquième accessit d'Histoire et de Géographie.

La distribution a lieu le 8 août, sous la présidence du maire.

Je relève, comme j'ai promis de le faire par période décennale, les prix ou mieux les cours, divisions de cours et matières d'étude.

Instruction religieuse, quatre prix, quatre cours. — Mathématiques élémentaires : Excellence, prix. Philosophie : Excellence (premier semestre), Dissertation française, Histoire et Géographie (cours professé par M. Sommé ; je ne répéterai plus cet avis pour les classes de rhétorique, de seconde, de troisième), Mathématiques, Physique et Chimie (cours professés par MM. Marix et Elie ; mêmes remarques que pour l'Histoire et la Géographie). — Rhétorique : Excellence (premier semestre), Discours latin, Discours français, Vers latins, Version latine, Version grecque, Histoire et Géographie, Récitation, Mathématiques. — Seconde : Excellence, Langue et Littérature française, Narration latine, Vers latins, Version latine, Version grecque, Histoire et Géographie, Récitation, Mathématiques, Histoire naturelle. — Troisième : Excellence (premier semestre), Thème latin, Vers latins, Version latine, Version grecque, Histoire et Géographie, Récitation, Langue et Littérature française, mathématiques. — Quatrième, Excellence (premier semestre), Thème latin, Vers latins, Version latine, Version grecque, Thème grec, Histoire et Géographie, Récitation, Style, Langue française, Mathématiques. — Cinquième ; Excellence (premier semestre), Thème latin, Version latine, Version grecque, Thème grec, Langue française, Histoire et Géographie, Récitation, Arithmétique. — Sixième: Excellence (premier semestre), Thème latin, Version latine, Exercices grecs, Langue française, Histoire et Géographie, Récitation, Calcul.

Enseignement secondaire spécial, deuxième année: Excellence (premier semestre), Orthographe, Narration française, Histoire et Géographie, Mathématiques et Comptabilité, Dessin d'imitation, Calligraphie, Récitation.

— Langues vivantes; Langue Anglaise, trois cours ayant chacun deux divisions; Langue Allemande, trois cours.

Année préparatoire (à l'enseignement secondaire) deux sections, prix à peu près semblables: Excellence (premier semestre), Orthographe, Histoire et Géographie, Narration française, Mathématiques ou Calcul, Calligraphie, Législation élémentaire, Récitation.

Le palmarès revient aux petites classes latines avant de descendre aux classes primaires.

Septième: Excellence (premier semestre), Thème latin, Version latine, Orthographe, Histoire et Géographie, Récitation, Calcul, Ecriture. — Huitième, Excellence (premier semestre), Thème latin, Version latine, Orthographe, Histoire et Géograpie, Récitation, Calcul, Ecriture.

Classe primaire: deux sections avec quelques prix chacune, Excellence, Catéchisme, Orthographe, Lecture et Écriture, Histoire et géographie, Calcul, Récitation.

Travaux graphiques, quatre divisions. — Gymnastique deux divisions.

1874-1875. — Rentrée le 5 octobre ; réouverture des cours le 6. — Messe du Saint-Esprit le 15 en l'église de Saint-Gilles.

Vers la fin de l'année 1874 fut élu le Conseil municipal qui porta pendant trois ans un très vif intérêt au collège ainsi qu'en peuvent témoigner les procès-verbaux des séances et plusieurs propositions et rapports parmi lesquels ceux de M. A. du Grosriez. Ce Conseil mit le collège en régie afin d'augmenter le nombre des professeurs, leurs traitements, etc. — Je noterai à leur date les délibérations importantes.

Jusqu'alors les élèves prenant des leçons de dessin rémunéraient eux-mêmes le professeur (M. Michelot dans les derniers temps). Au commencement de 1875, le principal demande s'il ne serait pas possible de prier le le professeur de la Ville de donner quelques leçons dans l'intérieur du collège. Le nouveau maire, M. P. Sauvage, favorable à la demande, propose la création d'un véritable cours de dessin dans le collège. Le professeur de l'école communale recevrait pour le service de ce nouveau cours un traitement de 600 francs. Les conclusions du maire sont adoptées. M. Caudron deviendra ainsi le premier titulaire du cours. — Séance du 1er mars 1875.

Dans la séance du 10 août, sur une proposition de M. A. du Grosriez, le Conseil charge cinq de ses membres d'étudier la réforme ou plutôt l'organisation de l'enseignement spécial. — Suite est donnée à cette délibération. — Séance du 20 septembre.

Mouvement des professeurs. — Le palmarès de cette année me faisant défaut, je consulte l'*Almanach*. — L'instructeur religieux n'est plus M. Pavie, mais M. Oger, vicaire de Saint-Gilles. — Une chaire a été créée pour l'Histoire, dont le titulaire est M. Sommé, licencié ès lettres. — M. Legrand a succédé à M. Hénon dans la huitième.

1875-1876. — Rentrée le ...

Mouvement des professeurs. — L'instructeur religieux est maintenant M. Legrand, vicaire de Saint-Gilles. — M. Ledien, licencié ès lettres, officier d'Académie, a remplacé M. Petit dans la chaire de Philosophie. — M. Bourbier est monté de la troisième en seconde, remplaçant M. Blanchet. — Il est remplacé dans la troisième par M. Sallé. — M. Oger remplace en quatrième M. Lemeilleur. — M. André, d'abord, puis M. Ledien fils remplacent en cinquième M. Troufleau. M. Merchier a remplacé dans la septième M. Picquet qui, pour le plus grand et durable avantage de la ville, est devenu le chef du secrétariat de la mairie. M. Picquet était appelé par ses aptitudes à monter dans l'Université. Tous les maires qui se sont succédés à l'Hôtel de Ville doivent lui être reconnaissants d'avoir renoncé à l'avenir ouvert devant lui pour se dévouer à l'ennui des affaires et des correspondances municipales. — M. Bréart a remplacé M. Legrand dans la huitième. — M. Lecat a remplacé M. Dupont dans la classe primaire. — Enfin M. Jules Caudron, un véritable artiste, a été chargé du cours de dessin.

Nous devons en cette année scolaire, importante pour

des décisions intéressant le régime intérieure du collège, nous transporter d'abord à l'Hôtel de Ville.

M. A. du Grosriez rappelle le 10 février (1876) au Conseil municipal les anciennes motions relatives au collège et pour la plupart négligées. Il propose d'en renvoyer l'étude, ainsi que celle de toutes les réformes possibles, à une nouvelle commission. Parmi les réformes indiquées figure la mise en régie.

La mise en régie est étudiée par la commission et M. du Grosriez dépose le rapport dans la séance du 16 mai. Ce rapport sera, vu sa longueur et son importance, imprimé et distribué au Conseil (1).

La réorganisation de l'enseignement secondaire spécial et la mise en régie reviennent le 24 mai. M. du Grosriez lit une partie du rapport déposé par la commission, etc. — Vote remis au mois de juin.

Le 26 juin enfin, le Conseil décide qu'à dater de l'année scolaire 1876-1877 le collège sera administré en régie.

La mise en régie et surtout la réorganisation de l'enseignement spécial occupent encore la séance du 4 juillet.

D'autres questions, agrandissement du collège, appropriation d'une nouvelle classe, etc., occupent celle du 2 août.

Dans celle du 28 novembre sont discutées des questions relatives au logement du principal et de l'économe.

---

(1) Ce qui fut fait. *Collège, réorganisation de l'enseignement spécial et mise en régie, rapport de la commission. Abbeville, imprimerie C. Paillart.* — 51 pages. — Les membres de la com-

Dans la même séance le Conseil vote la création de quatre bourses d'externes à distribuer annuellement, par voie de concours, dans certaines conditions requises.

La distribution des prix a lieu le 5 août, sous la présidence de M. le vicomte de Poli, Sous-Préfet, en présence des Autorités, etc.

Le palmarès est encore signé du principal Wicquot. M. L. Saby, ancien professeur d'histoire, entre en fonctions dans la nouvelle année scolaire et prend le collège sous le nouveau régime voté.

Le Collège en régie.

X

M. SABY
Dixième principal.
1876-1883.

1876-1877. — Rentrée le 4 octobre ; réouverture des cours le 5. — Messe du Saint-Esprit, le 12 à neuf heures, en l'église Saint-Gilles.

M. Saby a succédé à M. Wicquot. Le système de la régie est établi. Dès lors, nous trouvons dans la direction scolaire et disciplinaire et dans l'administration matérielle, avec un principal et un sous-principal, un

mission étaient MM. Bellettre, Huré, Ricquier, Prarond et du Grosriez. Il est question aussi dans ce rapport d'un agrandissement des bâtiments du collège. Le zélé rapporteur avait été le Promoteur des projets.

économe. Le sous-principal, simple agent du principal, est en 1876-1877, M. Pétré, l'économe est M. Lucien Galtier, chevalier de la Légion d'honneur, décoré pendant la guerre de 1870, et frère de l'ancien principal.

Mouvement des professeurs. — M. Lemeilleur a repris la quatrième. — L'enseignement secondaire spécial a, comme depuis son ouverture, pour professeur de troisième et de seconde année M. Héruy, et pour professeur de première année M. Ayat. Les cours de l'année préparatoire comprennent maintenant deux divisions, la première ayant pour professeur M. Liébert, la seconde, M. Lecat. — En huitième M. Flandre remplace M. Bréart. — Dans la classe primaire M. Carré remplace M. Lecat pourvu d'une des divisions de l'année préparatoire. — La musique a pour professeur M. Hétuin. — Trois cours ayant pour objet le développement et l'éducation physiques des jeunes gens ont été créés : L'Equitation a pour professeur M. de la Monneraye, lieutenant au 3ᵉ chasseurs ; la Gymnastique et les exercices militaires, M. Barracchini ; l'Escrime, M. Bastié.

Le 8 février (1877) au Conseil municipal, motions faites par M. A. du Grosriez et relatives à l'organisation du collège, à la tenue des cours et aux travaux nécessités par le projet d'agrandissement.

Le même jour M. A. du Grosriez annonce au Conseil municipal qu'il a préparé un projet contenant toutes les améliorations dont l'exécution peut être abordée cette année dans le collège. — La commission du collège se réunira prochainement pour prendre connaissance de ce travail. Le projet, lu *A Messieurs les membres de la Commission*, a été imprimé — sans date. — Il compte 39 pages et contient plusieurs divisions : I. *Études et cours*; II. *Organisation intérieure.* — *Administration ;* III. *Travaux urgents.* — *Matériel et mobilier.* Plusieurs des améliorations proposées furent votées dans le courant de l'année.

Le 28 mars, il est délibéré dans le Conseil sur la création d'une chaire d'Anglais.

Le 26 mai, sur le rapport de M. du Grosriez, le Conseil vote, à l'unanimité, l'exécution des travaux urgents à effectuer au collège et des améliorations que réclament l'état du matériel et celui du mobilier.

La distribution des prix a lieu le 4 août sous la présidence du Maire. Le principal, M. Saby, prononce le discours.

1877-1878. — Rentrée le 8 octobre ; messe du Saint-Esprit le lendemain en l'église Saint-Gilles.

Mouvement des professeurs. — M. Martin occupe la cinquième en remplacement de M. Ledien fils. — L'enseignement secondaire spécial a maintenant pour professeurs : troisième année : MM. Duclerc, élève breveté de l'école de Cluny, et Héruy ; deuxième année : MM. Héruy et Duclerc (pour la physique et la chimie); première année, M. Ayal. — M. Neulliès remplace dans la huitième M. Flandre. — L'enseignement de la Musique (vocale et instrumentale) a été confié à M. Dumont.

Dans la séance du Conseil municipal du 23 octobre (1877), nouvelle délibération relative à la création d'une chaire d'Anglais et décision pour l'achat d'un matériel propre au nouveau laboratoire de Chimie, etc., etc. — Il vient d'être créé une nouvelle chaire de Sciences, celle qu'occupera M. Duclerc.

Des constructions ou appropriations de lieux étaient alors en voie d'exécution au collège.

Le maire peut dire dans cette séance du 23 octobre : « Les travaux du collège sont très avancés ; les classes seront prêtes pour le premier janvier. Les dortoirs ne seront habitables que l'an prochain à la rentrée d'octobre, » etc.

On peut voir (délibérations de la Ville) pour les travaux achevés ou à terminer le rapport fait dans la séance du 29 décembre (1877) par M. du Grosriez sur l'état du collège et quelques desiderata. — Conclusions de ce rapport adoptées par le Conseil.

Dans les trois ans écoulés depuis les élections municipales, M. du Grosriez avait mieux qu'aucun autre conseiller bien mérité du collège.

La distribution des prix a lieu le 3 août, sous la présidence de M. Herbette, préfet de la Somme.

M. Sommé, professeur d'histoire, prononce le discours.

1878-1879. — Rentrée le 7 octobre ; messe du Saint-Esprit le 8 en Saint-Gilles.

Mouvement des professeurs. — Le palmarès me fait défaut ; je consulte l'Almanach.

M. Martin est monté de cinquième en quatrième, remplaçant M. Lemeilleur. — M. Caillole remplace en cinquième M. Martin. — Dans l'enseignement spécial l'année préparatoire a deux cours dont le premier a pour professeur M. Toffin, le second M. Bouteleux. — M. Pruvot a remplacé dans la classe élémentaire M. Carré. M. Donnette est chargé du cours de Dessin académique et d'ornement. — La langue allemande est enseignée par M. Ledien fils, remplaçant M. Marix qui laisse aussi, du moins au commencement de l'année scolaire, une place vide dans l'enseignement des mathémathiques.

La distribution des prix eut lieu le . . . .

1879-1880. — Rentrée le. . . . .

Mouvement des professeurs. — M. Prélat, licencié ès lettres, professe la philosophie ; — M. Marchandise, licencié ès sciences mathémathiques, professe les mathématiques pures et appliquées. — Dans l'Enseignement secondaire spécial M. Bouteleux est professeur de l'Année préparatoire, première division ; M. L.-R. Postel, de la seconde ; — La classe primaire est faite par M. Ternisien. — Le professeur de Dessin est M. Donnette. — L'Équitation a pour instructeur M. Courte, lieutenant au 3ᵉ chasseurs ; — les Exercices militaires M. Delapierre, sous-officier du 128ᵉ de ligne.

M. Galtier a renoncé à l'économat. Son successeur est M. Pétré. Le sous-principal est M. Durand.

Dans son *Aperçu des travaux accomplis en 1879 et 1880*, le maire, M. Carette, rappellera au Conseil municipal, le 5 janvier 1881, comme améliorations réalisées au collège l'ameublement du nouveau et « confortable » parloir, la construction d'une marquise vitrée de 100 mètres de longueur au pourtour des classes ;

pour laquelle une subvention de 12,000 francs a été obtenue au Ministère de l'Instruction publique, et l'appropriation de plusieurs classes.

Distribution le 4 août sous la présidence de M. Coffinier, sous-préfet.— M. Sallé, professeur de troisième, prononce le discours.

1880-1881. — Rentrée le 4 octobre. — Le sous-principal est maintenant M. Leroux.

Mouvement des professeurs. — M. Cudeau a succédé en septième à M. Merchier. — Dans la première division de l'année préparatoire à l'Enseignement spécial, M. Ponchon a succédé à M. Bouteleux ; dans la seconde M. Théolle à M. L.-R. Postel. — M. Ris-Paquot a succédé à M. Donnette dans l'enseignement du dessin d'imitation. — L'Équitation a pour instructeur M. Brunel, sous-lieutenant au 3ᵉ chasseurs; les Exercices militaires, M. Collinet, sous-officier au 128ᵉ de ligne.

Le 18 octobre 1880, le Conseil municipal décide qu'une somme de 100,000 francs sera sollicitée de l'État pour l'agrandissement du collège et notamment pour la fondation d'un Minimat ou École enfantine. La demande, transmise au Ministère de l'Instruction publique, reçoit une réponse d'abord à demi favorable. L'État accordera une subvention, mais seulement contre le vote d'une somme égale par la Ville.

Un immeuble situé rue Millevoye, n° 36 (l'ancien jardin des Arbalestriers) est alors à vendre. Il comprend une maison d'habitation importante avec un grand jardin qui va rejoindre celui du collège. Le 22 décembre, la Ville vote 50,000 francs; tant pour la part de la

Ville dans l'acquisition de cet immeuble que dans les autres travaux d'agrandissement du collège. L'État s'exécute sans délai, accordant de son côté 50,000 francs aux mêmes causes, et, dès le 28 décembre, un acte sous seing privé rend la Ville propriétaire de l'hôtel et du terrain avec tous droits de jouissance à partir du 1er janvier 1881. — Conseil municipal, séance du 5 janvier 1881, *Rapport* de M. Carette, maire. — Le Minimat, ajoute le maire, pourra être prochainement installé dans les locaux dès à présent disponibles.

La distribution des prix a lieu le 6 août sous la prédence du Maire.— Le discours est prononcé par M. Prélat, professeur de philosophie.

1881-1882. — Rentrée le 6 octobre. — Messe le 7.

Mouvement des professeurs. — Une nouvelle chaire de Mathématiques a été créée ; elle est occupée par M. Liénard, M. Marchandise conservant la première. — En septième M. Le Roy succède à M. Cudeau. — Dans l'Enseignement spécial le cours de l'année préparatoire, sans divisions, n'a plus pour titulaire que M. Ponchon.

La distribution des prix a lieu le 5 août sous la présidence de M. de Boissy, sous-préfet. — Le discours est prononcé par M. Ledien, professeur de langue allemande.

1882-1883. — Rentrée le 5 octobre. — Messe le 6.

Mouvement des professeurs. — M. Sauvage remplace M. Marchandise dans la chaire de mathématiques pures et appliquées. — M. Renauld, licencié ès-lettres, professe la troisième en remplacement de M. Sallé. — M. Sallé a bien voulu se charger de remplacer par intérim M. Lundy en sixième. — Dans l'enseignement secondaire spécial, à MM. Héruy et Duclercq ont succédé MM. Leroux et Laplace ; ainsi : troisième année Laplace et Leroux pour la partie littéraire ; seconde Leroux et Laplace pour la partie scientifique. De même on disait, avec les mêmes distinctions, troisième année Duclercq et Héruy ; seconde année, Héruy et Duclerq. — M. Henry remplace M. Lemeilleur dans l'enseignement de l'Anglais. — M. Convert a succédé dans la classe primaire à M. Ternisien. — L'Equitation a pour instructeur M. Sully, lieutenant au 3ᵉ chasseurs. — Exercices militaires, un sergent du 128ᵉ.

La distribution des prix a lieu le 4 août sous la présidence de M. Carette, député de la première circonscription d'Abbeville. Le discours est prononcé par M. Renauld, professeur de troisième.

XI

M. E. MOREL
Onzième principal
1883-1887

1883-1884. — Rentrée le 1ᵉʳ octobre.

M. E. Morel, ancien professeur de rhétorique, officier d'Académie, a succédé à M. Saby dans la direction du collège. Il choisit pour sous-principal M. Rogé.

Mouvement des professeurs. — M. Ponchon occupe

la seconde chaire de Mathématiques en remplacement de M. Liénard. — Dans l'Enseignement Spécial, le professeur de l'année préparatoire est M. Dufrien, remplaçant M. Ponchon. — Le maître de la classe Primaire est M. Savoye, remplaçant M. Ternisien.

La distribution des prix a eu lieu le 2 août, sous la présidence de M. Léon Cohn, préfet de la Somme. — Le principal, M. Morel, prononce le discours.

1884-1885. — Rentrée le 1er octobre.

Mouvement des professeurs. — M. Marchandise réoccupe la chaire de Mathématiques pures et appliquées, dans laquelle l'a remplacé pendant deux ans M. Sauvage. — M. Callory a professé en troisième comme suppléant de M. Renauld. — En sixième M. Lefebvre a succédé à M. Sallé. — Dans l'Enseignement spécial M. François a succédé (année préparatoire) à M. Dufrien. — La classe primaire a eu pour maître M. Debart, remplaçant M. Savoye. — L'Équitation a eu pour instructeur M. Maurand, adjudant au 3e chasseurs. — M. Tavernier a succédé pour l'Escrime à l'excellent M. Bastié, qui, déjà âgé, est retourné dans son pays.

Le sous-principal est M. Francq.

La distribution des prix a lieu le 1er août sous la présidence de M. Carette, député d'Abbeville. M. Lefebvre, professeur de sixième, prononce le discours.

1885-1886. — Rentrée le 5 octobre.

Mouvement des professeurs. — L'instructeur religieux est M. l'abbé Dessuille, vicaire de Saint-Gilles, remplaçant M. Legrand. — M. Molles, licencié ès sciences mathématiques et ès sciences physiques, succède à M. Marchandise dans la première chaire de Mathémathiques. — M. Cassan professe la rhétorique comme suppléant de M. Postel. — Les leçons d'Équitation sont données par M. Leclerc, adjudant au 3ᵉ chasseurs.

Les prix, nous donnant par classes l'indication des matières d'exercice, seront en 1886 :

Enseignement religieux comme toujours. — Philosophie, Excellence ; Dissertation française ; Mathématiques, Physique et Chimie ; Histoire et Géographie ; Langue allemande ; Langue anglaise ; Dessin d'imitation.

Mathémathiques élémentaires, Excellence ; Arithmétique, Algèbre et Trigonométrie ; Géométrie ; Mécanique et Cosmographie ; Physique et Chimie ; Littérature française ; Version latine ; Histoire ; Géographie.

Rhétorique, Excellence ; Discours français ; Langue latine ; Version grecque ; Mathématiques ; Physique Histoire ; Géographie ; Langue allemande ; Langue anglaise ; Récitation ; Dessin d'imitation.

Mathématiques préparatoires, Excellence ;. Français ; Version latine ; Mathématiques ; Sciences physiques ; Sciences naturelles ; Histoire ; Géographie ; Langue allemande ; Langue anglaise ; Récitation ; Dessin d'imitation.

Seconde, Excellence ; Langue et Littérature françaises ; Langue latine ; Version grecque ; Mathématiques ; Histoire ; Géographie ; Langue allemande ;

Langue anglaise ; Récitation ; Physique ; Dessin d'imitation.

Troisième, Excellence ; Langue et Littérature françaises ; Langue latine ; Version grecque ; Mathématiques ; Physique ; Histoire ; Géographie ; Langue allemande ; Langue anglaise ; Récitation ; Dessin d'imitation.

Quatrième, Excellence ; Langue française ; Thème latin ; Version latine ; Version grecque ; Mathématiques ; Géologie et Botanique ; Histoire et Géographie ; Langue allemande ; Langue anglaise ; Récitation ; Dessin d'imitation.

Quatrième année (Enseignement secondaire spécial), Excellence ; Dissertation française ; Mathématiques ; Physique ; Chimie ; Zoologie ; Histoire ; Géographie ; Langue anglaise.

Cinquième, Excellence ; Langue française ; Version latine ; Thème latin ; Exercices grecs ; Mathématiques ; Histoire naturelle ; Histoire et Géographie ; Langue allemande ; Langue anglaise ; Récitation ; Dessin d'imitation.

Sixième, Excellence ; Langue française ; Version latine ; Thème latin ; Arithmétique ; Notions de physique et de chimie ; Histoire et Géographie : Langue anglaise ; Langue allemande ; Récitation ; Dessin d'imitation.

Enseignement spécial, troisième année, Excellence ; Morale ; Littérature française ; Comptabilité ; Législation commerciale et usuelle ; Mathématiques pures et appliquées ; Physique ; Chimie ; Histoire naturelle ;

Histoire ; Géographie ; Récitation ; Dessin d'imitation.

Deuxième année, Excellence ; Orthographe ; Narration française ; Arithmétique et Algèbre ; Géométrie ; Comptabilité et Droit commercial ; Physique, Chimie et Histoire naturelle ; Histoire ; Géographie ; Récitation ; Dessin d'imitation.

Première année, Excellence ; Orthographe et Grammaire ; Narration française ; Arithméthique ; Géométrie ; Physique et Chimie ; Histoire naturelle ; Comptabilité ; Histoire ; Géographie ; Écriture ; Récitation ; Dessin d'imitation.

Année préparatoire, Excellence ; Orthographe et Grammaire ; Exercices français ; Arithmétique ; Géométrie ; Physique ; Histoire naturelle ; Histoire ; Géographie ; Lecture et Écriture ; Récitation.

Division élémentaire ; classe de septième, Excellence, Exercices français ; Arithmétique et Géométrie ; Géologie ; Histoire et Géographie ; Lecture ; Écriture ; Langue allemande ; Langue anglaise ; Récitation ; Dessin d'imitation.

Huitième, Excellence ; Exercices français ; Arithmétique et Géométrie ; Botanique et Zoologie ; Histoire et Géographie ; Lecture ; Écriture ; Langue allemande ; Langue anglaise ; Récitation ; Dessin d'imitation.

Classe primaire, cours supérieur, Excellence ; Exercices français ; Eléments de Calcul ; Lecture ; Histoire et Géographie ; Ecriture ; Récitation ; Anglais. — Cours inférieur, Orthographe et Grammaire ; Lecture et Ecriture ; Calcul, Histoire et Géographie ; Récitation ; Dessin d'imitation.

Langues vivantes (Enseignement spécial), Langue anglaise (deux cours); Langue allemande.

Travaux graphiques, quatre divisions.

Musique vocale, trois cours.

Musique instrumentale, piano; violon; flûte et hautbois.

Gymnastique, six divisions, dont quelques-unes sont sectionnées.

Escrime.

Equitation.

La distribution des prix a lieu le 31 juillet, sous la présidence de M. François, maire. Le discours est prononcé par M. Cassan, professeur de rhétorique.

XII

M. M. FROMENTI
douzième principal
1887-....

1886-1887. — Rentrée le 4 octobre.

Pendant les vacances de Pâques 1887 M. Fromenti, officier de l'Instruction publique, succède à M. Morel pourvu de la direction d'un autre collège.

Avant de clore ce chapitre je nommerai avec celles de leurs qualités que je puis connaître tous les dévoués professeurs actuels.

ENSEIGNEMENT CLASSIQUE.

Physique, chimie et histoire naturelle, M. Elie, licencié ès sciences physiques et ès sciences mathématiques, officier d'Académie.

Mathématiques, première chaire, M. Isay (Il a succédé cette année à M. Molles.)

Mathématiques, seconde chaire, M. Ponchon, bachelier ès sciences.

Histoire et géographie, M. Sommé, licencié ès lettres, officier d'Académie.

Philosophie, M. Prélat, licencié ès lettres.

Rhétorique, M. O. Postel, officier d'Académie.

Seconde, M. Bourbier, licencié ès lettres, officier d'Académie.

Troisième, M. Callory, licencié ès lettres.

Quatrième, M. Martin, licencié ès lettres, officier d'Académie.

Allemand, M. Ledien, pourvu du certificat d'aptitude.

Anglais, M. Henry, bachelier ès lettres.

Cinquième, M. Prud'homme. (Il a succédé cette année à M. Caillole.)

Sixième, Lefebvre.

Septième, Le Roy.

Huitième, Neulliès.

ENSEIGNEMENT SECONDAIRE SPÉCIAL.

MM. Laplace, Leroux, Ayat, officier d'Académie, Fondrillon.

(Il n'y a plus dans cet enseignement d'année dite préparatoire, mais l'ensemble des études est divisé en cinq années.) Il n'y a plus d'ENSEIGNEMENT PRI-

MAIRE, mais une classe, dont le titulaire est M. Roy, porte le nom de neuvième.

COURS SPÉCIAUX.

Travaux graphiques, M. Béthouart, officier d'Académie.

Musique vocale et instrumentale, M. Dumont.

Gymnastique, M. Baracchini.

Equitation, M. Leclerc, adjudant au 3ᵉ Chasseurs.

Escrime, M. Tavernier.

La distribution des prix a eu lieu le 2 août sous la présidence de M. Strauss, sous-préfet. — Le discours est prononcé par M. Callory, professeur de troisième.

La rentrée a été fixée par le Ministre de l'Instruction publique au 3 octobre.

CHAPITRE SIXIÈME.

L'association amicale des anciens élèves.

L'année 1869 vit se fonder l'Association amicale des anciens élèves du collège.

La première réunion préparatoire pour cette création eut lieu le 26 juillet, dans la grande salle de l'Hôtel-de-Ville, à huit heures du soir.

L'Association fut autorisée par le préfet le 15 novembre, en même temps qu'étaient approuvés par ce fonctionnaire les premiers statuts, arrêtés précédemment le 28 août par les adhérents au projet.

L'autorisation préfectorale parvint aux promoteurs de l'Association au commencement de décembre.

Le 8 janvier suivant, dans une assemblée générale à l'Hôtel-de-Ville, l'Association se constitua enfin en nommant son président et son bureau, et, le soir, un banquet réunit à l'hôtel de la *Tête-de-Bœuf* un grand nombre des anciens et des nouveaux amis, redevenus égaux d'âge.

La seconde assemblée générale annuelle ne put être convoquée à la date convenue. La ville était fermée, espérant encore échapper à l'occupation allemande. Lorsqu'un armistice eût ouvert ses portes elle ne s'appartint plus pour plusieurs mois. Les membres de l'Association ne se réunirent qu'après la délivrance, le 19 août.

En signe de deuil, ils s'abstinrent de commander le repas confraternel du soir.

Depuis ce temps les assemblées générales, convoquées tous les ans, à des dates diversement choisies, ont eu le plus souvent pour complément une réunion conviviale.

L'histoire de l'Association est presque tout entière dans ses Annuaires, et ces Annuaires sont conservés à l'Hôtel-de-Ville dans une armoire dont le président et le secrétaire possèdent chacun une clef. Malheureusement quelques-unes des *années* sont devenues bien rares, et c'est à grand'peine que j'ai pu reconstituer une série complète des précieux bulletins afin d'en faire dans nos archives, — l'armoire de la Ville, — sous une reliure qui les sauvera, je l'espère, un dépôt qui ne se dépareille plus.

Ces Annuaires, trop gaspillés, sont cependant très attachants. Non seulement ils nous tiennent présents les noms des membres survivants de l'Association depuis 1869, mais ils reproduisent ceux des membres décédés.

L'usage s'est établi que le secrétaire consacre quelques mots de son rapport annuel aux morts de l'année ; et que de rares fois la partie nécrologique fait défaut ! — Ces bulletins sollicitent aussi l'émulation des élèves. Ils reproduisent chaque année et perpétuent la mention des prix d'honneur décernés au nom de l'Association aux plus méritants d'entre eux ou de leurs prédécesseurs sur les bancs.

Ils constatent, ces mémoires annuels, la création des

bourses et nous apprennent que, dès l'année scolaire 1877-1878, l'Association pouvait en faire jouir deux élèves.

En tête de ces bulletins nous trouvons le décret du Président de la République : Reconnaissance de l'Association comme établissement d'utilité publique ; décret portant en outre approbation des statuts revus par le Conseil d'État (12 février 1879). Les statuts annexés au décret sont depuis ce temps la loi de l'Association.

Ces Annuaires conservent aussi, après les noms des fondateurs, la liste des présidents triennaux. Les membres de l'Association honorés de la présidence ont été jusqu'à présent MM. :

M. Sénéca, 1870-1873.

A. Millevoye, 1873-1876.

C. Louandre, 1876-1879.

E. Prarond, 1879-1882.

Général G. Deplanque, 1882-1885.

E. Prarond, 1885-.....

A M. Louandre est due particulièrement reconnaissance pour l'obtention du décret du 12 février 1879.

Au même président appartiennent deux propositions soumises à l'assemblée générale du 27 mai 1877 ; la première concernant la création au collège d'un registre portant les noms des élèves sortants ; la seconde, la création d'un tableau d'honneur où seraient inscrits les noms des morts ayant pu illustrer le collège.

Le quatrième président ne réclame à l'acquit de sa bonne volonté qu'un Résumé de l'histoire de l'Association lu dans l'assemblée générale du 13 novembre

1881 (1), et, ce qui vaut mieux, un acte auquel il a attaché une importance sérieuse. Il ne devança pas, il exprima les sentiments de toute l'Association, le jour où il proposa de consacrer religieusement, dans une matière durable, sur un des murs du collège, la mémoire encore saignante des anciens élèves morts, pour le pays. Le collège avait le droit de se souvenir de la triste année où le courage n'eut qu'une puissance, mais la suprême, celle de sauver le premier bien des nations et des hommes, l'honneur.

Dès le jour de sa nomination, 25 mai 1879, ce président saisissait l'assemblée générale de son projet que l'assemblée acceptait par acclamation, à l'unanimité.

Il fut fait suivant le vote.

Les noms des condisciples morts pendant la guerre de 1870-1871 furent inscrits sur une plaque de marbre noir. Une autre plaque, de marbre noir également, reçut le nom du capitaine Rajat, tué le 23 mai dans la lutte de l'armée nationale contre l'armée de la révolte. Les deux plaques furent placées dans le parloir du collège, et l'année suivante le président, en annonçant l'hommage rendu au meilleur lieu que l'on pût en effet choisir, pouvait donner à l'assemblée du 30 mai connaissance des noms inscrits.

(1) « Je vous entretenais l'année dernière, disait ce président, de l'intérêt qu'il doit y avoir pour notre groupe amical à sauver les souvenirs de l'Association qui nous rapproche et nous serre les uns contre les autres. A ce point de vue, il est désirable, je crois, qu'un membre de notre Comité d'administration fasse de période en période, tous les dix ans par exemple, un résumé de notre histoire fraternelle. » etc.

La première plaque porte :

A LA MÉMOIRE
DES ANCIENS ÉLÈVES DU COLLÈGE D'ABBEVILLE
Morts au service de la Patrie
DANS LA GUERRE CONTRE L'ALLEMAGNE
1870-1871

CARBONNEL (Paul de), d'Auxi-le-Château, sergent-major mobilisé, mort à Saint-Martin (Pas-de-Calais), le 2 mars 1871.

—

FOURNIER (M.-J.-Jules), de Cayeux, capitaine aux mobilisés, mort à Boulogne, le 2 mars 1871.

—

LE ROY (Dosithée), de Maison-Rolland, garde mobile, tué à Saint-Quentin, le 19 janvier 1871.

—

LIGNIER (C.-D.-Albert), d'Abbeville, engagé volontaire dans le 81° de ligne, blessé à la Ville-Evrard, le 21 décembre 1870, mort prisonnier en Prusse, le 8 mars 1871.

—

PAPILLON (Théodore), d'Abbeville, mobile, mort à Paris, le 12 novembre 1870.

—

PETIT (Hippolyte), de Domqueur, ancien cavalier des guides, capitaine commandant les volontaires de la Somme, tué à Youel (Aisne), le 19 novembre 1870, dans une attaque dirigée par lui.

TRUTIN (Joseph), de Brutelette, garde mobile, mort à Paris, le 12 janvier 1871.

L'Association amicale des anciens Élèves 1879.

La seconde porte :

A LA MÉMOIRE
DE

RAJAT (Jean-Pascal), capitaine-major au 3ᵉ régiment provisoire, Chevalier de la Légion d'honneur, tué à Paris, le 23 mai 1871.

L'Association amicale des anciens Élèves, 1879.

A ces inscriptions honorables une, glorieuse, devait, au même lieu, s'ajouter six ans plus tard :

A LA MÉMOIRE
DE

Amédée-Anatole-Prosper
COURBET
Ancien élève du collège d'Abbeville
VICE-AMIRAL
Grand officier de la Légion d'honneur
COMMANDANT EN CHEF
de l'escadre de l'extrême Orient
mort sur le Bayard
le 11 juin 1885
— Son-Tay, Kelung, Fou-Tcheou, Iles Pescadores. —

L'Association amicale des anciens élèves.
1885.

Devant ces commémorations modestes des paroles viennent d'elles-mêmes fermer ce livre :

Camarades morts au service de la patrie, vous avez sacré notre collège. Le marbre chargé des lettres d'or dira à la jeunesse nouvelle tant que la France se souviendra : Haut les cœurs pour la guerre à venir!

Camarades de notre Association, vous envoyiez en 1884 à votre compatriote vainqueur un patriotique et respectueux hommage (1). Peu de mois après, une couronne sur un cercueil, un petit nombre de lettres sur un mur, une modeste souscription pour un monument national, voilà tout ce que vous avez pu faire pour exprimer vos regrets et honorer sa mémoire. L'inscription a été forcément brève. Les jeunes cœurs qu'elle sollicitera à battre sauront l'interpréter. En brisant les barrières de Fou-Tcheou l'amiral Courbet a réappris à la France comment on se dégage des pires défilés.

---

(1) L'armoire de l'Hôtel de Ville a pour honneur cette réponse :

DIVISION NAVALE *Kelung, 6 décembre 1884.*
DU TONKIN
Vice-amiral
Commandant en chef

Le vice-amiral Courbet est particulièrement flatté des suffrages de ses chers camarades du collège d'Abbeville.

Il s'empresse de remercier l'Association amicale des chaleureuses félicitations qu'elle a bien voulu lui adresser.

A. COURBET.

TABLE

TABLE ANALYTIQUE DES MATIÈRES

	Pages
Au collège...	1

CHAPITRE PREMIER

LES GRANDES ÉCOLES.

Origine des écoles d'Abbeville......................	1
Saint Bernard premier abbé de Tiron et né à Abbeville (xi° siècle) fut-il instruit dans les lettres à Abbeville?......	2
Antagonisme du corps de ville et des chanoines en 1560.	*Ibid.*
Les Grandes Ecoles datent-elles du xiii° ou du xiv° siècle	4
Le cardinal Lemoine fonde six bourses dans son collège de la rue Saint-Victor à Paris pour des élèves choisis de préférence dans Abbeville................................	6
Où furent ouvertes les Grandes Écoles d'Abbeville !.....	7
Les Grandes Écoles dans la rue Tayon ou des Grandes-Ecoles..	9-11
L'école de M. F. Depoilly............................	11
Inscription commémorative proposée pour l'ancienne maison des Grandes-Écoles.............................	12
Bulle de Clément VII (1384) donnant ou confirmant aux chanoines de Saint-Vulfran des droits sur les écoles.......	*Ibid.*
Ratification de cette bulle par Charles VI (1385).........	16
Le *Magister Scholarum*.............................	18
Ses droits et ses devoirs	19-25
Marques de sa dépendance envers les chanoines suivant le principal de la Levrièze.............................	25

	Pages
Les épigrammes présentées aux chanoines dans l'église de Sainte-Catherine	25
La harangue en prose latine en l'honneur de saint Grégoire	26
Trois noms de *Magistri Scholarum* au xv⁰ siècle	Ibid.
Liste des *Magistri Scholarum* du xv⁰ siècle	28
Extrait des actes du Chapitre de Saint-Vulfran. Visite des petites écoles pour y rechercher les livres suspects de luthéranisme	30
Le *Roy de l'escolle* nommé dans la nuit des *Quaresmiaulx*; le champion vainqueur dans les combats de coqs présenté au maieur. Procès pour cet hommage entre les officiers municipaux et les chanoines	32

CHAPITRE SECOND

LE COLLÈGE.

L'édit d'Orléans de janvier 1560	34
La prébende préceptoriale. Les enfants de la ville doivent être instruits gratuitement	Ibid.
Requête des maieur et échevins au sénéchal de Ponthieu. Ils demandent l'exécution de l'édit de 1560. Marand de Bailleul a bien été, en vertu de cet édit, nommé « précepteur et principal régent des Grandes Écoles » par les chanoines, les officiers du roi et les maieur et échevins, mais la prébende préceptoriale ne lui a pas été délivrée par les chanoines, etc. — Antagonisme pour le collège entre l'échevinage et les chanoines à dater de l'édit d'Orléans	35
Marand de Bailleul est pourvu d'une prébende. Les maieur et échevins ont réclamé pour que ce ne fût pas d'une des six moindres, mais d'une des vingt plus importantes et dites prévôtales	37
Un chantre de la chapelle du roi porteur des lettres de provision de S. M. a voulu prendre possession de la prébende que conserve Marand de Bailleul en considération de l'édit d'Orléans et en vertu d'un arrêt du Parlement	38
La maison des Grandes Écoles trop petite	39

	Pages
Une assemblée générale des corps de la ville autorise les maïeur et échevins à vendre cette maison pour en acquérir une plus commode..	39
Les chanoines s'opposent à la vente. Une sentence de la sénéchaussée de Ponthieu (1584) ordonne que la maison sera vendue...	Ibid.
Arrêt du Parlement du 9 janvier 1588, rendu sur l'appel des chanoines et contre eux, en conformité de conclusions très sévères à leur égard. Les chanoines n'auront droit sur la maison qu'à une hypothèque pour une rente de neuf livres...	40
MARAND DE BAILLEUL, premier principal, (1562-1587).......	41
Forme de l'élection en 1562 suivant un mémoire hostile aux chanoines...	Ibid.
Mauvaise volonté des chanoines pour le service de la prébende préceptoriale....................................	42
Marand de Bailleul soutenu par le procureur du roi de a sénéchaussée et par le procureur fiscal de la ville.......	Ibid.
Sentence de la sénéchaussée (16 mars 1565) qui ordonne que Marand jouira d'une prébende alors vacante et de tous les avantages qui en dépendent........................	Ibid.
Appel au Parlement par les chanoines..................	43
Exécution provisoire de la sentence de la sénéchaussée en vertu d'une autre sentence de la même sénéchaussée...	Ibid.
Un chapelain du roi (affaire indiquée déjà plus haut) réclame la prébende vacante. Opposition de Marand de Bailleul...	Ibid.
Lettres patentes du roi (16 décembre 1565) ordonnant que le maître d'école jouira des revenus de la prébende vacante...	Ibid.
Les chanoines consentent à l'exécution de ces lettres, mais avec beaucoup de protestations et de réserves.......	44
Ces difficultés font saisir tout le temporel des chanoines.	Ibid.
Un arrêt du Conseil (3 août 1566) accorde aux chanoines la main-levée provisoire des saisies et renvoie les contestations au Parlement...	45
Arrêt du Parlement (17 décembre 1566), maintenant la prébende et la chanoinie à Marand et condamnant les chanoines aux dépens.......................................	Ibid.

	Pages
Sommations aux chanoines de satisfaire à l'arrêt. Ils cèdent avec quelques réserves encore.....................	45
Le P. Ignace indulgent pour le Chapitre...............	Ibid.
L'édit de Blois (mai 1579) ordonne l'exécution de celui d'Orléans...	46
La peste fait défendre (9 octobre 1582) à Marand de recevoir au collège aucun élève jusqu'à nouvel ordre..........	Ibid.
Même défense pour la même cause en 1583..............	47
Proposition (1583) de transférer le collège dans la maison appelée « l'hospital Jehan Le Scellier », ou des Repenties.	Ibid.
Assemblées à cette occasion...........................	Ibid.
Délibération du 18 octobre 1584.......................	48-50

Suivant cette délibération les Grandes Écoles occupent sous le nom de collège la maison des Repenties. Marand de Bailleul entrera le plus tôt possible dans cette maison avec trois régents d'expérience. Ils seront tenus d'y loger, etc. Les gages des régents seront, pour la plus grande part, pris sur le revenu de la maison du Val (l'ancienne maladrerie de Saint-Maur), etc. — La maison « où s'est cy-devant tenu le collège » prétendue par MM. du Chapitre leur appartenir sera vendue, etc. — Protestations des chanoines sur ce point.................................... Ibid.

Installation de Marand et de ses régents dans la maison des Repenties..	51
Lutte des chanoines et de la Ville pour l'ancienne maison des Grandes Écoles (affaire déjà indiquée plus haut)...	Ibid.
La Ville dispose par louage en 1589 de l'ancienne maison des Grandes Écoles en faveur de maîtres étrangers.......	52
Cette maison est vendue dans l'année échevinale 1590-1591...	Ibid.
Agrandissement du collège transféré en l'hôpital Jehan Le Scellier. Acquisition de maisons par la Ville à cet effet, etc...	52-54
La Ville saisit la direction, assume le patronage du collège, installe les régents...............................	54
Mort de Marand de Bailleul...........................	Ibid.
JEHAN MACQUET, second principal (1587-1592)............	55
Forme de son élection.................................	55-60
Les régents seront nourris par le principal et à sa table.	

	Pages
La Ville fournira pour la nourriture des trois régents la somme de cinquante écus...	57
Les gages du premier régent. Demeureront au profit du principal les pensions des élèves nourris au collège et le louage des chambres...	58
Installation du nouveau principal...	Ibid.
Madame Diane de France, duchesse d'Angoulême et comtesse de Ponthieu, a enjoint aux chanoines d'admettre le nouveau principal à la jouissance de la prébende préceptoriale...	59
Visite du collège pour les réparations (1588)...	60
Différend entre le principal et le second régent Eustace Le Roy (1589). — L'affaire portée à la Ville. Macquet veut destituer Le Roy. La Ville l'engage à se réconcilier avec lui, déclarant d'ailleurs qu'à elle appartient le droit de destituer...	Ibid
Le Roy est mis dehors. Le principal présente à la Ville pour le remplacer un candidat auquel le maïeur fait subir un examen devant l'échevinage. Ce candidat est admis à faire la classe provisoirement, mais des affiches seront posées aux portes des églises pour engager les solliciteurs de la charge à se présenter à un examen dont le jour sera dit...	61
Gages du régent de quatrième...	62
L'ancienne maison des Grandes Écoles louée par l'échevinage à quelques maîtres d'écoles étrangers réfugiés dans la ville (fait déjà rapporté plus haut)...	Ibid.
Tentatives malheureuses pour vendre cette maison...	63
Elle est vendue enfin au profit du collège...	Ibid.
Noms des régents sous Jehan Macquet...	64-68
Mémoire adressé à la Ville par Jehan Macquet contre ses régents...	Ibid.
Il demande à la ville un nouveau règlement pour le gouvernement du collège...	66
« Malheur du temps ». — Augmentation de pension refusée à J. Macquet...	67-68
Mort de J. Macquet...	69
ANTOINE CLUGNET, troisième principal (1593-1598)...	Ibid.
Les régents demandent à l'échevinage une certaine	

	Pages
somme pour leur nourriture jusqu'à la nomination d'un principal..	69
Nomination du principal Clugnet......................	70
Clugnet subit un examen devant le Conseil de la Ville...	Ibid.
Installation du nouveau principal.....................	71
Réclamation du principal et des régents en raison de la cherté des vivres, etc.......................................	71-72
Les régents demandent que la somme donnée au principal pour la nourriture soit partagée entre eux.............	72-73
La Ville remet les pensions du principal et des régents au taux ancien, ce qui engage le principal à déclarer qu'il se déporte de sa charge..................................	73
Le principal n'a pas maintenu sa démission............	74
Un quatrième régent, adjoint aux autres, demande une pension que la Ville lui refuse.........................	Ibid.
Nouvelle demande de Clugnet fondée sur la cherté des vivres..	Ibid.
La Ville lui accorde vingt écus mais pour l'année seulement..	75
Demande réitérée de Clugnet..........................	Ibid.
Réponse de la Ville. Elle ne pourra plus, par suite de la ruine de la maison du Val, payer intégralement sa pension. Il donne sa démission.............................	Ibid.
La Ville maintient en entier la pension à Clugnet. — A quelles conditions......................................	76-77
Des statuts tirés des édits, ordonnances et statuts de l'Université de Paris, seront dressés pour le collège.......	77
Les messes « du chasteau » seront dites au collège......	78
Jehan de Boullenois, précédemment régent au collège et maintenant maître d'école, se présente pour régenter la seconde classe. Il est accepté............................	Ibid.
L'enseignement du latin interdit dans les écoles particulières...	79
Les chanoines prétendent au droit de nommer les régents...	Ibid.
Les fondations de messes aident à l'entretien des régents. Demande du régent de quatrième	80
La Ville ne paie pas les quartiers échus des gages des régents.. quand ils n'ont pu, même pour des causes de	

	Pages
force majeure, exercer leurs fonctions	81
Noms des régents sous Antoine Clugnet	Ibid.
Vers de Clugnet pour le passage du roi en 1594	82
Clugnet, appelé à Boulogne par l'évêque Cl.-A. de Dormy, donne sa démission de principal du Collège	82-83
JEHAN DE BOULLENOIS, quatrième principal (1598-1644)	83
Election de J. de Boulnois	83-84
Son installation	84
Notices sur les régents qui professèrent sous sa direction	85-88
Obri le Mercher savant en grec	87
Éloge de J. de Boullenois	88
Différend à l'occasion d'un régent entre l'Échevinage et le Présidial	Ibid.
Négligences diverses du régent Simon Bonnard	89
La belle-sœur et la chambrière du régent David Le Dien mises hors du collège	Ibid.
Résistance de Simon Bonnard à quitter le collège	90-97
L'Échevinage contre le Présidial	90
L'Échevinage appelle au Parlement d'une sentence de la sénéchaussée du Ponthieu	91
Le comte de Saint-Pol, gouverneur de Picardie, écrit aux officiers municipaux et leur conseille la paix	92
Réponse des maire et échevins. Ils n'ont appelé au Parlement que pour défendre leurs droits sur le collège, droits méconnus par MM. du Présidial	92-94
Nouvelle lettre un peu mécontente du comte de Saint-Pol. Il demande des explications sur l'affaire qui divise la Ville et le Présidial « afin d'y pourveoir et en respondre à Sa Majesté. »	95
La correspondance continue entre l'Échevinage et le gouverneur de Picardie. Les maire et échevins s'excusent mais se défendent	Ibid.
Et le gouverneur répond à son tour. Il conseille la paix et accommodera le différend à Paris où il va si la Ville le désire	96
La Ville ne cède pas. Elle fera consulter à Paris « deux ou trois des plus fameux advocats de la Court. »	
La « Court » a adjugé une somme à Simon Bonnard. La	

	Pages
Ville paie. Dernière réclamation de Bounard. La Ville paie encore..	97-98
Les distributions de prix paraissent...................	98
L'Échevinage nomme et destitue les régents sans contestation..	*Ibid.*
Autorité plénière exercée sur le collège par le corps municipal..	99
Exemples de cette autorité pour le remerciement et la nomination des régents..	99-101
Une représentation théâtrale accompagne la distribution des prix de 1604...	101-103
De même depuis ce temps...........................	102
Le collège transféré de la maison de Jean Le Scellier en l'hôtel de Neuilly (1606)...............................	103
Le comte de Saint-Pol, gouverneur de Picardie, favorise ce transfert afin de mettre les Capucins en possession de la maison de J. Le Scellier (ou des Repenties)............	103-107
Contrat par lequel Oudart-Henry Le Moittier, sieur de Neuilly-l'Hôpital, a vendu au command du comte de Saint-Pol la maison, etc., dite maison de Neuilly................	104
Le comte de Saint-Pol d'accord avec la Ville........	105-106
Échange de l'hôtel de Neuilly et de l'hôpital Jean Le Scellier...	106
Donation de cet hôpital aux Capucins...............	107
J. de Boullenois et ses régents prennent possession de l'hôtel de Neuilly...	*Ibid.*
L'inscription COLLEGIUM ABBAVILLEUM.................	*Ibid.*
Construction de cinq classes........................	*Ibid.*
Construction d'une chapelle........................	108
Lettre écrite au nom de M. de la Marthonie, évêque d'Amiens, permettant de dire la messe dans cette chapelle et d'y bénir le pain et l'eau................................	*Ibid.*
J. de Boullenois célèbre la première messe dans cette chapelle le 12 mars 1607 et y fait dans un discours latin le panégyrique de saint Grégoire. Depuis ce temps, le 12 mars de chaque année, un discours latin est prononcé en l'honneur du même saint dans la chapelle du collège......	109
Nombre des régents lors de leur entrée en l'hôtel de Neuilly. Quelques changements parmi eux.................	110

	Pages
Jacques Sanson (le futur P. Ignace) au collège............	110
Augmentation de la somme votée par la Ville pour la distribution des prix et la représentation théâtrale........	*Ibid.*
La Ville songe à introduire les Jésuites dans le collège	111-112
Les chanoines hostiles à l'introduction des Jésuites dans le collège...	112
J. de Boullenois élève la prétention de nommer lui-même ses régents..	113
Les chanoines choisissent cette occasion de reprendre pied dans le collège. Ils soutiennent la prétention du principal...	113-115
Une sentence de la sénéchaussée de Ponthieu du 30 juillet 1616 ordonne que la nomination des régents sera faite en assemblée par les chanoines, le lieutenant général (de la sénéchaussée,) et autres officiers de son siège et les mayeur et échevins « suivant l'ancien usage », dit un mémoire favorable aux prétentions des chanoines...................	115
Une sentence du Parlement du 6 mars 1617 ordonne qu'il sera pourvu aux places de régents par le principal seul...	115-116
La Ville s'efforce de nouveau (1621) de protéger le collège en restreignant l'enseignement du latin dans les petites écoles...	116
Date discutée de la construction d'une nouvelle chapelle.	*Ibid.*
J. de Boullenois fait choix de nouveaux régents........	117-118
La Ville a prié Boullenois (1628) de pourvoir aux abus qui se sont introduits depuis quelques années dans le collège..	117
Opposition des chanoines à la réception par la Ville des régents choisis par le principal.........................	118
Gages donnés par la Ville aux régents	118-119
Deux échevins sont commis pour visiter le collège et donner ordre aux réparations nécessaires................	119
L'Échevinage confirme (1628) sa défense aux maîtres des écoles particulières d'enseigner le latin au delà des rudiments...	119-121
Construction d'une nouvelle chapelle.................	121-124
Gabriel Briet, ancien maïeur, qui a légué une somme pour la construction de cette chapelle, en a laissé une	

Pages

autre pour fonder un repas annuel des anciens maieurs 122-123

L'évêque d'Amiens permet au principal de choisir un prêtre pour entendre les confessions des écoliers......... 124

Question des gages des régents....................... Ibid.

Procès entre le collège et le couvent des Ursulines pour des droits sur le jardin des Arquebusiers voisin du collège.. 125

Boullenois, très vieux, ne peut plus instruire convenablement la jeunesse ; a été prié par la Ville de céder sa classe de seconde à une personne choisie par lui et digne de l'occuper. Il a consenti mais supplié qu'on lui continuât sa pension jusqu'à la fin de ses jours. La Ville acquiesce à son désir.. 126

J. de Boullenois donne ses livres à la Ville. Délibération municipale qui accepte le don. Conditions, etc. — Projet de la bibliothèque à établir dans le collège pour recevoir et conserver ces livres qui sont nombreux et très beaux... 127-129

La Ville désire que Boullenois ratifie par écrit son don verbal, ce qu'il s'empresse de faire. — Conditions..... 129-131

Don par Boullenois de cinquante livres de rente destinées à deux prêtres qui seront choisis par le principal pour entendre chaque mois les confessions des écoliers 132-133

Testament de J. de Boullenois...................... 133

Analyse de ce testament........................... 133-137

Codicille de J. de Boullenois....................... 137-138

Boullenois prie la Ville de pourvoir de sa survivance dans le principalat Robert de La Levrièze............... 138

Mort de Boullenois................................ 139

Sa sépulture et son monument dans Saint-Vulfran...... Ibid.

Son épitaphe en vers latins composée par lui-même.... 140

Boullenois dans l'Obituaire de Saint-Vulfran.......... 141

Robert de La Levrièze coadjuteur de J. de Boullenois dans les dernières années de ce principal............. 141-142

ROBERT DE LA LEVRIÈZE, cinquième principal (1611-1669)... 143

Éloge de la Levrièze............................... 143-144

Boullenois l'a demandé pour coadjuteur.............. 144

Dissentiment des chanoines, de MM. du prieuré de Saint-Pierre et de MM. du Corps de Ville sur la demande de Boullenois.. 145-147

	Pages
Le Corps de Ville désire toujours recevoir les Jésuites dans le collège..	145
Prétentions de MM. du Présidial pour l'élection du principal après la mort de Boullenois............................	147
Opposition des chanoines à ces prétentions..........	147-148
Les chanoines pressent auprès de l'Échevinage la nomination du principal...................................	148
Défaites et lenteurs de l'Échevinage.................	149-150
La Levrièze fait à ses dépens un voyage à Paris et présente requête à la Cour du Parlement au nom du Chapitre pour qu'il soit procédé à l'élection d'un principal........	150
Arrêt du Parlement du 29 avril 1645 ordonnant que dans trois semaines il sera procédé à la nomination du principal..	*Ibid*
L'Échevinage recherche dans quelles formes ont été faites les nominations précédentes d'un principal........	*Ibid.*
En quelles formes fut tentée d'abord la nomination de R. de La Levrièze. — Discussions des différents corps les 26 et 28 juin 1645.................................	151-155
La nomination ne peut être faite. — R. de La Levrièze est prié de remplir les fonctions de principal par provision, et sans préjudice aux droits des différents corps en opposition..	155
Les corps s'en remettent à un jugement de la Cour et le procès-verbal est envoyé au Parlement...................	*Ibid.*
Arrêt de la Cour du Parlement du 11 décembre 1645 ordonnant que les parties viendront procéder en icelle sur les contestations contenues audit procès-verbal..........	156
Procédures et mémoires des différents corps en conséquence de cet arrêt......................................	156-157
La Levrièze présente lui-même une requête à la Cour...	157
Arrêt de la Cour, en date du 27 mars 1646, entendant que La Levrièze jouisse, par manière de provision, de la charge de principal, et voulant que les parties fassent diligence pour faire juger dans l'espace d'un mois l'instance pendante sur la question qui les divise....................	158
La Levrièze prend possession de la place de principal...	*Ibid.*
Il choisit des régents...................................	159
Il s'occupe de la bonne tenue du collège. Ses proposi-	

30.

	Pages
tions dans cet intérêt....................................	160
Les régents sous La Levrièze...,.................	161-163
Prétentions rivales des chanoines et de la Ville. — Droit d'inspection des chanoines............................	163-164
Articles dressés par R. de La Levrièze et fixant les obligations des régents......................................	164-168
Les régents se plaignent de la modicité de leurs gages. La Ville décide que ces gages seront, pour chacun d'eux, augmentés de vingt-cinq livres par an. — Les régents sont maintenant au nombre de cinq......................	168-169
Legs au profit du collège..........................	169-173
Le don d'Alexandre Mallery en vue surtout des pauvres écoliers...	170
Le don de R. de La Levrièze.........................	171
Le jardin du collège................................	173
Testament et codicille de R. de La Levrièze..........	174-175
Visite et inventaire du cabinet de feu R. de La Levrièze...	175-176
R. de La Levrièze dans l'Obituaire de Saint-Vulfran.....	176
NICOLAS DE GRÉBEMAISNIL, sixième principal (1669-1687)....	Ibid.
Nommé le 25 novembre 1669, installé le 2 décembre......	Ibid.
Visites des chanoines dans le collège entre la mort de La Levrièze et l'élection du nouveau principal................	177
Opposition des chanoines pour l'élection du principal.	177-178
Arrêt du Conseil, du 4 décembre 1671, ordonnant que l'élection d'un principal se fera dans l'Hôtel-de-ville etc. — C'est cet arrêt qui réglera dorénavant les élections du principal	179
Constatations par le chanoine Quennehen de droits exercés par le Chapitre...................................	179-181
Nicolas de Grébemaisnil très mauvais principal.........	181
Les ressources du collège mises en péril. — Les droits sur la maison du Val transférés de la Ville à l'Ordre de Notre-Dame du Mont-Carmel.........................	181-182
Délibération de la Ville dans cette conjoncture.......	182-183
Le Conseil de direction de l'Ordre du Mont-Carmel, pour se libérer de la charge annuelle de la maison du Val envers le collège, s'entend avec la Ville. — Traité du 15 août 1674...	183-184

	Pages
Le collège en pleine décadence sous la direction de N. de Grébemaisnil...	184
La Ville s'efforce de relever la discipline par un règlement qu'elle concerte avec les chanoines...............	184-185
Scandale suscité par le principal lors de la première lecture de ce règlement arraché par les écoliers..........	185-186
La Ville ne voit d'autre moyen de « restablir » le collège que d'y recevoir « quelque communauté et particulièrement celle des Jésuites. ».................................	187-188
N. de Grébemaisnil s'absente sans commettre personne pour le suppléer dans ses fonctions de principal et de régent de rhétorique. — Autres causes de mécontentement. — La Ville et le Chapitre porteront leurs plaintes au Palais...	188
Mémoire pour le corps de Ville contre le Principal....	189-192
Mémoire contre le Principal pour les Doyen, chanoines et Chapitre de Saint-Vulfran..........................	192-194
Mort de Nicolas de Grébemaisnil, son nom dans l'Obituaire de Saint-Vulfran...............................	194
Intérim. — CHARLES RETART. — CHARLES-FERDINAND LANGLOIS, 1687-1692.................................	194
La mort de Grébemaisnil a mis fin à l'accord de MM. de la Ville et des chanoines............................	Ibid.
Les maire et échevins pensent à remettre le collège aux Jésuites. Ils surseoiront à la nomination d'un principal...	195
Les chanoines entendent maintenir l'ordre existant et font acte d'autorité dans le collège......................	Ibid.
Assemblée en la grande salle de l'hôtel de ville de tous les « corps » convoqués par le maieur et représentés « par députés ». — Les Jésuites seront appelés dans la Ville « pour y tenir collège. »........................	195-197
Le Conseil de la ville décide que, en attendant la réponse des Jésuites, le sieur Langlois, prêtre, etc., sera prié de faire au collège les fonctions de principal et de régent de rhétorique...	197-198
Les chanoines ne veulent pas des Jésuites. Ils font sommer les maieur et échevins de convenir d'un jour pour la nomination d'un principal, etc..........................	198
Réunion du 27 octobre (1687) à l'hôtel de ville. — Les cha-	

Pages

noines y prennent le banc des échevins. — Les échevins se retirent. En leur absence, les chanoines nomment principal le sieur Retart... 198-199

Réunions des maire et échevins pour délibérer sur les incidents du 27 octobre. Dans la seconde où assistent les anciens maieurs, il est décidé, après une exposition des faits par le maieur en charge, qu'on demandera au duc d'Elbeuf, gouverneur de Picardie, et à l'intendant leur protection dans les poursuites qui se feront au Conseil.... 199-202

L'élection de Retart suivant un mémoire des archives de la Ville.. 202-203

Retart se démet entre les mains des chanoines......... 203

F. Langlois administre le collège...................... Ibid.

La contestation portée à Paris........................ Ibid.

Projet de statuts rédigé par Langlois et les régents... 204-205

Il ne sera permis à personne de parler français dans le collège... 205

Les « personnes du sexe » interdites aux bénéficiers.... 206

Actes publics. — Discours à l'ouverture des classes. — Panégyrique de saint Grégoire le 12 mars. — Epigrammes en l'honneur de sainte Catherine. — Épigrammes en l'honneur de saint Grégoire. — A la fin de l'année tragédie de la composition du « meilleur des auteurs ou du principal ou de quelqu'un des régents »........................ 206-207

Un distique en l'honneur de saint Grégoire.......... 207-208

Les maieur et échevins tiennent toujours à remettre le collège aux Jésuites. Le P. La Chaise et le P. provincial seront priés de solliciter l'agrément du roi pour leur établissement à Abbeville..................................... 208-209

La Ville augmente la somme destinée à l'acquisition des prix (1608)... 209-210

Lettre du duc d'Elbeuf. Il désire qu'on nomme principal un sieur Liébault. La Ville répond qu'on ne peut nommer un principal, les Jésuites ayant obtenu l'agrément du roi pour s'établir dans le collège, et que, le pût-on, il faudrait attendre que fût réglée la contestation entre les chanoines et les maieur et échevins pour les places à occuper en l'hôtel de ville lors du vote......................... 210-211

Administration de Langlois. — Régents présentés par

Pages

lui à l'acceptation de la Ville. — Langlois en bons termes avec les magistrats municipaux.................... 211-212

La cloche du collège cassée est échangée contre une autre appartenant à la Ville. — Poids et inscriptions de ces cloches... 213-214

Nouveaux régents présentés à la Ville par Langlois..... 214

Arrêt du 8 septembre 1692, visant des arrêts antérieurs et ordonnant que la nomination du principal aura lieu dans l'hôtel de ville, en présence du lieutenant général (de la sénéchaussée), par les chanoines et les maieur et échevins, etc... les places devant être occupées comme il se pratique pour l'élection du receveur des pauvres (ce qui donne raison aux réclamations des échevins).................. 215-216

JACQUES BECQUIN, huitième principal (1692-1694)......... 217

Le nouveau principal est nommé le 4 octobre 1692. — Comment élu.. 217-219

J. Becquin, menacé d'un procès par les chanoines pour la prébende préceptoriale, se démet de la charge de principal... 219-220

La Ville poursuit l'appel des Jésuites................ 220-226

Projet d'accord avec les Jésuites..................... 221-224

La mense du Val désunie de l'Ordre du Mont-Carmel et réunie à l'Hôtel-Dieu d'Abbeville. Les religieuses de l'Hôtel Dieu tentent d'empêcher le receveur (municipal) du Val de percevoir les censives cédées au collège sur cette ancienne maladrerie. La Ville se pourvoit au Conseil contre leur prétention...................................... 225

Les Jésuites disparaissent des délibérations de la Ville jusqu'en 1734...................................... 226

L'institution d'un maire perpétuel (1693) donne occasion aux chanoines de réclamer contre l'arrêt de 1692......... *Ibid.*

Arrêt du Conseil d'État du 25 mai 1694 réglant encore les formes de l'élection du principal..................... 227-230

FRANÇOIS LEFEBVRE, neuvième principal, (1694-1712)...... *Ibid.*

Nommé le 1er juillet (1694) installé le 7................. 230-232

Le Conseil de la ville n'accepte qu'en faisant des réserves l'arrêt du 25 mai 1694. La Ville formera opposition à l'exécution de cet arrêt; mais, sans préjudice à cette opposition, procédera à la nomination du principal................ 230-231

Pages

Serment et installation de François Lefebvre comme principal.......... 232

La Ville ne paraît pas avoir donné suite à son projet d'opposition........ Ibid.

Comment les nominations de principal durent être faites désormais........ 232-234

Le Val devenu bien de l'Hôtel-Dieu demeure terrain de contestations pour des revenus afférents au collège. Délibération de la Ville........ 234-236

L'Hôtel-Dieu prétend faire célébrer le service dans la chapelle du Val. — La Ville formera opposition pour maintenir le principal et les régents dans la possession de célébrer ce service (à la Saint-Jean)........ 236

Quelques actes de l'administration de F. Lefebvre....... Ibid.

Lefebvre a remercié un régent et le régent a protesté, prétendant qu'il n'appartient qu'à la Ville et au Chapitre de le destituer. La Ville, tout en déclarant ne pas vouloir engager ses décisions pour des cas semblables en l'avenir, approuve et confirme la destitution faite par Lefebvre.. 236-237

Établissement projeté d'un petit séminaire à Abbeville 237-238

Artous imprimeur du collège........ 238

Réparations faites au collège par F. Lefebvre...... Ibid.

F. Lefebvre auteur de la *Relation du voyage de l'isle d'Eutopie*. Sa mort........ 239

JACQUES GIRARD, dixième principal (1712-1728)........ 240

Nommé le 5 novembre 1712........ Ibid.

Difficulté à l'occasion de son élection entre la Ville et les chanoines........ 240-241

Serment et installation de Girard........ 241-242

MM. de la Ville songent à remettre le collège aux prêtres de l'Oratoire. Délibérations et démarches en cette intention........ 242-249

Pourquoi les Jésuites n'ont pas pris autrefois possession du collège........ 244

La Ville révoque le traité fait avec eux le 2 juillet 1693 et qui n'a jamais été exécuté........ 245

Projet de traité avec la Congrégation de l'Oratoire... 245-248

Cette Congrégation accepte les conditions de la Ville.... 248

La convention arrêtée des deux parts ne reçoit cepen-

                                                                    Pages
dant pas de suite..................................... 248-249
    Défenses du roi aux religieux mendiants, au principal et
régents du collège d'Abbeville, aux merciers, etc., de vendre des livres.. 249
    Girard « obligé » de quitter sa charge................ *Ibid.*
    JACQUES RINGOT, onzième principal (1728-1729)......... *Ibid.*
    Nommé le 16 octobre 1728, il ne garde la charge que peu
de mois... 249-250
    JEAN-BAPTISTE-PHILIPPE DE LESPY, douzième principal,
(1729-1738)... 250
    Nommé le 25 juillet 1729 contre le candidat des chanoi-
nes... *Ibid.*
    La Ville pense à confier le collège aux Jacobins d'Abbe-
ville... 250-252
    De Lespy donne sa démission une première fois pour
faciliter l'accord.................................... 250
    Le roi s'oppose à la remise du collège aux Jacobins. —
Lettre de M. de Saint-Florentin, ministre, secrétaire d'État,
exprimant la volonté du roi........................... 250-251
    Un bruit court que les maire et échevins reviennent à
l'idée d'appeler les Jésuites dans le collège. — L'Université de Paris s'émeut de ce bruit..................... 252-261
    Le recteur de l'Université demande des explications..... 252
    La réponse lui est envoyée dans un assez long mémoire
le 16 août 1731....................................... *Ibid.*
    Mémoire au sujet des bruits répandus de l'établissement
des Jésuites dans le collège de la ville d'Abbeville...... 253-260
    Un extrait des procès-verbaux de l'Université........ 260-261
    Il ne sera plus question de remettre le collège à un
ordre de réguliers.................................... 261
    De Lespy abandonne la direction du collège............ *Ibid.*
    CLAUDE MOUCHART, treizième principal (1738-1743?)...... 262
    Nommé le 7 août 1738.................................. *Ibid.*
    Délivrés de la crainte des réguliers, les chanoines re-
prennent toutes leurs prétentions d'autorité sur le collège
et sur le principal................................... 262-267
    Procès entre le nouveau principal et les chanoines, la
Ville soutenant le principal.......................... 262
    Cl. Mouchart demande à l'évêque d'Amiens sa protec-

Pages

tion contre les chanoines. — Lettre du 25 juillet 1742... 263-267

Mouchart rencontre encore l'hostilité des chanoines dans la question des écoles particulières et du latin....... 267

Mouchart vaincu abandonne sa place................. *Ibid.*

Les vers latins au collège d'Abbeville. Ode pour la guérison d'un chanoine................................. 267-269

Jean Tripier, quatorzième principal, (1743 ?-1761)....... 269

Nommé le 11 février 1743........................... 270

Relations peu amicales entre ce principal et les chanoines *Ibid.*

Exposé des griefs de Tripier........................ 270-275

Tripier mécontente ses régents par un bail du jardin du collège. Les régents réclament à la Ville.............. 275

Tripier poète latin, auteur des hymnes des premières et secondes vêpres de l'office de Saint-Vulfran........... 275-276

Distribution de prix de 1744 ; drame héroïque et comédie joués à cette occasion ; noms des élèves qui ont rempli les rôles... 276-279

Tripier ne meurt pas en bons rapports avec les chanoines. — Leur conduite à son égard après sa mort........ 279-281

Il est mort au collège. Inventaire de ses papiers après son décès..................................... 281

Pierre Louchart, quinzième principal, 1761-1778 (?)..... 282

Nommé le 27 mai 1761 contre le candidat des chanoines. *Ibid.*

Incidents de l'élection............................. 282-285

L'évêque d'Amiens défavorable à Louchart finit par viser sa nomination.............................. 244-285

Installation de Louchard le 8 juillet 1761............... 285

Un édit de février 1763 crée les bureaux d'administration de collège..................................... *Ibid.*

Un bureau de ce genre paraît à Abbeville en 1764 et cherche à augmenter les ressources du collège. Il sollicitera une part dans la distribution projetée par le Parlement des biens dont jouissent les collèges riches ; il demandera pour le collège une existence légale fondée sur des lettres patentes, des revenus permettant de donner l'instruction gratuite................................ 286

Le bureau d'administration sollicite et obtient la réunion au collège de la mense conventuelle de Forêtmoutier... 287-289

Les revenus du collège en 1769...................... 289-290

	Pages
Le roi et l'évêque d'Amiens répondent enfin favorablement aux sollicitations du bureau du collège.............	290
Union de la mense conventuelle de l'abbaye de Forêt-montiers au collège d'Abbeville.......................	Ibid.
Décret de l'évêque d'Amiens pour cette union........	290-292
Lettres patentes du roi. Confirmation du décret épiscopal...	292-293
Intérêt porté par le gouvernement à l'instruction publique...	293-294
Règlement du collège arrêté par le bureau d'administration le 3 octobre 1776...........................	294-302
Administration du collège au temps du principal Louchart..	302-304
Reconstruction du collège...........................	304
PIERRE-JOSEPH BERTIN, seizième principal, 1778-1791......	Ibid.
Reçu le 9 novembre 1778............................	Ibid.
Prospectus-règlement de ce principal...............	305-312
Discours de M. Bertin lors de la distribution des prix et exercices des élèves..................................	312-315
M. Bertin multiplie les exercices publics. Avis à cet égard de 1781 à 1787................................	315-324
Ouverture des classes avec discours.................	324
Bureau d'administration. Comment il doit être composé. Nominations..	324-325
Le lieutenant particulier du roi au Présidial a-t-il le droit de siéger comme lieutenant de maire dans le bureau d'administration ? Contestations. Mémoire du principal sur la question...	325-332
Agrandissement du collège (1786)...................	332
Prospectus d'un maître de pension tentant un établissement rival du collège.................................	332-334
Deux comptes de l'abbé Bertin 1784 et 1785...........	335-336
Portrait, donné au collège, de l'archevêque de Sens, de Loménie de Brienne, ministre de Louis XVI.............	336
1791. Refus du serment par le principal et d'autres professeurs. Leur remplacement par le Conseil général de la commune..	336-338
Note sur la vie de M. Bertin........................	337
Les nouveaux professeurs prêtent serment dans la cha-	

31

	Pages
pelle du collège après avoir entendu la messe du Saint-Esprit...	338
François-Georges Delétoile, dix-septième principal, 1791...	339
Distribution des prix en 1791........................	339-340
Distribution des prix en 1792........................	340-341
Distribution des prix en 1793........................	341
F.-G. Delétoile porte encore le titre de principal du collège en octobre 1794..	Ibid.
Après la fermeture du collège, l'abbé Delétoile ouvre un pensionnat...	341-342
Il compose un ouvrage sur les poids et mesures........	342

CHAPITRE TROISIÈME

JUSTIFICATIONS. — NOTES. — RECTIFICATIONS.

Deux errata..	343
Gages du principal et des régents....................	343-348
Donations et fondations faites au profit du collège....	348-358
Legs de Mademoiselle Marie Le Comte, veuve de Jean Le Prevost...	348
Fondation de demoiselle Jeanne Cordier, veuve de Pierre Gaudemont...	348-350
Fondation de demoiselle Françoise Belle, veuve de Gabriel Briet...	350-351
Donation de demoiselle Geneviève Le Blond, veuve de Jean Delecourt...	351-352
Donation du principal Jean Boullenois pour les confesseurs du collège..	352
Noms des confesseurs..................................	353-354
Fondation de demoiselle Françoise Onfroy.............	354-355
Fondation de Jean Le Sellier.........................	355
Fondation du principal Robert de La Levrièze.........	355
Fondation de Marie Le Blond veuve de.................	355-356
Fondation de...	356
Fondation de Louis Lebel.............................	Ibid.
Fondation de Demoiselle Barbe David, d'une maison	

	Pages
près de la porte Comtesse............................	356-358
Fondation d'Alexandre Mallery.......................	358
État des messes et des obits à la charge du principal et des régents..	358-361
Le comte de Saint-Pol fit-il à ses frais présent à la Ville de l'hôtel de Neuilly ?.................................	361
Arrêt du 16 mars 1617 réglant le mode de nomination des régents...	361-364
Arrêt du 27 mars 1646 concernant des difficultés entre l'Échevinage, Messieurs du Présidial et les chanoines lors de la nomination du principal de la Levrièze...........	364-365
La Levrièze meurt en 1669...........................	365
Vin bu à l'Hôtel de Ville lors de la nomination des principaux..	Ibid.
Un erratum de la p. 220.............................	Ibid.
Le chapitre de Saint-Vulfran conteste au principal Tripier sa qualité de chanoine............................	366
Remarque pour la p. 290.............................	Ibid.
Délibération de la ville (20 mars 1786) autorisant l'acquisition d'une maison pour l'agrandissement du collège.	366-368

CHAPITRE QUATRIÈME

LE COLLÈGE DEPUIS LA RÉVOLUTION.

Après la fermeture du collège l'instruction est donnée dans la ville par quatre instituteurs publics...............	369
Intérêt porté par la Ville aux études scolaires...........	Ibid.
Les élèves du citoyen Grandhomme viennent prier le Conseil de la commune d'assister dans le temple de la Raison à un exercice public.............................	Ibid.
Le collège transformé en maison d'arrêt. — Conduite légère de deux Anglaises qui y sont détenues............	370
Les administrateurs du Directoire révolutionnaire du district réclament de la Ville les éléments d'un état des écoles primaires à établir et de celles déjà établies (1791)	Ibid.

L'administration municipale sollicite l'établissement à Abbeville d'une école Centrale, c'est à dire du second degré

	Pages
ou analogues aux anciens collèges (1795)...............	370-371

La Révolution et l'Enseignement. — Activité créatrice et ordonnatrice de la Convention.................... 371-373

L'Institut national et la société d'Emulation d'Abbeville   373

Ecoles particulières dites complaisamment du degré secondaire.. 373-374

Encouragements donnés par les administrateurs de la ville aux élèves de ces écoles........................ 374-376

Les instituteurs et leurs élèves dans les réunions décadaires et dans les fêtes publiques..... .... *Ibid.*

Distribution des prix..................................... 375

Correspondance du Département et de la Ville relativement aux écoles (1798)................................ 376

Le Collège sera rendu à sa destination (1802).......... 377

Les cinq écoles secondaires de la ville seront réunies dans les anciens locaux. — Somme votée pour ce rétablissment des études au collège............................ 377-381

Projet de convention entre la Ville et le citoyen Bellart qui demande la concession des bâtiments, etc. de l'ancien collège pour y ouvrir à ses frais et sous certaines conditions l'école secondaire (1803)........... 381-383

La Ville réservera une partie des bâtiments pour la bibliothèque publique et le logement du bibliothécaire...... 381

Le tribunal civil occupait alors (mai 1803) les bâtiments du collège mais devait prochainement les évacuer........ 382

Circulaire du citoyen Bellart.................... 383-387

Ouverture de l'école secondaire ou réouverture du collège (octobre 1803)... 387

Un arrêté du gouvernement du 29 thermidor an XI a concédé à la commune la jouissance des bâtiments pour le temps pendant lequel l'établissement de l'école secondaire méritera d'être maintenu...................... 387-391

Délibérations de la Ville et correspondance avec le sous-préfet pour le nouvel établissement................... *Ibid.*

Rapport du citoyen Boucher au Conseil de la ville : Nombre désirable des professeurs, plan des études, ressources à créer... 391-397

Autre rapport du même : Projet de règlement pour la discipline intérieure de l'école secondaire. — Ressources,

Pages

dépenses... 397-401

Deux membres du bureau d'administration de l'école secondaire doivent être pris dans le conseil municipal et nommés par lui. Le sous-préfet conteste la nomination de M. Morel attendu qu'adjoint au maire il ne fait pas partie du Conseil municipal. Le Conseil désire maintenir la nomination. Il veut porter le point discuté jusqu'au ministre de l'Intérieur. Il se soumet à une lettre du préfet......... 401-405

M. Morel reçoit du maire délégation de le représenter d'une façon permanente au bureau d'administration. — Son zèle pour l'instruction publique................... 405-406

Forges établies dans l'ancienne chapelle du collège pour le service de la marine........................ 406-407

La bibliothèque publique au collège............... 408

Réparations urgentes à faire aux bâtiments du collège.— Rapport de M. Nau sur ces réparations mais surtout sur le personnel enseignant, sur la subvention nécessaire, sur la gratuité de l'enseignement à accorder à vingt externes, enfants de parents peu aisés......................... 409-415

Le Conseil de la Ville vote une somme nouvelle pour subvenir aux réparations urgentes et à l'augmentation des professeurs... 415-416

Revenus et dépenses du collège en 1806............ 416-419

Nouveau rapport de M. Nau sur l'état et les besoins du collège.. 419-423

Conformément aux vœux exprimés dans ce rapport, le Conseil de la ville sollicitera du Gouvernement un arrêté qui oblige les maîtres de pension particulières à envoyer à l'école secondaire les élèves en état d'être admis dans les classes.. 423

Budget des recettes et des dépenses pour 1807. — Dépenses.. 424

Emploi du latin de retour dans les cérémonies. — Palmarès de 1807...................................... 424-428

CHAPITRE CINQUIÈME

DE 1808 A 1887.

	Pages
Les palmarès..	429
CRUSEL, premier directeur ou principal depuis 1805.....	430
BELLART second principal, depuis la Révolution 1813-1817.	*Ibid.*
Prospectus de ce principal...............................	431
M. Mondelot..	431-432
Un cours de langue anglaise............................	432
La première chaire de rhétorique (1815)...............	*Ibid.*
Examen public des élèves....................................	433
Examens passés devant le principal du collège par les instituteurs primaires pour l'obtention du brevet de capacité (1816)..	*Ibid.*
SEVRETTE, troisième principal (1817-1822)...............	*Ib'd.*
Exercices précédant la distribution des prix........	433-434
La chapelle rouverte...	434
L'abbé Bertin, ancien principal, de retour dans la ville, administrateur du collège. — Messes dites par lui dans la chapelle...	434-435
Des discours d'ouvertures sont prononcés à la rentrée des classes...	*Ibid.*
Doubles distributions de prix, en avril et en août (1818-1819)...	435
Exercices publics..	*Ibid.*
Professeurs (1819)..	436
Palmarès de 1819...	436-438
Classe ouverte pendant les vacances...................	438
Première idée d'un minimat................................	*Ibid.*
Palmarès de 1820. — Les professeurs	438-440
Palmarès de 1821. — Les professeurs................	440-442
Palmarès de 1822. — Les professeurs................	442-443
L'abbé Ozouf, quatrième principal, 1822-1827.........	443
Mouvement parmi les professeurs........................	*Ibid.*
Palmarès de 1823. — Quelques noms d'élèves........	444-445
Prospectus de l'abbé Ozouf.................................	445
Palmarès de 1824. — Les professeurs. — Quelques noms	

	Pages
d'élèves..	445-447
Palmarès de 1825. — Quelques noms d'élèves........	447-448
Palmarès de 1826. — L'étude du grec a repris faveur. — Quelques noms d'élèves..............................	448-450
Examens publics avant la distribution des prix.........	450
Palmarès de 1827. — Les professeurs. — Quelques noms d'élèves..	451-452
L'abbé Bruyer, cinquième principal, 1827-1833..........	453
Lettre circulaire de ce principal.....................	Ibid.
Mouvement dans les professeurs.....................	Ibid.
Le palmarès de 1828...............................	454-455
Nouveau prospectus du principal. — Création d'une chaire de philosophie...............................	456-457
M. Bruyer chargé jusqu'alors provisoirement de la direction du collège est nommé titulaire de la place...........	457
Palmarès de 1829. — Les professeurs. — Classes nouvelles : philosophie ; physique et mathématiques.......	457-458
Distribution des prix dans l'église de Saint-Gilles.......	459
Palmarès de 1830. — Les professeurs.................	Ibid.
La messe du Saint-Esprit désormais dite dans la chapelle de l'hôpital et dans l'église Saint-Gilles...............	460
Suppression du discours de rentrée à l'ouverture des classes...	Ibid.
Court programme des études (octobre 1830)...........	461
La chapelle devient salle de cours (physique)..........	462
Le palmarès de 1831. — Les professeurs. — Quelques noms d'élèves......................................	462-463
Une salle de répétition offerte aux externes des classes élémentaires jusqu'à la cinquième.....................	463
Mouvement des professeurs.........................	463-464
Le palmarès de 1832...............................	464
Palmarès de 1833. — Mouvement des professeurs.....	465-466
Palmarès de 1824. — Mouvement des professeurs.....	466-467
L'abbé Bruyer, principal, attaqué dans sa vie privée, disparaît tout à coup. Il est vigoureusement défendu par le *Journal d'Abbeville*................................	467-468
Pierre-Omer-Jean Cherest, sixième principal, 1833-1850...	468
Palmarès de 1835. - Mouvement des professeurs....	468-469

                                                                    Pages
Palmarès de 1836. — Mouvement des professeurs.......   469
Palmarès de 1837. — Mouvement des professeurs.....   469-470
Palmarès de 1838. — Mouvement des professeurs.......   470
Palmarès de 1839. — Mouvement des professeurs....   470-471
Palmarès de 1840. — Répartition des cours..........   471-472
Palmarès de 1841. — Mouvement des professeurs.......   472
Le futur amiral Courbet............................   472-474
Palmarès de 1842. — Mouvement des professeurs.......   473
Palmarès de 1843. — Mouvement des professeurs.......   474
Distribution des études............................   474-475
Le futur amiral Courbet............................   476
Palmarès de 1844. — Mouvement des professeurs.......   *Ibid.*
Palmarès de 1845. — Mouvement des professeurs.......   477
Palmarès de 1846. — Mouvement des professeurs.......   *Ibid.*
Palmarès de 1847. — Changements parmi les professeurs..   477-478
M. Masquelier. — M. Jules Caudron professeur du cours de dessin..   478
Palmarès de 1848. — Mouvement des professeurs.......   *Ibid.*
Palmarès de 1849. — Mouvement des professeurs.......   *Ibid*
Palmarès de 1850. — Mouvement des professeurs.......   479
M. Farauchon, septième principal, 1850-1852..........   *Ibid.*
Palmarès de 1851. — Mouvement des professeurs.......   *Ibid.*
Palmarès de 1852. — Mouvement des professeurs.......   480
M. Galtier, huitième principal, 1852-1869............   *Ibid.*
La chapelle rendue au culte........................   *Ibid.*
Palmarès de 1853. — Mouvement des professeurs......   481
Prix ou distribution des études....................   481-482
Palmarès de 1854. — Mouvement des professeurs....   482-483
Palmarès de 1855. — Changements parmi les professeurs..   483-484
Palmarès de 1856. — Changements parmi les professeurs   484
Palmarès de 1857. — Mouvement des professeurs.......   *Ibid.*
Médailles d'honneur données aux élèves reçus bacheliers..   485
Palmarès de 1858. — Mouvement des professeurs.......   *Ibid.*
Palmarès de 1859. — Mouvement des professeurs.......   *Ibid.*
Palmarès de 1861. — Mouvement des professeurs.......   486
Palmarès de 1863. — Mouvement des professeurs........   *Ibid.*

	Pages
Prix ou distribution des études..................	486-487
Palmarès de 1864. — Mouvement des professeurs.......	488
Le nom de philosophie rendu à la classe de logique.....	Ibid.
Palmarès de 1865. — Mouvement parmi les professeurs.	Ibid.
Palmarès de 1866. — Mouvement des professeurs.....	488-489
Palmarès de 1867. — Mouvement des professeurs.......	489
Palmarès de 1868. — Mouvement des professeurs.......	Ibid.
Palmarès de 1869. — Mouvement des professeurs.......	Ibid.
M. Wicquot, neuvième principal, 1869-1876............	490
Palmarès de 1870. — Mouvement des professeurs....	490-491
La messe du Saint-Esprit dite à Saint-Gilles, la chapelle du collège ayant changé d'usage......................	491
Palmarès de de 1872. — Mouvement des professeurs..	491-492
Palmarès de 1873. — Mouvement des professeurs.......	492
Palmarès de 1874. — Mouvement des professeurs.......	493
Concours académique de Douai....................	493-494
Prix ou distribution des études....................	494-496
Le Conseil municipal élu en 1874 porte un très vif intérêt au collège..	496
Il charge cinq de ses membres d'étudier la réforme ou plutôt l'organisation de l'enseignement spécial...........	Ibid.
Mouvement des professeurs...........................	497
Palmarès de 1876. — Mouvement des professeurs.......	Ibid.
M. Picquet, chef du secrétariat de la mairie.............	Ibid.
Délibérations diverses du Conseil municipal en faveur du collège..	498-499
La mise en règle................................	499
M. Saby, dixième principal, 1876-1883................	Ibid.
Palmarès de 1877. — Mouvement des professeurs.......	500
Cours créés d'équitation, de gymnastique et d'exercices militaires, d'escrime...............................	Ibid.
Motions au Conseil municipal, relatives à l'organisation du collège, à la tenue des cours et aux travaux nécessités par un projet d'agrandissement.....................	500-501
Votes du Conseil................................	501
Palmarès de 1878. — Mouvement des professeurs.......	Ibid.
Création d'une chaire d'anglais et d'une nouvelle chaire de sciences......................................	501-502
Travaux exécutés ou en voie d'exécution...............	502

	Pages
Mouvement des professeurs en 1878-1879............	502-503
Palmarès de 1880. — Mouvement des professeurs.......	503
Rapport du maire, M. Carette, sur les travaux accomplis et les améliorations effectuées au collège.........	503-504
Palmarès de 1881. — Mouvement des professeurs.......	504
Demande de la Ville à l'État pour l'agrandissement du collège et la fondation d'un minimat....................	Ibid.
Réponse favorable de l'État. Acquisition d'une maison rue Millevoye. Création du minimat..................	504-505
1881-1882. — Mouvement des professeurs.................	505
1882-1883. — Mouvement des professeurs...............	Ibid.
M. E. Morel, onzième principal, 1883-1887.............	506
Mouvement des professeurs............................	Ibid.
1884-1885. — Mouvement des professeurs..............	507
1885-1886. — Mouvement des professeurs..............	Ibid.
Matières des exercices d'après le palmarès............	508
M. Marius Fromenti, douzième principal, 1887...........	511
Qualités des professeurs en 1887.......................	Ibid.

CHAPITRE SIXIÈME.

L'ASSOCIATION AMICALE DES ANCIENS ÉLÈVES.

Histoire de cette association...........................	514
Inscription à la mémoire des anciens élèves du collège, morts au service de la patrie pendant la guerre contre l'Allemagne..	518
Autre à la mémoire de Rajat (J.-P.) capitaine-major, tué à Paris, le 23 mai 1871................................	519
Autre à la mémoire de l'amiral Courbet................	Ibid.
Table...	521

ADDENDA ET ERRATA

Je prie le lecteur de se reporter plus haut avant de parcourir ces pages, ou, en les parcourant, aux justifications, notes et rectifications qui m'ont déjà fourni un chapitre. — Pages 343-368.

Les Grandes Écoles

PAGES 2 ET 6.

Si nous n'osons trop réclamer saint Bernard, abbé de Tiron, dont l'éducation à Abbeville reporterait nos écoles au dernier quart du onzième siècle, ne pouvons-nous penser que le futur cardinal Le Moine fit ou commença ses études dans nos écoles ? Le P. Ignace l'affirme. — *Hist. ecclésiastique*, p. 521.

Nicole de Grambus, docteur en théologie, né à Abbeville, et qui écrivit la vie du cardinal fondateur, avait été, dit le même P. Ignace, boursier du collège du Cardinal. — *Hist. des mayeurs* p. 255. — N. de Grambus dut être d'abord un élève de nos Grandes Écoles.

Enfin Valerand de la Varanne, d'Abbeville, auteur des poèmes *Carmen de expugnatione Genuensi*, 1507, et *De gestis Joanne virginis*, 1516, dut étudier d'abord aussi dans nos

Grandes Écoles, et rien ne nous défend de croire qu'il poursuivit ses études comme boursier au collège du Cardinal.

P. 11.

La maison des Grandes Écoles occupait-elle plus ou moins de superficie que la maison (n° 17) du Bureau de bienfaisance? Les titres des maisons voisines, du n° 15 au n° 25, l'apprendraient peut-être. Ces maison, de construction non très ancienne, en bois, sauf celle qui porte le n° 19, peuvent bien, toutes ou quelques-unes, représenter des démembrements de l'ancienne maison des Grandes Écoles. Il ne faut pas oublier non plus que jusqu'en 1634, date de la création du Canal Marchand, le petit cours d'eau qui descendait du Pont-aux-Poissons devait être assez étroit. Lorsque, en 1887, on a reconstruit la maison du Bureau de bienfaisance, le terrain mis à nu n'a rien révélé de ses divers passés.

P. 12.

Ligne 26. — J'aurais dû rechercher et publier ici cette bulle de Clément VII. Dans un acte capitulaire rédigé par les chanoines en 1383 pour être présenté à ce pape, les chanoines invoquaient leur droit d'écolâtrie comme possédé par eux de long temps *pleno jure : Regimen magisterii magnarum scolarum cujus institutio et destitutio pertinet ad capitulum.* Suivant cet acte le maître des Grandes Écoles instruisait les écoliers in *grammaticalibus, logicialibus et aliis* (ici un mot illisible) *scienciis.*

Les chanoines demandaient au pape l'autorisation de faire trois parts du revenu des Grandes Écoles « qui étoit très fort » ; c'est à dire d'en prélever un tiers pour leur quotidiane « qui étoit très foible », un autre tiers « pour la fabrique de leur église qui étoit fort en désordre », le troisième tiers devant demourer au précepteur. — La bulle confirmée par le roi de France est citée dans l'arrêt de 1645 en faveur du principal pour la nomination des régents. — *Extraits de plusieurs délibérations par ordre alphabétique des registres du Chapitre de l'église de Saint-Vulfran. Bibliothèque de la ville.*

P. 12-33.

Les chanoines avaient fait faire, pour établir leur droit d'écolâtrie, un résumé de leurs délibérations qui nous ramène aux Grandes Écoles.

Ces extraits nous apprennent d'abord, à la date du 17 octobre 1526, que le maître des Grandes Écoles devait le past le jour de Saint Grégoire.

Puis :

4 avril 1541. — Deux députés du Chapitre et le maître des Grandes Écoles reçoivent charge d'empêcher la lecture des livres contraires à la foi.

Dernier avril de la même année. — Bail de la maison des Grandes Écoles pour un an.

15 mai 1543. — Louage de la même maison pour un an au maître des Grandes Écoles.

Dernier mai 1544. — Le Chapitre reçoit un nommé Nicole, chanoine, pour maître des Grandes Écoles, à condition qu'il ne comparaîtra dans l'église aux offices sans surplis et qu'il instruira gratis les domestiques des chanoines résidents et du notaire et...

10 mars 1545. — Le Chapitre ordonne au maître des Grandes Écoles d'inviter à dîner, le jour de Saint-Grégoire, les prédicateurs de Saint-Georges et de Sainte-Catherine. On lui donnera, à volonté, « quelque chose pour l'aider. »

9 décembre 1547. — Ordre au maître des Grandes Écoles de faire comparaître en chapitre les maîtres des petites écoles le lendemain de Saint-Jean, ces derniers devant déclarer le nombre de leurs écoliers.

15 juillet 1555. — Le trésorier et M. Tavernier, députés pour faire la visite des petites écoles avec le sergent.

24 juillet de la même année. — Comparution au Chapitre de tous les maîtres d'école. Leurs noms.

18 décembre 1559. — Vu le petit nombre des écoliers, et, par suite, la pauvreté du maître des Grandes Écoles, on diminue la somme due par lui pour le loyer de la maison.

14 février 1576. — Le maître des Écoles a sa part dans les deniers provenant du bail de la grange. — Voir pour cette grange la *Totographie hist. d'Abb. t. I. p.* 425.

9 mars 1578. — L'exhortation, voit-on par cet extrait, était régulièrement faite aux Grandes Écoles le jour de Saint-Grégoire.

11 août 1581, 18 août, même année. — Par différents actes le Chapitre accorde à quelques maîtres permission d'instruire la jeunesse dans les bonnes mœurs, la lecture, l'écriture, la musique, mais à condition de ne pas enseigner le latin.

25 décembre 1583. — Le collège va naître. Le Chapitre s'oppose à la vente que le Bureau des pauvres veut faire de la maison des Grandes Écoles pour lui en appliquer le produit. — Voir plus haut p. 50. — *Extraits des délibérations du Chapitre.*

COLLÈGE.

*p. 50.

Dernier septembre 1583. — « Ordre du Chapitre à Me Marand de Bailleul de ne pas se déplacer de nos écoles pour aller demeurer en l'hôpital où étoient ci-devant les filles pénitentes suivant l'ordre à luy donné par les commissaires du bureau des pauvres. » — *Extraits des délibérations du Chapitre.*

P. 51-52.

Les *Extraits des délibérations du Chapitre* nous donnent :

« Derniers mars 1586, la maison des Grandes Écoles accordée au sieur Duval, chanoine, tant et si longtemps que le Chapitre en pourra faire son profit. » — A cette date le Chapitre croit donc pouvoir disposer de la maison; mais, six semaines plus tard, le 17 mai, il a à se réunir pour cette question. Une délibération de la Ville l'occupe. Cette délibération a pour objet la vente par la Ville même de la maison disputée et l'augmentation du collège à l'aide des deniers provenant de la vente.

PAGE 54.

Eustace Le Roy, nommé régent en 1587 par les maire et échevins, était cousin de Jacques Le Roy, maieur la même année. Je relève cette parenté dans le résumé des plaidoiries qui précèdent l'arrêt du 16 mars 1617, arrêt analysé plus haut pp. 115-116 et 361.

P. 56.

Novembre 1587, J. Macquet reçu principal. — *Extraits des délibérations du Chapitre.* — « Le 7 décembre suivant, il est fait défense au receveur de lui distribuer aucuns grains avant qu'il n'ait payé, *pro jucundo adventu* à la prébende préceptoriale, les six écus accoutumés, ainsi que les a payés son prédécesseur, outre le festin comme il a promis faire sur le champ. » — *Extraits des délibérations du Chapitre.*

P. 79.

Ligne 18. — 27 septembre. 17 septembre dans les *Extraits des délibérations du Chapitre.*

P. 80.

Je n'ai pu rattacher à aucun fait l'indication suivante : « 12 février 1596, M⁰ Antoine Clugnet, principal du collège, nous a présenté requête, cejourd'hui, tendant à faire dresser les articles portés en icelle, sur laquelle seront appelés Là se prononcer] tous MM. les chanoines. » — *Extraits des délibérations du Chapitre.*

P. 112.

Les chanoines hostiles à l'introduction des Jésuites dans le collège, 3 avril 1615 : « M. le doien et M. Saumon députés pour s'opposer à l'échevinage à la réception des Jésuites en cette ville. » — *Ibid.*

P. 113-116.

Suivant les *Extraits des délibérations du Chapitre* : « L'Hôtel-de-ville inquiète le principal pour la nomination des régents. Le Chapitre intervient. »

P. 117-119.

Cette bonne entente du Conseil de la ville et du principal ne satisfait pas les chanoines : « 22 septembre 1628, opposition, tant à l'encontre de MM. de Ville que du principal, touchant le réglement du collège et établissement de nouveaux régents dans les classes sans appeler, avertir, ni sommer le Chapitre. » — *Extraits des délibérations du Chapitre.*

P. 123-124.

Cette construction de la nouvelle chapelle émeut la susceptibilité des chanoines. « 18 mai 1630 : opposition à la bâtisse entreprise par Mademoiselle Belle, veuve Briet, de la chapelle du collège, ladite demoiselle la faisant faire sans notre permission, aveu et consentement, quoique nous ayons qualité de patrons et d'écolâtres; opposition signifiée à ladite demoiselle et à M. Boullenois, principal. » — *Ibid.*

Il ne paraît pas que l'on ait tenu compte de cette opposition puisque nous lisons ensuite :

« Dernier janvier 1631, M⁰ Boullenois voulant passer outre

nonobstant l'instance et dire la messe dans la chapelle, on lui signifie qu'on le prendra à partie en son propre et privé nom et que cette action, comme attentat... » etc.

Ces dates renversent bien, ce semble, celles données par le *Mémoire* B.

P. 124.

Les chanoines faisaient même suivre de leur consensement les permissions de l'évêque.

« 31 décembre 1635, M⁰ Boullenois ayant exposé qu'une personne donnoit cinquante livres de rente pour deux confesseurs, à son choix et au choix de ses successeurs, pour confesser tous les mois, et qu'il avoit obtenu de Mgr l'évêque permission d'administrer aussi dans le collège le sacrement d'Eucharistie, Nous, en vertu de notre droit et vu ladite permission, y avons consenti. » — *Extraits des délibérations du Chapitre.*

P. 138.

Le principal était presque toujours obligé de s'adresser simultanément à la Ville et au Chapitre. Ainsi ce sept octobre 1644. « M⁰ Boullenois, infirme, présente par un régent une requête au Chapitre. Il prie qu'on veuille bien, tout lui en conservant ses émoluments de principal, sa vie durant, recevoir pour son coadjuteur, avec assurance de lui succéder « en survivance, » M⁰ La Levrièze alors régent. — *Ibid.*

P. 147-159.

On pourrait résumer ces longues discussions avec les *Extraits des délibérations du Chapitre :*

MM. du Présidial prétendent voix à la nomination du principal. Ils présentent trois extraits d'actes des registres de l'Hôtel-de-ville qui leur donnent, pensent-ils, voix séparée. Mais les noms qu'ils présentent comme ayant appartenu à leur corps sont aussi ceux d'anciens maieurs ayant conservé droit de siéger dans l'hôtel municipal et dont la voix n'a fait qu'une avec celle de la Ville. — Les chanoines députent vers MM. de Ville ; ils les prient de convoquer l'assemblée pour la nomination. Ne recevant aucune satisfaction, ils somment de nouveau la Ville et protestent qu'ils se pourvoiront. — Arrêt du 27 mars 1646. MM. de Saint-Pierre y sont aussi parties. Ordonné que les parties feront finir l'instance dans un mois ; cependant que le sieur La Levrièse exercera par provision et aura tous les fruits et profits, même la prébende préceptoriale. En conséquence de cet arrêt, le Chapitre permet aussi à La Levrièse de prendre place au chœur dans Saint-Vulfran.

P. 163-164.

La question des congés. Mars 1649, l'Hôtel-de-ville a disputé au Chapitre le droit de donner des congés, prétendant l'avoir particulièrement. A quoi le Chapitre résiste. Il ordonne au principal de faire exécuter ce qui a été convenu dernièrement, au sortir de la chapelle, entre les chanoines et MM. de ville, et de ne pas tenir compte de ce qui a été résolu depuis dans l'échevinage. Signifié au principal. — *Extraits des délibérations du Chapitre.*

Le principal La Levrièse ne manquait d'ailleurs pas de déférence envers les chanoines. Il venait régulièrement les inviter à assister aux oraisons de saint Remy et de saint Grégoire. Les chanoines députaient alors deux d'entre eux à ces offices. Le 13 septembre 1649, La Levrièse demande que M. le doyen choisisse « telle personne qu'il jugera à propos » pour assister à la représentation d'une tragédie. — *Ibid.*

P. 180-181.

Statuts dressés par quatre chanoines à ce députés par acte

du 20 septembre 1685, et, par acte du 24 septembre, arrêté de convoquer le principal pour lui faire la lecture desdits statuts. — Le 27 septembre lecture faite en chapitre desdits statuts audit principal. — Par acte du même jour ces statuts sont registrés. — *Ibid.*

P. 185-186.

Par acte du 3 octobre 1685, procès-verbal registré touchant ce qui s'est passé au collège le jour de Saint-Remy 1685. — *Ibid.*

P. 212 et 214

Les chanoines acceptent aussi les présentations faites par M° Langlois, mais après la Ville. Si l'auteur des *Extraits des délibérations du Chapitre* ne s'est pas trompé, M° Pierre Vasseur est reçu régent par les chanoines le 28 janvier seulement et MM. Codron (sic) et Dennel le 30 octobre. Vasseur ayant déjà été reçu par la Ville le 2 janvier et Dennel et Codron le 20 octobre, les dates sembleraient établir que Langlois adressait d'abord ses présentations au maïeur.

P. 216.

Pendant que la Ville se défend au Parlement contre les prétentions du Chapitre, les chanoines ne négligent aucune occasion d'affirmer leurs droits. Ils délèguent, le 6 juillet 1691, MM. Dusaulchoy et Becquin pour visiter le collège, voir en particulier les régens, parler aux écoliers et les tenir dans le respect de leurs maîtres. — *Extraits des délibérations du Chapitre.*

Même page.

M° Langlois se démet des fonctions qu'il exerce par intérim le 14 novembre 1691, « et peu après on nomme M° Jean Guenot. » — *Extraits des délibérations du Chapitre.* —

J. Guenot, je ne rencontre ce nom que dans ces *extraits*. Guenot, s'il exerça, n'exerça que par intérim encore les fonctions de principal jusqu'à la nomination de Becquin.

P. 219.

Quelle fut au juste la cause du différend entre J. Becquin et les chanoines? Les *Extrait des délibérations du Chapitre* nous disent à la date du 4 octobre 1692 : « M⁰ Jacques Becquin vouloit se prévaloir de ce qui est rapporté au premier volume des audiences que Marand de Bailleul avoit obtenu un arrest contre le Chapitre, qui lui accordoit le tour et la nomination des bénéfices. Cela est faux. Nous avons le *dictum* de l'arrest qui en déboute le principal en janvier 1569. »

P. 220.

« 8 may 1693. — MM. le doien, le trésorier et Dubourgnier, députés pour traiter avec le P. Caron, conformément au mémoire présenté. » — *Extraits des délibérations du Chapitre.*

P. 222-223.

Cet accord ne parait pas contenir toutes les conditions que les chanoines ont proposées au P. Caron le 20 juin. Le chapitre général réuni à cette date a consenti à la délivrance du collège aux Jésuites. Ces derniers « seront tenus » etc. — Conditions pour le nombre des régents comme dans l'arrangement de la Ville. Puis : » Le Chapitre donnera mille livres; savoir sept cent livres lors de la prise de possession du collège par les pères et trois cents livres un an après; moyennant quoi les Jésuites ne pourront rien demander directement ou indirectement des revenus échus de la prébende préceptoriale depuis la mort du sieur de Grébaumesnil jusqu'à l'heure présente. » Cette somme ne leur sera délivrée qu'à cette condition « et pour obvier à toute difficulté. » Enfin

les Jésuites « ne devront rien innover touchant le droit d'écolâtrerie qui demeurera en sa force et vertu. » Ils devront donc «nous rendre et nous faire rendre les honneurs accoutumés aux actions publiques, tant pour notre qualité d'écolâtres que de premier corps de la Ville et de bienfaiteurs. »
— *Ibid.*

P. 237.

MM. Quevauvillers et Duvanel, chanoines, sont chargés par le Chapitre, le 14 octobre 1701, de visiter deux fois par an le collège, après la Saint-Remy et après Pâques et plus souvent s'ils le jugent à propos, « pour, au nom du Chapitre, voir si les régens rendent au principal le respect et déférence qu'ils doivent, si les écoliers leur sont soumis, s'ils avancent dans la piété et les sciences, et, quant à la discipline et aux défauts qu'ils remarqueront, y apporter les remèdes nécessaires. » — Les deux délégués déposent sur le bureau du Chapitre le procès verbal d'une de leurs visites le 20 octobre 1704, procès-verbal signé d'eux et du principal. — *Ibid.*

Même page.

Il paraît que le principal F. Lefebvre eut à se plaindre quelque peu, d'ailleurs, de la discipline de ses régents. Le 8 mars 1706, MM. Becquin et Bucquet (l'auteur des distiques) sont députés par les chanoines « à l'oraison de saint Grégoire. » A l'issue de l'office, les deux délégués « assembleront les régens dans la chambre de M. le Principal et leur diront de la part du Chapitre, écolâtre, que ledit principal fera faire une bonne serrure à la porte du collège ; que cette porte ne s'ouvrira que par l'intérieur ; que le principal en gardera seul la clef, et que tous seront obligés de rentrer à neuf heures du soir. » S'ils ont raisons valables d'autorisation pour heure plus tardive, le Principal en tiendra compte. — *Ibid.*

P. 238.

Les régents étaient quelquefois appelés au Chapitre pour être admonestés. M° Rimbaud, sur la réquisition du promoteur, est ainsi averti, le 3 juillet 1709, « de ne point maltraiter et frapper les écoliers si rudement. »

Le 26 avril 1710, M° François Lefebvre, principal, a présenté comme régent, au Chapitre, M. Goret.

Il présente, au même titre, en 1711, M. Zente. — *Ibid.*

PP. 240-241.

Les extraits des délibérations du Chapitre nous donnent bien effectivement le 5 novembre pour la nomination de J. Girard. Dans « ses lettres » du 19 décembre suivant, expliquent les extraits, conditions bien spécifiées pour sa place au chœur, pour les offices ; point de voix au Chapitre ni rang. — Le 3 février 1713 Girard vient demander au Chapitre les règlements et statuts. MM. le trésorier et Becquin sont délégués pour s'occuper de la question.

PP. 242-249.

24 octobre 1716, MM. le trésorier et Lucas députés à l'Hôtel de ville pour consentir à demander les Pères de l'Oratoire à M. le Régent. — *Ibid.*

P. 249.

Jacques Girard avait présenté au Chapitre, le 4 février 1718, comme régents MM. Ponchel, Colno et Lemire, et tous trois avaient été reçus et agréés par le Chapitre. — *Ibid.*

P. 274.

« ... Le Chapitre fait difficulté de lui donner — au Principal Tripier — la qualité de chanoine. » Messieurs du Chapitre, forcés de concéder aux principaux une chanoinie, ne les tenaient pas moins, de leur mieux à distance. Au dix-septième, le Principal du collège de Saint-Quentin ayant obtenu un arrêt lui donnant « rang et séance au chœur et voix délibérative au Chapitre, » les chanoines d'Abbeville envoyaient le 15 mai 1642 à leurs confrères de Saint-Quentin cette attestation :

« Le nôtre n'a place dans notre chœur qu'après le dernier chanoine, n'étant porté à la table du chœur que pour chanter les secondes leçons aux matines des doubles et semi doubles. Il n'a aucun droit de quinzaine non plus que pour la distribution des messes et n'a pareillement aucun droit à tout ce qui se distribue dans le chapitre, comme droits seigneuriaux, réception de chanoines, chapelains, curés, boursiers, et autres droits capitulaires, comme reddition de comptes et autres. » *Ibid.*

P. 283.

Ligne 2. — Du sire Morgan... lisez : du sieur Morgan.

PP. 284-285.

Les Extraits des délibérations du Chapitre confirment tous les incidents rappelés dans ces deux pages.

P. 290.

Ligne 18. — Au lieu de : union à la manse, lisez : union de la manse. — Manse pour mense.

PAGE 349

Ligne 29 : au portier du collège. J'ai bien lu au portier. Je pense cependant qu'il faut entendre : au fils du portier.

PAGE 350

Ligne 7 : Gaudemant ; lisez Gaudemont.

DERNIÈRE NOTE.

1789

Je viens d'acquérir, à la vente, après décès, de M. Leullier, l'avis suivant, imprimé à Amiens, chez J.-B. Caron, M. DCC. LXXXIX :

SÉANCE PUBLIQUE

de la

Distribution générale

DES PRIX

DU COLLÉGE D'ABBEVILLE

Le mercredi 12 août, quatre heures après midi.

La Distribution sera précédée d'un Exercice sur le sixième Livre de l'Énéide, présidé par M. l'abbé CAILLY, Professeur de seconde.

DIEU AIDANT

RÉPONDRONT

MESSIEURS

J.-B. Geoff. LACAUCHIE, } d'Abbeville.
Quentin JOSSE. . . . }

Auguste PRUVOT, de Grébaumesnil.

Nicolas-Jacques HECQUET DE BIENFAI, }
Philippe-Emmanuel LION. . . . . } d'Abbeville.
Philippe DUCASTEL . . . . . . }

Suit (quatre pages) la thèse offerte aux développements des élèves. Assez curieux comme témoignage des opinions du temps. L'auteur, l'abbé Bertin, principal, ou l'abbé Cailly, président de l'exercice, invoque d'abord sur les beautés supérieures du livre sixième l'autorité de Voltaire. « Virgile, dit-il plus loin, a imité, dans le sixième Livre de l'Énéide, le onzième de l'Odyssée et a servi lui-même de modèle à Voltaire, dans le septième de la Henriade. Nous rapprocherons ce qu'ils peuvent avoir de semblable. Nous mettrons en parallèles l'évocation magique faite par Ulysse et la vision de Henri IV avec la descente d'Énée aux enfers ; les épisodes d'Elpenor et d'Ajax, du Poète grec, avec ceux de Palinure et de Didon, du Poète latin ; le ciel et l'enfer de Voltaire avec le Tartare et l'Élisée de Virgile ; le Temple des Destins où Henri voit sa postérité avec le Vallon où Anchise montre à son fils les Héros de sa race. »

Au point de vue philosophique : « Les Amateurs de l'Antiquité retrouveront avec plaisir... ce qui est surtout l'objet du sixième livre, dans les dogmes de la théologie payenne sur l'immortalité des âmes, les récompenses et les peines d'une autre vie, sujet d'autant plus heureux qu'il tient à la morale et qu'il intéresse, non un peuple seul, mais l'humanité entière... Que Virgile ait adopté ou non les idées de Pythagore et de Platon sur l'origine, la nature et la destination des âmes, au moins est-il vrai qu'il a su les revêtir de la plus belle poésie... Un Auteur moderne a prétendu que la descente d'Énée aux enfers n'étoit que la représentation énigmatique de son initiation aux mystères d'Eleusis et l'exposé des grands principes de morale qui ont servi aux Législateurs à civiliser leurs semblables et à les rendre heureux. Cette idée qui sert en effet à éclaircir plusieurs passages difficiles ajouteroit, si elle étoit fondée, un nouvel intérêt à ce Poème...

« Permis d'imprimer et distribuer, à Abbeville, ce 4 août 1789.

« DOUVILLE, Maïeur-Commandant. »

La date ci-dessus nous renvoie à la page 336 de ce volume.

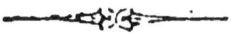

UNE PART DU PONTHIEU

Ex uno lecto totus cognoscitur orbis.

Sous ce titre d'aspect ambitieux, sous cette épigraphe qui n'est pas modeste, nous voulons réunir à la fin de chacun des volumes dédiés en ex-voto à notre pays les indications des brochures précédemment livrées au public, afin que, si minime que soit le nombre des exemplaires respectés ou négligés par le temps, les collectionneurs futurs, les passionnés religieux de notre histoire locale, puissent, tant qu'un feuillet survivra, recueillir dans les ventes, dans la poussière des bibliothèques, sous les injures de l'humidité ou sous la dent des rats, nos dernières pages, débris tristes témoignant sur des débris. Bien d'autres faits et bien d'autres noms couvriront alors les faits et les noms que nous éclairons d'un peu de lumière. Notre œuvre sera vieillie. Il s'en exhalera l'odeur des catacombes ou des maisons longtemps fermées. Cette grosse hôtellerie où je presse d'entrer, au milieu des souvenirs anciens, tant de noms pleins de vie, ne sera plus tout-à-fait qu'un édifice funéraire, un froid nécrologe ; mais les tombeaux sont l'histoire des générations et les nécrologes l'orgueil des familles. Entre nos précautions à sauver nos propres mesquines ruines avec les grandes ruines du passé se glisse un sentiment d'amour qui est notre excuse et qui nous enhardit. Est-ce une ambition, après tout, si peu haute et si peu enviable que celle de laisser un souvenir chez ses compatriotes et d'être aimé de leurs descendants ?

PAGES PUBLIÉES

I. — Sur Abbeville.

I. — Notices sur les rues d'Abbeville, 1849, 1 vol. in-8°, complété en 1850 sous ce titre : *Notices sur les rues d'Abbeville et sur les faubourgs.*

II. — Saint-Vulfran d'Abbeville, in-8°, 1860.

III. — Les Annales modernes d'Abbeville, première partie (la Révolution, la République et l'Empire), tome 1er, grand in-8°, Abbeville, 1862. — Devenu *Quatre années de la Révolution*, Paris, 1878.

IV. — Les Gardes-Scel, Auditeurs et Notaires d'Abbeville, d'après le manuscrit de M. Traullé, avec des annotations et des compléments, in-8°, 18 pp., Amiens, 1867.

V. — Quelques faits de l'histoire d'Abbeville, tirés des registres de l'Échevinage, suivant les notes de M. Traullé, etc., 1 vol. petit in-8°, Paris, 1867.

VI. — Documents inédits. — Mémoire de 1593 pour les maire et échevins d'Abbeville, la *Picardie* de 1865, p. 349.

VII. — L'Église du Saint-Sépulcre d'Abbeville, grand in-8°, Paris-Abbeville. — Cette monographie est extraite du tome II de la *Topographie historique et archéologique d'Abbeville.* 1872.

VIII. — La Ligue a Abbeville, dans les *Mémoires de la Société d'Émulation d'Abbeville* de 1861-1866, 1867-1868, 1870-1872. — Tirage à part, 3 vol. in-8°, Paris, 1868-1873.

IX. — Journal d'un provincial pendant la guerre, 1 vol. in-18, Paris-Amiens, 1871.

X. — Après les Prussiens, brochure in-18, Paris-Amiens, 1876.

32.

XI. — La Défense politique, brochure in-18, Amiens, 1877.

XII. — La Société d'Émulation, *Rapport du président au ministre de l'Instruction publique*, dans les *Mémoires de la Société d'Émulation* de 1873-1876 ; tirage à part, in-8°, 26 pp. Abbeville, 1877.

XIII. — Sur la date des premières recherches préhistoriques a Abbeville. — Congrès international d'anthropologie et d'archéologie préhistorique, *Compte-rendu de la 7e session*, t. II, pp. 851-856, Stockholm, 1876 ; *Mémoires de la Société d'Émulation d'Abbeville*, 1873-1876 ; tirage à part, in-8°, Abbeville, 10 pp. 1877.

XIV. — Abbeville a table, 1 vol. grand in 8°. Amiens, 1878.

XV. — Proposition au Conseil municipal d'Abbeville *pour la décoration intérieure des édifices communaux*, Abbeville, in-8°, 1878.

XVI. — Quatre années de la Révolution 1790-1793, *fragment des Annales modernes d'Abbeville*, 1 vol. grand in-8°, Paris, 1898. — V. plus haut les Annales modernes d'Abbeville.

XVII. — Le Grenier a sel d'Abbeville. — *Quelques noms des Conseillers grénetiers en Ponthieu depuis 1427*, grand in-8°, 11 pp., Amiens, 1879.

XVIII. — Henri IV préhistorique. — *Henri IV a-t-il été conçu à Abbeville ?* in-8°, 8 pp. Amiens, 1880.

XIX. — La Topographie historique et archéologique d'Abbeville, 3 vol. grand in-8°, Abbeville, 1871-1884.

XX. — Abbeville. Une occupation militaire au quinzième siècle, 1470-1477, in-8, 22 pp. Paris, 1885.

XXI. — Claude Rivet de Mont-Devis, auteur du premier plan gravé d'Abbeville, petit in-8°, 21 pp. Paris, 1886.

XXII. — Abbeville. Les convivialités de l'Échevinage ou l'histoire à table. In-8, 100 pp. Paris-Amiens, 1886.

II. — Sur l'arrondissement d'Abbeville.

I. — Une révolution dans l'abbaye de Saint-Riquier, in-8°, 14 pp., extrait des *Mémoires de la Société d'Émulation* de 1849-1852. — Ce fragment est entré depuis dans l'*Histoire de cinq villes (Saint-Riquier et les cantons voisins)*.

II. — Le canton de Rue, histoire de seize *communes*, 1 vol. in-8°, Paris-Abbeville, 1860. — Ce volume n'est que le second des deux publiés en 1851 et 1856 sous le titre : *Notices historiques, topographiques et archéologiques sur l'arrondissement d'Abbeville*, volumes qui sont aujourd'hui les deux premiers de l'*Histoire de cinq villes*.

III. — Histoire de Saint-Valery, 1 vol. in-8°, Paris-Abbeville, 1862. — Ce volume fait partie aujourd'hui du troisième de l'*Histoire de cinq villes (Saint-Valery et les cantons voisins)*.

IV. — Histoire de Saint-Riquier *et des dix-huit communes formant avec cette ancienne ville le canton d'Ailly-le-Haut-Clocher*, 1 vol. in-8°, Paris-Abbeville, 1867. — Cette Histoire fait partie aujourd'hui du cinquième volume de l'*Histoire de cinq villes (Saint-Riquier et les cantons voisins)*.

V. — Histoire de cinq villes et de trois cents villages, hameaux ou fermes, ou *Notices historiques, topographiques et archéologiques sur l'arrondissement d'Abbeville*; 6 vol. petit in-8°.

Première Partie (les communes rurales des deux cantons d'Abbeville et celles du canton d'Hallencourt). Abbeville, 1851; complétée en 1861, Paris-Abbeville.

Seconde partie (Rue et le Crotoy. — Les communes du canton de Rue). Abbeville, 1856; complétée en 1862, Paris-Abbeville.

Troisième partie (Saint-Valery et les cantons voisins), 2 volumes. Abbeville, 1860-1861; complétée en 1863, Paris-Abbeville.

Quatrième partie (Saint-Riquier et les cantons voisins), tome 1er, Paris-Abbeville, 1867. — Tome II, Abbeville, 1860; complété en 1868, Paris-Abbeville.

VI. — Jean de la Chapelle et la Notice abrégée de Saint-Riquier, 1 volume in-8°, Abbeville, 1856. Extrait des *Mémoires de la Société d'Émulation* de 1853-1857.

VII. — Les Hommes utiles de l'arrondissement d'Abbeville, 1 volume grand in-8°, Amiens-Abbeville, 1858.

VIII. — Les Chasses de la Somme, 1 vol. grand in-8°, Paris-Amiens, 1858.

IX. — Le Catalogue de Dom Grenier, articles de la revue *la Picardie*, année 1857, p. 82, 113 et 381, année 1858, p. 370 (1).

X. — Notice sur Rambures (tirée à 100 exemplaires numérotés sous la presse), grand in-8°, 38 pp. Paris, 1859. — Cette notice, publiée d'abord dans *la Picardie*, est corrigée en quelques points dans ce tirage.

XI. — Les Chateaux de l'arrondissement d'Abbeville (extraits de *la Picardie*), grand in-8°, 52 pp. Paris, 1860.

XII. — Le procédé historique de M. Lefils, in-8°, Abbeville 1861 ;

De quelques assertions de M. Lefils, *Rectifications*, in-8°, Abbeville, 1861.

Ces deux brochures concernent les Histoires de Rue et du Crotoy.

XIII. — Erveloy, dans *la Picardie* de 1886, p. 348.

III. — Essais divers

I. — Etablissement d'une caisse de secours mutuels pour les ouvriers, proposition faite à la Société d'Émulation d'Abbeville, dans la séance du 18 avril 1850, in-8°, 13 pp. Abeville, 1850.

II. — Jacques Le Clerc, le dernier poète du XVIe siècle sous Malherbe (fragment de l'*Histoire littéraire* — inédite — d'*Abbeville*), Revue contemporaine, 1854.

III. — Les Artistes picards à l'exposition de 1857, *la Picardie* 1857.

IV. — Notice sur M. André de Poilly (fragment de l'*Histoire littéraire* — inédite — d'*Abbeville*), in-8°, 35 pp. Abbeville, 1852.

V. — Notice sur M. Louis-Antoine-François Baillon (fragment de l'*Histoire littéraire d'Abbeville*), in-8°, 34 pp., Abbeville, 1857.

VI. — Notice sur M. Marie-Marieu Morel de Campenelle (frag-

(1) Ce catalogue, nous n'avons besoin de le rappeler à personne, a été dressé depuis et publié par M. Louis Paris dans le *Cabinet historique*.

ment de l'*Histoire littéraire d'Abbeville*), in-3°, 12 pp., Abbeville, 1857.

VII. — Notice sur le général Joseph-Alexandre-Édouard Picot (fragment de l'*Histoire militaire* — Inédite — *d'Abbeville*), in-8°, 15 pp., Abbeville 1857.

VIII. — Jacques Malbrancq ou quelques remarques sur la confiance qu'il faut accorder à cet historien (extrait de *la Picardie*), grand in-8°, 10 pp., Amiens, 1861.

IX. — Biographie de M. François-César Louandre (fragment de l'*Histoire littéraire d'Abbeville*), in-8°, 31 p., Amiens, 1862.

X. — L'Église de Breteuil. *La Picardie* de 1859, p. 234.

XI. — Quelques notes sur l'abbaye de Froidmont. *La Picardie* de 1862, p. 276.

XII. — De quelques lieux du Ponthieu ou voisins du Ponthieu *qui ne font pas partie de l'arrondissement d'Abbeville*, in-8°, Paris, 1868.

XIII. — J. Boucher de Crèvecœur de Perthes, in-8°, 8 pp. Abbeville, 1868.

XIV. — M. Galluaud, *député à l'Assemblée nationale*, in-8°, 11 pp. Abbeville, 1871.

XV. — Notices nécrologiques. — M. Gustave de Villepoix. — M. Paul Boullon de Martel. — M. l'abbé J.-B. Désiré Cochet. — M. Louis-Charles de Belleval. — M. Charles Joseph Buteux. (Extrait des *Mémoires de la Soc. d'Émul. d'Abb.*, in-8°, Abbeville, 1877.)

XVI. — M. Charles Louandre, in-8°, 24 pp., Abbeville, 1884. — Extrait des *Mémoires de la Société d'Émulation*.

XVII. — Henri Porphyre Labitte, sénateur de la Somme, in-4°, 33 pp., Amiens 1888.

IV. Bibliographie picarde.

Glossaire étymologique et comparatif du picard ancien et moderne, précédé de recherches philologiques et littéraires sur ce dialecte par l'abbé Jules Corblet, Paris, 1861. — *Pilote de la Somme* des 25 et 29 mars, 1ᵉʳ, 5 et 8 avril 1851.

Les Mayeurs et les Maires d'Abbeville, par M. Louandre, Abbeville, 1851. — *Pilote de la Somme* des 27 et 30 mai, et des 3, 7, 11 et 14 juin 1851.

Articles dans la *Picardie*. V. *Top. hist. d'Abbeville*, t. III. p. 624.

V. Bibliophilie abbevilloise.

ABBATISVILLA A PESTE SERVATA *nova editio e recensione et curis* E. Praroud, *majoris urbis*, in-4° Ambiani 1884. — Tiré à 100 exemplaires,

JACOBI FRANCISCI BUQUET *regalis sancti Wulfranni ecclesiæ canonici opera quæ supersunt edidit cum notis* E. Prarond, *major urbis*. in-4° Ambiani 1884. — Tiré à 100 exemplaires.

JACOBI SANSON *aliter* R. P. IGNATII JOSEPH DE JESU MARIA *carmina quæ ex libris Reverendi Patris eruit* E. Prarond *scriptoris historici æmulator indignus*. in-4° Ambiani 1884. — Tiré à 100 exemplaires.

QUALIS ANNO MDCXLIII ABBATISVILLA STABAT. *Hanc e perrara* CLAUDII RIVETI DE MONT DEVIS *Regiæ majestatis geographi tabula excerpit civibusque suis offert descriptionem* E. Prarond *majoris nuper munere functus*. in-4° Ambiani 1884. — Tiré à 100 exemplaires.

EN PRÉPARATION

LES ANNALES MODERNES D'ABBEVILLE (suite).

CHRONIQUE D'HARICLFE, traduction trouvée dans les papiers du marquis Le Ver, avec une notice sur Hariulfe, des tables, etc. (n° 79 du catalogue de la Bibliothèque de feu le marquis Le Ver).

HISTOIRE LITTÉRAIRE D'ABBEVILLE, 1 vol.
HISTOIRE MILITAIRE D'ABBEVILLE, 1 vol.
ETC.

Documents manquants (pages, cahiers...)
NF Z 43-120-13

www.ingramcontent.com/pod-product-compliance
Lightning Source LLC
Chambersburg PA
CBHW060308230426
43663CB00009B/1633